秦怡传

人民日报出版社

如果生命还能反复一次，我一定不会像今生这样活着，但既然生命不可能反复，那么我还是面对现实吧。做任何事情都不可能不劳而获，一个人只要自己的心是大的，那么事情就没有大小之分；只要自己的心是重的，那么事情就没有轻重之分；只要自己的心是诚的，那么即使事情成败有别，也多少有些安慰了。一生都在追求中，活得越老，追求越多。由于时日无多，也就更加急急匆匆。

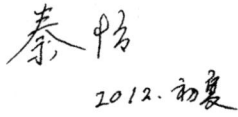

2012. 初夏

活得越老　追求越多
——关于电影的对话

几乎每次去拜访秦怡老师，话题总离不开电影。多数情况下是我问她答，有时她也会主动谈及对某部电影或对电影创作的看法。没有长篇大论，没有疾言厉色，一切皆娓娓道来，朴实无华，听上去是那样亲切感人，反映出一位老电影人对中国电影发自内心的热爱、关注、期盼，以及愿倾其余生，为中国电影繁荣兴旺，添把柴加把火的不老雄心。于是，每次谈罢告别，无不感慨良多，获益匪浅，萌发欲将其整理成文，让更多的人读到它，从中受到教益。惜乎一则因杂事不断，二则生性太过慵懒，未能付诸行动，却又萦绕于怀，无法忘却。为一了夙愿，趁本书再版之际，把积聚于心的过往对话（包括她接受记者的采访）化成文字列于书前，以飨读者。

"等我百岁时，再来看我的电影"

唐：秦怡老师，好久没来看您了，前天从朋友微信中看到您因摔倒骨折住院了，今天便赶来看您。感觉怎样？没什么大碍吧？

秦：谢谢。我是7月16日在家摔倒的，17日入院，股骨胫骨骨折，算是轻的，没有开刀，只是暂时不能下床。

唐：俗话说，伤筋动骨一百天，这下您应该利用这段日子好好休息，别再去

忙什么事了。

秦：休息不了。脑子里整天想个不停，我还有许多事情要做呢。医生说，好的话年前我就可以出院回家。再过一段时间要做理疗，配合适度锻炼，争取早日康复。你不知道，整天躺在床上是很难受的。

唐：秦怡老师，不要急于出院，一切等康复后再说。

秦：说不急是骗人的，有些事我要抓紧做完。

唐：今年您已经是95岁高龄了，在我的印象中，进入90岁后，您每天的日程总是排得满满的，节奏之快，活动之多，年轻人怕都难以承受。

秦：许多事，不一定和我的工作有关。有些事可以做也可以不做，有些活动可以参加也可以不参加。但像纪念、庆典、慈善、义演和风尚大典等会议或活动，人家盛情邀请，去了朗诵一首诗，讲几句话，人家就感到满足，感到高兴，好像会议或活动就比较成功了。这也很自然，因为你是一个电影演员，又有些知名度，大家想看到你。你去了，有人说"啊！今天我看到秦怡了"，很兴奋。所以，只要抽得出时间，我都尽量满足大家的要求，个人辛苦点没关系。

唐：最近两三年，您似乎更加忙碌。在您身上始终有一股不服老的精神，让年轻一辈十分佩服。

秦：参加各种会议和活动，也为我接触实际、了解社会、加强学习，创造了条件。人老了，学习不能断，追求不能断，否则会跟不上形势。

唐：在从艺60周年时，您出版了一本书《跑龙套》，《自序》中您写过这样一段话："一生在追求中，活得越老，追求越多。由于时日无多，也就更加急急匆匆。"

秦：我写过，也尽量去做。我的体会是，人活着总要有所追求，有所进步，多做些有益于大家和社会的事。人人都这样做，社会就会进步和谐。

唐：从《中国电影报》的报道中我看到，躺在病床上，您还在收看党的十九大开幕盛况和习近平总书记代表中共第十八届中央委员会所做的报告。

秦：党的十九大是全党全国人民政治生活中的一件大事，作为一名党员，我理所当然地应该关心，认真收看收听。看了直播，听了总书记的报告，我的感觉是祖国越来越强大了，人民的生活越来越幸福美好了。没有共产党就没有新中国，这是一条朴素的真理。我会永远听党话，跟党走，也希望所有的电影人能坚定不移地跟党走，继续不忘初心，热爱电影事业。

唐：说到热爱电影事业，您是广大电影人的榜样。今天我带来一些剪报复印件，主要是您创作、拍摄《青海湖畔》和参加各种活动，上海主要媒体的报道，包括您在病床上收看党的十九大开幕会盛况。

秦：（一张一张翻看剪报复印件）谢谢你收集了这么多剪报，有的我看到过，我家里订着；有的没看到过，留着慢慢看。关于《青海湖畔》的创作和拍摄，有好几家报纸记者采访过我。

唐：这件事影响很大，在您看来不过是拍了一部电影，大多数人从中感受到的是，一位耄耋老人对中国电影的拳拳挚爱之心，令人感动。

秦：关于这部电影的故事，我给你讲过，它藏在我心中十几年了。人物有真实影子，用今天的话说，在她身上体现了正能量，把她写出来、拍出来，可以教育和感染今天的年轻人。我希望《青海湖畔》是一部好看的、有意义的、充满正能量的电影。这个想法不知是不是达到了？

唐：达到了！您手上拿的剪报足以回答您的疑问。为这部影片，您以93岁高龄操刀写剧本，94岁上高原拍摄，可谓创造了中国电影史上的奇迹。您的艺术生命力依然是那样旺盛。

秦：奇迹说不上。和观众一样，我就是个爱电影的人。小时候是小电影迷，现在是老老电影迷。你刚才提到我在《跑龙套》自序中写的那句话："一生都在追求中，活得越老，追求越多。"因为属于我的时间不多了，我要加倍努力。

唐：《青海湖畔》拍好了，多年的梦想实现了，而且是如您所想，"拍一部美丽的电影"，接下来真该放慢脚步，好好休息，享受生活。

秦：大家都说我太忙，应该注意休息，我总觉得还有事情没做完，不想停下来。

唐：不想停下来？

秦：因为有很多梦想要实现。活着，就不能辜负这个时代。

唐：具体是些什么梦想？

秦：我还要写剧本，为我的姐妹写一个故事。1961年我写过一个剧本，叫《小修女》，关于抗战时育婴堂的，是个装在我心里一辈子的故事。后来这个剧本找不到了。

唐：听您说起过这个故事，有您姐妹的影子。

秦：心里一直在想这件事，甚至睡着了都在想这个剧本。当年为抗日离开了家，十多岁的妹妹留在了上海，挑起了一家人的生计，每天上班都要经过外白渡桥。桥上日军放了狼狗"把守"，不是让狼狗咬人，而是以狗的吠叫吓唬、侮辱中国人。

唐：具体构思成熟了吗？

秦：已经写了一大半，还想加一场关于抗日的戏，把她（小修女）为何逃去修道院，交代得再清楚一点。此外，关于抗日和时代的变迁，我酝酿了一个新故事。旧社会，一个女孩儿因家里穷，她不得不去做舞女，在舞场收养了一个被遗弃的孩子。解放了，因为舞女的身份，她把孩子送给别人养，孩子被带去了美国，成了音乐家。后来在回国演出的舞台上，养子认出了坐在轮椅上的她，但她不敢认他……

唐：一个凄婉感人的故事，有点意思。

秦：我会坚持创作下去，并把它们搬上银幕。这样等我100岁的时候，你们再来看我的电影，我还和观众在一起。

唐：老骥伏枥，志在千里。祝您成功！到时一定看。

秦：谢谢。

"电影要反映现实，跟着时代走"

唐：进入21世纪的第二个10年，国产电影出现了令人兴奋的转机。观众人数回暖，票房直线上升，拍片数量剧增。以2016年为例，全年票房450亿元，故事片产量约700部。特别值得一提的是，年票房过亿元、5亿元、10亿元的影片逐年增多。这些成绩，在21世纪之初是不敢想象的。业内人士无不为电影产业的迅猛发展感到高兴，认为中国已是一个名副其实的电影大国。但与此同时，对商业片、娱乐片和艺术片的争议始终不断；对相当一部分影片排不上院线，拍完了就进片库，或排队等电视台播放，反映强烈。作为老一辈电影人，您对此有什么看法？

秦：这个问题很大，不太好说。真要谈，要做一番思考。以我个人直观的认识，新中国电影发展已经近70年了。这么漫长的一个过程，必然会形成一些好的传统。改革开放，把电影当作一项产业发展，票房上升，数量增加，是好事，也值得高兴。

问题在于，面对已经取得的成绩，不能盲目乐观，丢了中国电影的好传统。

唐：哪些好传统不能丢，能否展开说？

秦：电影要反映现实，跟着时代走。我十几岁就看电影，当时的电影大多是反封建的。抗战爆发，电影反映抗战，宣传抗战，不是一部两部，而是一大批。反映现实之快，在今天是不可想象的。我至今还能说出一大串片名，《恋爱与义务》《故都春梦》《浪淘沙》《一剪梅》《壮志凌云》《风云儿女》《大路》《桃李劫》等，太多了。等我当了演员，无论是话剧还是电影，基本都是抗战题材，或者是配合抗战的。它们不仅内容上站得住，艺术上也是好的。因为艺术好，才能记得住，否则早忘了。新中国成立后，电影题材与现实联系更加紧密。虽然从20世纪50年代初期开始，公式化、概念化倾向泛滥，经过不断反公式化，还是涌现出了一大批优秀影片。"文化大革命"前，我拍的基本都是反映现实的影片。

唐：一段时期中，国产片在题材选择上面确实窄了些。

秦：我特别不喜欢那种说不出来的历史片。情节是编的，脱离了史实，看了让人感到莫名其妙。真要讲历史剧，像郭沫若先生创作的历史剧，有几个人能写得出来？

唐：电影要反映现实，跟着时代走，这个观点提得好。还有呢？

秦：因为能反映现实，跟着时代走，所以好的电影能激励人、打动人，让人热血沸腾。我出身封建家庭，为什么从小就树立了反抗意识？因为看了大量的反封建、反礼教的电影；为什么我16岁高中没毕业就离家出走，一心想到抗战前线去？上前线不是好玩儿的，子弹不长眼睛，到前线去会死人的，同样是因为看了许多宣传民族危亡、宣传抗战的电影，激起我的一腔热血。什么高中毕业了上大学，大学毕业了找个好工作，全抛开了，一心想的就是抗战，盼望抗战早点胜利。现在有些影片，为了追求好看，一味强调娱乐性，还有些影片离不开抽烟喝酒、谈情说爱，张扬的是消极颓废的意识。这样的影片看多了，难免不受误导，降低审美水平。我们已经迈进小康社会，有条件拍一些既能让人欣赏，又能提高观众欣赏水平的影片。票房要讲，娱乐性可看性也要讲，但千万不能迎合观众，要培养观众。

唐：一部好的影片，观众看了以后思想上能产生共鸣，继而会产生某种激励作用。

秦：有些影片之所以不能打动观众，原因是没有写好人物。

唐：故事强，人物弱，是不少影片的通病。

秦：好的影片人物写得好，写出了人物的发展。一个人，她原来是什么样子，后来是什么样，怎么会变成这个样的，周围环境又是什么样子的，这就是人物的发展。有了人物的发展，才会有人物的性格。演员塑造形象，说到底就是把人物的发展过程演出来。经常有人讲电影的风格流派，不管什么风格什么流派，离不开写人物，没有人物刻画，总归不大好看。

唐：出现这一问题，与过分强调娱乐性、可看性有关，以致重故事轻人物。

秦：和编剧也有关。我们现在是有编剧，没编剧队伍。

唐：有编剧，没有编剧队伍，提法十分新鲜。

秦：现在的电影编剧作为个人他们是存在的，否则每年拍不出五六百部电影。他们的创作不排斥有上面指定、交办的任务，但绝大部分属于个人行为。写什么，怎么写，写好了怎样找出路，全凭个人去撞，撞到了，一部电影就这么拍成了。因为是个人行为，好坏差别很大。如果一个个独立的编剧，行动上能互相沟通，业务上能互相切磋，信息上能互通有无，有一条渠道或纽带把他们联系在一起，这才叫编剧队伍。这和计划经济体制下，每个制片厂养一支固定的编辑队伍是两回事。它是市场经济条件下，个体编剧的一种"会合"。究竟怎么培养一支编剧队伍，我讲不清，有关方面要认真研究。话说回来，这是我个人的观点，可能是外行话。

唐：我认为，是真知灼见。

秦：还有一点，关于发行排片的问题，要引起重视。

唐：我正想问这个问题，您倒先提出来了。多年前，发行国产片的人就流行一句话："大部分人看少部分电影，大部分电影没人看。"意思是除了指相当一部分影片质量不高外，也包括为了票房，艺术电影、儿童电影很难排上线，观众想看也看不到。

秦：所以说，不要一听拍片数量增加，票房收入上升，就以为中国电影繁荣了。漂亮的数字背后，隐藏着不少问题。扳着手指仔细算算看，每年生产的五六百部电影中有多少部能和观众见面？不能与观众见面的影片是不是都是因为质量不高？有没有艺术质量好的影片因为发行因素，与观众见不了面的？我的看法，肯定有。

唐：发行上院线，着眼的首先是票房。

秦：这是问题的关键。我参演的儿童片《我坚强的小船》，上面很重视，列为重点推荐影片，在美国洛杉矶获得第四届好莱坞 AOF 国际电影节最佳外语片奖，国内发行的场次却很少，好多人反映看不到。发行方和影院可能有苦衷，要考虑票房，考虑经营成本，压力比较大。可总这样下去不行，不同的影片有不同的观众群，有不同的价值和市场，发行和放映应尽量满足不同观众群的需要。我还有个想法，说出来不一定对。

唐：作为探讨，任何意见都可以说，目的是为了中国电影的繁荣发展。

秦：电影产业需要改进的地方还有很多。比如，一是可以认真思考一下，每年要不要拍那么多片子；二是娱乐片、艺术片、儿童片发行上线，要一视同仁；三是票价要区别对待，大片一个价，小片一个价，尽量定得低一些。

唐：票价问题，争议讨论了多少年，至今没有很好解决。

秦：电影是大众的艺术，绝大部分人都应该看得起。收入低的人可以看不起音乐，看不起舞蹈，但看得起电影。现在票价定得太高，大片一张 80 元（有的还更高），两个人买票看，乘个车加买点吃的，合起来差不多 200 元，太贵了，一般工薪阶层看不起。依我看，商业化运作下的电影，一个是观众能选择类型多样的电影，一个是普通百姓能看得起电影，做到这两点，电影市场才算成熟了。

"重要的是，留下一些有价值的东西"

唐：您认为，反映现实，跟着时代走，是中国电影的好传统，是泛指创作题材而言。换个角度，演员表演即塑造人物，也应该有些好传统。

秦：有，当然有。首要的一条是下生活，从生活中寻找灵感，演好角色。这一好传统，现在丢得差不多了。

唐：市场化条件下，拍片赶进度，拍摄时间越来越短；演员，尤其是稍有点名气的演员，同时接好几部戏，忙着赶场子，别说下生活，连剧本都没时间认真阅读。

秦：浮躁的心态，静不下来，沉不下去，演不好人物。演员会碰到很多不同的角色，都是不熟悉的，他们所处的生活氛围也是陌生的。要了解、熟悉他们，必须下生活，在生活中获取创作灵感。当年拍《农家乐》《北国江南》《浪涛滚滚》，我演农村姑娘拉英、共产党员银花、水利工地党委书记钟叶平，这些人物对我来说十分陌生。剧组安排到胶东莱阳老区、张北农村、水利建设工地下生活。我们从打水、挑水做起，一举一动要像那么回事，不能只是表面像才行。在莱阳，住在堆牛粪的草屋，牛粪加暖炕，鼻子堵得透不过气来，条件十分艰苦，大家咬紧牙关战胜困难，每天都结合生活体验谈形象塑造。

唐：这样演出来的人物才会真实感人。

秦：深入生活十分重要，有了生活，戏才会自然，人物也就"活"了，像你所说的真实感人。

唐：演员这个职业，需要有多方面知识体会、感悟的积累。

秦：在生活中体验各种各样的生活，熟悉各种各样的人。这方面的知识、经历、体会积累多了，无论演什么职业的人物，能很快进入状态，不用临时抱佛脚，绞尽脑汁想办法走捷径。

唐：现实题材说深入生活好理解，如果是拍战争题材，演革命者（烈士）的形象，怎样体验生活？

秦：从阅读中获取灵感。如在《青春之歌》中，我扮演的革命者林红（最后英勇牺牲了），是对主人公林道静成长起关键作用的人，这一形象塑造得成功与否，关系到影片的完整性。影片中林红的戏都在监狱中，大部分是通过自述性对话表达人物的情感和性格，如何沉浸和生活到她的心灵中去，把她高尚的思想情操表现出来，难度很大。为此我白天阅读小说《青春之歌》，晚上读《革命烈士诗抄》和《红旗飘飘》，那些朴实无华的文字，把我引到剧本所描写的那个时代氛围中，理解和体验到角色的伟大思想和深切情怀，产生了强烈的创作冲动，圆满地完成了这一形象的塑造，得到了方方面面的肯定。

唐：周总理也表扬说："林红这个人物人们是不会忘记的。"

秦：周总理在好几个场合重复说过这句话，目的是鼓励文艺工作者提高演技，努力塑造像林红这样的感人艺术形象。

唐： 就电影而言，多年来，一方面是好传统丢掉了；另一方面，种种不良倾向滋生，且有越来越烈之势。比如明星的高片酬、出场费，引发了各界的非议和反感。常听说某部电影或电视剧，投资半数以上被明星拿走了，留给制作的费用所剩无几，片子的艺术质量根本无法保证。

秦： 一些演员片酬太高，一张口就是几百万、上千万元。总共那么点拍摄费用，主要演员拿走大半，只能靠压低前期创作和后期制作费用勉强维持，艺术水准被迫降低。当然，有的演员付出多，贡献大，可以多拿点报酬，关键是要有个度，不能狮子大开口。与此同时，我们也要看到，有不少演员并不计较报酬。拍《青海湖畔》既缺钱又比较艰苦，我没有拿报酬，主演佟瑞欣，唱主题曲的毛阿敏都表示不要报酬。

唐： 有些明星非常看重所谓的"身价"，片酬高，出场费多，意味着身价高有面子，反之就身价低丢面子。另还有带上一帮助手的，好像人带得越多越神气。

秦： 有些人可能真是这么理解的。印象中有一个时期，一个歌手唱一首歌拿20元，另外一个歌手就要25元，再换一个歌手张口要35元，互相攀比，成为一种风气。拍戏也一样，你拍一个戏拿20万元，他拍一个戏要30万元，后来的要40万元、50万元，一个比一个要价高，层层加码，这么下去怎么了得。

唐： 您举例的这些报酬金额，是多年前的事了，眼下远不止这个数，而是几十倍、上百倍地往上翻。

秦： 以前我们拍戏没有片酬，不管你名气多大，都统一由厂里发工资。那是计划经济时期。现在是市场经济，不可能回到过去。我觉得报酬或出场费多一点还是少一点，必须有个大概的尺度。随便开价，一个劲儿地往高里比，离现实太远。长期如此，会造成许多想不到的麻烦，败坏社会风气。

唐： 您有没有碰到过"出场费"之类的问题？

秦： 我和一些老艺术家外出参加演出，朗诵一首诗，演完了拿起包就走了，主办方给不给报酬，给多少，我们都无所谓。有时主办方主动给一点辛苦费，我总习惯地说"不要不要"。同去的年轻演员有意见了："刚才那个唱歌的，一首歌就拿了几万元，我们同样辛辛苦苦地排练、演出，为什么不应该有报酬？"想想也是，我说"不要不要"，影响了别人应得的酬劳。

唐：市场经济条件下，付出了劳动，有所回报，理所当然。

秦：（收起笑容）一个人活在这个世界上，拿的钱再多，说你多么漂亮，或者得了多少奖，总有一天你还是要走的。你走了，一切都消失了，再好再多的东西都带不走。人活在这个世界上，最最要紧的东西是什么？

唐：是什么？

秦：是价值，就是你给予了这个世界什么。别人不会在乎你得到了多少，而是看你付出了多少。像葛丽泰·嘉宝、英格利·褒曼这些优秀演员，她们虽然不在了，留下的作品让人看了永远难忘。我还记得听到英格利·褒曼去世的消息时，都哭了，心想这么优秀的演员，能多活几年多好啊！她在二战时期演了很多反法西斯的电影，每一部我都看了，每个戏她演的都是不同类型的角色，演得那么自然，吸引了那么多观众，给了我们那么多深刻的教育。这就是"价值"。

唐：那是超于物质层面的精神遗产，会久远地流传下去。

秦：人活着也罢，死了也罢，最重要的就是这个价值。你留下一些有价值的东西，人们就会记住你；人们记不住你，你建多大的纪念馆也没有用。

唐：在当下，尤其应该大力提倡——多想想你能给社会带来多少价值。

秦：一个人，你再怎么拼命去追求物质金钱，还是刚才说过的那句话，你走了，一切全都消失了。反过来，如果你留下了一种信念、一种品质、一种看待事物的方式，人们就会永远记住你。当你走的时候，大家会说："可惜了，如果他（她）活得再久一点，也许会有更多的东西留给我们。"

唐：正是这样的信念支撑着您，使您至今仍在孜孜不倦地工作着，对社会，不求索取，只图回报。

秦：做是想朝这个目标去做，只是做得还不够好，尚需继续努力。我已经90多岁了，身体虽然不如七八十岁的时候，对疾病也没有害怕得不得了，对死亡也不是特别恐惧，一切都真实、自然地去看待、去考虑。我现在想得最多的是眼前的事——做不到的不去做，能做的一定要做好，尽量多留下一些东西（作品）。

2017年11月4日 综合整理

目　录

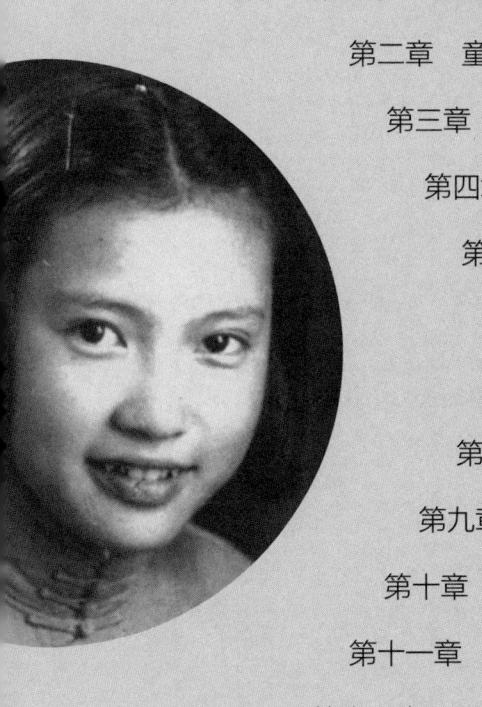

第一章　城隍的后代 …………………………………001

第二章　童年的反叛 …………………………………010

第三章　不当亡国奴 …………………………………018

第四章　冲出沦陷区 …………………………………027

第五章　陪都求生 ……………………………………037

第六章　首次登台 ……………………………………045

第七章　被迫的婚姻 …………………………………052

第八章　死里逃生 ……………………………………060

第九章　中华剧艺社 …………………………………067

第十章　一炮走红 ……………………………………074

第十一章　四大名旦 …………………………………081

第十二章　野玫瑰风波 ………………………………089

第十三章	为了做人的尊严	096
第十四章	西康之行	104
第十五章	重返舞台	111
第十六章	难忘李香君	119
第十七章	结婚进行曲	127
第十八章	抗战胜利了	133
第十九章	爱上了拍电影	143
第二十章	意想不到的爱	154
第二十一章	银坛双翼	163
第二十二章	最喜欢打腰鼓	173
第二十三章	学演工农兵	185
第二十四章	远去的爱	196
第二十五章	林洁与芳林嫂	206
第二十六章	丰收的年代	217
第二十七章	美丽的林红	229
第二十八章	浪涛滚滚	241

目 录

第二十九章　暴风雨前夜 …………………………… 251

第三十章　黑沉沉的噩梦 …………………………… 262

第三十一章　跑龙套真好 …………………………… 271

第三十二章　流泪的眼睛 …………………………… 284

第三十三章　伟大的母亲 …………………………… 296

第三十四章　友谊天长地久 ………………………… 310

第三十五章　电影啊电影 …………………………… 322

第三十六章　心中有大爱 …………………………… 331

第三十七章　青海湖畔 ……………………………… 342

第三十八章　事业，永恒的歌 ……………………… 357

附录：

秦怡年表 ……………………………………………… 367

初版后记 ……………………………………………… 379

二版后记 ……………………………………………… 382

三版后记 ……………………………………………… 384

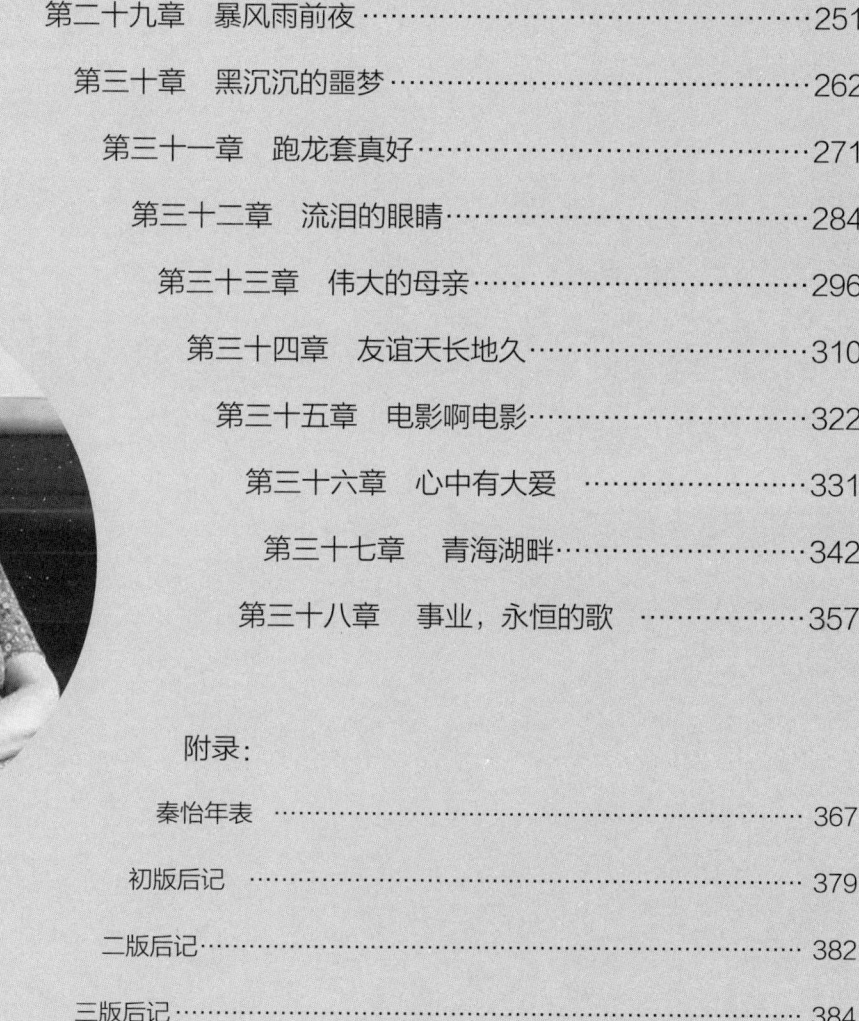

第一章

城隍的后代

1922年农历正月初四。

当夕阳下的余晖刚一消失,夜色便迅速笼罩而来。白天走亲访友、互相拜年的人们已早早回到家中,等待一年一度传统新春佳节高潮戏的到来——接财神。因为事关来年的柴米油盐,所以无论工商农家,家家户户都虔诚企盼"财神爷"的格外青睐。

朔风呼号,气温骤降,"乒乓"和"噼啪"声不时断断续续地响起,这是心急的人们提前点燃了迎接财神的鞭炮。

此刻,在上海南市的一个深宅大院里,已是锣鼓齐响,热闹无比。身穿绿色蟒袍、带着财神爷面具的民间艺人向主人大献殷勤,他一手提着蟒袍下摆,一手把怀中的"金银财宝"撒向供案,也撒向围在四周观看的每一个人。

主人十分高兴,提前一个时辰点燃了烟花与鞭炮。突然,宅院西厢房传出一阵婴儿"哇哇"的啼哭声,女管家一路奔来向主人大

◆ 秦怡的母亲瞿素月

声报喜：二房又添一位千金！

大院的主人姓秦，早年是上海滩的名门望族，在小南门一带颇有声势。俗话说，富不过三代，秦家也没有逃脱周期性命运的变化，一代代香火传至20世纪初叶，鼎盛的门第日渐衰落。如今，上一辈驾鹤西去，留下三子（房）合住在这深宅大院中。依照祖训，长子（房）成为大家庭的新主人。虽说已家道中落，可瘦死的骆驼比马大，曾经有过的显赫与阔气并未消失殆尽。比如这迎财神的场面，多少显示出大户人家的气魄；更何况人丁依旧兴旺，三房合在一起，老老少少有二十几口人，非一般人家所能相比。

秦家二房名叫秦粟臣，书生本性，为人忠厚，年纪轻轻得了肺痨，几次吐血，体质十分虚弱。当时"异烟肼"尚未问世，得肺痨是九死一生，为消灾冲喜，娶瞿家四小姐瞿素月为妻。

瞿家在南市是个殷实富户，瞿四小姐也是当地有名的美人。瞿老爷思想开通，偏偏在女儿婚姻问题上不太明智，凭媒妁之言，把四小姐许给了有病的秦家二少爷。瞿素月听说未来的丈夫有不治之症，不由得埋怨父亲糊涂，并自叹命薄。瞿老爷后来对这门亲事也不甚满意，感到委屈了女儿，可又不敢违反封建礼教，退婚不嫁。生米既已煮成熟饭，一切只好听天由命了。

或许是心怀不满，或许是本性使然，出嫁那天，拜过天地进入洞房，瞿素月自己揭下了大红头盖。站在一旁的伴娘急得大叫："小姐，不能动，不能动，大红头盖是要新郎来揭的。"她边说边拿起大红头盖，欲替新娘重新盖上，瞿素月抬手制止了。

应酬亲友结束，新郎喜滋滋地来到新房，看见刚拜堂的妻子揭下了大红头盖，暗自吃惊。接着，更使他大惊失色的是，瞿素月已铺好被子，脱去新衣，准备睡觉了。

"等一会儿睡吧，母亲的房门还没关呢！"秦粟臣忍不住轻声提醒。

按照秦家的家规，婆婆的房门未关之前，媳妇不能先关房门，意思非常明确：做晚辈的媳妇不能比做长辈的婆婆早休息。何况，今天是新婚之夜，一切应讲究的礼数更不能破例；而且婆婆住的房间就在新房斜对面，新房稍有动静，婆婆听得一清二楚。

瞿素月没有听从丈夫的规劝，关上新房的门就上床睡了。她美貌能干，性格爽直，是个有个性的人。结婚头一天，先是梳妆，而后是叩头、坐轿、拜堂，身穿大红嫁衣，头戴凤冠，再盖上红绸，像木偶一样被人拉来扯去，她累了，顾不了那么多的规矩。

第二天，新娘子晚上提前关门成了秦家大院的头号新闻，人们议论纷纷。

长兄首先教训二弟，要他拿出做丈夫的威严，让瞿素月懂得做媳妇的规矩。但挨训之后，秦粟臣在妻子面前一声未响，像什么事也没有发生过一样。以自己的有病之身能娶到一位如花似玉的美人，秦粟臣心满意足了，怎么还会去伤害她呢？对于所谓的种种家规，他从来是不以为然的。

瞿素月感到很欣慰，秦粟臣虽然有病，却是个好丈夫。他思想新派，温柔体贴，非常爱她。白天秦粟臣在一家洋行当会计，晚上回到家默默地干家务，让劳累了一天的妻子早点休息，然后他才阅读书报。因此，瞿素月非常爱自己的丈夫，在大房的伙食之外，想方设法做点好吃的，给丈夫补养身体。

光阴似箭。不知不觉，两人已结婚十年，生下一子四女，彼此仍恩爱如初。当家的长兄不满了，二房不断添丁，增加了大房的开销，他竭力主张将女孩子送掉。多一个女孩儿，大房就多一张嘴吃喝，所以老四生下来是女孩儿，立刻被送进了育婴堂。后来老五虽然还是女孩儿，因为已经送掉一个，秦粟臣舍不得再送，才被留了下来。

临到怀上第六胎，秦粟臣和瞿素月暗暗祈祷，盼望老天爷送一个儿子来，不料苍天不开眼，老六照旧是个女孩儿。

按理，在接财神前夕降临人世，这女孩儿算得上是个"吉祥囡"，说不定靠这个小财神，秦家从此能发财兴旺，重整当年的雄风；况且这小生命的嗓门特别大，

来到人间的第一声哭声像个小男孩,听上去仿佛是来自天堂的福音。于是,望着产后虚弱、脸色灰黄、双眼紧闭的妻子,秦粟臣不知怎么办才好。沉重的经济负担,压得他喘不过气来。

恪守"长子为父"的封建信条,大哥操纵了秦家的经济大权,主宰着三房人丁的命运。他自幼熟读四书五经,通晓孔孟之道,是清末的秀才。成年后,他行中医,开私塾,很是有钱。然而,他的为人实在难以恭维,只知一味聚敛钱财,全然不讲亲情与信义。大哥先后娶过九个老婆,全是大户人家的女儿,只是每一个老婆不是容貌丑陋就是患有隐疾,娶过来大多被丢在一边,有的甚至不与她们同房。那些大户人家,为了体面嫁出有残缺的女儿,均陪有双倍嫁妆。不幸的是,由于常年精神与生理上的压抑,这些女子嫁到秦家不久,一个个抑郁而死,最后剩下一个陪嫁丫头,被收为偏房,一直伴他离开人世。

对两位胞弟,当家的大哥丝毫不讲手足之情。他明明继承了祖上的遗产,反说父亲死后欠了一屁股债,逼着两个弟弟出钱还债。老三不务正业,靠做投机买卖为生,暴发时花天酒地,落魄时一分不名,他感觉有辱门风,竟将老三赶出了家门。

秦粟臣为人老实,为息事宁人,对长兄的巧言令色全都忍了。他不会做生意,又没有分得遗产,靠在洋行做中式会计,工资不高,每月几十元收入,抽出十来元给大哥还债,余下的养家糊口,日子过得紧巴巴的。随着孩子一个个增多,手中越发感到拮据。

"大口小口,一月三斗。"想到多一个人就多一张嘴,生活将更加难以维持,特别是想到妻子因多产和照顾自己,身体大不如前,秦粟臣终于狠狠心决定将老六送掉。

"孩子我送走了。"女管家颤巍巍地抱起出世不久的婴儿,对闭着双眼的瞿素月轻声说。她想让瞿素月看女儿一眼,又觉得不妥,这会徒然增加瞿素月的悲伤,于是抱着孩子赶紧走出房外。

瞿素月并没有睡着,她听见了女管家的招呼,她不愿意讲话,也不想睁开眼睛看一看亲生骨肉。因为,此时只要她一开口说话或睁开眼睛,她就不会让女管家把女儿抱走。为了全家人的生活,她强忍悲痛,佯作不知,她的心在流血。

女管家抱着孩子走到外房，秦粟臣把一纸遗弃文书塞进孩子的蜡烛包，上面写有女儿的生辰八字，请仁人君子把她当作亲生，予以收养。做完这一切，秦粟臣心里涌起一股说不出的悲哀。

秦粟臣和瞿素月没有想到，送走的老六不一会儿又被抱回来了。抱回老六的不是别人，是大女儿秦德贞。

大女儿10岁，已经懂事了。三年前四妹被送掉，她还小，哭着闹着不让送，但没有用。今天六妹一出世，她就多了一个心眼儿，处处留意。看见女管家抱着六妹走出大院，知道六妹要被送掉了，便悄悄跟在女管家身后，一直跟到不远处的育婴堂。女管家把六妹放进专收弃婴的抽屉，转身往回走。她赶紧上前从抽屉中抱回六妹，一路小跑回家，把六妹交给了母亲。

抱着刚刚出生的女儿，瞿素月百感交集。她出生名门，享受过多少荣华富贵，如今竟潦倒到养不起自己的孩子。她越想越辛酸，止不住的热泪夺眶而出。

"妈妈，六妹和五妹长得一模一样，真好看。"大女儿盯着母亲怀中的小妹妹看，笑着对母亲说，全然没有觉察到母亲的痛苦。

听着大女儿的说笑，瞿素月低头细细地看着怀中的小生命，她淡淡的头发，小腮胖嘟嘟的，紧闭的眼睛又细又长，小嘴巴含着妈妈的奶头，沉浸在幸福之中。大女儿果然眼尖，老五和老六的确很像——都像自己。

"不送了，再也不送了……"瞿素月下意识地抱紧怀中的孩子，喃喃自语地说道。

秦粟臣进来了，他用手指拭去妻子脸上的眼泪，觉得很对不住妻子。作为丈夫，他非但不能让妻子过上幸福美满、衣食无忧的生活，相反还要让妻子为他受苦受累，连亲生骨肉都无法保护，他太无能了。与此同时，潜意识中，秦粟臣忽然有一种感悟，这个在接财神之夜降临人世，送走了又被抱回来的老六，说不定真是一个"财神"，日后会给秦家光宗耀祖。秦粟臣暗暗发誓，再苦也要养活这孩子。他按照"德"字的辈分，给孩子取了个正式的名字——秦德和，取和和美美、和气生财之意，那就是后来成为著名电影表演艺术家的秦怡。

后来，秦粟臣又接连生了四个孩子，全是女孩，同样因为生活所逼，老七、老八、老九一出世就送掉了，老十是最后一个，被留了下来，取名秦德华，那就

是后来成为著名电影演员的秦文。

不出秦粟臣所料,秦怡的确是全家的"财神"。多年后,她功成名就,从重庆回到上海,包括母亲、哥哥、姐姐、妹妹和侄子在内的全家 11 口人,全靠她赚钱供养,而且一养就是好多年。

主宰封建大家庭的大伯口口声声要振兴门第,重现秦家昔日的雄风,可他的全部所作所为未能为祖宗脸上增添丝毫光辉,倒是他竭力主张送掉的二房的那个老六,日后获得的荣耀给秦氏先祖秦裕伯带来了无限光彩。

城隍爷,城隍庙供奉的神灵。在古老的华夏大地,供奉城隍老爷的庙宇比比皆是,然而随着光阴的流逝,时代的变迁,绝大多数城隍庙都先后颓败湮没了,唯独上海的城隍庙数百年香火不断,与岁月共增辉。究其奥秘,据说各地城隍庙供奉的"神灵",多为不食人间烟火的水土之神,他们只存在于虚无缥缈的世界,在现实生活的大地上从没有他们的踪影。上海城隍庙供奉的神灵就不同了,他曾是一位在红尘中生活了几十年的有血有肉的人。

上海城隍庙前身叫金山神庙,三国时由吴王孙皓所建,明朝永历年间改建为城隍庙。由原先供奉的虚幻神灵,变为由在红尘中生活的人逝世后被敕封的神灵,名叫秦裕伯,距今 580 余年。

相传秦裕伯为元末明初的上海名绅,因捐资兴建海塘,疏通河道,治理水利,造福于民,深受老百姓的尊敬和爱戴。

元朝末年,农民起义军雄踞苏州,屡招秦裕伯入伍为官,秦裕伯坚辞不就。后来朱元璋夺取天下,当上了大明王朝的开国皇帝,闻秦裕伯之名,命中书省邀秦入仕,遭委婉拒绝。秦裕伯上书谢辞:"裕伯受元爵禄二十余年,肯是不忠也;母丧不终,忘哀而出是不孝也。不忠不孝之人,何益于国?"他甘愿老死林下,誓志不肯出山。

做善事,造福于民;讲忠孝,不羡权势。因此,秦裕伯仙逝后,百姓怀念不已。

朱元璋闻讯,感慨万端:"(秦裕伯)生不为我臣,死当卫吾土。"遂敕封为上海的"城隍"。

永乐初年,上海知县张守约将金山庙改为城隍庙,以期这位御赐人间之神能保佑上海地区年年风调雨顺,岁岁五谷丰登,成为一个国泰民安的太平世界。

第一章 城隍的后代

据近代地方志专家、著名民主人士黄炎培先生考证，秦裕伯的后代子孙繁衍生息，散居于上海苏南一带，故凡祖居上海一带的秦姓人家，均属于一个列祖列宗——秦裕伯。正因为如此，虽历经改朝换代，上海城隍庙的香火始终绵延不绝，除秦姓后代每逢年节要来祭奠先人，异姓之人也常来焚香点烛，磕头跪拜，祈求保佑平安。

1961年秋，秦怡拍完《摩雅傣》后到北京参加一个会议，曾经创办中华职业学校的黄炎培先生设宴招待秦怡。秦怡在中华职业学校读过书，算是他昔日的学生。老师宴请学生，秦怡不胜惶恐。那天黄炎培先生一见秦怡，笑眯眯地对陪同的人说："城隍的后代来了。"没等秦怡转过神来，黄炎培先生又用上海话对她说："侬晓得哦，侬是上海城隍爷秦裕伯的后代。"

毋庸置疑，这宴请的本身和黄炎培先生两次关于"城隍爷后代"的说法，足以证明秦怡为人与做事所取得的成功。

又是30年过去了。

1991年，由秦怡任董事长的上海影视公司筹拍一部以浦东开发为背景，介绍上海的昨天、今天与明天的电视片。参加拍摄的同人建议，以秦怡寻"根"为线索贯穿这部电视片，会拍得更有趣味。秦怡同意了。不久，一部名为《城隍的后代》电视片正式开拍。秦怡重踏老城厢，寻找故居。世事沧桑，老城巨变，忘不了的是儿时的点点滴滴。

这一切都是后话。假如当年不是大姐把秦怡从育婴堂放弃婴的抽屉里抱回来，结局将会是另一种样子。

幼年时代的秦怡文静极了，让她睡就睡，一睡几小时，不吵不闹。长大后她的头型是扁的，多半是小时候睡得太多的缘故。若让她站在立桶里，一站也是几小时，大眼睛骨碌碌地看着妈妈做家务事，不给吃不给喝，照样不吵不闹。"这傻孩子真好带。"妈妈对人说，口气中不乏自豪与溺爱。可恰恰在这一点上，妈妈有点看走了眼。文静柔和是女儿的外表，其内心深处有的是野性和泼辣，只是处于襁褓之中，来不及充分显现。仅仅几年工夫，女儿不肯循规蹈矩而惹是生非的举动，就令她这个做母亲的操透了心。

打从有记忆起，秦怡就不喜欢自己的家。

20世纪20年代的秦家大院,在南市老城厢是数得着的高楼大厦。七上七下的石库门式楼房,天井连着天井,前厅连着后堂,好不阔气。只可惜房子虽多,能直接看到外面世界的窗户却不多。二房住的几间楼房,只有后楼梯两个窗口可以看见外面的大街。秦怡很珍惜这两个窗口,常趴在那儿张望过往的人群,她很想挤到人群中去看看背着书包上学的孩子、卖糖人的小贩和耍猴儿的艺人,无奈封建大家庭的规矩很严:女孩子不能轻易外出,活动的天地只能是从这个天井到那个天井,一起玩的只能是秦家的孩子,能玩的是踢毽子、跳绳子和捉迷藏,除此再没什么其他花样。在秦怡的眼里,大院高高的围墙,黑黑的石库门,阴沉沉的,把她和外面的世界完全隔绝了。

当然,生活也有不枯燥乏味的时候,那是过年和陪祖母外出看戏。

小时候,秦怡特别喜欢过年。三房合一的封建大家庭一到过年,古旧的石库门房子有了不少生气,翻出了许多平时少有的新花样。

先是忙着办年货,做年糕。一家子大人小孩儿围坐在一起,抢着用人掼出来的年糕团,在印板上一按,变成花纹漂亮的年糕。大家边做边吃,气氛欢乐。

接着是祭奠祖宗。大厅内摆着一桌又一桌的祭品,有鱼有肉,热气腾腾,还有糕点、桂圆、红枣和水果。在大人们的吆喝下,孩子们一桌一桌轮着磕头,祭完祖宗,抢吃糕点和水果,其间的快乐是平时所没有的。

临到夜晚,是另一番景象。大厅中蜡烛点得火红,香炉中烟雾缭绕。晚饭后在天井中燃放烟花。就连最遭人恨的大伯,也早早把各个大厅挂了一年的字画收藏起来,换上新的,看见人也显得格外和蔼。

陪祖母看戏更是件高兴的事。

祖母爱看沪剧,是个沪剧迷。戏文中讲些什么,秦怡不懂,图的是热闹。在去戏院和回家的路上,祖母拉着秦怡的小手,讲戏文里的故事,她听得津津有味。没读书以前,秦怡对于世事懵懵懂懂的认识,大多从祖母讲的戏文中得来。更为重要的是,陪祖母看戏可以接触外面的世界,呼吸新鲜空气。成天被关在高墙大院之内,令人窒息,秦怡总想着飞出去。

隔代相传,秦怡的许多方面酷似祖母。比如脸型,秦怡生下来时像母亲,圆型脸,后来像祖母了,脸型偏宽。祖母年轻时也是个美人。再比如性格,祖母为人随和，遇事不着急，不往心里去，家中什么事不管，想得最多的是看戏，人称没心没肺。这些性格全移植到了秦怡身上。祖母好福气，活到80出头才离去。

上学以前的生活已经很遥远了，秦怡仍难以忘怀。尽管封建大家庭充满了不和谐的音符，爸爸妈妈承受着许多不公平的压力，整日为一家人的生计而忙碌，但是秦怡感受到的是幸福，爸爸妈妈和祖母给了她太多的爱。

一个人的童年无论享受了多么温暖的阳光，或者遭受了多么寒冷的风雨，只要有爱的呵护，那他就是幸福的。

第二章

童年的反叛

秦怡6岁了,到了上学的年龄,她向父亲吵着要上学,而且一定要上洋学堂。女孩子上洋学堂在那时已不是什么新鲜事,大哥和大姐上的都是洋学堂。秦粟臣手中不宽裕,本想等儿子和大女儿有了工作再让小女儿上学,但拗不过秦怡天天吵,大女儿又帮着说情,也就同意了。

其实,秦怡四五岁时已开始启蒙,大伯是她的第一个老师。身为前清举人,大伯在家中自办私塾,讲授《四书五经》,学生为秦姓亲朋的子弟,专收男孩,女孩儿只限本家三房的姑娘,算是破格照顾。四五岁的孩子整天坐在那儿摇头晃脑地念之乎者也,不胜其苦,背诵不出还要挨板子、打手心,就更视如畏途了。正因为如此,一到上学的年龄,秦怡坚决要求上洋学堂。

秦粟臣在洋学堂为秦怡报了名,女儿高兴了,不料却惹怒了当家的长兄。

第二章 童年的反叛

"要你还债,你一天到晚哭穷;家里有书不读,要给女儿去上洋学堂!"长兄严厉训斥弟弟说,"既然你有钱,就先把欠债还了吧。"

大哥强烈不满,秦粟臣找妻子瞿素月商量,想让秦怡推迟几年再上学。

瞿素月一听火冒三丈:"我们让孩子念书,关他什么事,欠他几个臭钱,借了还他!"

妻子这么一说,秦粟臣也觉得秦怡读书的事不能耽误,否则会害她一辈子。第二天,他到处奔走,想方设法借来一笔钱,堵住了长兄的嘴。

秦怡终于背起书包,跟大姐一起去上学。从此,她像一只展开翅膀的小鸟,在广阔的蓝天中自由快乐地飞翔。

秦怡先后上了上海女子文学专门学校小学部、城东女子中学附小、龙门师范小学和上海中学实验小学四所小学。这些学校在当时都各有特色,它们为秦怡选择今后的人生道路奠定了基础。比如上海女子文学专门学校小学部,是一座十年一贯制的学校,学生除了学习国文、算术、图画、音乐等课程,还能受到深刻的反封建教育。再比如城东女子中学附小,是当时一所颇有名气的学校,学校的正副校长是上海闻名的杨氏姐妹,她们到西方留过学,思想新派开放,是走在时代前列的新女性,也是学生们仿效的楷模。而龙门师范小学,则是一所有着光荣革命斗争传统的学校,教员中许多人参加过上海"五卅"运动,他们经常在课堂上讲顾正红、林祥谦的事迹,激发学生们的爱国热情。

秦怡之所以会上四所小学,目的是为了跳级。她天性聪慧,学习用功,每学期都是智育、学育与德育"三育俱优",为她从低一年级的上学期跳到高一年级的下学期创造了条件。当时,只要通过一定考试,任何年级的学生都可以跳向高一年级,为优秀学生缩短学习周期提供了方便。小学六年,秦怡只用了别人一半多一点的时间。

有一件小事很能证明秦怡儿时的才情,同时也能证明在她性格内向、表面平静之下的内心世界异常活跃。7岁那年,秦怡画了一幅画,画面上有两盆花,一盆花枝繁叶茂,另一盆花枯萎欲死。长得茂盛的那盆花旁边,站着一个浇水的男孩。画没有题名。

秦怡把画拿给大姐看,大姐问画的意思是什么。秦怡说:"你看,没人浇水的

那盆花死了,有人浇水的那盆花没有死,所以我们要有吃有喝有学习才能长得好。"

第二天,秦怡又把画拿给她崇拜的堂哥看。堂哥看了画说:"可以向报馆投稿。"听了堂哥的建议,秦怡很高兴,把画寄给了一家报馆,署名时特别说明她是一个小学生。没几天,画登出来了,还收到一块钱稿费。秦怡把钱给了母亲。

刚进洋学堂,没有了私塾的压抑,没有了老古董的指责,秦怡感觉进入了一个自由自在的新天地,可没多久又陷入了新的痛苦之中。

洋学堂的学生大多是富家子弟,像秦怡这样出生在衰败的封建大家庭中的孩子,属绝无仅有,贫富差距非常明显。

最相形见绌的是穿着。同班的女同学们夏有绸裙,冬有大衣,唯有秦怡一年四季穿的全是旗袍,夏天是阴丹士林布的单旗袍,春、秋天是夹旗袍,冬天是棉旗袍,而且是大姐二姐穿过的。有些同学因此瞧不起秦怡,课余时离她远远的。强烈的自尊使秦怡与视她为不平等的同学很少往来——上课了,她聚精会神,认真听讲;下课了,她独自到操场上翻杠子,爬竹竿,跳平台。这是男同学爱玩儿的,女同学少有人问津。久而久之,磨炼了秦怡刻苦努力、不畏艰难的顽强意志。

在洋学堂,秦怡心灵上最早觉醒的是反封建意识。身在一个没落的大家庭,秦怡感受最深的是不合理的封建家规和大伯的专横与霸道,她用一个孩子特有的方式进行有限的反抗与示威。

伯父规定,秦家的女孩子不准赤脚,不准看戏,不准晚归。秦怡带着妹妹秦文偏光着脚在伯父面前跑来跑去,伯父骂了几次不见效果,也就不骂了。这一胜利使秦怡更加胆大妄为。

秦怡的堂哥是个优秀青年,他博览群书,很有学问,乐于接受新思想,但在行动上不敢违抗父亲的淫威。一次,堂哥晚上有事回家迟了,伯父罚他跪下。秦怡知道了,跑到堂兄身边煽动他"站起来,站起来"。大概是跪得太久了,堂兄欠身准备站起,大伯立即上前扇了堂兄两巴掌,并破口大骂。秦怡见状,气得与大伯对骂。

不满的情绪在不断蓄积。

一天,秦怡看文明剧团的演出,回到家已经天黑。大伯认为,女孩子出门看戏,又回家晚了,属触犯家规,狠狠地训斥了秦怡一顿。秦怡十分气愤,决心报

第二章 童年的反叛

复。她找妹妹一起商量，想出了一条出气解恨的办法。当天半夜，姐妹俩偷偷溜到伯父卧房门前，在门上贴了一张纸条，上面赫然写着五个大字："杀去你的头"，后面加了一个重重的"！"号。第二天一早，大伯看见纸条，明知道是秦怡干的，又抓不住把柄，无法往深里追究。

然而，秦怡的每一次示威与反抗，倒霉的总是父亲秦粟臣。

"孩子不懂规矩，是你们做父母溺爱的结果，再不严格管教，总有一天会败坏秦家名声。"一发生冲突，大哥就教训二弟。

碰到这种情况，秦粟臣嘴上唯唯诺诺，不表示任何反对，内心却对女儿是支持的，因为女儿无可非议。

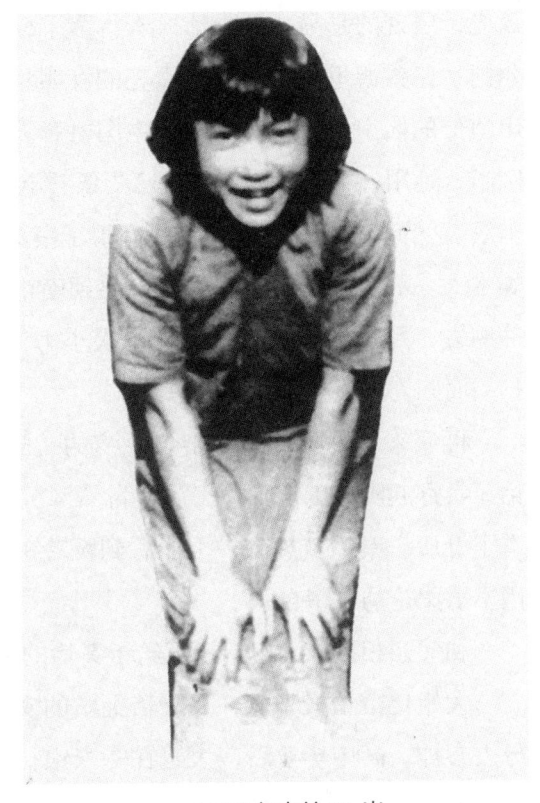

◆ 1933 年秦怡 11 岁

秦粟臣虽然性格懦弱，心地善良，表面看来软弱可欺，但内在的反抗精神其实并未泯灭。为了调节精神与生活的双重压力，他带秦怡一起去听音乐、看电影，借机探视高墙外面的精彩世界。

星期天上午，走进大光明电影院听星期音乐会，秦怡大开眼界。富丽堂皇的影院，那么多人穿着礼服，坐在台上，闪烁的灯光照耀着演奏的男男女女和锃光铮亮的乐器，看着令人陶醉神往。听音乐会不许说话，父亲会塞一根像雪茄烟似的糖给秦怡，意思是想说话的时候就吃糖。秦怡那时还不懂音乐，但是优美的旋律与舞台上的一切，似有一股不可思议的魔力吸引着她，她听得如醉如痴，不想也不可能说话。

看电影是另一种不同的享受。刚开始看的是外国电影，精彩的故事，异域的

风光，展现的是另一种生活。看得多了，秦怡能背出英俊的男明星瓦伦蒂诺、考尔门、弗雷德里克·马奇和漂亮的女明星瑙玛·希拉、珍妮·盖诺和嘉宝等一大串演员的名字。后来看的多是中国电影。这时，秦怡已不满足跟父亲一起进电影院了，她用省下来的零用钱自己买票看电影。胡蝶和郑小秋演的《姊妹花》《啼笑姻缘》，情节曲折，凄婉绝伦，赢得了秦怡不少眼泪。看电影不过瘾，秦怡想看胡蝶本人。一次，听说这位大明星要到南市的一个地方剪彩，秦怡喜出望外，兴冲冲跑去，那里已是人山人海。她人小力气小，被挤来挤去，结果什么也没看见，扫兴而归。

再后来看了阮玲玉和金焰主演的《野草闲花》《香雪海》《恋爱与义务》，秦怡又崇拜起阮玲玉。阮玲玉演技自然深沉，没有其他一些女明星矫揉造作的样子，看了舒服。秦怡梦想有一天能看到阮玲玉，和阮玲玉说几句话。可惜不久阮玲玉因不堪舆论的诽谤自杀了。

和父亲相比，大姐秦德贞给予秦怡的关心和影响更直接，也更大。

大姐比秦怡大十岁，是秦怡上学的支持者。学校开家长会，也是大姐代表父母去参加。高中毕业后，大姐在一家银行做出纳，年纪轻轻就和父亲共同挣钱供养全家人。大姐思想进步，是反封建的斗士。在秦氏家族中，她第一个举起自由恋爱的旗帜，任凭伯父怎么阻挠，丝毫不肯屈服，终于取得胜利，让深宅大院走进了自由追求者的脚步。那位追求者后来踏上一条错误的人生之路，沉重的打击令大姐悲痛欲绝，并郁郁致病，年纪轻轻就告别了人世。

"小孩子应该多参加点社会活动，见见世面，丰富点知识。"大姐经常开导秦怡说。

秦怡有点顾虑："参加社会活动回来晚了，妈妈要说的。"做母亲的对女孩子要比男孩子多一份关心。

"妈妈那儿，我会帮你说话的。"

在大姐的支持下，秦怡参加了南市少年宣讲团的活动。

少年宣讲团是少年的进步组织，形式类似于现在的少年宫，里面有文娱体育活动，有演讲比赛，还有各种辅导报告。

"九一八"事变后，东三省落入日本侵略者的魔爪，全国同胞同仇敌忾，强烈

第二章 童年的反叛

要求抵抗日本侵略者。在此情况下，少年宣讲团请爱国人士宣讲抗日道理。有一次听东北流亡学生讲日本侵略者的暴行，孩子们个个怒发冲冠，捶胸顿足，痛哭流泪。秦怡哭得两眼红红的，像是两团火，半张着嘴的牙齿闪着白光，那样子像一口要咬死日本鬼子。

少年宣讲团为孩子们打开了艺术之门。在那儿，秦怡看了《苏州夜话》《湖上的悲剧》等独幕剧和芭蕾舞。芭蕾舞的瑰丽、神奇和优美让秦怡大为惊讶，回家做了许多梦。梦中的她芭蕾舞跳得棒极了，能飞起来，可是梦一醒来又什么都不会了。同样在少年宣讲团，秦怡第一次看到了复旦剧社演出的话剧《雷雨》，凤子演四凤。秦怡绝对没有想到，多年后在重庆的话剧舞台上，她会成为四大名旦之一。

与此同时，大姐又把自己看过的书推荐给秦怡看。这些书大都是俄罗斯作家托尔斯泰、屠格涅夫、契诃夫、陀思妥耶夫斯基的作品。书中到底讲了些什么，秦怡半知半解，朦朦胧胧中意会到些什么。

听音乐，看电影，听宣讲，看名著，秦怡原本狭隘单调的生活变得日益丰富起来，文艺作品中所反映的生活和栩栩如生的人物形象，以及人物灵魂深处的波澜，拨动了秦怡幼稚的心灵，在她心中占有重要的位子，同时产生一种模模糊糊的追求和理想。

时间过得真快，一转眼小学要毕业了，这时秦怡迷上了读书。每天放学回家捧一本书在手，她百事不管，废寝忘食，看到半夜都不肯熄灯。从中国作家鲁迅、巴金、茅盾、徐志摩、郁达夫、沈从文，到俄罗斯作家车尔尼雪夫斯基、谢德林、高尔基，以及罗曼·罗兰、歌德、莎士比亚，不管是哪一家哪一派，秦怡如饥似渴，一本接着一本读。

书本在秦怡面前展现的是另一种生活，古今中外的世界是那么复杂而深邃。秦怡感觉自己心灵的窗户被打开了，增长了许多知识，锻炼了思维能力，小小的脑海里产生了一种欣赏和判断能力，懂得了善与恶、爱与恨，许多同学讲不出的道理秦怡都能讲得出。

看书的痴迷，使秦怡在课堂上看起了课外书。她不是故意违反课堂纪律，而是事出有因。课堂上看课外书，歪打正着，秦怡因此得到了一位好老师的培养和指点。

　　小学毕业后，秦怡进了中华职业中学。父亲的身体越来越不行了，不能正常上班，工资收入减少。有时病休在家，洋行一分钱工资不发。靠大姐一个人的收入，勉强维持一家人的日常生活。因此，每到新学期开学，家里只能先付学杂费，书费暂时不付。书费不付领不到课本，秦怡和妹妹在开学头几天总是干坐着。没有课本坐着听老师讲，等于白白浪费时间，不如趁机看课外书，多少还有点收获。

　　秦怡也知道，上课看闲书违反课堂纪律，老师一旦发现会被叫起来罚站。咳，不管它了。秦怡做好了挨罚的准备。

　　于是，在没有课本的日子里，秦怡把闲书放在课桌半开的抽屉里看。老师边讲课边在课桌间的通道中走来走去。老师走过来了，秦怡就把抽屉推进去，装着一本正经听讲的样子；老师走过去了，秦怡又把抽屉半拉出来，低头看书。上课看课外书，不是什么光明正大的事，秦怡多少有些提心吊胆，万一真的被老师发现，揪出来示众，怎么说都是件不光彩的事。幸运的是，几天过去了，老师一直没有发现。

　　有一回终于事发了。

　　那节课是语文课，老师姓彭。秦怡这天看的书没有曲折生动的故事，没有悲欢离合的情节，书中所展示的是普普通通的生活和叙述得明明白白的道理，却把她认为一向是天经地义的事颠倒了过来。秦怡看得津津有味，全然忘记身处什么样的环境之下。

　　突然，一只手伸进抽屉把书拿走了。

　　秦怡抬头一看，是彭老师，顿时满脸飞红，心也"怦怦"直跳，仿佛要从喉咙口跳出来。秦怡知道错了，主动从座位上慢慢站起，等候老师的发落。

　　彭老师合拢书看了看封面，是胡愈之的《莫斯科印象记》。因为有过这样一次经历，秦怡对这本书的书名和作者记得很牢，怎么都不会忘记。

　　彭老师一页一页翻着书，微愠的脸色渐渐消退，眼角边流露出一丝喜悦之情。"看得懂吗？"他轻声问道。

　　秦怡点了点头，感到非常意外。彭老师亲切柔和的语调，听不出有责备她的意思。

　　"好吧，看完以后写一篇读后感给我。"彭老师把书还给秦怡时说，"上课的时候要认真听讲。"

一场虚惊就这样顺利化解了。

从此以后,秦怡不时写些读后感请彭老师指导,书读得越多,读后感也交得越多,到后来连随笔、日记也交给彭老师看。对秦怡交上的那些文字,彭老师不厌其烦地进行批改,有时会把秦怡叫来当面指导,指出哪里写得好,哪里有欠缺。碰到一本好书,彭老师也主动介绍给秦怡看。在彭老师的悉心指导下,秦怡的写作水平大大提高。但可惜的是,在中华职业学校没有念到毕业,秦怡就离开了学校,也离开了彭老师。

彭老师一直没有忘记秦怡。

抗日战争胜利后,秦怡从重庆回到上海。一天,她在辣斐剧场演话剧《结婚进行曲》,十多年未见的彭老师竟然找到她,祝贺她演出成功。当时,秦怡23岁,风华正茂,而彭老师已显得有些老了。

"我那时就知道,你这个孩子会有出息的。"彭老师微笑着对秦怡说。

秦怡还以微笑,谦虚地说:"彭老师,有什么出息,不过是一个演戏的。"

"太好了,太好了,你没有辜负我的希望。"彭老师继续称赞秦怡。

师恩难忘。40余年后,秦怡已是一位年近70的老人。功成名就,她在观众中享有崇高威望,可她时时怀念彭老师,饱含深情地写下了《我的老师》一文。凝聚在笔端下的那一段文字,读来感人肺腑。

> 彭老师个子很小,是苏州人,说话很糯,但我深切地感到,是他启发了我。在那样一个社会中,在人生的道路上,就像是在走钢丝一样,随时可能跌到深渊中去。是他让我从许多知识中懂得人是有思想、有血肉、有抱负、有理想的高级动物,不应该辜负"人"的称号。

这称得上是师生间深厚情谊的一段佳话。

快毕业了,也许是从小生活在一个封闭的世界,接受了新思想启蒙的秦怡特别向往外面的自由世界,特别想离开家。不过,一切还为时过早!

第三章 不当亡国奴

小学毕业后，秦怡进了中华职业学校。这所中等专业学校，在当时是很有名的。学校设土木科、机械科和商科三个专业，学生边读书边参加实践，毕业后直接找工作。

秦粟臣在洋行做会计，他为秦怡选的是商科。大女儿小学毕业读的也是中华职业学校商科，学成后在银行当职员，和他一起挑起了供养一家人的重担。秦粟臣认为，银行是金饭碗，做个职员令人羡慕而体面。小女儿在接财神之夜出世，属大吉大发之人，学商科自在情理之中。

秦怡对商科毫无兴趣，也没打算和数字、金钱打交道，她的理想是当一名老师或做一个作家，好把自己的想法传授给人。但作为孝顺女儿，秦怡服从了父亲的选择。

接受了新思想的启蒙，秦怡不再像上小学时那样孤僻，她变得日益合群与活跃起来。

第三章 不当亡国奴

中华职业学校校友会负责人是爱国老人马相伯，日本帝国主义侵占东三省，激起全国人民的愤怒，他为唤起民众做了大量工作。校友会在他的领导下，屡屡开展各种抗日救亡活动，每一次秦怡都踊跃参加。

最先参加的是校红十字会。

事情的起因是土木科高年级三位女同学贴出布告，呼吁国难当头，每个人都有神圣的义务，为抗战出力，为前方出力，她们建议成立校红十字会，以便一旦有事，能奔赴前线当战地护士。秦怡看到布告，热血沸腾，立即报名响应，成为校红十字会的主要骨干。

参加红十字会要做事，除了宣传与对外联络，主要任务是发动全校女生为前线将士做背包、棉鞋、棉手套，学习

◆ 在中华职业学校上学（中为秦怡）

战地急救，红十字会主要骨干要发挥带头作用。秦怡不会针线活，为了完成做背包、棉鞋、棉手套的任务，她求大姐和母亲一起帮忙。战地急救是练包扎和学抬担架，秦怡在课余时间苦练，学会了再教其他同学。土木科高年级的女同学都觉得，这位满脸稚气而漂亮的低年级同学是好样的。

秦怡高兴的是，在校红十字会学会的救护包扎和抬担架，在后来慰问十九路军时派上了用场；没多久上海沦陷，她离家出走，也是凭在校红十会学到的救护知识，想到前线去当战地护士。

秦怡参加的最激烈的一次斗争，是到国民党江湾市政府请愿。

救国会沈钧儒、邹韬奋、李公朴、章乃器、王造时、沙千里和史良七君子，因宣传抗战被指控为"危害民国"，随即遭公开逮捕。要求抗战竟被污为"有罪"，真是岂有此理！上海各界群众义愤填膺，抗日情绪十分高涨，联合起来到江湾市

政府静坐请愿，声援七君子。校友会决定组织全校师生员工一起参加。考虑到静坐请愿有一定危险性，组织者要求参加者做好最坏打算。

"明天到市政府去静坐请愿，你去不去？"校友会联络员半是动员半是询问地对秦怡说。

"当然去。"秦怡头一抬，回答得很爽快。

"这次静坐请愿可能要挨打，还可能遭逮捕，你怕不怕？"

"不怕！"秦怡回答得更干脆。

"那好，明天早晨7时出发。"看秦怡一副天不怕地不怕的坚定态度，联络员十分满意，正式通知了静坐请愿活动出发的时间。

第二天清晨，天刚透亮秦怡就起来了，匆匆吃罢早饭，她悄悄离家赶到学校。为避免大伯干涉阻挠，秦怡没对家里人说请愿游行的事。

请愿的队伍浩浩荡荡，万头攒动。中华职业学校的队伍夹在中间，大家挥舞手中的小旗，踏着雄赳赳的步伐，心里充满斗争的激情。

"打倒日本帝国主义！"

"我们不愿做亡国奴！"

◆ 中华职业学校红十字会成员留影（中为秦怡）

第三章 不当亡国奴

秦怡和几位高年级同学走在队伍前面，一路上领喊口号，嗓子都喊哑了。

各路请愿队伍齐聚广场，把市政府围得水泄不通，交通为之阻塞。广场上口号声此起彼伏，响彻云天。

为弹压请愿群众，官方用警棍、高压水龙带驱赶群众，市政府广场成为愤怒的海洋。前面的人被击倒了，冲垮了，后面的人又跟着往前冲，秦怡几次被高压水龙带冲倒在地又爬了起来。

从江湾回到学校，秦怡浑身上下湿漉漉的，马上回家会被看出破绽，只好在学校里四处转悠，等太阳把身上的衣服差不多晒干了，才像什么事也没发生似的回到家里。

这一场民意与群众力量的示威，给秦怡留下了难忘的印象，从此只要是抗战救亡活动，她都积极参加。

1935年12月9日，北平爆发了震惊中外的"一二·九"运动。在中国共产党领导下，600多名学生高呼"停止内战，一致对外"等口号，举行抗日示威大游行。这一爱国行动，遭到国民党政府大批军警的镇压。学生们赤手空拳，不畏艰险，与全副武装的军警进行搏斗。许多学生受伤、被捕，激起了爱国民众的愤慨。

斗争迅速扩展到全国。为声援北平学生的爱国行动，校友会组织全校师生员工参加上海各界群众声势浩大的示威大游行，呼吁停止内战，枪口一致对外。随后，又决定组织演出广场剧《放下你的鞭子》，秦怡在剧中演沿街卖艺的农村姑娘。

这是秦怡第二次上台演出。

第一次上台是在小学6年级。学校举行文艺会演，秦怡主动报名参加。她自编自演的独幕剧《刑》，是根据老师讲的纱厂工人斗争的故事，结合自己的想象创作的。剧中讲述了一位年轻的纱厂女工，为改变自己和伙伴们当牛做马的命运，同压榨她们的反动势力做斗争。纱厂女工被敌人绑在十字架上，面对刽子手的屠刀大声宣告："我们只要活下去，就要和你们做斗争！"演出相当稚嫩，秦怡用自己的激情和力量，表现出向黑暗势力宣战的不屈不挠的决心，真有点像那么回事。

和第一次演出相比，《放下你的鞭子》是一个名剧，演出是为了宣传抗战，秦怡特别用功认真。她一遍遍背台词和排练，反复琢磨表情和动作。临到演出那天，大姐和妹妹穿得整整齐齐，到学校礼堂看彩排。

因为演的人投入,看的人专注,演出中发生了一点小插曲,闹出了一点小笑话。

舞台上,秦怡扮演的卖艺姑娘香姐,穿着花布衫裤,在锣鼓声中表演踢腿、弯腰、拉架子。由于饥饿和悲痛,她唱"九一八"小调泣不成声,练武又支撑不住,卖艺老汉十分愤怒,取出腰间系着的鞭子,重重地朝她抽去……

这一下吓坏了观众席中的大姐,她不由自主地跳上台营救。幸亏演男青年的演员不受干扰,一步跨上台,夺走老汉手中的鞭子,怒叫道:"放下你的鞭子!"

大姐忽然醒悟,这是演戏,不是真有人要打她的六妹。

《放下你的鞭子》演出十分成功,可意外之变在演出不久后发生了。

一天,学校的训育主任通知秦怡,要家长到学校去一次。秦粟臣不知道女儿在学校闯了什么祸,问秦怡,秦怡说是莫名其妙。因为大女儿秦德贞也是中华职业学校毕业的,所以秦粟臣要她代表家长去见训育主任。

秦德贞到了学校,训育主任先讲了秦怡的一些好话,然后说:"秦怡在学校里很活跃,使男同学们很不安心。"

一个活跃的女同学竟会使男同学们"不安心",这逻辑有点奇怪。秦德贞听了不得要领,什么也没说,两眼紧盯着训育主任,等着他把话说完。

"为了让男同学们安心读书,学校希望她自动退学。"稍停了一会,训育主任说出了他想说的话。

一个活跃的女同学会使男同学不安心,为了使男同学安心读书,活跃的女同学必须自动退学。这样的因果推论,简直荒谬绝伦。

中华职业学校是秦德贞的母校,她对学校的情况比较熟悉,对训育主任也有所了解。他是一个国民党员,常常阻挠校友会组织学生参加抗日救亡活动,表面上还要装出一副道貌岸然的样子,是个十足的伪君子。秦怡是抗日活动的积极分子,示威游行有她,静坐请愿有她,演抗日戏有她,早就成为他的眼中之钉,只是因为所有的抗日活动都是校友会发起的,校友会又是马相伯领导的,他不敢公开反对,所以才转弯抹角找借口,拿学生开刀,杀一儆百。

秦德贞听了训育主任的话,非常生气,回家后原原本本告诉父亲。秦粟臣没有责怪秦怡,很快给秦怡找了一所新学校——仿德女子中学。秦粟臣唯一有点沮丧的是，他希望小女儿当银行职员的梦破灭了。

倔强的秦怡对被勒令退学毫不在乎，她对读商科本来就没有兴趣，使她愤慨的是，宣传抗日竟然有罪，这讲的是哪一家的理？

仿德女子中学是南市一所著名的教会学校，全校除了几个管门和打杂的老头外，学生和老师全是女的。学校的统治者是天主教的嬷嬷们。

初来乍到，秦怡对一切都感到新鲜。那些嬷嬷，不管年轻年老的，一律扎着一根大辫子，不管天冷天热，都穿一件小袖口长袖子的黑衣裙，脸色白净，没有什么表情，也不令人生厌。可是几天一过，秦怡发现嬷嬷们一个个都很严厉，常会做出一些令人生厌与不近人情的事来。两次上台演过戏，喜欢自由自在的秦怡看了觉得非常可笑，不时跟在嬷嬷们后面，学着她们的模样，那没表情的表情，那幽灵般的步伐，那唯我独尊的目光和乖僻冷漠的神态，再哼一两句"主啊""阿门"的祈祷声，把嬷嬷的形象活灵活现地勾画了出来，引得同学哈哈大笑。

学校的课程设置有语文、数学、外语、音乐和图画，也讲解《圣经》和从《圣经》演绎出来的故事。嬷嬷们虽然也讲授专门课程，但她们的主要任务是传经布道，在年轻的女孩子当中物色、培养忠实的信徒，要她们无限忠于上帝，勇于为上帝献身。这对于具有反叛精神的秦怡来说，实在难以忍受。

入学不久，音乐课秦怡选修钢琴。在小学和中学，秦怡学过钢琴，新学校有机会自由选择，她再一次选了钢琴，目的是想锻炼和提高一番。可每逢上音乐课，她刚兴致勃勃地练琴，负责指导的嬷嬷就阴着脸，一声不响地站到她身后，弯着手指用关节叩打着她的肩膀。弹得好，倒也罢了，一旦弹错了，叩打着的手关节会加倍用力，秦怡痛痒难耐，极为反感。有一天秦怡终于火了，"叭"一声盖上钢琴盖，走出了教室。那位嬷嬷傻了眼，举在半空中的手半天没有落下。

秦怡感到更恼火的是，嬷嬷们每天像吆喝小鸡一样，要学生们到教堂去祈祷。秦怡从小就不信神仙，不敬鬼神。每逢年节，她也会跪在神像前焚香作揖，那一半是违拗不过钟爱她的父母，一半是觉得有趣好玩儿。特别是大年三十晚上，只要这么一跪，就有资格和大人们一起"守岁"，痛痛快快地玩个通宵。年事稍长后，秦怡不是敷衍应付，就是设法逃避，从不把敬神拜佛当回事，想不到如今反要天天做祈祷，祈求主的保佑。

"虚伪，全都是虚伪！"跪在上帝面前，秦怡从内心发出强烈的不满。时间一长，秦怡无法忍受了。

一天，嬷嬷们又板着面孔，吆喝着教室里的学生去教堂做礼拜。

"我不去！"秦怡站起来大声说。

"为什么不去！"嬷嬷感到奇怪。

"我是来读书的，不是来向上帝忏悔的。我从小就不信教，今后再也不做祈祷了。"秦怡斜着脑袋大声说。

嬷嬷气得脸色铁青，教会学校的学生，哪有不做礼拜，不向上帝祷告的？平时只知道这个漂亮学生有点犟头倔脑，非常任性，没想到她竟敢如此胆大妄为，当众冒犯天条，亵渎上帝！一定要找个机会，好好教训一下这个上帝的叛逆。但是，机会已经没有了。

和中华职业学校相比，仿德女子中学完全是另外一个天地。学校高高的围墙，把学生和外界完全割断。学校里听不到高昂慷慨的救亡歌声，看不到激动人心的抗日报刊，更不组织学生参加轰轰烈烈的游行示威活动，整个学校仿佛是一座死气沉沉的古堡，没有笑声，没有欢乐，游离于时代的洪流之外，让人感到窒息和难受。不过，侵略者的炮火很快摧毁了这座古堡。

1937年7月7日，日本帝国主义进攻古都北平，发动"七七"事变，挑起了全面的侵华战争。国民党蒋介石政府奉行不抵抗主义，助长了侵略者的气焰，战火很快烧到上海。"八一三"一声炮响，上海落入了灾难之中。

日本侵略者的铁蹄一路践踏，公共租界、法租界宣布独立，南市、闸北地区作为中国地界首当其冲。到处是炸弹轰鸣，大地塌陷，惊慌失措的居民们四处逃难。

一时间，南市狭窄的石子路上人流滚滚，推车的，挑担的，挎着大包、小包又拖着老婆孩子的，川流不息地逃向北面的租界。仿德女子中学高高的围墙在炮声中倒塌，学校停课了，嬷嬷们逃得不知去向。

精明的大伯利用一家之长的有利身份，侵吞了祖上留下的遗产，又借口还父亲的欠债，搜刮弟弟们的钱财自肥，在公共租界买了一幢房子。日本鬼子的炮火刚刚打向南市，他已经躺在新居的卧榻上抽鸦片了。

第三章 不当亡国奴

说到底总是自己的亲弟弟，大伯临走时劝二弟一家赶快搬到租界安家，秦粟臣也做好了逃的打算，无奈租界房价暴涨，不要说是买房了，就是租房子住，按月交纳租金不算，还要另花一笔巨额顶费。为了找一间租金便宜些的房子，秦粟臣天天东奔西跑，越找房价越贵。

妻子瞿素月火了："生死有命，富贵在天，炸弹不生眼睛，逃到租界也未必保险，住在南市也未必一定就会死。真的活不了，一家人死在一块儿，反而是件好事。"

这样，原本三房合住的大宅院剩下了二房一家。

局势继续恶化，中国租界很快被日军占领，成了沦陷区。侵略者烧杀掳掠，奸淫妇女，无恶不作。眼见南市稍有点活路的人家，已十室九空，逃得差不多了。火烧眉毛，再不能在大宅院住了，费了九牛二虎之力，秦粟臣在公共租界找了一间十几平方米的房子，供全家人暂时栖身。

搬家那天，搬家汽车找不到，人力板车也找不到，好不容易弄到一辆黄包车，瞿素月收拾些衣物和日常生活用品装上车，一家人匆匆告别住了几十年的老宅。

衰败中的封建大家庭从此彻底解体。

离开了石库门老宅，离开了大伯，再也不用看他一副封建卫道士的嘴脸，秦怡暗自高兴。她本就讨厌那个家，盼望能早日离开它，如今真的变成现实。然而，生活刚揭开新的一页，新的问题又不断在缠绕着她。

上海沦陷了，租界虽是中立地带，横行霸道的日军飞机照样天天窜入市区，中国飞机迎头痛击，流弹到处伤人。有几天，汇中银行、大世界、先施公司一带一连落下好几枚炸弹，吓得市民人心惶惶，家家户户做好防空准备，玻璃用纸条糊着，蜡烛被抢购一空……尖厉的空袭警报时时响起，普通百姓胆战心惊地过着日子。秦怡人小胆大，每当空袭警报拉响，打起空战，人们四处躲藏时，她一个人站在晒台上，伸长脖子，看中日两国战机互相追逐扫射，一旦日本飞机中弹逃跑，就连连拍手高叫："打得好！打得好！"

租界如此，中国地界更加恐怖。南市的城门、虹口的桥梁上站着日军岗哨，杀气腾腾，一副征服者的姿态。

秦粟臣几次想回南市家中看看，再搬点东西出来，可传来的是坏消息，小南

门一带已化为一片废虚。秦粟臣听了,心中隐隐作痛。他并不留恋老家,但那里毕竟留着他青年时代美丽的梦想;他并不喜欢那些陈旧的摆设,但那毕竟是祖祖辈辈用汗水换来的。生活更加困难了,再这么下去怎么办?秦粟臣整日满脸忧愁!

战争爆发,洋行停业,靠一点微薄的生活费应付不了飞涨的物价。眼看就要断炊,每天靠东挪西借,勉强应付,总不是办法。

秦怡劝父亲带着全家人逃到大后方去,父亲一脸苦笑,怪秦怡太不懂事。从南市逃到租界,他已经焦头烂额;再从租界逃到大后方,非倾家荡产不可。

仿德女子中学在战争中被炸毁了,秦怡转到华东女子中学上学。战争弄得人心激荡,谁也静不下心来上课。秦怡把书本丢得远远的,每天热衷于参加学校的救护队活动,一个大胆的想法在她小小的脑海里开始酝酿。

学校里隔三岔五有同学离家出走,奔赴抗日前线。家长们找到学校,学校无能为力。出走的同学不是学校指使,学校也不知道他们去哪儿了。病急乱投医,有些家长在报上刊登"寻人启事",结果一无消息,白白把钱送给了报社。

对出走的学生,同学们议论纷纷。有的认为,为抗战而离家出走,是爱国行为;有的认为,放着家里优越的生活不过,上前线碰得头破血流,是个大傻瓜。

秦怡的态度非常鲜明:"走得好,青年人应该血洒疆场,我敬佩他们。"

"那么你也想走吗?"同学小朱问道。

秦怡说:"当然想走。日本鬼子迟早要进租界,我可不想当亡国奴。"

"你打算去哪儿呢?"

"上前线,做战地护士!"

民族危亡的紧要关头,16岁的秦怡做出了自己的选择。

第四章

冲出沦陷区

1938年8月,天气格外闷热,热得人心神不定、烦躁不安。在这样的气候条件下,不愿当日本鬼子顺民的人们,心中郁积的愤怒之火,无时不在寻找机会喷吐而出。

秦怡决心到前线去抗日,可哪里是前线,如何穿过沦陷区,怎样去找抗战部队,一切全都茫茫然。

天无绝人之路。正当秦怡为不知怎么上前线而烦恼时,小朱找到秦怡,说她也想上前线,想和秦怡一起走。

"真的,那太好了!"秦怡喜出望外。

小朱比秦怡大两岁,是服装店老板的女儿,家里很有钱,生活过得比秦怡舒服。服装店老板太爱自己的女儿,什么都管得死死的,不给小朱一点自由。18岁的大姑娘不满意了,决心插翅高飞,去闯自己的天下。小朱提议去武汉,她从报纸上看到,日军在进攻武汉,武汉保卫战已经打响。毫无疑问,武汉肯定是抗战前线。到了武汉,

再到战地第一线当护士。

小朱提出去武汉,还有另外一个理由。她朋友的一个亲戚在武汉,来头挺大,她请这位朋友写了封介绍信,通过他的亲戚去找抗日工作,一准有把握。

"你猜他的亲戚是谁?沙千里!"小朱从皮包里拿出介绍信,在秦怡面前扬了扬,神气地说。

"沙千里!"秦怡几乎叫出声来。

秦怡知道,沙千里是全国各界抗敌救国会的领袖,大名鼎鼎的七君子之一,为呼吁抗日,被国民党政府关押了10个月,直到全面抗战前夕才被释放。在中华职业学校读书时,秦怡为营救七君子参加过请愿游行,挨过国民党军警水枪的喷射。有了给沙千里的介绍信,秦怡心里踏实了。抗日的事找沙千里,他一定会帮忙。秦怡决定和小朱一起奔赴武汉。

这时,从上海到内地的交通已全部中断,如果要到武汉,必须绕道香港、广州,一路只能乘船,船票非常难买,必须整天整夜去码头排队。要离家出走,秦怡和小朱都瞒着家里,白天和晚上排队去买船票,家里人一发现,肯定走不了。怎样才能弄到船票?一时成了大问题。

一天,秦怡到一个姓陆的女同学家去玩,她家里住了一批上海交大航空机械班的同学,因为经常见面,秦怡和他们已经很熟了。闲聊中,大学生们说毕业了,被分到成都华西坝机场,马上要去报到。秦怡听了很羡慕,顺口说了自己和小朱想到武汉前线参加抗战的事。听说两位高中还未毕业的姑娘要上前线,大学生们非常钦佩。从上海到成都,同样要乘船绕道香港、广州和武汉,再由武汉乘船到重庆,转陆路到成都。有人提议,干脆大家一起走,一路上好互相照顾。秦怡立即表示同意,大学生们一口答应帮助代买船票。

船票有了着落,秦怡和小朱分别在家里做准备,船票一到手就动身上路。

秦怡在家里静静地等待,吃饭、看书、睡觉,每天像没事人一样,不露一点破绽。她悄悄准备了一只拉链包,放两套换洗内衣、两件旗袍,外加几块钱,因为都是单衣,包看上去很小,放在枕头下不引人注意。

秦怡想把离家的事告诉大姐,大姐最关心她,过去有什么事她总是先和大姐商量,征求大姐的意见,大姐说什么她都会听的。这件事,秦怡想来想去还是没敢对大姐说，怕说了走不成。

出发的日期到了，临走前的那一夜，秦怡第一次在似睡非睡、似梦非梦中度过。凌晨4点，秦怡悄悄起床，梳洗完毕，默默地向父亲、母亲和大姐告别。他们都还在梦中。父亲是那么慈祥，母亲是那么美，大姐是那么亲切，等他们醒来时，她已经不在了。如此一别，不知何时才能相见！

夏日的清晨，天已大亮，马路上车辆和行人不多。

秦怡提着拉链包来到十六铺码头，码头上人山人海。日军入侵，战火纷飞，去内地仅剩此唯一通道。根据事先约定，秦怡在码头入口处等小朱，碰头后两人一起上船，在船上和交大同学会合。

小朱远远地来了，手里提着一只大皮箱，看上去很重，累得她满头大汗，气喘吁吁。

"箱子里装些什么，这么重？"秦怡微微皱着眉头问。

"是衣服、皮鞋和日用品……"小朱叽哩咕噜说了许多。

"这么多东西，箱子又这么大，万一你爸爸妈妈发现了，怎么办？"

"昨天晚上我就出来了，睡在亲戚家里，他们不会发现的。"

秦怡一听觉得有点不妙。小朱一夜没回家，服装店老板要是察觉了，一准儿会露馅。快点上船吧。

正在此时，身后有人喊小朱的名字，两人回头一看，秦怡意料中的事发生了，后面追来一男二女三个人，男的是小朱的爸爸，两个女的是小朱的嫂嫂和姐姐。

小朱知道自己走不了了，站在原地不动。

服装店老板赶上前来大声怒吼："你想找死呀，要死死在家里，别出去丢人现眼，快给我回去！"

小朱姐姐和嫂嫂叫来出租车，把小朱连人带皮箱塞进车内，出租车载着三个女人一溜烟开走了。留下小朱爸爸对付秦怡。

"你拐骗我女儿。"服装店老板怒气冲天，蛮横无理地诬陷秦怡。

秦怡大声申辩："你瞎说，是她自己要走的。"

大清早，一个男人和一个小姑娘吵架，看热闹的人很快围成了一圈。

秦怡嘴不饶人，服装店老板越发暴跳如雷，硬拉着秦怡到巡捕房评理。

离开船的时间已经不多了,被拉到巡捕房的秦怡担心走不了,费了几个月时间策划的行动眼看要付诸东流,想想颇觉伤心,眼泪在眼眶里直打转。

巡捕房值班的警官是个中国人,年纪不大,虎着脸,摆出一副威严的样子。他用职业眼光打量着秦怡和服装店老板。

秦怡穿一件蓝竹布旗袍,脚上是白袜子与黑布鞋,一副学生打扮,十分朴素,稚气的脸涨得通红,他先对秦怡有了几分好感。

接下来是例行公事式的询问。

服装店老板告秦怡拐骗他的女儿,秦怡说他女儿是自愿上前线参加抗战的。

警官询问秦怡和小朱的岁数,得知一个是16岁,一个是18岁,16岁拐骗18岁的,不合常情。警官当即判决:服装店老板的诬告不能成立。服装店老板听了哑口无言,一转身溜了。

听了警官的判决,秦怡没有高兴,仍沮丧地站在原地不动。

"小姐,你可以走了。"警官诧异地看着秦怡,轻声提醒说。

"来不及了,8点钟船要开的。"秦怡哽咽着。

警官低头看看腕上的手表,差十几分钟就到8点了,时间确实有点紧,忙安慰秦怡:"不要急,我派车送你!"

警官马上调来一辆吉普车,把秦怡送到码头。离开船的时间只差几分钟,日本"皇后号"游船的船员正在做起航前的准备。秦怡急忙踏过跳板,刚跨上船舱甲板,船就缓缓启动了。

站在船舷旁等候的交大同学看到秦怡上了船,跑过来问长问短。秦怡说了事情的经过,交大同学笑着向她表示祝贺。

"啊哟",甲板上欢乐的气氛刚刚开头,秦怡突然一声大叫,涨红的脸一阵阵发白。原来,秦怡想起给沙千里的信在小朱手里,小朱被她父亲堵了回去,没有了这封信,她到武汉找谁去?

"广州、汉口,你没有亲戚吗?"交大同学问道。

秦怡想到了大哥,抗战一爆发大哥先离开了家,听父亲说,他好像在武汉一带。只是大哥从小就吊儿郎当,不像大姐那样关心她,到了武汉真找到大哥又能怎样呢!

第四章 冲出沦陷区

见秦怡不吭声，交大同学好言安慰说，他们会帮助她的。

一声汽笛长鸣，"皇后号"驶离码头。第一次坐这样的大海轮，新鲜与新奇驱散了秦怡心中的愁云，站在"皇后号"甲板的栏杆旁，望着倒退的江景和码头上送行的人群，对故乡的留恋之情慢慢涌上心头。

秦怡多么希望在送行的人群中能见到含辛茹苦养育自己的父母，见到关怀抚爱自己的大姐，她什么也没看到，因为她什么也没对他们说。

"再见了，上海；再见了，亲人们，我会回来的，一定会回来的！"秦怡自言自语，两颊挂满了晶莹的泪珠。

按照预定的航程，"皇后号"过香港，到广州，一路上靠交大同学帮忙，好歹把日子打发过去了。再几经辗转，船行到武汉，交大同学忙着赶往成都报到，秦怡住进一位湖北籍交大同学家里，忙着寻找大哥。总算苍天有眼，分外开恩，无意中秦怡在大街上遇到了大哥的一位朋友，从他那儿知道了大哥在黄陂的地址。秦怡喜极而泣，连夜赶到黄陂投奔大哥。

找到了大哥，秦怡满以为可以结束颠沛流离的生活，至少可以安安稳稳吃上几天饱饭，然后去找工作。然而，秦怡万万没有想到，大哥在一个所谓抗战的学兵大队混日子，吃了上顿没下顿，境况并不比她好多少。

当天，大哥为秦怡找了个临时栖身之处，接着一连两天不见踪影。初到黄陂，人地生疏，从上海带出来的几元钱，在来武汉的路上早用完了，身上再无分文，秦怡猫在临时住处不敢挪动，整整饿了两天。第三天大哥不知从哪儿买来一堆冷馒头，她一口气吃了六七个，撑坏了胃，从此落下病根。

第四天，学兵大队开赴武汉，秦怡跟着回到武汉。在黄陂几天的遭遇和学兵大队乱七八糟的情景，让秦怡觉得不能再依靠大哥了，自己的命运自己把握，所以一到武汉她就离开大哥，自找住处，每天翻阅报纸上的招聘广告，寻找谋生之路。

兵荒马乱的年代，招人的工商企业少之又少。忽然有一天，一则招聘广告让秦怡眼睛一亮，驻守武汉战区的第22集团军招聘3名文书，凡年龄在30岁以下的女性，有高中文化程度，立志抗日者，到太平洋饭店11楼报名应聘。这真是一个天大的喜讯。为抗日而参军，是她离家出走的动因。年龄在30岁以下，高中文化程度，且限于女性，所有条件她样样合格。略一思考，秦怡飞也似地向大街上奔去。

尽管这次报名应聘只是秦怡日后生活中的一个小插曲，但它却使秦怡历尽艰险，尝到了生活的艰难，同时接触到了各种各样的人物。

秦怡赶到太平洋饭店11楼，会聚而来的应聘者300多人排成了"一"字长队。招聘3人，报名者300多人，名副其实的百里挑一！

22集团军规定，凡报名应聘者要参加统一考试。看到这么多竞争者，有些还是大学生，秦怡心里直打鼓，担心自己考不取。但生活已逼得她无路可走，容不得她犹豫多想，她所能做的是硬着头皮迎难而上。

考试的题目不难，每人写一篇自传。拿到试卷，秦怡有了一份自信。她从小喜欢文学，读过不少中外名人传记，在彭老师的重点培养下，写作能力名列班级前茅，写份自传不在话下。

秦怡埋头写着，一位主考的年轻军官总在她身边转悠，弄得她心慌意乱，竭力想镇静自己。最后，秦怡记不清自己是怎么考完的，也不知道写了一些什么，等到把厚厚的一叠纸交上去，才觉得自己一定不会考上。为了生活，从考场出来回到临时住处，秦怡继续翻阅当天报纸刊登的招聘广告，寻找新的机遇。出乎意料的是，三天后秦怡收到了22集团军的录取通知书。

报到那天，秦怡发现另外两个被录取的女文书也是上海人。一个叫骆亚琳，沪江大学毕业生，圆圆的脸，大眼睛，剪了个齐耳短发的西装头，人很漂亮。另一个叫钟湘，上海音专毕业，比骆亚琳小两岁，短头发，戴一副近视眼镜。两人的年龄都比她大，社会阅历、资历和学历也比她深。后来的种种遭遇，秦怡庆幸有两位大姐做伴，也庆幸在两位大姐的带领下，在踏入纷繁复杂的社会时没有陷入泥坑。

报到当天就发军装。10月的武汉，天气照样闷热，三位上海姑娘全然不顾，她们戴上军帽，穿上军装，绑紧裹腿，套上草鞋，在房间里雄赳赳、气昂昂地走来走去。秦怡留着一头漂亮卷曲的长发，穿上军装后长发披于脑后，越看越不像个军人。她把长发束成一团塞进军帽，脑后隆起一个包，也不好看。再看骆亚琳和钟湘，西装头戴上军帽，十分精神。是的，哪有留长发的女战士！一个紧急集合令，长头发来不及梳；同敌人搏斗，长头发妨碍战斗。想到这儿，秦怡找到一家小理发店，把一头长发剪成了齐耳短发，一下子连走路都觉得神气起来，像个开赴前线打鬼子的女战士。

作为军部文书，骆亚琳、钟湘和秦怡被授予上尉军衔，拿少校的工资，每月120元钱。她们真心诚意参加抗战，一心只想上前线打鬼子，从没想一个月能拿这么多钱！她们有些不解：这到底是一支什么样的军队？当然，每月有120元的工资，怎么说都是件好事。在那个年月，每月有这样一笔钱，生活可以过得相当不错。

第二天，全军开赴襄阳。军长、参谋长等高级军官坐军用小汽车，其余军官和士兵一起搭乘大卡车，每辆卡车人都站得满满的。行驶在坑坑洼洼的路面上，超载的卡车左摇右摆，车上的人摇来晃去，像要翻下去似的。尽管如此，秦怡和两位大姐还是兴奋异常，总算可以上前线了。告别亲人，离开上海，为的就是打鬼子！

然而，卡车开了一天抛锚了，当晚就地宿营。第二天一早，领队的长官发出命令：卡车无法修复，部队步行到襄阳。步行就步行，当兵行军，天经地义。三位女文书也和士兵一样，背着背包，迈开双脚在田野中穿行。谁知没走上一天，又传令安营扎寨，住了下来。这一住就是好几天，如生了根一般拔不动了。如此走走停停，停停走走，总也到不了前线。

说是军部文书，秦怡和骆亚琳、钟湘其实没多少事情可做，每天抄抄通知，开会时做做记录。秦怡感到不解的是：凡碰到军部开会，秘书长为什么老叫她去做记录？秦怡听不懂军长的四川话，也不懂会议讨论的军事问题，一场会开下来，记录仅一二百个字，最后军长把记录拿去，补上一大段后再还给秦怡。

秘书长的过分热情，更让秦怡十分尴尬。有事无事，他会到三位女文书住的宿舍走动，名为关心生活，实是想单独和秦怡接触说话。他把自己写的诗塞给秦怡，要秦怡帮助修改。这举动有点吓人，一个是军部秘书长，一个是小兵，小兵怎能帮秘书长改诗？再说，她也不懂诗。朦朦胧胧中秦怡有点醒悟，秘书长是醉翁之意不在酒。16岁的秦怡从没想过男女之间的事，但因为长得出众，从小就受到男性的特别关注，所以对来自异性的刻意讨好不缺少敏感。

行军虽然辛苦,倒还像个军队,一旦驻扎下来,许多问题便毫无掩饰地暴露出来。

部队快到襄阳,在一座古庙里宿营。庙很大,穿过大殿,后面还有后殿,全都尘封土积,蛛网拖挂,显得阴森可怖。士兵们住在前后大殿,秦怡和骆亚琳、钟湘住在两殿中间的小房间内。她们猜测,这里原来可能是和尚打坐、念经的地方。整日无事,士兵们懒懒散散,睡大觉的睡大觉,打扑克的打扑克,情绪极其低落。秦怡和骆亚琳闲得发慌,到大殿上教士兵们唱《大刀进行曲》等抗战歌曲,鼓动士兵们的抗战激情。一时不能上前线,这也算是为抗战做工作。

和士兵们慢慢混熟了,三位女文书才知道,22集团军是一个以川军为主的杂牌军,上面常常欠军饷,士兵们吃不饱,穿不暖,生病了没药治,当官的却两日一小饮,三日一大宴。而且,每逢宴请,她们经常被邀请参加。眼见当官的喝大碗酒,吃大块肉,菜肴丰富;当兵的却喝碎米粥、菜皮汤,半饥不饱。怀疑与不满在女文书们心中一点点滋生:这算是哪家的军队?哪一天才能开到前线?

一天傍晚,军部又传来命令,要三位女文书到军部去。军令不可违,三人匆忙赶到军部,大厅里已经摆上大圆桌,一碗碗鸡鸭鱼肉散发着浓郁的香味,围桌而坐的全是军官。女文书们来了,军官们一个个伸长脖子,眼中射出狞邪的目光,盯着女文书们看,恨不得一口把她们吃了。秦怡、骆亚琳和钟湘三人间隔坐在军官们中间,一脸茫然。酒过三巡,各种各样不堪入耳的调笑随之而来,三人听得面红耳赤,却不敢声张。一种被侮辱的感觉在心里膨胀着。

"这不是把我们当花瓶吗?"好不容易挨到酒宴结束,一回到住处,骆亚琳压抑着的火气首先爆发。

骆亚琳一语点中要害,秦怡猛然明白过来,22集团军之所以要招女文书,目的就是调剂军官们单调的生活,这对她们来说是一种人格的侮辱。

"前方在流血打仗,这儿是花天酒地,再待下去简直是犯罪。"秦怡气愤地说。

钟湘也主张赶快离开。

骆亚琳到底年长些,大学毕业后做过工作,有一定的社会经验,遇事想得比较远。她对秦怡和钟湘说:"再待下去固然不好,但如果逃走,万一被抓回来是要被当作逃兵处决的,我们一定要小心谨慎。"三人秘密策划逃跑的方法,决定事先

第四章 冲出沦陷区

做好准备，等领到工资，由骆亚琳和秦怡先逃，钟湘留下来打掩护，发现无事之后她再设法逃走。

没过多久，一切准备就绪。骆亚琳察看好逃跑路线，在大庙外河边雇了一只小船隐蔽等候。凌晨3点，秦怡和骆亚琳拎着小包，装着上厕所，从后面的矮墙翻出大庙，直奔河边，跳上停在那儿的小舢板，逃到了樊城。幸好是半夜三更，四周一片沉寂，没被人发现。到了樊城，两人找了一家小客店落脚，脱下军装，换上旗袍，天一亮就跳上了开往武汉的火车。

一路顺风回到武汉，秦怡拍手额庆，总算逃出陷阱，获得了自由之身。岂料，当她和骆亚琳找了一家小客栈刚住下，两个宪兵已出现在她们面前。

原来，天一亮22集团军发现秦怡和骆亚琳逃跑了，一个电话打到集团军驻武汉办事处，说是逃走了两个女文书。办事处派宪兵四处搜寻，在小客栈找到了她们，看模样像是逃走的女文书。容不得两人辩解，秦怡和骆亚琳被带到了办事处。

接下来是审问，一个问题接着一个问题。毕竟太年轻了，两三个问题一问，两人就露出马脚，果然是两个逃兵。这时，秦怡反不再战战兢兢，逃兵就逃兵，这不是她们的错，她们是被逼而逃。秦怡等待审问者做出宣判，无非是个死！只是她刚离家出走，一心想到抗战前线，没想到连日本鬼子的影子都没看到，自己反先倒下，太冤了！突然，隔壁房间电话铃声大作，一个军官接听完电话回来，神色大变，挥挥手，放秦怡和骆亚琳走了。

突如其来的变化，无异于死里逃生。离开22集团军办事处，秦怡和骆亚琳很快知道，10月21日广州失守，日军排山倒海般地向武汉压来，武汉失守在即，各路国民党军队忙于撤退逃命，哪还有心思管什么逃兵！

"看来，武汉马上就要沦陷，我们赶快走，否则又要做亡国奴了。"回到小客栈，骆亚琳对秦怡说。

秦怡也同意马上就走，路只有一条，乘船逃向大后方的重庆。

一个漆黑的深夜，武汉船码头一片忙乱，秦怡和骆亚琳挤在逃难的人群中间。去重庆的轮船停在江中心，正式买票的人早已上船，剩下全是逃票的人，用高价由码头边的小舢板送到江中心的大船旁，然后登船。小舢板和船上的人串通一气，彼此联手，发点国难财。骆亚琳事先做了打探，两人用22集团军刚发的工资打通

关系,顺利上了船,二次跳出虎口。

万里长江,浪涛滚滚,一个跟着一个拍打着船舷。坐在四等舱拥挤的铺位上,秦怡思绪万千。历经两次逃离沦陷区的惊险,她成熟了许多。上前线打鬼子的理想破灭了,她十分懊丧。现实生活并不像她想象的那么壮烈,如今她一个弱女子孤身前往大后方,等待她的又是什么?今后将怎样生活呢?

江涛声声,前路漫漫,秦怡感到无限渺茫和惆怅。

第五章

陪都求生

"皇后号"在晚上靠上重庆朝天门码头，秦怡站在甲板上眺望，码头上一级级向上的石阶从江底直冲天边。

秋季的10月，梦幻般的迷雾，一层层笼罩着山城，远处星星点点的灯光在雾霭中闪烁，给人一种新奇和富于想象的色彩，别有一番和上海不同的韵味。无论后来在漫长的岁月中遭受多少坎坷，初到重庆第一晚的感受，是那么美好，那么神奇，那么诱人，始终凝聚在秦怡的心灵深处。

来到山城，秦怡人地生疏，举目无亲。在船上，骆亚琳就和她商量好，到了重庆住在女青年会宿舍，那是基督教会办的慈善性质的机构，入住的多是来自天南海北的年轻女性，收费低廉，对她们比较合适。

抗战爆发，各地纷纷沦陷，投奔重庆的人员与日俱增，女青年会人满为患，不容易入住。好在骆亚琳曾经到过重庆，在女青年会

住过,认识里面的工作人员,所以一到重庆,她和秦怡很快就住了进去。

近距离看重庆,陪都的形象并不像原先想象的那么美好。在秦怡的心目中,这块物富民丰的乐土,应该是同仇敌忾的抗日圣地,可实际情形远非如此。

作为蒋家王朝偏安的大本营,重庆成为党、政、军、警各首脑机关的所在地,麇集着一大帮官阶显赫的要员。在民族危亡、国难当头的非常时期,这些达官贵人依然锦衣玉食,腐败成性。他们或醉心于争风吃醋,终日沉缅酒色;或营私舞弊,大发国难财;或加紧搜刮民脂民膏,存入外国银行,准备远走高飞。总之,这批号称民族的"精英",全然忘记了前方浴血奋战的爱国将士,忘记了沦陷区横遭蹂躏的百姓,也忘记了流亡街头、衣食无着的大批难民。尽管如此,秦怡还是感到这里是自由和神圣的象征,至少没有一个做亡国奴所遭受的侮辱与压迫。她的心渐渐稳定下来,等生活问题解决后,在大后方做抗战工作。

住在女青年会,食宿每月最少也要16元钱。第一个月,靠22集团军发的工资,秦怡克服了入住的第一道难关,可接下来第二个、第三个月怎么办?看来,必须尽快找到工作。找工作也很难。她连高中毕业证书都没拿到,凭着一股爱国热情来到重庆,没有任何特长,缺乏谋生的手段,找一个理想的工作不容易。从沦陷区逃到重庆来的人,每天有成千上万,为了生存,人人都要找工作,从而增加了谋生的难度。

秦怡想当一名小学教师,她上过高中,给小学生上课绰绰有余。一位热心人帮助到一所小学活动,回音不佳,说学校已经开学,教师都已聘定,等下学期再说。一个学期三四个月,女青年会的食宿费月月要交,秦怡等不及。小学教师做不成,那就随便干点什么,能解决吃饭就行,秦怡为此天天看报纸上的招聘广告。

困难时刻,女青年会同住的难友伸出了援助之手。

住在女青年会的单身年轻妇女,数秦怡年龄最小,模样儿又讨人喜欢,加之新来乍到,平时少言寡语,神情抑郁,大家都把她当小妹妹看待,生活上对她也格外关照。

和秦怡同住一个房间的李竹林,是李鸿章的孙女,她家境富裕,为人大方热情,为躲避不如意的婚姻住到女青年会。秦怡小小年纪为参加抗战而告别亲人,她十分同情,经常带些好吃的东西给秦怡。骆亚琳到重庆不久就去了成都,李竹林很快成为秦怡最信赖的人。

李竹林在重庆音乐学院工作,认识教育部音乐司的人,秦怡为找工作四处奔走,她介绍给秦怡为音乐司刻试卷、习题、启示和通知之类的蜡版活,每月可以挣点钱糊口。

秦怡在学校读书时刻过蜡版,她字迹娟秀,刻得清楚,这活儿干得了。刻蜡版工价不高,刻一张蜡纸几分钱,能凭自己的劳动谋生,秦怡很高兴。她整天伏在窗下,佝偻着身子,不停地刻,辛辛苦苦一个月,挣了12元钱,离交食宿费还差4元钱。好在女青年会带点慈善性质,差几元钱先挂在账上,依旧可以吃住下去。

日子一天天地过去。

一夜西风,山城骤然冷了。秦怡里面穿单衫,外面加一件夹旗袍,人冻得格格发抖。李竹林拿出自己的绒线衫给秦怡穿。身上暖和了,秦怡心里越发忧虑重重。刻蜡版时有时无,不是长远之计,今后的日子到底怎么过?到哪儿去找份理想的工作呢?

"有一个机会,不知你愿不愿意去?"一天晚上,李竹林试探性地问秦怡。

秦怡瞪大了眼睛,问道:"机会,什么机会?"

"有人想送你去英国念书!"

"到英国去念书?"秦怡有点不信自己的耳朵。上大学继续深造,她倒是想过,问题是钱呢?至于到英国去留学,她连想都不敢想,谁肯为她花那么多钱?秦怡一脸狐疑。

李竹林说出了真情:"教育部音乐司的一个人看到过你,他叫我问问你,愿意不愿意去。"

李竹林这么一说,秦怡想起她和李竹林去教育部取刻蜡版的卷子,一个30来岁、长得挺神气的男子老是盯着她看,看得她面红耳赤,很不好意思。

对有些人来说,能有人资助出国,是求之不得的大好事,但秦怡却没有动心。少女的本能使她怀疑对方的热情和动机。一个素不相识的男人,凭什么肯花钱送她去英国留学?说穿了是看中了她的年轻和美貌。秦怡从没想过拿这些作为条件,去换取自己生存状态的改变。她离开上海是为了抗日,不是为了做富人的太太。她宁愿忍饥挨饿,也不愿这样摆脱困境。

秦怡婉言谢绝了李竹林的好意，不久，刻蜡版的事跟着吹了。

生活虽然艰苦，精神是愉快的。女青年会住着形形色色的人，有革命者、党派名人和政府公务员，也有教授、学者和新闻记者，还有从豪门家庭中逃出来反抗包办婚姻的小姐。人员杂居，每天都有些新闻，每天都可以交许多朋友。对秦怡来说，女青年会是她了解社会、认识人生的一个窗口，也是她学习、锻炼人际交往的一个舞台。

在这里，秦怡认识了胡子婴女士。当时她与章乃器关系不好，带着两个孩子暂住女青年会。秦怡三天两头到胡子婴住的房间去，胡子婴夸她，小小年纪就自力更生，给了她很大鼓励。

秦怡和一位从香港来的记者相处得也很好。那位记者是广东人，很有学问。秦怡和她聊天，话题涉及时事、政治、抗战和人生哲学。她喜欢谈这些问题，偶尔还会冒出一些新的见解。

女青年会住着一位交际花，个子高瘦，人长得漂亮，旗袍外面披件披风，形象潇洒迷人。整个女青年会差不多只有她一个人化妆，化的是浓妆，眼睛上画了蓝眼圈，嘴唇上涂了口红。过于出格的打扮，许多人都在背后议论她，不愿搭理她，一些教会的信徒甚至提出不许她再住在女青年会。由于年龄太小，秦怡不理解交际花的含义，觉得这个人并不讨厌，对她很感兴趣。女交际花知道别人对她有看法，所以一回到女青年会，她就在走廊的拐角处停下，拿出小镜子照照，擦掉蓝眼圈和口红。看到女交际花这么做，秦怡心中滋生出一丝同情。有时女交际花碰到秦怡，和秦怡打招呼，秦怡很和气地给予回应。

一次次碰到困难，一次次得到别人的帮助，不知不觉中秦怡养成了对人、对事宽容和同情弱者的美德，这一美德贯穿了她的一生。

女青年会是一个特别容易接触外界的地方。一次看话剧，秦怡碰到了两位大导演史东山和应云卫，由此改变了她的人生轨迹，找到了她终身的工作。在以后的岁月中，应云卫成了秦怡生活和艺术上的领路人。

在上海时，秦怡很少去看被称为"文明戏"的话剧，偶尔看一次，伯父知道了，她会挨一顿痛骂。住在女青年会，秦怡看话剧的机会多了。一来为加强对电影界的控制，国民党政府强化审查制度，任意删改剧本，乱剪影片，直至下达停拍令，妄图捆住进步电影工作者的手脚，剥夺他们宣传抗日的权利。在此情况下，中国电影制片厂的一些编剧、导演和演员，以中国万岁剧团和中国万岁合唱团的名义，创作演出宣传抗日、借古喻今和抨击时弊的话剧。为了体验生活，搜集素材，挑选演员，他们经常到女青年会串门聊天，顺便邀请住在里面的人看他们的彩排或演出。二来中国电影制片厂的一位女演员朱嘉蒂也住在女青年会，她不时拿来一些票子，叫秦怡去看演出。

一天晚上吃完晚饭，秦怡跟朱嘉蒂去看中国万岁剧团的新戏《八百壮士》彩排。看完演出，走到场外，朱嘉蒂上卫生间，秦怡在剧场门厅边等候。场内走出两个气度不凡的中年男子，见秦怡站在门厅前，不由自主地朝她看了看，然后从她面前走过，可走过去没多远，两人忽又转身朝她走来。

"小姑娘，你在等人吧，在哪里工作？"两人中一位面容瘦削，梳着中分式西装头的男子开口问道。另一位双眼盯着秦怡上下打量。

秦怡见两位中年男子儒雅有礼，不像是坏人，腼腆地说："我刚到重庆，还没有工作。"

"是不是在念书？"

"也没有念书，刚到这里，还不知道怎么办呢。"

梳中分头的男子一听，趁机发出邀请："那到我们这里来吧！"

"你们是哪儿呢？"秦怡的脸涨得通红，她正为找工作发愁，现在有人肯提供机会，显得有点激动。

"我们是演戏的，你来演话剧吧。"

刚刚冒出的一丝希望，顷刻间破灭了："当演员……我……做不来的。"秦怡连连摇头。她热爱艺术，学生时代上过台，但她从没想过要当演员。

"不会可以学，你会学会的。"梳中分头的男子笑吟吟地鼓励着，和蔼的目光里透出友善的期待。

秦怡依然推辞。眼看劝说无效，两位中年男子不再坚持，道别一声转身走了。

秦怡怎么也不会想到，这次偶然的相会，决定了她今后的一生。

"你认识他们？"从卫生间出来，朱嘉蒂看见应云卫和秦怡说话，指着两个远去的背影，惊讶地问秦怡。

秦怡摇摇头，说是那两个中年男人主动和她说话，要她参加他们的演出。

朱嘉蒂告诉秦怡，他们是大名鼎鼎的导演应云卫和史东山，和她说话的那个叫应云卫，能被他看中，参加他们的演出，不容易。

得知和自己说话的两个男人是应云卫和史东山，秦怡也大吃一惊。她虽然不是文艺圈中人，应云卫和史东山的赫赫大名她还是知道的，特别是应云卫，她看到报上刊登电影《桃李劫》的上映广告，他的名字足足有乒乓球那么大。重庆这地方真奇怪，看到大明星和艺术家是这样容易。要是在上海，今天的奇遇，秦怡能和同学们谈上好几天。

生活是现实的，刻蜡版的活没有了，为谋生，秦怡急于找到一份工作。救人之急，朱嘉蒂介绍秦怡和在女青年会俄语夜校上课的许珂认识，并托许珂帮忙。许珂是中国电影制片厂的装置，认识许多人，他认为凭秦怡的形象，完全可以成为一名很好的演员。

"我没有演戏的才能，不能当演员，而且国语也说得不好。"一听又要她当演员，秦怡忙不迭地往后退缩。

"国语不好可以慢慢练，先做见习演员，演演群众角色。"听说大导演应云卫和史东山看中秦怡，许珂尽力劝说，"那就先进合唱团唱唱歌，这总可以吧。"

朋友们这样热情，秦怡不好再说什么了。不当演员，在合唱团唱唱歌，她自觉能够胜任。再说，古人不也有滥竽充数一说嘛。

有了秦怡的默许，许珂立即积极奔走。

当时，中国电影制片厂从武汉迁到重庆不久，正在招兵买马，很需要演员。团长郑用之听许珂介绍秦怡形象秀丽动人，应云卫和史东山也从旁推崇，说姑娘气质不错，遂同意收下秦怡。

几天后，许珂通知秦怡，中国电影制片厂同意要她，要她填一张表。他特意补充说，应云卫和史东山先生欢迎她加入中国电影制片厂。

填表是个形式，无非是履行一下手续。表一交，秦怡就算是中国电影制片厂的人了。实习期3个月，每月津贴30元，实习期满转为正式演员，每月工资近百元。时值抗战之际，所谓实习期，不过是说说而已，实习期不适应也不会退人，而要转正必须三个月实习期满才行。

第五章　陪都求生

1938年11月底，从武汉到重庆两个月不到，秦怡有了一份正式工作，从此她不必为生活怎样维持而担忧了。

四个月前离家出走，秦怡为不当亡国奴，想到前线当一名战地护士，不料误投第22集团军，被人当作花瓶；冒险从22集团军逃出，辗转来到陪都重庆，目的还是不当亡国奴，在大后方做抗战工作，阴差阳错，结果当了一名演员。

一切是那么偶然，但偶然之中有必然的因素。48年后的1986年8月，在《我的艺术生涯》一文中谈到当演员时，秦怡写下了如下一段话。

> 我的表面平静而内在好动的性格，和我对生活的向往与热爱，使我在以后的生活道路上，尽管像走钢丝一样，随时有坠落的危险，甚至有时没有任何人可以来挽救我，但生活本身却挽救了我，教育了我。我的模模糊糊的脑袋里有时也会有一种准则，一种跟什么人走的准则，一种善与恶、好与坏的准则……我抗战心切，时刻盼望着胜利的消息。我只知道我将永远站在平民百姓、弱者的一边，我同情他们，我自己也是其中之一。我孤身一人，无依无靠时，将由我自己决定一切。当我看到那些描写抗战的话剧后，我对那些搞话剧事业的人，产生一种尊敬和信任。我的许多虽然还杂乱，但又起着支配作用的思想，推动着自己做出了抉择——当一名演员。

读着这一段发自肺腑的文字，人们发现，直接的动因虽是生活所迫，但秦怡最终同意当一名演员，是和参加抗战的欲望联系在一起的。

秦怡原名叫秦德和，正式成为中国电影制片厂的演员后，许珂认为这名字太拗口，最好改一改。"德和，德和，多难听！而且你知道'德和'这个音在北京话里是什么意思吗？就是完蛋的意思。非改不可。"

"你帮我改一个吧，随便叫什么都行，哪怕阿猫阿狗也行。谢谢你了。"生活有了保障，秦怡兴奋异常。她不知道一个叫得响的名字对演员有多么重要，她也知道自己的名字在姐妹中是最难听的，但上海话中的"德和"绝没有北京话中"完蛋"的意思，所以她用上海话的表达方式，请许珂帮她随便改个"阿猫阿狗"的名字。

　　许珂很认真,职业的习惯使他懂得,演员的名字念起来要顺口,叫起来要响亮。他动了一番脑筋,又查了字典,根据秦怡外表文静、形象靓丽的特点,取了一个单名"怡",和姓合起来叫"秦怡",既美好,又响亮。

　　"太好了,谢谢你,许珂!"新名字好听,好记,挺合适,秦怡十分满意。

　　名字改了,秦德和变成了秦怡,许珂没有想到,没过多久,在重庆话剧舞台的四大名旦中,以及在日后的中国著名电影表演艺术家的行列中,都有一个响当当的名字——秦怡。

第六章 首次登台

生活翻开了新的一页,展现在秦怡面前的一切都非常新鲜。

中国电影制片厂的前身是汉口摄影场,1935年成立,原隶属国民党军事委员会南昌行营政训处名下,拍过一些新闻片和军事教育片,没什么名声,也没什么影响。抗战爆发,国共合作,南昌行营政训处改为军事委员会政治部,共产党人周恩来任政治部副部长,郭沫若任第三厅厅长,汉口摄影场划归第三厅领导,从此声誉和地位大为改观,云集了应云卫、史东山、郑君里、舒绣文、黎莉莉、吴茵、王班和陈天国等一批知名电影工作者,接连拍摄了《保卫我们的土地》《热血忠魂》《八百壮士》等抗日影片。

武汉沦陷前夕,汉口摄影场迁到重庆观音岩纯阳洞的半山腰,改名为中国电影制片厂,简称"中制"。秦怡历尽艰辛逃到重庆,中国电影制片厂刚搬到重庆两个月,正在扩充人员,大兴土木。说是大兴土木,不过是搭建一些简易木板房。日军飞机经常轰炸,再好

的房子一挨炮弹，立马化为一片瓦砾。所以，全厂除康建堂演出厅建得比较讲究外，办公室和员工宿舍都尽量因陋就简。

中国电影制片厂对外设有"中万"剧团和"中万"合唱团（全称是中国电影制片厂中国万岁剧团、中国电影制片厂中国万岁合唱团）两个不同名称的演出团体，两个演出团体是一家人。刚进厂，秦怡是"中制"的见习演员，见习工资每月30元。在物价飞涨的年代，30元工资低了一些，但厂里管吃管住，还另发一件棉大衣。棉大衣是黑色的，领子上镶着绒绒毛，非常别致，穿在身上很神气，像个演员的样子。见习期三个月，主要参加"中万"合唱团和"中万"剧团的演出，三个月后转为正式演员。从此不愁吃不愁住，秦怡心满意足了。

合唱团的演出任务并不重，全团十来个人，上台演出，歌声混在一起，唱得好唱得不好，分不出来。秦怡唱得挺认真，挺高兴，这不仅因为唱的都是《天伦歌》《游击队之歌》《黄河大合唱》等慷慨激昂的抗战歌曲，而且合唱团的指挥是大名鼎鼎的盛家伦。自从电影《夜半歌声》问世，盛家伦的名字家喻户晓，影片中那首优美动听的插曲就是他唱的。秦怡原先只知道盛家伦是歌唱家，不知道他还是一位指挥家。秦怡没有学过音乐，说不出盛家伦的指挥好在哪儿，只是站在合唱的队伍中，看着他双手上下挥舞，像有魔力一样，愿意使出劲来把歌唱好。

没有演出的时候，秦怡会到摄影棚、剪辑室和道具间看看逛逛，参观拍戏。使秦怡高兴的是，厂里经常有电影看。国产片不多，大部分是美国片，如埃洛尔·费林的《热血男儿》、克拉克·盖博的《叛舰喋血记》、珍妮·麦唐纳的《旧金山》等，看这些影片是真正的艺术享受。

然而，当最初的新鲜过去之后，秦怡有点不满足了。从上海离家出走，为的是参加抗战，如今为了生活，每天在合唱团里唱唱歌，有点不甘心。心里一有想法，不满的情绪自然会流露出来。

1939年春节中的一天，朋友老徐夫妇请一位客人吃饭，邀秦怡一起参加。那年秦怡17岁，长得胖乎乎的，愣头愣脑，活脱脱一个傻丫头模样。客人大约40岁不到，长得浓眉大眼，仪表非凡，秦怡看着面熟，又说不出他到底是谁，老徐也没有介绍。

"你是做什么工作的？"客人谈吐爽朗潇洒，和老徐夫妇谈得十分亲热，为了不至冷落秦怡,他操着浓重的江淮口音问道。

秦怡随口回答说:"在中国电影制片厂合唱团唱歌,兼当跑龙套的演员。"

"那好啊。"客人笑着说。

秦怡对客人的赞赏不以为然:"好什么呀,整天在里面混,没什么意思。我想去前线,没去成;我想去深造,又没条件。"

"你们在唱什么歌?"客人问道。

秦怡脱口而出:"当然是抗战歌曲。"

客人朗朗大笑:"这怎么能说没意思?太有意思了!你们的歌声将会激起千万人的热血沸腾,有数不清的人在歌声的鼓舞下更加浴血奋战,可你还觉得没意思!"

秦怡看着客人炯炯有神的大眼睛,他是那样的真诚坦然,亲切的话语,和别人说得不一样,像和老朋友聊天,特别中听,让人有茅塞顿开之感。

"当然深造也是很好的理想,也不要放弃。"客人接着补充说。

客人走后,秦怡问老徐那客人到底是谁,老徐告诉她,他就是深受文化界人士爱戴、当时任八路军驻重庆办事处负责人的周恩来。"你真的不认识?"说完,老徐反问了一句。

一听是周恩来,秦怡一脸尴尬,刚才在这位大人物面前胡说八道,她非常后悔。这是秦怡第一次见到周恩来,周恩来的话像磁力一样牢牢地吸引着她,她感到心中油然升起一种力量,一种信念。生活有了新的意义,秦怡唱歌的声音更响亮了。

三个月期满,秦怡转为正式演员,并进了名角荟萃、阵容强大的"中万"剧团。这时,应云卫开始动员秦怡演话剧。在应云卫的眼里,秦怡迟早会成为一位大明星。

秦怡第一次上台演出的话剧《中国万岁》,是一部鼓动群众参军的抗日戏,应云卫导演,舒绣文主演,秦怡演一个要求参军抗战的热血青年。角色的全部动作只有一个:背对着观众,举起拳头,站起来说一句台词,四个字:"我也要去!"表现出也要去参加抗战的决心。对稍有一点舞台经验的演员来说,演这么一个群众角色,无须有任何负担,也用不着排练,上台就能演。但是对秦怡来说,这是

她第一次上台,演员的神秘感尚未消除,增添了许多压力,一直处于紧张而可笑的准备状态中。

刚开始,秦怡不停地练习"我也要去"这句台词,琢磨重音应该放在哪个字上;然后练习举拳头的动作,琢磨什么时候举起拳头最合适。不管是吃饭、走路还是睡觉,只要一想到戏,秦怡就会举起拳头,说那四个字的台词,到了走火入魔的地步。

舒绣文大姐及时给了她很大帮助。这位技压群芳、名满山城的大演员,生活中平易近人,没有名角儿的傲慢气,也从不拿架子摆派头。作为这个戏的主演,舒绣文像对待小妹妹一样爱护秦怡,和秦怡一起分析剧本,研究角色。舒绣文一口漂亮纯正的国语,字正腔圆,声情并茂,极富艺术魅力,秦怡非常佩服。舒绣文和秦怡一起练台词,秦怡深为感激。

"你是个聪明的孩子,你一定会演好的。"和秦怡同住一间宿舍的英茵大姐,也是一位名演员,发现秦怡紧张过度,笑着鼓励说。

经过舒绣文和英茵两位大姐的热情指点,秦怡醒悟不少,她放弃了不切实际的努力,联想到自己为抗战而离家出走的经历,意识到"我也要去"这句台词应该自然而然地说出来,不必刻意去追求什么效果。主意一定,秦怡不再做无谓的练习,轻轻松松地排练,没听到有不同意见。

正式演出的头一场,秦怡穿好服装,因为是背对观众,脸部不用化妆。剧场里灯光暗了,观众们凝神屏气地注视着舞台。一个日本军官撞进屋内,跟演女主角的舒绣文对话。秦怡全神贯注地看着他们。演日本军官的演员根据剧情规定,一巴掌打在舒绣文脸上,秦怡吓了一跳,差点忘了说"我也要去"这句四个字的台词。排练时从未有真打的情况,首场演出出现真打,秦怡缺少思想准备。幸好观众没有注意到她吓了一跳,那句台词她也说出来了,否则真会出洋相。由于在武汉剪去的长发没有长出来,秦怡仍是一头西装头短发,那天她演的角色究竟是男孩还是女孩,观众也没搞清楚。

虽然如此,以后每当戏演到日本军官一巴掌打在舒绣文脸上时,秦怡都担心会出戏,好在这样的事再没有发生过。

第一次上舞台,演了一个地地道道的群众角色,秦怡发觉,演戏并非是想象中的那样轻松,生活中的真实感受是演戏的基础,又绝非是简单的舞台再现。

一个初上舞台的演员能有这样的体会,是很有收获的。生活与艺术真真假假的关系,比较复杂,不经过多年的舞台实践,很难准确把握好。有些当了一辈子演员的人,也未必能说清楚两者之间的关系。尽管如此,秦怡对自己第一次上舞台的表现还是很不满意。

和秦怡的自我评价不同,导演和同事对她的表现大加赞赏。大家发现,这个面容姣好、沉稳娴静的年轻人,一心扑在艺术上,演戏严肃认真,肯勤学苦练,是个可造之材。于是,在《中国万岁》演出结束不久,秦怡又参加了电影《好丈夫》《保家乡》《东亚之光》《日本间谍》的拍摄。

《好丈夫》由史东山导演,他邀秦怡在影片中扮演一个中年农村妇女,是个有点戏的正式角色。角色的年龄、身份和经历与秦怡的年龄、身份和经历截然不同,秦怡硬是演下来了。

◆ 在电影《东亚之光》中演日本妇女

《保家乡》由何非光导演，秦怡演一个群众角色。这部揭露日本侵略军暴行、歌颂军民英勇抗日的故事片，从片名到故事与一年前拍摄的《保卫我们的土地》和《热血忠魂》差别不大，后两部影片上映后获得很好的反响，厂方认为《保家乡》拍摄后同样会取得成功。理由有二：一是影片鼓舞抗日，喊出了民众的声音；二是影片由英茵和陈天国两位名演员担纲，对观众有号召力。

能和英茵一起拍戏，秦怡很高兴。

一进中国电影制片厂，秦怡就和英茵同住一间宿舍。刚开始，秦怡对英茵过度追求物质享受，早晨起来讲究喝咖啡、吃鸡蛋，白天穿着花花绿绿的旗袍，手戴金镯子、脚套金链子的生活方式很不入眼，时间一长，英茵善良豪爽的本性充分展现。英茵把秦怡当作小妹妹，处处给予热情帮助。对穷朋友，英茵慷慨解囊，一有钱就会拿出来为穷朋友解难。英茵人长得并不漂亮，演技却相当精湛，在当时的女演员中并不多见。能和英茵一起拍片，秦怡看作是向英茵学习的一次好机会。

出人意料的是，《保家乡》拍完不久，英茵不辞而别，悄然从重庆飞抵香港，继而回到上海。中国电影制片厂厂长为此致函香港、上海各报："英茵行动散漫，已予开除。"一时间英茵成为桃色人物，报界竭力渲染她为情私奔。大约是为了洗刷泼在自己身上的污水，英茵对人说，她是应邀到上海拍电影的。在以后的两年里，她的确参加了《赛金花》《世界儿女》等影片的拍摄。

更出人意料的是，1942年1月20日下午，英茵在上海国际饭店708房间服毒自杀，留下的"遗书"说："我身体多病，已成废人，留在世上，亦无用场，故需总休息……"

英茵服毒自杀，是自艾霞、阮玲玉之后的又一电影明星自杀事件，引起很大的社会轰动。"身体多病"，岂能自杀？英茵的死因一时成了谜。不过，多数人相信，英茵自杀是为了殉情。消息传到大后方，秦怡颇为伤感和惋惜，并一直想念英茵。

多少年后，英茵自杀的不解之谜有了说法。原来，在拍好《保家乡》后，英茵从重庆回到上海，系负有特殊使命。她由国民党情报机构派往上海，以电影演员身份作掩护，出入交际场所，协助有关人员刺探敌情，打击日寇与汉奸。1942年1月，日寇侵占上海租界，英茵作为电影明星，在紧急情况下无法安全隐身，被迫选择为抗日自我捐躯。

了解了英茵自杀的真相，秦怡更加敬佩与怀念这位昔日同住一室的好大姐。

至于男主角陈天国，原是上海新华影业公司的演员，拍过一些影片。秦怡看过他饰演男主角的几部影片，对他在当时电影圈里的名气也有所闻。

陈天国长得一表人才，颀长而魁梧的体形，轮廓分明的脸庞，颇有男子汉气派，他戏路很广，以硬派小生见长。在当时的重庆，堪称一流演员，崇拜和追求他的人不少。经人介绍，秦怡认识陈天国时，听说他正同一个女人同居，另外还有一个女性在追他，因此虽同在一个剧组，秦怡对陈天国总是尽量避让。

和秦怡相反，陈天国总是想方设法找机会和秦怡接近，从此，一段不幸的感情降临到秦怡身上，使她陷入无尽的烦恼与痛苦之中。

因为不懂电影，几部影片拍下来，秦怡发觉自己一点儿也没有长进。她整天像个傀儡，导演叫干什么就干什么，机械地表演喜怒哀乐。比如，导演让她悲哀，她就得皱紧眉头；导演让她害怕，她就得瞪大眼睛，少有个人发挥的余地，远不如演话剧有劲。

文艺界是是非之地，尤其在那样的社会里，演戏难，做人更难。秦怡初涉此行，受人青睐，一部戏接一部戏上，虽说都是些不起眼的群众角色，但没戏可演与没戏可拍的大有人在，因此不免有人侧目而视，心存妒忌，在背地里生出许多冷言冷语来。"光凭一张漂亮的脸蛋，不会演戏有什么用？"种种妄议之说，这是最有杀伤力的一种。

议论传到秦怡耳中，她断定自己不是当演员的料，上台演话剧或拍电影是走错了路，逐渐丧失了创作欲望。实际上，这是在缺乏艺术理论、缺乏有力引导的情况下的不自信，也不知如何去努力，以致压力加重，就害怕地想退缩了。

秦怡后来在回忆最初从艺的这段经历时，写下了如下一句话："第一次当演员，（我）以失败告终。"

紧接着，一场突如其来的疯狂的爱，把秦怡推向了痛苦的深渊，使她暂时告别了舞台。

第七章 被迫的婚姻

1939年春天，这是秦怡到重庆后的第一个春天。桃红柳绿，燕飞莺啭，天气慢慢转暖，该卸去冬装换上春衣了。

17岁的秦怡脱去裹了一冬又长又大的棉大衣，一个妙龄少女应有的美妙曲线像遮不住的春光，尽情展现。此外，经过几个月的蓄养，西装头又化为一头棕色的秀发，令那张青春朝气的脸越发俏丽动人。

文艺圈从来不缺少感情的波澜，也不缺乏善于用爱情装饰自己的灵魂，面对如此漂亮的姑娘，年轻的男性很少有不动心的，他们纷纷用各种办法，寻找各种机会，接近秦怡，向秦怡大献殷勤。有的借书给她看，有的约她出去玩儿，有的干脆给她写信，吐露心中的爱慕之情。

此时的秦怡，全部思想仍沉浸在抗战的迷梦之中，她从没想过爱情，对无聊的追求者不屑一顾，但是爱情的旋风还是不断向她袭来，最为疯狂的求爱者就是陈天国。

第七章 被迫的婚姻

同在《保家乡》摄制组，陈天国接近秦怡比别人方便，他俨然像一个大哥一样照顾秦怡，帮秦怡一起排戏，纠正秦怡的发音，争取博得秦怡的好感。刚刚跨进艺术宫殿的大门，有人在艺术上肯帮助自己，秦怡有说不尽的感激，她像对待一个兄长和一个艺术上的先行者那样，尊重和钦佩陈天国，却从未想过和他有男女之间的私情。

爱的欲火在不断燃烧，陈天国不满足和秦怡仅仅是一般的接触，他动了真情，一定要把秦怡娶到手。秦怡天真烂漫，对男女之情毫不开窍，陈天国不断寻找主动进攻的机会，他要当面向秦怡倾吐他的爱，相信凭他的真情，一定能征服秦怡的心。

根据拍摄需要，摄制组到嘉陵江南岸拍外景。没戏的时候，秦怡喜欢一个人到山间小溪或农田中溜达，欣赏野外迷人的春景。陈天国暗中注意秦怡的行踪，把一切都看在眼里。

一个休息日的早晨，陈天国来找秦怡，说："今天不拍戏，大家都上南山去玩，大部分人已经走了，我们马上走，好追上大家。"

一听说上南山，秦怡劲头十足。南山是南岸最高的山，站在山头可一览山城的全貌。她早想去爬南山，苦于没有时间。今天有机会和大家一起去，再好也没有了。

"他们人呢？"阳光透过茂密的树林，斑斑驳驳洒落在林间。秦怡顺着山道边走边问陈天国。

陈天国粲然一笑，手指着山上说："他们在山上等着呢！"

快到山顶了，如絮般的白云在蓝天中悠悠飘忽，山道已经消失，山越来越陡，四周没有行人，秦怡有些害怕，陈天国显出男子汉的气概，伸出手臂想挽她，秦怡拒绝了。

总算爬到山顶，秦怡放眼一看，四周杂草荆棘丛生，一边是悬崖峭壁，一边是层峦叠嶂的山峰，这样荒僻的地方，摄制组的人怎么会上来！

"他们人呢？"秦怡大声问陈天国。

陈天国收起了笑容，说了真话："大家根本就没来，我骗你上来，是为了向你求婚。"

"你怎么可以这样？"秦怡站在原地大叫,陈天国不怀好意,太卑鄙了。

"我是真心爱你的。我这样做,是为了好向你说出我的心里话。"

秦怡下意识地向后退了两步说:"不,我还太小,请你原谅。"

陈天国上前两步,拉住秦怡的手说:"真的,嫁给我吧……"他说话的声音缠绵热烈,态度是真诚的。

"不……不,我不想结婚……"在感情方面,秦怡是一张白纸,全然没有这方面的经验。陈天国强行求爱,她慌作一团,脑海中一片空白,结结巴巴地表明了自己的态度。

秦怡不肯就范,恼怒的陈天国硬把她拖到悬崖边,恫吓说:"你今天不答应,我就跳下去,死在你面前!"他的脸变得十分可怕,与平时温文尔雅的形象判若两人。

一阵山风猛然吹来,四周一片簌簌作响。

秦怡双眼充满恐惧,哀求道:"陈先生,你饶了我吧!"

"你不肯嫁给我,我活着还有什么意义!"陈天国拖着秦怡一步步来到悬崖边,一边欲弯身下跳,一边绝望地叫喊。

秦怡惊慌失措,极度恐惧,她软软地瘫倒在地,失去了知觉……

后来,秦怡不知道自己是怎样下山的,也不知道自己是怎样回到宿舍的,她从昏睡中醒来时,汩汩的泪水夺眶而出。从这一天开始,秦怡神思恍惚,面色惨白,不想进食,天天生活在痛苦与麻木的状态中。她不明白,生活为什么要如此残忍地折磨她一颗纯洁的心。长路漫漫,今后她该怎么面对生活?

英茵大姐发现不对劲,关切地问秦怡为什么,秦怡支支吾吾,什么也不肯说。

从南山回来,陈天国经常去找秦怡,目的是向别人表明他已和秦怡相爱,同时在厂内散布要和秦怡结婚的舆论,迫使一些想追求秦怡的小伙子退避三舍,再不敢向秦怡大献殷勤。

陈天国之所以要这样做,是为了尽快得到秦怡。作为一名当红的小生演员,陈天国不缺少年轻女性的青睐,他和其中的一些人有过亲密关系,并在一起同居,却从没有萌发过要和谁结婚的冲动。自从见到了秦怡,他被秦怡的美丽、温柔与善良深深打动,动了真情,迫切希望秦怡能做他的妻子。但是,他种种示爱的做法,

第七章 被迫的婚姻

只顾自己的快意,不考虑别人的感受,爱得过于偏执,过于霸道,深深伤害了秦怡的心。

陈天国散布的要和秦怡结婚的消息不胫而走,说三道四的流言蜚语也同时平地而起:"年纪这么小就任人摆布,太没有志气。"

流言传到秦怡耳中,加重了秦怡的精神负担,她的心在滴血。从南山回来,秦怡常常发烧生病,后来又患了疥疮,四肢脓肿,手指和脚趾缝里溢着血水,一病就是四个月,整天躺在床上,把腿搁得高高的,连行动都发生了问题。幸好有英茵大姐和其他女同事帮助端茶送饭,才多少得到了一丝安慰。

陈天国等不及了,为了急于得到秦怡,他抢先发出结婚请帖。结婚是人生大事,男女双方总得有商有量,互相尊重,共同商定大喜的日子。南山求爱得逞,陈天国一方面认为秦怡已经属于他了;另一方面,秦怡迟迟不表示明确态度,他又担心会夜长梦多,因而不与秦怡通气就定下了结婚日期,企图造成既成事实,让秦怡束手无策,被迫就范。

"我们后天结婚,你有谁要请吗?"一天,陈天国边说边拿了几张大红请柬递给秦怡。

"不能等明年吗?至少也要等我病好了再说。"秦怡想推迟婚期。

对于陈天国的步步紧逼,秦怡反复考虑过和陈天国的关系,陷入了深深的矛盾与痛苦之中。她才17岁,不想这么早就结束少女时代无忧无虑的生活;她更不想做陈天国的妻子,她不了解他,和他没有任何感情。然而,真要采取断然拒绝的态度,她又怕陈天国以死相逼,闹出人命,到时传扬开去,她的名声也不好听。思来想去,犹豫摇摆,封建道德观念最终占了上风。秦怡想,她已经是陈天国的人了,不嫁给他又能嫁给谁?或许这是命运之神的主宰。秦怡自我寻找安慰,期盼结了婚以后,陈天国能像他说的那样,真心待她,她就感到无比幸福了。

从打懂事时起,秦怡就向往自由,她有理想有追求,用各种方式反抗封建家庭的种种家规和大伯的专横霸道,但她毕竟在那个封建大家庭中生活了十多年,思想深处留有封建观念的残余,以致在自己的终身大事上软弱退让,没有把握好选择,为日后的生活造成了说不尽的痛苦。

1939年9月中旬,婚礼如期在山下一家小饭店举行。陈天国预先在那里订了

一桌酒席，钱由他的结拜兄弟们出。

秦怡抹了点胭脂口红，借此掩盖一脸的病容。从上海带来的两件旗袍穿了将近一年，不能做新嫁衣。英茵借了一件绸旗袍给她，穿在身上，人显得格外窈窕。双脚疥疮没好透，穿的是平时穿的一双旧鞋。虽然做了新娘，秦怡并没有特别的喜悦和兴奋。

和秦怡相比，陈天国春风得意，喜气洋洋。厂里有那么多人追求秦怡，他一人独占鳌头。大喜之日，他脱下平时穿惯了的美式军装，换上一身半新旧的西服，打了一条紫红色的领带，像模像样地当起了新郎。

婚礼出奇的简单。桌子上铺了张红纸，纸上写着"陈天国、秦怡，结婚致禧，天作之合"。前来祝贺的人在红纸上一一签上自己的名字，再由证婚人、"中制"厂厂长郑用之致祝词，婚礼仪式就算完成了。从形式看，是典型的新式婚礼。

接着是喝酒、猜拳和闹洞房。

陈天国酒量极好，客人们轮番进攻，他来者不拒，一杯接一杯地喝，喝得两眼通红，酩酊大醉，被人扶进了新房。

新房是陈天国向结拜兄弟借的半间房子，几平方米大小。新屋里仅一张床，没有任何家具，连桌椅板凳都没有。说是床，其实没有床架只有床板，就地摆着，差不多是个地铺。被褥和枕头是两人从单身宿舍搬来的。如此寒酸，年轻姑娘们看了都为秦怡叫屈：像秦怡这样的美人，为什么非要和陈天国结婚！

喜宴上，秦怡也被逼灌了几杯酒，头昏昏的。席终人散，她恍恍惚惚地走进新房，看到的是徒有四壁。这哪像个洞房？一股惆怅和茫然之感顿时浮上心头。穷，她倒不怕，已经穷惯了，只要陈天国能真心诚意地爱她，再苦她也会感到幸福的。可惜，秦怡的这一小小愿望，很快被现实砸得粉碎。

夜，静悄悄的，还下着雨。秦怡和衣靠在床上等陈天国。这是她和陈天国结婚的第三个晚上。陈天国中午出去后，一直没有回来。新婚第三天，就把新娘丢在家里，这算什么丈夫？一种从没有过的孤独和寂寞向秦怡袭来。

临到结婚那天，秦怡才知道陈天国嗜酒如命。新婚头三天，他天天喝得烂醉如泥。第一天是大喜之日，兴致所至，喝过了头，属人之常情；第二天是关门自乐，自斟自饮，一醉方休，也可以理解；今天是第三天，中午他喝得半醉半醒出去，

第七章　被迫的婚姻

到现在还没回来，不知又要醉成什么样子了！

雨越下越大，已是半夜时分，秦怡困得连眼皮也抬不起来，陈天国还没有回来。幸好中午出去时叫他带了雨伞，要不回来准会被淋湿。想着想着，秦怡在迷迷糊糊中睡去。

突然，一阵猛烈的敲门声夹着男人的吼叫使秦怡从睡梦中惊醒，是陈天国回来了。秦怡起身去开门。门一打开，一阵浓烈的酒气扑面而来。

"你……为什么迟迟不开门？"陈天国脸色铁青，过量的酒精在他体内燃烧，两只眼睛布满血丝，看上去非常吓人。

见新婚的丈夫醉成这样，秦怡刚想上前搀扶，陈天国已像一头发怒的狮子，举起手中的雨伞向她砸来。秦怡被这突如其来的袭击吓呆了，来不及逃跑，也来不及反抗，雨伞砸在她的头上，随之是一阵钻心般的疼痛。真是欺人太甚，难道这就是自己刚刚新婚三天的丈夫？秦怡愤怒了，不再去搀扶陈天国。失去理智的陈天国破口大骂，污言秽语夹着阵阵酒气，秦怡气得几乎晕厥过去。砸过了，骂过了，陈天国累了，一屁股倒在地铺上鼾声大作，睡得如死猪一般。

痛苦和委屈攫住了秦怡的心，她想大哭一场，发泄一下心中的苦闷，又怕夜深人静，惊动别人，传出去成为笑柄，转而暗暗啜泣，一夜没有入睡。

长这么大了，秦怡从没有遭受过这样的侮辱和暴力。在家里，父亲把她当作掌上明珠，爱她都来不及，哪儿还会打她？伯父是封建大家庭的一家之长，顽固霸道，也从未敢碰过她一个手指。今天，眼前这个海誓山盟说爱她的男人，不嫁给他就要自杀的男人，结婚第三天就出手动粗，足见他所说的一切甜言蜜语全是假的。秦怡感到自己受骗了，悔不该和陈天国结婚，刚吃完喜酒三天就这样，今后的日子还怎么过？秦怡决定，要离开这个家，不，是离开可怕的陈天国，她无法容忍他的欺骗和侮辱。

第二天早晨醒来，陈天国对昨天晚上发生的事忘得一干二净，秦怡什么也没说，等陈天国离家出门，她整理好自己的被褥衣服，搬回到厂里的女宿舍。经历了个人感情与婚姻上的短暂软弱，秦怡从小养成的反抗精神重新焕发出来。

秦怡离家出走，陈天国慌了。他不是个无情无义的小人，目的一达到就翻脸不认人；他是酒喝多了，失去了自我控制的意识。他对秦怡是动了真感情的。第

三天早上,陈天国找到女宿舍。"我真该死,怎么会打起自己老婆来了,我是酒迷心窍,请你原谅……"一见新婚的妻子,陈天国又是赔笑,又是打恭作揖,不断自谴自责。

在秦怡眼里,陈天国的这一番表白像是在舞台上念台词做戏,不是真有悔改之意,她坚决不肯再搬回去。

这以后,陈天国又到女宿舍去了几次,一次次请求秦怡宽恕他的过错,甚至不惜低三下四。在这期间,为消解心中的苦闷,他几次喝醉了酒闹事,秦怡知道了,坚定了和陈天国彻底分手的决心。

"我要离婚!"陈天国再次到女宿舍找秦怡,秦怡提出了分手的要求。

"离婚!我不同意。"陈天国动情地说,"我只爱你。"

秦怡感到一切是那样不可理喻,他们之间有爱吗?陈天国嗜酒如命,简直就是个酒鬼。除此之外,两人的志向、情趣也相距甚远,缺乏共同语言,彼此的心灵无法沟通。她自幼喜爱文学,喜欢读书,希望有一个清静的环境,能进行业务自修。而陈天国热衷的是广交朋友,喜欢人来人往。他的朋友中有不少是俗不可耐、吆五喝六的袍哥和青洪帮。如此而已,两人怎能生活在一块?

后来,陈天国连续到女宿舍去了几次,见秦怡毫无回心转意之意,暂时放弃了纠缠,等待机会另想办法。他把新房还给了结拜兄弟,自己也搬回到男宿舍去住了。

一场婚姻的危机暂告平息,危机双方的态度大相径庭。陈天国在等待时机,盼望秦怡能原谅他;秦怡想的是怎样摆脱纠缠,最好一辈子不要见到陈天国。为此,秦怡想离开"中制",远走高飞,否则两人不在一个摄制组拍戏,也会在一个戏里同台演出,不免有些尴尬,也为彻底了断两人的关系增加了难度。想法一定,秦怡又开始看报纸上的招聘广告,打算寻找新的工作。

日军疯狂进攻,敌机狂轰滥炸,沦陷的城市越来越多,许多机关、学校、工厂和商店顷刻间化为乌有,流离失所的人越来越多。在此情况下,想要找一份理想的工作,难上加难。偏偏正在这时,秦怡发觉自己怀孕了。

咳,这孩子来得真不是时候。

陈天国听说秦怡有了孩子,高兴得跳了起来,有了孩子的女人是不会随随便

第七章 被迫的婚姻

便离婚的。他找到女宿舍，劝说秦怡打消离婚的念头，理由是他保证今后不喝酒，末了再加一条——为了孩子！

这一招还真管用。知道自己怀孕了，秦怡的想法变得复杂起来，她既恨这个不该来的孩子，又爱这个已经到来的孩子，有了孩子会捆住她的手脚，下不了和陈天国分手的决心，要不孩子一出世就没有父亲。思来想去，秦怡的心软了，她想与陈天国认真谈谈，如果他能改过自新，他们之间的关系可以继续保持下去。

对陈天国来说，这是他修补夫妻感情的好机会。然而可惜的是，陈天国未能抓住这次机会，酗酒成性的恶习，无可挽回地葬送了他和秦怡之间的夫妻感情。

那是秦怡打算放弃离婚不久后的一天，陈天国又喝酒了，秦怡耐住性子好言相劝，刚说了几句，陈天国端起粗瓷大碗猛地砸向秦怡。秦怡躲避不及，大瓷碗砸在她的一条小腿上，血流如注，疼痛钻心，她即刻瘫倒在地。陈天国这丧失理智的一击，在秦怡的小腿上留下了一块永久的疤痕。秦怡的心碎了，她不再抱任何幻想，坚决不愿和一个酒鬼生活在一起，哪怕是孩子生下来没有父亲，她也要和陈天国离婚。

秦怡第二次搬到厂里的女宿舍，很快又从女宿舍搬到了女青年会。女青年会专供单身女性栖身，男人未经特许不能进去。秦怡心意已决：这一次非和陈天国分道扬镳不可。

第八章

死里逃生

又一个春天来了,这是秦怡到重庆后的第二个春天。和陈天国分开了,秦怡的心情也像春天灿烂的阳光一样,变得开朗起来。

正在这时,由阳翰笙编剧、应云卫导演的《塞上风云》即将开拍。这部第一次表现抗战时期各民族团结共同抗日的影片,受到了方方面面的重视,摄影师王士珍,音乐家盛家伦,演员舒绣文、黎莉莉、陈天国、周伯勋等"中制"的主要演职人员30多人参加拍摄。陈天国在影片中扮演汉族青年丁世雄。秦怡原也要在影片中担任角色,因为怀孕,不能长途跋涉到塞北拍外景,最后没有参加。婚后的不幸和有了孩子,1940年整整一年,秦怡没上过一次舞台,也没有拍过一次电影。

摄制组要出发了,一去就是一年半载。

陈天国到女宿舍向秦怡告别:"你生孩子,我不在,真是不放心。"话说得很诚恳,也很真心。因为酗酒,他的钱用光了,没钱留给怀孕的妻子,只好用甜言蜜语进行安慰。陈天国告诉秦怡,有什么难事,

第八章 死里逃生

可以找他的一个结拜兄弟阮××，他专门拜托过他了。

陈天国走了，秦怡觉得是一大喜讯。她可以像出笼的小鸟，振着翅膀到处飞翔；她自由了，可以想干什么就干什么，不必担心有人来干涉和阻挠。秦怡希望陈天国永远也不要回来，这样她可以彻底解脱。陈天国没留下一分钱，秦怡毫不介意。怀孕了，秦怡不能演戏，厂里只发生活费，经济比较拮据。她从小在苦日子中长大，再苦也熬得过去。

陈天国走了不久，他的"结拜兄弟"果然主动来关心秦怡："小陈把你托给我，我会尽量帮助你的。"

这位"结拜兄弟"原是上海某电影公司的演员，专演坏蛋之类的角色，学生时代的秦怡看过他演的影片。到重庆进了"中制"，他改做导演，拍过两部抗日影片，获得过一些好评，从此便以大导演自居，目中无人，多数人因此对他敬而远之。

"结拜兄弟"长得人高马大，皮肤黝黑，穿一身军装，形象有点粗野。他结过婚有妻子，仍对年轻女性特别体贴关心。这时的秦怡，已不再是个涉世未深的女孩儿，她被人追求过，演过戏又结过婚，有了相当的社会阅历。从他过分的热情中，秦怡看出了他的别有用心。她心里暗暗骂陈天国有眼无珠，把自己的妻子托付给这样的结拜兄弟，无异于引狼入室。好在这位"结拜兄弟"只是心存歹意，行动上并无出格之举，秦怡也就虚与委蛇，不予拆穿。她和他在一个厂共事，说不定今后有要他帮忙的地方。

说来有点奇怪，对于这一段没有任何结果的单恋之情，这位"结拜兄弟"一直记在心中。解放后，他随国民党退到中国台湾。在以后的数十年中，海峡两岸处于敌对状态，彼此毫无联系。20世纪90年代，秦怡随某代表团到台湾访问，他从报上看到报道，打电话到代表团驻地，欲与秦怡晤面，遭秦怡婉拒。后来不知通过什么关系，他弄到了秦怡家的地址和电话，新年之际寄了贺卡，又叫女儿打电话问候，想进一步加强联系。为了不再翻起60年前那不愉快的一页，秦怡托词谢绝了。

秦怡一心想离开陈天国，要离开陈天国最好先离开"中制"，只有离开"中制"，两人才不会见面。然而，怀孕后秦怡不能上台演戏，待在"中制"还可以拿点生活费，一旦选择离开，生活费没有了，她难以养活自己。经过慎重考虑，秦怡决定先搬出"中制"厂女宿舍，到女青年会去住，等孩子出生后再离开"中制"，另

找一份工作,用自己的劳动养活孩子。

夏季来临了,金灿灿的太阳普照山城,这是日机轰炸的好时机。从早到晚,日机成群结队,连续不断地轰炸,防空洞成了市民第二个家。空袭警报拉响,大家躲进防空洞;空袭警报解除,大家从防空洞里跑出来。进进出出,一天来回六七次,搞得人们疲惫不堪。

一天上午,秦怡在防空洞里整整躲了两三个小时,好不容易熬到空袭警报解除,从防空洞里出来,在小摊上吃了一碗担担面,回到女青年会宿舍,倒在床上很快睡着了。

"呜……"空袭警报突然又拉响了,秦怡从睡梦中惊醒。她翻身下床,拿上时刻准备逃命的小包袱跑出房间,发觉其他房间的姐妹们早走光了。

"楼上还有人吗!"楼下管门老头大声叫喊着。

"还有我哪,还有我哪!"秦怡一边大叫一边飞快下楼。她气喘吁吁地跑到大门口,铁门已经锁上了,看门的老头跑得无影无踪。秦怡拼命拍打大门,大叫"开开门,开开门"!没人回应。警报声一阵响似一阵,秦怡急得满头大汗,心中充满悲伤。

"难道这里就是我的葬身之地吗?"秦怡自言自语,"不,不能就这样死去!"想到腹中还有一个7个月的小生命,强烈的求生欲望驱使她返身奔回楼内,跑上二楼自己住的那间房间。

秦怡推开窗子,向下俯视,离地面约有三四米高,下面是一级一级石阶,挺着大肚子往下跳太危险,万一跳下去不在石阶中心,后果不堪设想。日机的轰鸣声在空中震响,不能再多想了,秦怡扔下小包袱,爬上窗口,眼一闭,心一横,跃身跳出窗口,只感到浑身似飘飘然一般,随后脚底下传来一阵剧烈的疼痛,秦怡睁开双眼,发觉自己趴坐在石阶中心,没有滚下石阶。忽然,秦怡感到腹中"噔"地被什么踢了一下,随之一股喜悦之情浮上心头,这说明经历了一场剧烈颠簸的折腾,腹中的小生命依然活得好好的。

日机的轰鸣声越来越响,秦怡起身拿起小包袱,一路小跑,钻进了防空洞。紧接着,轰隆隆几声震天般巨响,如天崩地裂一样。日机扔下了重磅炸弹,不知炸在了什么地方。

空袭警报又一次解除,秦怡从防空洞中出来,马路上一片狼藉,房倒墙塌,

第八章 死里逃生

断壁残垣，断手断腿的尸体血肉模糊，惨不忍睹。住在女青年会的人寻找她们寄居的那幢楼房，楼房不见了，剩下的是一堆瓦砾，熊熊的火舌还在燃烧。

秦怡庆幸自己死里逃生，可是女青年会没有了，她住到哪儿去呢？

有人劝秦怡再回"中制"女宿舍，秦怡没有同意。快要生孩子了，没个落脚的地方不行。危急之时，幸亏陈天国的那位"结拜兄弟"帮忙找到一家医院，讲好让秦怡以待产名义住一个月。顾不得其他想法了，茫然中秦怡住进了那家医院。刚经历过一次死里逃生的折磨，临到孩子出生，秦怡又遭遇了一次生和死的磨难。

1940年8月的一天，日机轰炸特别厉害，躲在防空洞中的秦怡一阵阵腹痛，冒着挨炸的危险，她奔出防空洞，赶到医院的产房，医生和护士一个都不在。可是孩子的头已经露出来了，再无人相助，会掉在地上。正在这千钧一发之际，护士长来了，她带了半个手套，把孩子托住，秦怡也因此得救了。

"哇，哇哇……"一阵婴儿的啼哭，标志着一个小生命闯进了这个艰难的世界。小生命是个女孩儿。听到婴儿的哭声，躺在病床上虚脱的秦怡露出了苦涩的笑意。孩子没有爸爸，那就让妈妈给起个名字吧。秦怡不知怎么想到一个"斐"字，禁不住喊出声来："斐斐！"对，就叫斐斐。对女孩儿来说，这是个好听的名字。

由于怀孕时营养不良，躲避轰炸，秦怡经常一天只吃一顿饭，可怜的斐斐生下来只有4磅（1磅≈0.45千克）多重，皮包骨头，又瘦又小，像个小猫，被放入了暖箱。

经济的压力越来越重。秦怡把生活费的大部分给了医院，让医院给斐斐订牛奶，余下的支付其他费用。因为产后身体极度虚弱，秦怡没有奶水喂孩子。

大概是自己做了母亲，躺在医院里，秦怡特别想念上海，想念亲人。一转眼离开家两年了，她只收到过家中的两封信，信上说妈妈身体不错，大姐生了重病。如果现在有妈妈在身边，那该多好啊！

没有别的经济来源，秦怡尽量省吃俭用，有一顿没一顿的，经常是腹中空空，饥肠辘辘，人一天比一天瘦，脸色一天比一天苍白。医生看秦怡这样虚弱，无法出院，又让她在医院住了两个月。

秦怡不断自我反省，认为她不如意的婚姻，是跻身文艺界以后造成的。因此出院后，一是和陈天国离婚，二是离开"中制"，她可以去当一名小学教员，也可以半工半读，继续求学。

正在秦怡愁思昏昏、热泪滚滚之际,《塞上风云》摄制组从延安回到成都,陈天国也回来了。急于离婚的秦怡从重庆赶到成都,先住进女青年会,随后准备找陈天国谈离婚的事。

陈天国消息十分灵通,没等秦怡去找他,他已知道秦怡到了成都,并抢先一步主动去找秦怡。

"我们离婚吧,离了婚我不回重庆了,在成都找份工作。"一见陈天国,秦怡开门见山,提出了彻底分手的要求。她口气坚定,脸部毫无表情,一副不容置疑的样子。

分别近十个月,头一次见面就遭到当头棒喝,陈天国暴跳如雷,高声大叫:"我不离婚,绝不离婚!"

以后几天,陈天国不断派人到女青年会游说,劝秦怡回心转意,和他一起回重庆好好过日子。如果秦怡坚持一定要离婚,他就自杀。秦怡不为所动,铁了心要和陈天国解除夫妻关系。双方僵持着,谁也不肯退让。

看着年小体弱的秦怡孤立无援,舒绣文、黎莉莉和吴茵大姐提醒秦怡:"先别忙着谈离婚,他这个人喝醉了酒什么事都干得出来,你要当心!"

应云卫也帮着出主意,劝秦怡和陈天国一起回重庆,到了重庆她和孩子住到"中制"厂家属宿舍。"中制"有规定,家属宿舍不能住男人。这样,陈天国只能住男宿舍。两人先分开,等机会成熟了,再谈离婚的事。

这么多人帮助劝说,而且都是帮自己的,秦怡接受了大家的好意,不再坚持马上和陈天国离婚,而是和《塞上风云》摄制组的人一起回到重庆。

到了重庆,秦怡和女儿斐斐住进纯阳洞51号"中制"厂家属宿舍。这是一幢二层楼的房子,坐落在半山腰,楼上楼下各三间房,秦怡和女儿住在二楼后楼的一间房,十多平方米大小,放两张竹床,别无他物。真是祸不单行,雪上加霜。刚住进家属宿舍,生活尚无着落,女儿在死亡线上挣扎,秦怡本人又患了恶性疟疾,一天隔一天高烧40度。贫病交加,秦怡心灰意懒,对一切都失去了信心。正在此时,几乎是无意间的偶然发现,重新唤起了秦怡对生活的满腔热忱。

纯阳洞51号,不断有文化艺术界的精英来来往往。诗人徐迟,画家张汀、叶浅予、丁聪,舞蹈家戴爱莲,还有演员金山、周锋是这儿的常客。他们相约在二楼前楼打桥牌,谈艺术。前楼热闹生辉,后楼死气沉沉,一板之隔,竟是两个截

第八章 死里逃生

然不同的世界。

只要有一线光明,秦怡就会紧紧抓住不放。发现了前楼的勃勃生机,高烧略一退下,秦怡立即起身下床,到前楼听文艺界精英们谈人生、谈艺术,和他们一起逗乐、开玩笑、打五百分,向他们借文学名著阅读。从这些人身上,秦怡获得了知识和鼓舞,尤其是他们面对困难的乐观情绪,对她产生了巨大影响,使她在痛苦中得到了力量。这一段不平常的短暂生活,不仅医好了秦怡精神上的病,也医好了秦怡生理上的病,成为她日后艺术创作的情感宝库。

秦怡的疟疾渐渐好转,重庆的雾季又来了。弥漫的浓雾布满天空,看不清地下的目标,日机的轰炸少多了,进步的文艺工作者乘机活跃起来。电影不能拍,那就组织"星期公演",每星期六演出一些独幕话剧。"中万"剧团先后演出了《人约黄昏》《赎罪》《走》等小戏,接着又演曹禺根据外国剧本改编的独幕剧《正在想》。这部戏富有讽刺意义,对当时反动派一些要员的粉墨登场和耍花招的人做了无情的鞭笞。看秦怡一直闲着,恰好演出缺人,"中万"剧团要秦怡在《正在想》中演天主教的嬷嬷——一个古怪的老小姐。接到这一邀请,连秦怡本人都感到奇怪,她本已下定决心脱离文艺界,不再演戏了,可这次剧团来人找她一商量,她却二话没说就同意了。

"你这样的年龄扮演嬷嬷,难度很大。"正式排演的第一天,导演陶金直率地对秦怡说。

秦怡也有些不解,剧团为什么叫她演这样一个人物?秦怡非常担心,一点儿都没有把握,怕演不好。也许因为嬷嬷的戏不多,排练了几次,大家没发现什么问题,接着就试装了。

化装师井淼仔细研究了秦怡的脸型,大病初愈,秦怡人很瘦,脸也变长了,和角色的要求很接近。他把秦怡的脸刷得灰白灰白,眼角和嘴角被拉了下来,额头的毛发剃得光光的,头发梳成一条大辫子拖在脑后。服装师也帮了大忙,给秦怡缝制了一套黑色上衣和裙子,都是长长的,袖子管收紧。道具师则给了秦怡一个黄布口袋,外加一把长弯柄的黑雨伞。

穿戴好、化装好的秦怡往镜子面前一站,忽然觉得是另一个人出现了,立刻兴趣大增。秦怡在镜子前来回走了一二十次,步子跨大些,脖子拉长些,身子挺

直些……外形形象的这一变化，唤起了她对在仿德女子中学读书生活的回忆，想起了那些教她钢琴、绘画、英语等课程的嬷嬷老师。一幕幕逝去的画面重新泛起，秦怡对她要演的那个人物不再陌生了，哪怕是仿效，也有了实实在在的依据。

正式演出开始了，秦怡身着一身长袖黑衣裙，头戴黑色刀形帽，迈着傲慢的步伐出现在舞台上。那木然呆滞的脸部表情，那勾勒出黑眶眼睛中蔑视的目光，那挂着轻蔑冷笑的嘴角，活脱脱一个嬷嬷的形象，把全场观众的目光都吸引了过去。

舞台上，秦怡忘掉了自己。

"嗨，你这个嬷嬷演得妙极了！"一个熟悉的声音从身后飘来。

演出结束，秦怡在后台卸装，从化装镜里看到穿着西装的应云卫在身后夸奖她。秦怡脸红红的，有点不好意思。应云卫是她走上舞台和银幕的启蒙老师，能得到他的夸奖，心里自然很高兴。

"你在艺术上已初露才华，要抓住苗头，多钻研，多实践。"老师继续鼓励学生。在应云卫看来，秦怡是个可塑之材，将来肯定大有可为。

面对真诚的鼓励和赞誉，秦怡十分清醒。她总结嬷嬷这一形象之所以能演得成功，得力于这一形象外形化装得逼真，唤起了她对过去生活的回忆，从而充实了形象的内心世界，使形象从外到内达到统一，活了起来。此外，同台演出的吴茵和田力等演员，是有经验、有演技的名演员，他们带着她一起喜怒哀乐，燃起了她创作的欲望。

客串《正在想》的演出，成了秦怡个人生活低潮中的一个重大转折，促使她从被压得透不过气来的阴影中摆脱出来，真正感受到在一个群体中的欢乐。

演完了《正在想》，秦怡继续住在纯阳洞51号，她常去抗建堂看演出，到后台去玩儿，和熟悉的导演、演员们交流闲聊。

生活的来源一直没有着落，秦怡不时设法寻找其他工作。因为困难太多，一时无法落实。比如，女儿的身体一直不好，经常要带她去医院看病；寄养的奶妈需要更换，托人找人是件麻烦的事。琐琐碎碎的这些事情，绊住了秦怡的手脚，她很难有多余的精力参加各种社交与演艺活动。

人生的转折，有时要靠机遇。机遇来了，一切难题会迎刃而解。

秦怡在等待这样的机遇。

第九章 中华剧艺社

1941年1月18日,重庆的读者惊奇地发现,《新华日报》开了天窗,仅在第一版上有一幅醒目而遒劲的题词:

> 为江南死国难者志哀!
> 千古奇冤,江南一叶,
> 同室操戈,相煎何急。

题词者是八路军驻重庆办事处主任、国民党军事委员会政治部副部长周恩来。当天的《新华日报》轰动了山城。知情的人们争相传递一条惊世骇俗的消息:国民党结集重兵,包围、袭击了新四军军部,9000多新四军战士大部分壮烈牺牲。

于是,"皖南事变"的消息在大后方不胫而走。

在抗日战争处于最艰苦的相持阶段,蒋介石政府奉行"攘外必先

安内"的政策,又一次掀起反共高潮,迫使国共合作的大好形势急转直下。

对于这一重大新闻,秦怡木然不知,其中有她过于年轻、政治觉悟不高的因素,但主要的是她当时正深陷个人痛苦的生活之中,如堕深渊而不能自拔,再加上重病缠身,无心也无力顾及身外之事。然而,恰恰是这一政治大背景的变化,为秦怡提供了走向生活和艺术新生的机遇。

国民党顽固派在制造军事事件的同时,在政治、文化等方面也开始猖狂反共,加紧对文化的控制,进一步钳制进步的电影工作者,政治部第三厅因此被撤销,郭沫若不当厅长了,阳翰笙"中制"厂编委会主任的职务也被解除,不懂电影的西安警备司令吴树勋被调来担任"中制"厂厂长,并停止拍摄宣传抗日的影片,公开提出要拍摄反共影片。隶属国民党中央宣传部的中央电影制片厂(简称"中电"),情况也大体如此。

针对蒋介石的这一阴谋,在重庆的中共中央副主席周恩来及时提出:我们应当利用国民党控制的文化机构和团体,把话剧这一武器夺过来,为我所用。

周恩来的这一主张,得到了郭沫若、阳翰笙等人的积极赞同,他们会同陈白尘、陈鲤庭等人一起研究,决定成立一个民间职业话剧团体,这个团体在政治、业务上不受官方制约,经济上也不靠官方资助,演员由"中万"剧团、"中电"剧团的主要成员组成,开展进步的戏剧创作和演出活动。在组织上,这些演员不脱离"中制"和"中电",继续在厂内支薪,以保证他们的生活来源。演出的剧目以现实主义为主,用借古讽今、旁敲侧击的手法,巧妙揭露国民党顽固派消极抗日、积极反共的阴谋。这个新的话剧团体,就是在我国现代戏剧史上占有一席之地的中华剧艺社。

为了应付国民党政府管文化的头目,对付鹰犬们的捣乱,周恩来指示,这个话剧团体的牵头人必须是政治色彩不太浓,组织活动能力强,精通业务的社会名流。遵从周恩来的意见,阳翰笙和陈白尘主张让应云卫出面,因为他不仅有丰富的影剧活动经验,和中国名演员熟悉,而且上层关系多,社会上叫得响,路子也走得通,由他出面是再合适不过的。

应云卫本人是个有很高革命热情的艺术家,他乐意接受党的安排,毅然辞去职、俸俱优的"中制"导演职务,为中华剧艺社的诞生辛劳奔波。

第九章　中华剧艺社

1941年6月，在聘请演员时，应云卫没有忘记秦怡。他始终忘不了那个坐在摄影棚角落里的女孩子，她善良纯真，气质非凡，特别是她那双眼睛，充满着希望和朝气，使人感受到一种青春的美。应云卫亲自上女宿舍拜访秦怡，邀请她参加中华剧艺社。

"你为什么不演出？我知道你的处境，我将成立一个新的剧社，我想你会乐意参加的。"应云卫的这番话说到了秦怡的心坎里。

演完《正在想》后，秦怡恢复了对文艺的追求，她不是不想演戏，是恶劣的生活环境弄得她自己都把握不了自己了。

秦怡接受了应云卫的邀请，为斐斐找了一个奶妈，拎了一个小破箱和一个小包袱，在7月的一天早晨到了嘉陵江南岸的黄角垭苦竹林，中华剧艺社的第一个宿舍就选在这里。从此，秦怡再次踏上文艺之路，至今无怨无悔。

秦怡特别喜欢"苦竹林"这个名字，这和剧艺社中人的经历和命运很符合。名为苦竹林，实际上看不到一根竹子，更不用说是成林了。这是一片坑坑洼洼的贫瘠山坡，应云卫在这儿搭了一个简陋的小楼，楼下两间房，前一间房是女宿舍，后一间房是堂屋，作吃饭开会用。楼上也是两间房，前一间房是剧作家工作室，后一间房是男宿舍。小楼外还有一个很大的院子，和周围几家用烂泥抹墙的矮平房农舍相比，这幢二层小楼似鹤立鸡群。

剧艺社筹建之初，女成员有赵慧琛、骆宾、黄玲、李海和秦怡，男成员有陈白尘、辛汉文、韩涛、丁然、苏绘，后来又来了项堃。应云卫跑来跑去，疏通联络，筹措经费，招募人员。他的夫人程梦莲和大家一起住在剧团，为创建剧艺社做了大量工作。

开始起步的3000元经费，是周恩来、郭沫若用文化工作委员会的名义找来的。物价飞涨，米珠薪桂，这点钱维持不了多久。好在大家都还年轻，又有艰苦奋斗的思想准备，不在乎吃大锅饭，睡统舱铺，靠几元生活费也能过日子。既然大家志同道合地走到一起，又有了落脚点，应该为抗日救国大干一场。

对秦怡来说，生活比"中制"要艰苦得多。不说别的，光是喝水和吃饭，"中制"有锅炉房和饭厅，用不着她操心。在苦竹林，她最年轻，又是个女的，火头军的差使名为大家轮流担任，实际上她义不容辞地要多承担些。

苦竹林离集镇有四五里地，秦怡和程梦莲早晨4点就摸黑起床，挑起担子，踏着朝霞，到集市去买菜。起得这么早，为的是在迷雾散去前回到苦竹林，否则有挨敌机轰炸扫射的危险。十来个人的菜，一买一大担，两人轮流挑着，回到苦竹林已是浑身大汗。若遇到雨天，满地泥泞，一不小心摔一跤，满身泥巴，狼狈不堪。打出娘胎起，秦怡从没干过这么重的活。为买菜，走在狭窄的田埂上，前前后后她摔跤不下20次。

做了火头军，秦怡千方百计想让大家吃得满意些，可每人每天的菜钱就那么一点，巧妇难为无米之炊，怎么想也想不出什么好办法。有一天，秦怡灵机一动，拿出了学生时代的野劲儿，白天和几个男青年撩起裤脚管，光着大腿，趟到河中心伸手摸田螺，晚上点着小灯笼到河岸的小洞里捉蟛蜞，在稻田里抓田鸡，偶尔也顺手牵羊，偷点农民苞米田里的苞米，每有收获必哇哇大叫，乐不可支，像个大孩子。个人花点力气，能改善大家的伙食，秦怡打心眼里高兴。只可惜苦于没地方偷猪，如果有地方可偷，她也会尝试一下的。

天天吃素，难得有点小荤，特别是长期没有肉吃，人人嘴发馋。碰巧化装师辛汉文帮别的剧团化装，收到一笔酬金，有人乘机敲竹杠，要他拿出来打牙祭，买点猪肉让大家解解馋。

"要吃吃个够，都拿去吧！"辛汉文是个大方好人，他讲义气够朋友，把钱全拿了出来。

第二天，秦怡和程梦莲比平时起得早，到集市买了十几斤肉。掌厨的是程梦莲，红烧肉是她的拿手活，一上午厨房里香喷喷的，闻得大家馋涎欲滴。

吃午饭了，大家围桌而坐，秦怡把一碗碗红烧肉从厨房里端出来放在桌上。大家端起饭碗，准备下筷夹肉，空袭警报突然大作，一组组日机飞来南岸轰炸。大家面面相觑，怪警报来得不是时候。有人提议："管它警报不警报，先把肉吃掉再说。"话音刚落，小楼不远处已中了几枚炸弹。生命总是宝贵的，大家放下筷子，躲到附近的山脚旁，有几个胆大的一弯身躲在了桌子底下。附近又是一声声轰隆隆巨响，如地动山摇般震荡，小楼门窗被震落，灰沙簌簌地落下。轰炸过后，大家急不可耐地回到桌边，红烧肉被盖上一层厚厚的灰沙、木屑和碎玻璃，不能吃了。

第九章 中华剧艺社

"真他妈的，小日本鬼子！"大家一个个恨得咬牙切齿，破口大骂。

苦竹林的那段生活真是够苦的，大家非但没有被吓退，相反有着许多美好的想象，期待它有一天会变成绿影葱葱的甜竹林。而且在这些日子里，"中艺"各项筹备工作有条不紊地进行着，人人都有使不完的劲儿，企盼这个剧艺社早日诞生，那是大家共同的"家"，也是大家的艺术理想和抗战武器。

秦怡觉得苦竹林的生活充满了乐趣，她爱和谁说话就和谁说话，爱做什么就做什么，没有干涉，没有眼泪，也没有伤痕，完完全全地自由了。"中艺"是她的保护神，给了她新的艺术生命。

夜幕降临，晚饭后是一天最美好的时光。大家三三两两，各自结合，在小山坡下喝茶聊天，中外古今，东西南北，说故事讲笑话，彼此交流，各取所需，共同提高。在这种随意、轻松、融洽、和谐的氛围之中，秦怡学到了知识，增长了人生与社会阅历，也得到了性格与情操的陶冶。

剧作家陈白尘白天写作，晚上在小楼前与大家一起，围坐在一盏小煤油灯前，共度美好时光。他知识渊博，才华横溢，无论是对政治还是艺术都有独到的见解，特别是对抗战的前途、国共的斗争、中国的命运，有很多精辟的分析，秦怡闻所未闻，从中受到很多启发。

陈白尘的《大地回春》就是在这段时间写成的。有时他白天写完一个章节，晚上就和大家一起讨论修改。秦怡虽然没有提出什么好的修改建议，但她随着剧中人物的逐渐形成而跟随他们。"中艺"的开锣戏是《大地回春》，秦怡演《大地回春》一炮走红，这与她每天夜晚参与讨论剧本是分不开的，以致戏未演，形象早已烂熟于胸了。

每晚小煤油灯前的聚会，赵慧琛大都是主讲人。她长得特别瘦小，眼睛显得特别大，有着回忆不尽的往事，又很能分析讲解，是个好演员。秦怡看过电影《马路天使》，赵慧琛扮演的那个妓女，没有一句台词，看后却使人难以把她从记忆中抹去，她佩服赵慧琛的演技。

赵慧琛比秦怡大十来岁，她把秦怡看成孩子，和秦怡非常亲热。两人相邻而睡，无话不说。秦怡流着泪把心中的苦恼讲给赵慧琛听，赵慧琛很同情秦怡，认为没什么可犹豫的，必须离婚。赵慧琛给秦怡讲了许多事，有关"皖南事变"的

真实情况,就是她讲给秦怡听的。秦怡为抗战而离家,在抗战进入第十个年头,眼看国土一年年沦丧,国民党不去抗日,却热衷于同室操戈,她感慨万千。照这样发展下去,抗战哪年才能取得胜利?她什么时候才能回家和妈妈团聚呢?

赵慧琛结合自己的体会,给秦怡讲演员的台风。演员的台风涉及演员的艺术修养。生活中有人的风度好与不好的问题,风度好,人就有光彩。台风就是演员在舞台上的光彩。这种光彩不是外加的,不是珠光宝气,不是演得出来的,而是人的修养深度的具体体现。在这些闲聊中,秦怡获得了许多从书本上无法得到的知识与启示。

中华剧艺社会聚了一批有理想、有抱负的年轻人,他们的一举一动都给秦怡带来了深刻的影响。

一天,秦怡发现黄玲在偷偷地收拾行装,马上猜想到黄玲可能是要到延安去了,那儿是中国革命的圣地。秦怡想到,要离开陈天国,要真正参加抗日,应该投身到那股革命洪流中去。

"让我和你一起去吧!"秦怡小心地向黄玲恳求着。

黄玲略一沉思,问道:"那孩子怎么办?"

经黄玲这么一问,秦怡想起了托奶妈领着的女儿斐斐。她走了,陈天国肯定不会要孩子,斐斐怎么办?

"孩子跟我一起走!"秦怡做出了决定。

黄玲不同意。从重庆到延安,一路上非常危险,两个大人一起走,能不能活着到延安,都是个未知数,要是再带上个孩子,肯定活不成。

秦怡大为失望,孩子成了她行动的拖累,虽然陈天国这个当爸爸的可以不要女儿,她这个做妈妈的绝对不能丢下斐斐不管。这时,她特别想念妈妈和大姐,要是有她们在身边帮着照料斐斐,一切都可以如愿以偿了。

苦竹林晚间的小聚会,成为秦怡生活中的幸福时刻,白天干了一天活,很累了,一想到接下来还有一个美满的夜晚,劲头马上又来了。

在苦竹林的筹备阶段,秦怡和许多人结下了一段难忘的友谊,其中与应云卫、与陈白尘、与辛汉文、与赵慧琛之间的友谊,是属于生死之交的友谊。

苦竹林的生活奇特而有趣,浓重的创作氛围,使秦怡原本简单的头脑慢慢丰富起来，有许多个夜晚，她是带着联翩的浮想进入梦乡的。

经过三个多月的筹备，中华剧艺社正式成立了，作为剧艺社的基本演员，秦怡和大家一样兴高采烈。

陈白尘的剧本大功告成。

应云卫辛劳一年，四处奔波，洒下了辛苦的汗水后，应该开花结果，有所收获了。

第十章 一炮走红

又是一个多雾的季节。

迷迷蒙蒙的雾从四周的山上飘忽下来，笼罩了整个山城，到处是白乎乎的一片，几米之外就什么也看不见了。正因为如此，雾季没有刺人神经的空袭警报，没有生离死别的威胁，人们又渴望获得精神上的享受。所以，每到雾季，成了文艺界举行公演的大好时机。

1941年11月，中华剧艺社从南岸黄角垭苦竹林搬到重庆市内柴家巷一幢古旧的大院里。这原是一大户人家的住宅，看架势当年也曾风光神气过一番，只是历经几十年的风风雨雨和日机的频繁轰炸，已是面目全非。大院内有一幢两上两下的楼房，约十来间房间，供人租用。"中艺"租的是一上一下两间厢房，楼上一分为二作男女宿舍，楼下作排练用。条件还是十分艰苦，多亏了应云卫神通广大，能在房源紧张、租金昂贵的重庆，找到这么一处可供20多人吃住与排练的理想场所。

第十章 一炮走红

◆ 话剧《大地回春》，秦怡（左）和路曦

这时，"中艺"的阵容不断扩大，导演陈鲤庭、贺孟斧、章超群，演员张逸生、金淑芝、李健、李纬、丁然、项堃，总务沈硕甫、刘郁民等先后加盟进来，另外还有一些属临时帮忙的客串人员。经过三个月的紧张筹备，一个像模像样、名流云集的民间演出团体即将登台亮相。

开锣戏是陈白尘的《大地回春》。

《大地回春》剧情曲折，人物鲜明。在一个四世同堂的大家庭里，父亲黄毅哉是民族资本家，抗战爆发，工厂在迁往重庆途中破产。他的儿子黄树坚和女婿钱少华在上海投机倒把，大发国难财。

黄毅哉的女儿黄树蕙生性懦弱，丈夫钱少华是个表面上满面笑容，骨子里阴险狡诈的笑面虎。黄树蕙的嫂嫂冯兰坚强刚毅，哥哥黄树坚则粗暴荒唐、头脑简单。刚开始，黄树蕙和冯兰这两位善良的妇女深受封建礼教的束缚，任凭丈夫虐待控制，过着暗淡无光、压抑个性的生活。是民族抗日洪流的冲击，唤醒了两颗被冻僵的心，喊出了"我需要自由，我要重新做人"的时代心声。

嫂嫂冯兰认识了一位游击队员，互相产生爱情，同时奋起揭发丈夫黄树坚丧心病狂、鱼肉人民的奸诈行为，挣脱了家庭的羁绊，走上了抗日的道路。觉醒后的黄树蕙也爱上了一位小学教员，不曾想这位小学教员比黄树蕙还要懦弱，在笑面虎丈夫的威逼之下，两人的爱情以失败告终。黄树蕙逃不过丈夫的铁腕，重新

被囚在封建旧家庭的牢笼里。

纵观全剧,黄树蕙戏的分量很重,是个主角,谁来演都是考验:演好了,戏站起来了;演砸了,戏就被毁了。

应云卫慧眼识英,早在陈白尘的剧本还在创作时,他就设想让秦怡演黄树蕙。黄树蕙是个悲剧性人物,秦怡虽不是多愁善感的性格,但她的生活与黄树蕙的生活比较接近,有些生活处境甚至还不如黄树蕙。应云卫坚信,尽管秦怡从没演过主角,凭着她纯真质朴的气质和与生俱来的悟性,不需要有多大的改变,就能塑造好黄树蕙这一形象。

公演的日子确定了,应云卫把《大地回春》剧本朝秦怡面前一放:"你来演黄毅哉的女儿黄树蕙,我相信你一定会演好的。"

"我不行,我不行,我不是当演员的料子!"秦怡连连推托。她不是故作谦虚,说的全是真心话。这么一出大戏,黄树蕙是女主角,她怕演不好砸了中华剧艺社的牌子。

"你行!凭你的形象,站在台上就是当演员的料子。"应云卫说得斩钉截铁,不容置疑。

"到了台上,我怕放不开!"

"不要紧,演演会放开的。你要相信,你是有才能的,黄树蕙这个角色对你非常适合。"有着20多年演戏经验的应云卫,非常自信。他甚至已经感到,用不了多长时间,秦怡肯定会成为红得发紫的大明星。

"我……"秦怡瞪着一双大而有神的漂亮眼睛看着应云卫,不知说什么好。

"你以后还要演这么重的戏,我这儿的戏都让你来演。"应云卫继续鼓励秦怡,让秦怡树立自信。

秦怡不能再推辞了,应云卫这样看重她,信任她,对她有知遇之恩,她唯有鼓足勇气,把黄树蕙演好。

然而,《大地回春》毕竟是中华剧艺社公演的第一部大戏,剧艺社成败与否,在此一举。有人因此怪应云卫太大胆,不选大明星增加号召力,反起用一个无名小卒担此大任,明摆着要砸锅。听到这种议论,应云卫不以为然。有些老朋友索性当面陈言,劝他不要冒险。应云卫一笑了之,不改初衷。见大导演态度这么坚决,

第十章 一炮走红

大家不好再说什么了。那就拭目以待，等着看结果吧。

离开了苦竹林，秦怡的心中一直有依依不舍之感。她太喜欢苦竹林了，那短短几个月自由而紧张的生活，足够她怀念一辈子。回到重庆，舞台的诱惑固然令她高兴，尚未了结的感情纠葛又常使她情绪低落。秦怡希望陈天国能把她彻底遗忘了，从此再不要来找她。

在紧张的排练到来之前，秦怡决定去看看女儿，好长时间没见着这可怜的孩子了，她太想她了。走到奶妈家门前，秦怡一眼望见斐斐扶着一只凳子站在家门口的台阶上，仿佛是在等待妈妈的到来。秦怡惊喜交加，上前一把紧紧抱住女儿，亲个不停。女儿还是像小猫般瘦小，身体很弱。奶妈在一旁嘀咕物价飞涨，生活过得如何艰难，话外之音是要求增加抚养费。秦怡掏出口袋里的钱，全给了奶妈。在中华剧艺社，名义上每月有70元工资，然而实际到手每月不过10来元，差不多全用在斐斐身上了。剧艺社处于草创之际，能有这点报酬已属不易。和女儿告别的时候，秦怡一步一回头，心中所有的是说不出的凄楚。

紧张的排练开始了，秦怡有时躲在楼上宿舍，有时到附近的小茶馆沏一壶茶，看剧本，背台词，揣摩角色的动作、表情和心理情绪。既然已经答应了应云卫演黄树蕙，她决心非演好不可，无论如何不能辜负应云卫力排众议的厚望。

指派秦怡演女主角黄树蕙后，应云卫又邀请了几位当时蜚声艺坛的名演员担任配角，其中顾而已演民族资本家黄毅哉，项堃演小学教员，施超演阴险狡猾的丈夫钱少华，路曦演嫂嫂冯兰，陈天国也受邀演黄树蕙的哥哥黄树坚。这样一个演员阵容，在当时是响当当的；由这么多名演员做绿叶，为一位名不见经传的新人配戏，在当时更是绝无仅有的。凭此两点，足见应云卫的魄力是一般导演所难以企及的。

《大地回春》连排那天，秦怡兴奋异常，忽然间发现陈天国也来了，而且是演黄树蕙的哥哥，喜悦的情绪立刻被破坏殆尽。她尽力克制情绪上的波动，力求进入角色。幸好黄树蕙是一个把不幸遭遇埋藏在心底的悲剧式人物，所以她突然而来的情绪变化，与角色的性格比较吻合，没有影响排练效果。

那天，秦怡动了真情，她在哀怨中发出微弱的呐喊，在希望中做着努力的挣扎，在失望中流下辛酸的眼泪。陈天国也很顾大局，在舞台上没有翻捣个人间的私事。

　　对秦怡在排练中的表现，应云卫十分满意。同台排练的顾而已、施超、项堃、路曦、赵慧琛等知名演员都竭力帮助秦怡，秦怡感觉非常幸福。

　　正式演出的日子到了，因为缺少经验，秦怡又有些忧心忡忡，不知所措。

　　这是《大地回春》的第一场演出。舞台上，秦怡穿着齐肩袖的纱旗袍，冻得直发抖，两条光胳膊不知往哪儿搁，穿着高跟鞋也不会走路了。心里七上八下，直犯嘀咕。演员在台上一有杂念，必然妨碍全身心投入，本来背得滚瓜烂熟的台词差一点给忘了，一些在连排中很能出彩的地方，变成了勉强硬做而没有了感情。演出结束，秦怡不知自己是怎么走下场的。

　　第一场演完，秦怡一夜未眠。怎么办？打退堂鼓是不可能的。继续演下去？一定要找到问题的症结在哪儿。秦怡自己能想到的，是演出服装穿在身上不适应。连排时没穿演出服，演得轻松自如。那干脆把旗袍整天穿在身上？也不行。12月的重庆，天寒地冻，舞台下穿无袖单旗袍，人受不了。想来想去，秦怡觉得还是先把高跟鞋借出来，向路曦大姐请教怎么穿高跟鞋。从小到大，秦怡没穿过高跟鞋，第一次穿就上台演戏，难怪路也不会走了。

　　"应先生，昨天您看了我的戏，觉得怎样？"第二天下午，秦怡战战兢兢地问应云卫，想听听他的看法，帮她找一找演得不成功的原因。

　　出人意外，应云卫竟然笑嘻嘻地说："你演得很好，很好，不容易。"

　　应云卫是个极其聪明的人，秦怡这么问他，心里早已明白秦怡的用意，所以才趁机鼓励一番，不谈任何具体看法，免得挫伤年轻演员的积极性。

　　秦怡被逼上了梁山，每天穿着高跟鞋练习走路。不管有多大的困难，她一定要演好黄树蕙。

　　恰在此时，秦怡收到了从上海寄来的一封家信，高兴得不能自已。一年多没收到家中的信了，她非常惦记爸爸妈妈的身体，惦记大姐的病情，也想念妹妹。到重庆四年，秦怡先后收到过家中两封来信，都是大姐写的。看信封上的笔迹，这次是爸爸写的。秦怡忽然有种不祥的预感，连忙撕开信封，抽出信纸，急急读信，刚看了几行，大颗大颗的泪水像断了线的珍珠滚滚而下，果然是大姐不在了，大姐撇下了她的亲人们走了！

　　秦怡和大姐的感情很深，是大姐把她从育婴堂抱回来，给了她第二次生命；

第十章 一炮走红

也是大姐处处关心她，引导她走向进步。从中华职业学校毕业后，大姐先进银行当职员，再自学到药房做药剂师，年纪不大就和父亲一起供养一家人。大姐反对媒妁之言，反对包办婚姻，追求恋爱自由，向往真正的爱情，在个人感情遭受意外打击之后，孤身一人，没有再嫁。想着想着，大姐的音容笑貌，一举一动，霎时间在秦怡的脑海里涌现。此时此刻，她不愿讲一句话，不想做一件事，只想痛痛快快地哭一场。一个当演员的，不允许带着一双红肿的眼睛上台，秦怡不得不把巨大的悲痛埋在心底。

大姐的去世犹如晴天霹雳，对秦怡是非比寻常的打击，她几乎不吃不喝，每天暗自以泪洗面。这种无限悲伤的心情，为她演好黄树蕙带来了意外帮助。

秦怡打起精神，再次走上舞台。

现在是黄树蕙和情人一起向往未来，憧憬自由，诅咒日本帝国主义的暴行……剧情进入了高潮，秦怡无法抑制的悲伤之情，在黄树蕙身上体现出来，融入黄树蕙痛苦的思想境界之中。演着演着，演员和角色完全融合了。秦怡眼中饱含着的热泪，止不住地夺眶而出，在灯光的照耀之下，脸在闪闪发亮，这是黄树蕙在哭自己的不幸，也是秦怡为大姐之死而悲恸……

剧场内一片寂静，仅有舞台上秦怡痛人心肺的哭泣，再没有任何其他杂音。观众的注意力被演员真挚的表演所吸引，连呼吸仿佛都停止了。

稍顷，轻微的啜泣之声从观众席中传出，逐渐蔓延感染了整个剧场，接着是一片哭泣之声。

舞台上下，如此默契呼应，可谓鲜见。

大幕慢慢合拢，观众们沉浸在悲剧的痛苦中，顷刻之后，爆发出一阵长时间的热烈掌声。

就这样，中华剧艺社的开锣戏《大地回春》一炮打响，主演秦怡一戏出名。《大地回春》连演22场，场场客满，在重庆引起轰动。报纸舆论倍加赞扬，称其是抗战以来第一部史诗，并由此带动话剧演出的高潮。各大剧团纷纷上演新戏，一个雾季演出了30多部大型话剧。以此为开端，以后每年的10月至次年5月，重庆的话剧舞台日趋活跃，人称"雾季公演"。

《大地回春》充分显示了秦怡的表演才华，为她日后的进一步发展奠定了基础，

铺平了道路。

秦怡的成功,使发现和动员她加入"中艺"的应云卫特别激动。他果然没有看错人,秦怡的确是一位难得的表演人才,演黄树蕙仅仅是开始,经过不断摔打、磨炼,这个东方小美人肯定能成为大明星。

"我就知道你一定会成功的,一定会出名的!但是,你不要满足,未来的路还长着呢,要多多创造富有个性的舞台艺术形象。一个演员取得一次成功并不难,难的是突破自己,取得更大的成功。艺术是无止境的啊!"一天,应云卫找了个机会,语重心长地向秦怡说了这么一段话,勉励她力戒骄傲,突破自己,取得更大的成绩。应云卫看得太多了,文艺界小有成功就不可一世的大有人在,到头来不过是自我毁灭,成为昙花一现的人物。

多好的老师,多好的教诲啊!在后来的日子里,不论取得多大的成绩,秦怡始终不忘应云卫对她说过的这段话,尤其是"艺无止境"四个字,成为她一生努力的座右铭。

20世纪90年代,重庆市向秦怡征集重庆文化史料,秦怡写了一篇《在和应云卫相处的日子里》,其中有如下一段文字:

> "应先生",我过去一直这样称呼他,因为他是我的启蒙老师,是我能成为一个演员的赞助者、启发者和鼓励者,他曾大力培养我,给予我机会和帮助。我常想到他,也常想到他的全家。他不仅自己,还常常动员妻子、孩子们共同投入戏剧运动。那些日子生活上是艰苦的,但使我懂得了什么是精神食粮,没有应老,不一定有中华剧艺社,没有"中艺"也就没有我。

2004年9月17日,上海电影家协会和上海戏剧家协会联合举行应云卫先生百年诞辰纪念大型座谈会,秦怡不顾自己已是82岁高龄的老人,准时出席,饱含深情地发了言,其中包括上面引用的那一段话。

对秦怡来说,斯人虽已去,但师恩永难忘!

第十一章

四大名旦

《大地回春》一炮打响，秦怡声名鹊起，生存状况非昔日可比。她登上了明星的宝座，受到观众的欢迎，每天晚上散戏后，总有一大批观众聚在国泰电影院门口，等着一睹她的风采。她的一举一动都成了新闻，不仅报纸报道，而且还为好事的人们四处传播。

面对突如其来的鲜花和掌声，秦怡心里准备不足，多少感到有点意外，但也没有受宠若惊，被虚名与浮华冲昏头脑。应云卫及时勉励，使她获益匪浅。她从不摆明星架子，讲什么身份，也不认为自己是个演戏的天才，可以目空一切。

继《大地回春》之后，中华剧艺社不断排演新戏，作为剧社的基本演员，秦怡一部接一部地上戏，不管是主角还是配角，正角还是丑角，甚至是跑龙套，她不挑不拣，一律用心去演。《天国春秋》中的红鸾、《钦差大臣》的县长小姐、《愁城记》中的赵太太、《茶花女》中的女友，面对这些不同时代、不同环境与不同生活中的不同

◆ 重庆时期的四大名旦宣传照（左下为秦怡）

人物，秦怡尽力排除杂念，集中精力去琢磨研究，虚心向同台演出的老演员学习，成功地塑造了一批具有不同个性的舞台形象。

秦怡把"中艺"当成自己的家，把舞台作为自己活动的天地，每晚有戏演戏，没戏演当群众演员，连群众演员都不需要的时候，就坐在后台看戏。正是在那种既艰苦又很艺术的环境中，在不断的实践中，以及在周围同行的带动影响下，秦怡日渐成熟起来。

中华剧艺社是在"皖南事变"的大背景下，为反对国民党政府的文化控制，为宣传抗日救亡而成立的。在剧社酝酿筹备阶段，阳翰笙已着手创作话剧《天国春秋》。开锣戏《大地回春》取得成功，阳翰笙极为高兴，立即把《天国春秋》的剧本交给应云卫，作为中华剧艺社的新剧目上演。

《天国春秋》用影射、曲笔的手法，以太平天国的韦杨之乱比喻国民党的同室操戈。剧中洪宣娇有句台词："大敌当前，我们不应该自相残杀！"最明显不过地暗指在"皖南事变"中，国民党顽固派大肆杀害抗日的新四军将士。剧本送国民党重庆市党部审查，长时间扣压不批。幸得应云卫手眼通天，兜得转，想方设法多方疏通，才获得准演证。

《天国春秋》的导演还是应云卫，考虑到这部戏的题材价值，为扩大影响，他决定采用全明星班底。应云卫从"中万"剧团请来舒绣文演洪宣娇，从"中电"剧团请来白杨演傅善祥，让耿震演杨秀清，项堃演韦昌辉。末了，剩下一个虽有名有姓但又不起眼的群众角色红鸾，分派给秦怡演。

红鸾是秦淮河畔的一名艺妓，因人长得漂亮，被韦昌辉霸占，是东王杨秀清把她救出来，让她和自己的丈夫团聚。这一角色在全剧中只有三句台词一场戏，几分钟就演完。有人为秦怡惋惜，大明星演这么小个角色，不值得。秦怡不觉得有什么委屈，她从没演过古装戏，要演好红鸾难度不小。

演红鸾头上要梳个高高的发结，脑后要披着长长的秀发，身上要穿有水袖的古装，吸取演黄树蕙时穿了无袖旗袍手不知怎么放，穿了高跟鞋路不知怎么走的教训，秦怡在生活中先练习起来，摸索穿古装手怎么从水袖里伸出来，跪下行礼怎么做到不压住拖地长裙，一点点地学习基本动作，慢慢再考虑姿态美不美，如何通过外在动作去展现人物的性格。

正式排练，有戏时秦怡认真排练，没戏时坐在一旁看别人排戏，从别人身上学习自己还不具备的东西。秦怡特别佩服舒绣文把洪宣娇英武泼辣的气概演得淋漓尽致。"大敌当前，我们不应该自相残杀！"说这句台词，舒绣文咬字准确，声音洪亮，感情激动，充满悲愤，意有所指，直听得秦怡热血沸腾。

《天国春秋》公演了，秦怡演的红鸾虽说是个群众角色，但一来她已经出了名，二来她在小角色身上肯下功夫钻研，所以演得有光有彩，甚得好评。阳翰笙称赞秦怡，"虽然只有一场戏，却演得古色古香，有古典美的韵味"。红鸾的饰演成功，为秦怡后来演李香君等古装人物打下了扎实的基础。

如果《天国春秋》里的红鸾算个配角的话，那么在《愁城记》里，秦怡演的赵太太则是个不折不扣的丑角。

《愁城记》由夏衍编剧，贺孟斧导演。这个戏有两个女角色，一个是20来岁的女主角，美丽纯朴的少妇赵婉贞；一个是赵婉贞的姑母赵太太，俗气透顶的中年妇女。大家认为，女主角一定非秦怡莫属，可临到分配角色，不知出于什么原因，贺孟斧却让秦怡演赵太太。

秦怡愉快地接受了。

赵太太是个庸俗低级的女人，她嫁给了米商，大发国难财，见有钱有势的人

就怕，见穷人就欺，灵魂自私而丑恶。从读书到参加工作，秦怡从未接触过这样的女人，她所熟悉的生活，离角色的距离比较远。这个人物和《正在想》中的天主教嬷嬷、《大地回春》中的黄树蕙也全然不同。怎样演好赵太太？这反而勾起了秦怡强烈的创作欲望。

化装师辛汉文在设计赵太太的形象时，提议在秦怡的鼻梁和脖子上刮出几条赤红的"痧"，把头发向上翻起一半，再穿一套香云纱衫裤，带点金耳环之类的首饰，以充分体现赵太太的势利和俗气。

辛汉文这么一提议，秦怡想起了上海石库门房子里的亭子间嫂嫂，想起了排队买户口米时米店的老板娘，也想起了连亲弟弟都要赶出家门的大伯，这些人身上或多或少有着赵太太的影子。思路一打开，秦怡便着手寻找怎么去丑化人物的怪样儿，怎么去刻画人物庸俗势利的神情，让人物一点点在自己的心里先活起来……

赵太太登台亮相了，她身穿香云纱衫裤，半敞着前襟，脖子上有一条条刮痧后留下的血痕，耳朵上挂着金耳环，手里拿着大蒲扇，面露趋炎附势之色，在台上大摇大摆地走来走去，活脱脱一个令人讨厌的小市民形象，这与容貌俏丽、温文尔雅的秦怡本人完全判若两人。看了《愁城记》，人们惊异秦怡能演活赵太太这样的角色，赞赏她是一个戏路宽广的演员。

俄罗斯大作家果戈里的《钦差大臣》是一部经典讽刺喜剧，"中艺"把它搬上舞台，对针砭时弊很有意义。导演陈鲤庭每排一部戏都是既严格又有自己独特的处理方法，凡是艺术上所需要的，他绝不含糊，也绝不退让。陈鲤庭挑选演员要求很高，他让秦怡在剧中扮演阿谀谄媚的假钦差的女儿，是个二号人物，也是个丑角。秦怡不熟悉帝俄时代年轻姑娘们的生活，怎样演好这个人物，心里没有把握，是个新的挑战。

为此，已经积累了一些塑造人物经验的秦怡，再次开动脑筋，寻找刻画人物的突破口。她想起了看过的俄罗斯电影，极力回忆影片中俄罗斯姑娘怎样提着长裙子走碎步，怎样忽闪忽闪地飞媚眼，怎样拿腔拿调地吃饭说话，再结合剧情反复练习。接着，秦怡又从现实生活某些疯疯癫癫的幽默中获得启发，从内心世界去寻找角色的一种说不清楚的自我陶醉的依据，从而找到了角色所要求的不同寻

◆ 在话剧《钦差大臣》中演女儿

常的神态。有了这两方面的结合,秦怡比较好地完成了县长小姐形象的塑造。

《钦差大臣》是个外国戏,演员外形的化装比演中国戏复杂。"中艺"属民间演出团体,演一个戏捐税多得吓人,如娱乐捐、防空捐、救济捐,营业税、所得税、印花税,名目繁多,无非是要剧社掏钱。更荒唐的是"不正当行为取缔税",规定每个演员都要办一张"不正当行为取缔税"身份证,方能登台演出,否则即遭"取缔"。据说,这本来是为了对付卖皮肉为生的妓女的,现在竟套用在演员头上,真是莫大的侮辱。为了减轻演员个人负担,"不正当行为取缔税"也由剧社集体付钱,将身份证办来发给演员。"中艺"自开锣登场亮相,演出红红火火,收入颇为可观,可七七八八的捐税一缴,竟然是入不敷出,每次演出都要找一个募捐单位。为了节省开支,演员们的工资只发10来元生活费,化妆品买不起就不买了。

演《钦差大臣》,演员要化成高鼻子和黄头发。没有钱买化妆品,辛汉文别出心裁,改用代用品。秦怡的高鼻子是用口香糖粘上去的,黄头发是用黄粉洒的。即便这样,连代用品也要尽量节约。那就索性一次性化装,一场戏演完了,反正人已很疲劳,索性不卸装,用布包着头小心睡觉。的确,不身临其境,无法体会

那时演戏的辛苦。

悟性和不怕吃苦，是一个优秀演员必须具备的两个条件，秦怡都具备了。

此外，在《孤岛小景》《面子问题》《战斗的女性》《茶花女》等话剧中，秦怡扮演了不同的角色，均有不俗表现。

不论大小美丑，所有角色一概都演，不断在艺术实践中得到锻炼和提高，秦怡的演技日长月进，声誉更隆。

"中艺"最重要、最辉煌、最具意义的演出是《屈原》，编剧郭沫若用诗一般的语言，歌颂了屈原不屈不挠的爱国主义精神，揭露了卖国贼阴谋迫害爱国志士的罪恶行为。其中《雷电颂》一场，编剧借屈原之口，把人民群众对国民党的愤慨说了出来，痛快淋漓，振奋人心。该剧上演后，官方大发雷霆，指责《屈原》是指桑骂槐，煽动造反。

阳翰笙非常重视《屈原》的演出，要导演陈鲤庭采用全明星制，扩大演出影响。演员名单很快确定，金山演屈原，张瑞芳演婵娟，白杨演南后，石羽、施超等都在剧中扮演了重要角色。连只有一两句台词的钓者，也安排了张逸生来演。其余一般演员都演群众角色。

秦怡在《屈原》中没有分到角色，当时她已经是大明星，导演不好随便指派她什么。照应云卫的想法，有人挑大梁了，就让秦怡休息，以便将来不断让她挑大梁。这是给秦怡创造观摩别人演出，学习众人之长的好机会。秦怡心领神会，主动去剧组跑龙套，大部分时间则在后台看别人演出，每当看到金山演的屈原抱着张瑞芳演的婵娟说："婵娟，我的女儿……"她都泪流不止。

1943年春节过后，中央青年剧社来人和应云卫商量，欲借秦怡去演《清宫外史》中的珍妃。该剧由戏剧家杨村彬编剧，并任导演。珍妃是皇帝选中的妃子，是个美人，秦怡扮演比较合适。为了能让秦怡得到更多的锻炼，应云卫同意放人。

秦怡看了剧本，认为《清宫外史》会引起轰动，但她不喜欢珍妃这个角色。剧中这个人物没有吸引力，性格不鲜明，是个小可怜式的人物，而且戏也太散，难有发挥的余地。不过，秦怡看了演员名单，发现一个戏集中了这么多一流演员，是少有的，演出一定会有惊人的效果。

秦怡的这一判断，被后来的事实证明很有眼光。

《清宫外史》演员阵容庞大，赵蕴如的慈禧，施超的李莲英，沈扬的寇连才，傅蕙珍的李姐儿和项堃的光绪，用今天的话来说，一个个都是"腕"儿。

杨村彬是中央青年剧社的著名导演，《清宫外史》是他的作品，所以在对历史人物的性格化处理上，在运用传统手法达到历史真实与艺术真实相统一上，有独到之功，演员演得人各有貌，非常有劲。

排练时秦怡发现，赵蕴如演慈禧演得那么自信，能那样镇住人，无论从语言、气度、形体等各个方面都能很好地体现人物的思想面貌；施超演李莲英演得奸诈而奴颜婢膝，沈扬演寇连才演得纯朴而忠诚，一个反一个正；傅蕙珍演李姐儿也演得个性鲜明。从这些表演中，秦怡学到了许多东西，懂得了应该怎样去爱自己的角色，不遗余力地去挖掘角色的内心世界。

后来的演出，秦怡重点抓住珍妃和皇上的关系做文章。珍妃和光绪，不仅仅是一个妃子与皇帝的关系，而且还有两人同呼吸、共命运的情与爱的关系，若抓住后一点去演珍妃，可以弥补珍妃形象的平淡。

一旦深入角色的内心世界，秦怡发现珍妃其实是一个了不起的人物。她善良、明理，对任何人都不存戒心和坏心，是清宫里少有的一个纯洁的人，但同时她又是个时时刻刻遭他人欺侮，且只能逆来顺受的人；她有着极大的承受力，但绝不是一个普通的小可怜；她越受到压制，头脑越清醒。她在戏中对光绪说："只要不怕，觉得对的，就……"这说明她是一个富有思想的人，不是一个一般的小妃子、小女人。秦怡把角色的内心世界贯穿起来，形成了这样一条主线——珍妃以一种惊人的承受力，抵抗清宫中随时向她袭来的攻击和陷害，并甘愿为维护光绪皇帝献出自己的一切。这样，珍妃的形象就不再苍白无力了。

《清宫外史》的演出，轰动了山城，连演近百场，场场爆满，群众爱看，社会名流和党国要人也纷纷前来观看，蒋经国和蒋伟国一连看了几遍。他们对秦怡特别感兴趣，前台看了不过瘾，又到后台去看，吓得秦怡躲来躲去。据说，宋氏三姐妹也曾联袂到剧场欣赏。最后，消息传达到了国民政府主席蒋介石耳朵里，极少看话剧的他来了兴趣，传令要看《清宫外史》。

蒋介石要看戏，不可能到演出的剧场看，剧组大动干戈，把所有布景、道具搬到蒋介石驻地的礼堂去演。《清宫外史》剧长达三个多小时，蒋介石嫌一次看完

时间太长,命令分两场演出,这在话剧史上是空前的。演出还比较顺利,第二场演完谢幕,大家松了一口气,准备卸装回剧团。舞台监督却叫大家不要走,原地等待命令。稍顷,很快传来"喜讯":蒋介石要接见全体演职人员,请大家吃饭,以资嘉奖。

剧组人员被领到一个大会议室,用长条桌拼起来的座位围成三圈,上铺白桌布。蒋介石面朝南,居中而坐,两旁排的是"慈禧"和"珍妃"。秦怡不想与"领袖"直接谈话,急中生智,把编剧兼导演的杨村彬拉上来对换。当着众人的面,杨村彬不便争执,被迫坐在蒋介石旁边。秦怡于是坐在杨村彬的位子上,不料刚抬头一看,发现对面坐着的是蒋经国。蒋经国很客气地点点头说"你们的演出很有水平",顺便问了秦怡的年龄和工作。秦怡礼貌地笑了笑,算是回答。

勤务人员端上了饭,是一人一盒的"新生活运动饭"——盖浇饭,米饭上盖着菜,是秦怡最讨厌的土豆烧肥肉。剧组的小伙子本以为能美美地吃上一顿,想不到"领袖"请吃饭会这么简单,一个个气得低声骂娘。吃完饭,蒋介石提议大家一起拍张集体照,然后就走了。

这张照片,在当时那个年代,碰到麻烦事拿出来给人看,多少还有点用处。新中国成立后就成了有问题的"证据"。"文化大革命"中,凡在照片上的人,没有一个不吃苦头的。

看戏、接见、吃饭和拍照,像是演习一样按部就班进行,谁也没把它太当一回事,只是因为有命令而无法违抗。

从演《大地回春》一戏走红起,整整两年了,岁月的洗礼和舞台的锤炼,使秦怡的表演艺术大有长进,并逐渐走向成熟。

太平洋战争爆发后,1943年5月,夏衍从香港回到重庆,成为重庆文艺界领导人之一。在一次戏剧创作座谈会上,他说:"京剧有四大名旦,话剧也有四大名旦,白杨、舒绣文、张瑞芳、秦怡,不是四大名旦吗!"从此,"四大名旦"一说不胫而走。

"四大名旦",一个荣誉性桂冠,秦怡带上这样的桂冠,名副其实,当之无愧。

第十二章 野玫瑰风波

　　首先说明，60年前在重庆演出的话剧《野玫瑰》，先是红极一时，后被各界人士批判罢演，被指为"为汉奸理论涂脂抹粉"的反动戏，编剧陈铨也被指为"公开宣扬法西斯理论"的国民党员，由此闹出一场风波。在以后的几十年中，戏虽然不演了，"风波"却未停，与"风波"有关的人背着沉重的包袱，尤其是编剧陈铨先生，在"文化大革命"中被迫害致死。但是，凡被歪曲的人或事总有还其本来面貌的一天。如今，那场"风波"已彻底得到澄清，冤屈者也予以平反，可以安息九泉了。事已至此，似乎不该再旧事重提。但不然！历史是不能被轻易忘记的。何况不同当事者在那场"风波"中的处境并不一样，因此，当今天重新回顾那场"风波"时，应力求客观公正地加以叙述。

　　1942年10月，"中艺"排演欧阳予倩的《忠王李秀成》，秦怡没有角色，属空档。此时，施超以留渝影人剧团的名义向应云卫商借

秦怡，参加他组织的《野玫瑰》的演出。应云卫一直想培养秦怡当"中艺"的台柱子，期望她能不断有所长进，在秦怡空档的时候有人来找她演戏，应云卫爽快地答应了。

"施超他们来找我要借你，要你演一个女大学生，我已答应了，你去吧。"找了个机会，应云卫向秦怡说了施超借她的事，鼓励秦怡接下新的角色。

凡应云卫答应和决定的事，秦怡自然不会反对。秦怡心里十分清楚，应云卫在培养她，尽量让她有更多实践的机会。所以，应云卫和她一说借人的事，她二话没说就高高兴兴地到《野玫瑰》剧组去报到了。

《野玫瑰》是个校园剧，编剧叫陈铨。剧情大意是：国民党特工人员夏艳华，嫁给了伪政府的大汉奸王立民，在王家偶遇昔日情人、打入伪政府内部的国民党情报人员刘云樵。在一次窃取情报的行动中，刘云樵身份被伪政府警察厅长识破，危急关头，夏艳华利用警察厅长对她的迷恋，放走了刘云樵。随后，夏艳华玩弄机巧，让王立民杀死了警察厅长，再迫使王立民自杀，自己远走高飞。全剧四幕戏，剧情曲折离奇，紧张惊险。七个角色，人人有戏，其中王立民和夏艳华是男女一号人物。戏的主题是和汉奸做斗争。这样的戏，演员选得好，对观众是有吸引力的。看中这一点，中国青年剧艺社导演张俊祥曾想排《野玫瑰》。张俊祥和陈铨是大学同学，两人私交不错。后来，他们一个留学美国，一个留学德国，回国后继续保持来往。当张俊祥想排《野玫瑰》又尚未行动时，施超捷足先登，抢先一步找了陈铨，把剧本争取到手。名义上这个戏由留渝影人剧团组织演出，实际上是施超和路曦夫妻两人找个投资商联手操作，他们认为排演《野玫瑰》肯定能赚钱。

《野玫瑰》剧组阵容很强，演员有施超、田力、王班、陶金、路曦和秦怡，导演是苏怡。秦怡是年纪最小的一个。最初的角色分配是，男女一号人物王立民和夏艳华，由施超和路曦夫妻俩分演，秦怡演一个女大学生。这个角色和她比较接近，演起来并不难。

剧组排练非常认真，一点也不许含糊。

苏怡给大家说戏，说《野玫瑰》是向汉奸做斗争的戏，是抗日的。第一幕戏排下来，从形象要求出发，苏怡提出秦怡和路曦对调角色，秦怡人比路曦高，夏艳华是打入汉奸内部的女特工，让秦怡演在台上更能撑得住。根据角色塑造需要，

第十二章　野玫瑰风波

导演提出演员互换角色在剧组属家常便饭，大家没有异议，路曦本人也很乐意。

角色一对换，秦怡由配角升为主角，依常情她应该高兴，可她高兴不起来，有点害怕。夏艳华是个女特工，戏份重不说，更重要的是她漂亮、洒脱，在交际场上兜得转，表现在舞台上要收得拢，放得开。21岁的秦怡，漂亮自然不用怀疑，唯独与洒脱不沾边，所有的是拘谨、缓慢与憨厚，因而思想负担很重。

虽然如此，秦怡还是把演夏艳华看成提高演技的一个好机会，决心演好夏艳华，把自己从腼腆的性格中"解放"出来。

为寻找"洒脱"的感觉，秦怡从舒绣文和吴茵大姐身上，从女青年会那个交际花身上，寻找、捕捉"洒脱"的外在表现。舒绣文性格豪放，无所顾忌，敢做敢当；吴茵善良大度，语言自然清脆；女交际花神秘莫测，个子瘦高，穿一件披风，风度翩翩。在回忆与她们的交往过程中，秦怡逐渐树立起演好夏艳华的自信。

服装与化装师也帮了大忙，他们想方设法让秦怡尽量风流潇洒，雍容华贵，最终的定装是：秦怡披一头波浪长发，穿大开叉紫色长旗袍，戴一对时髦耳环，脚蹬高跟鞋，整个形象像是一座夺人眼球的雕塑。活到21岁，秦怡从没有这样打扮过。

《野玫瑰》的演出，果然轰动山城。演一场，客满一场。观众每天排着长队购买票，黑市票价一再翻番，高出正常票价好几倍。观众为能看到《野玫瑰》和一睹秦怡的风采而感到满足。

"你去看什么戏？"

"我去看秦怡。"

马路上常常听到这样的对话。秦怡的名字代替了剧名，一出《野玫瑰》使秦怡名噪一时，红透半边天。

每天演出结束，总有大批青年观众等在剧场门口，以亲眼目睹秦怡的真面目为快，以得到秦怡的亲笔签名为荣。个别痴情的观众，借诗表达对秦怡的爱慕之心。一些达官贵人发来请柬，提出和秦怡一起共进美餐。还有个别无聊的阔佬，在马路上发现秦怡，竟开着汽车尾随盯梢。

更离奇的是，一次国民党空军的人来买票，因满座而未能如愿，他们竟在抗建堂剧场门口架起机关枪，扬言如果不让他们进场看戏，他们就对剧场进行扫射。

剧场被迫想办法给予满足。

一部戏能得到这样不寻常的反响,秦怡心里有说不出的高兴,她感受到了观众对她的热情,这说明她努力付出的心血没有白费,夏艳华这个人物,她演活了,得到了观众的承认。但同时秦怡又非常清醒,没有因走红而盲目轻飘。对热情的观众,她为他们签名,满足他们的要求;对求爱的小诗,她挑了些写得好的,收着细细诵读;对达官贵人的显摆纠缠,她不敷衍应酬,心甘情愿地过着一件旗袍穿四季的生活。

《野玫瑰》演出的成功,一是因为剧情设计巧妙,二是一个漂亮的女演员演了女一号,而且是真把角色演出来了。如果仅此而已,再火的戏演一段时间总会冷下来,跟着是继续排演新戏。然而,当《野玫瑰》演得正火的时候,一场"风波"悄然而起。大约演到第八场,非议之声开始泛起,说是戏有问题。为了保证演出,秦怡当时除了上台,就是休息,没机会听到传言。后来纷纷扬扬的说法越来越多,秦怡知道了大吃一惊。问题到底在哪儿?她不知道,也看不出来。

一天,赵慧琛告诉秦怡一个消息:"听说这个戏政治内容不好,有替国民党假抗日、真反共涂脂抹粉的内容。《新华日报》有社论,编剧还得了奖。"

秦怡听后愕然无语,辛辛苦苦地演戏,观众这么欢迎,怎么变成是为国民党的假抗日涂脂抹粉呢?

第二天,碰巧金山来找秦怡,两人一起吃饭,秦怡问金山:"你说,《野玫瑰》到底是抗战的戏,还是为国民党涂脂抹粉的戏?"

金山也不得要领,一时敷衍道:"《野玫瑰》的问题主要出在施超身上,他拼命抢戏,他演的汉奸王立民太要戏,演得叫人有点同情。"

秦怡觉得金山没说到点子上,《新华日报》批评《野玫瑰》是为"国民党假抗日涂脂抹粉",没说为汉奸涂脂抹粉。问题究竟出在哪里,一定要搞清楚。

为了弄清事情的真相,秦怡和剧组的人到处找《新华日报》,一时没有找到。过了几天,赵慧琛看到了《新华日报》批判《野玫瑰》的文章,文章很长,题目叫《读〈野玫瑰〉》。文章重点指出:"……更严重的问题是隐藏着'战国策派'思想的毒素",结论是"反动戏"。赵慧琛把《新华日报》批判文章的内容告诉了秦怡,并特别提醒说,文章只批判了《野玫瑰》剧本,没有涉及留渝影人剧团的演出。

第十二章 野玫瑰风波

接着,传来一条消息:国民党中央宣传部给《野玫瑰》的编剧陈铨发了编剧奖,这进一步说明了《野玫瑰》问题的严重性。随后,秦怡又听人说陈铨是国民党,还有人说陈铨是国民党特务。有了这些确切的事实,秦怡相信《新华日报》对《野玫瑰》的批判是正确的,既然是国民党特务写的戏,《野玫瑰》无论如何不能再演了。

剧组的大多数人也感到不安,纷纷同意秦怡的意见,立即停演《野玫瑰》。大家向投资人提出,投资人坚决不同意。《野玫瑰》上演的时间不长,扣除苛捐杂税,钱还不够还本,再说卖座又这么好,停演了损失太大。

下一步到底该怎么办?

剧组的人急得不知所措,谁也没有心思再演下去。关键时刻,美工师张尧出面找大家商量,星期天演完日场,一起到中苏友好协会开会商讨办法。秦怡后来才知道,张尧是地下党员。有人肯出面牵头办事,剧组没人有不同看法。

根据事前通知,星期日日场一结束,大家分头到中苏友好协会会合。组织者张尧,参加者有秦怡、陶金、苏丹等人。施超因是《野玫瑰》演出的策划者,没有通知他参加,怕他为了收入不肯停演。路曦是施超的妻子,也没有被通知参加。与会者都是进步戏剧工作者,人人都想为抗日贡献一份力量,理所当然地不能容忍演坏戏破坏抗日。商讨的一致意见是:投资方不同意停演,就立即罢演,当天夜场付诸行动,具体由舞台监督苏丹和主演秦怡在夜场戏演完后拉开大幕,秦怡向观众宣布:《野玫瑰》从明日起罢演。

一部使自己走红的戏,要自己亲口宣判它的"死刑",这多少有点残酷,但秦怡毫无怨言,她追求的不是虚名,是抗日救亡的理想。

当天晚上,戏像往日一样开演,剧场内座无虚席,没人发觉有什么异样。最后一幕戏结束,大幕迅速合拢,全场爆发出热烈的掌声。几分钟后,大幕又徐徐拉开,秦怡和苏丹站在舞台上。观众以为是谢幕,准备再次鼓掌,可仔细一看不像,两人的表情特别严肃,哪有这样谢幕的?

剧场内寂静无声,秦怡上前一步,开始讲话,平时舒缓的语调变得激越高昂:"观众朋友们,我们演了一个坏戏,美化了特务汉奸,我们决定罢演《野玫瑰》。已经买了票的观众朋友,请你们马上去退票。"

剧场内一阵骚动，演员罢演，从没听说过！慢慢有了惊叹和叫好声，也有了鼓掌声，而且越来越响。

演员罢演《野玫瑰》，舆论议论纷纷，赞成的和反对的各执一词，引起强烈反响。

戏剧界为此举行"演员有没有权力不演坏戏"的讨论，舒绣文率先支持秦怡："我敬佩秦怡，她能毫无顾虑地承认自己演了坏戏，这需要很大的勇气，我们应该像她一样，如果自己演了坏戏，也应该站起来罢演！"

应云卫和白杨都支持秦怡罢演。

秦怡没有参加这次讨论，她从发言记录上看到了舒绣文的发言，心中有说不出的高兴。事关大的原则，舒绣文给了她鼓励和力量。

针对国民党中央宣传部给《野玫瑰》颁发优秀编剧奖，重庆戏剧界联合发出签名抗议信，秦怡在信上签上了自己的名字。

罢演和抗议，形成了一个事件，这个事件一直延续到新中国成立后直至"文化大革命"，秦怡为此深受指责。

"这个人是演反动戏成名的！"

"她红得发紫，全靠《野玫瑰》。"

在政治气氛极左的年代，"演反动戏成名"是分量很重的政治性批判，秦怡长时间惴惴不安，成为一块心病，在各种学习、整风和思想改造运动中，一次次做自我检查，接受别人的批评。"文化大革命"中，秦怡遭受批斗，被隔离审查，这也是罪名之一。

在最困难的时候，秦怡每每想到敬爱的周总理。1961年9月，秦怡参加了在中南海紫光阁召开的关于提高表演技巧的座谈会，受到周总理的亲切关怀。

"好的演技不要丢，你在《野玫瑰》里演得很好。"晚上，周总理和秦怡一起跳舞，周总理边跳边说。

秦怡听了吓了一跳，她不敢相信周总理这么客观冷静地看待这件事，轻声说："一失足成千古恨，这个污点是洗不掉了！"

周总理笑了："这跟你没关系，那个戏的内容不好，你的演技是好的。戏的内容是编剧写的，好的演技是你的。而且，在那样复杂的政治环境下，你又怎么能

第十二章 野玫瑰风波

知道呢？"

秦怡心中感到一阵温暖，周总理的善解人意和亲切鼓励，她感激不尽。

和秦怡相比，《野玫瑰》编剧陈铨的命运凄惨多了。因为《野玫瑰》《蓝蝴蝶》等几出戏，新中国成立后他一直抬不起头来，"文化大革命"中被迫害致死，20多年后才沉冤昭雪，彻底平反。后经查证，陈铨既不是特务，也不是国民党员，他是西南联大的教授，一个做学问的教书先生。在生活中他可能听到一些相关的故事，认为是跟汉奸做斗争的好题材，才创作了打算在校园内演出的校园剧《野玫瑰》，又意外被人看中，拿到社会上去演出，被国民党所利用，结果惹出了一场意想不到的风波。

用今天的眼光看，《野玫瑰》风波属事出有因。

1941年1月，震惊中外的"皖南事变"发生，国民党蒋介石政府同室操戈，9000多新四军将士壮烈牺牲。这一反动暴行，一方面激起全国人民的强烈愤慨；另一方面，彻底暴露了国民党顽固派假抗日、真反共的丑恶嘴脸。在此政治大背景下，《野玫瑰》公演产生巨大反响，自然引起了一些左翼人士的深思，待读完剧本，发现剧中两位主要与汉奸做斗争的特工，身份均是国民党员，由此很容易让人得到一个结论：这是为"国民党涂脂抹粉"。

同样是在此政治大背景下，《野玫瑰》演出不久，国民党中央宣传部给编剧陈铨颁发剧本奖，更加刺激了左翼人士的不满。在重庆，为抗战救亡，戏剧界演出多少感人肺腑、催人泪下的好戏，几曾见国民党中央宣传部给谁发了奖？

有了这两方面的原因，《新华日报》发表批判《野玫瑰》的文章，并不是无端发难。至于从批判戏到批判人，特别是新中国成立后的一段时间中，在极左的氛围下，对当事人采取无情打击的做法，那是另外一回事了。

第十三章

为了做人的尊严

春天来了，树绿花开，气象万千，和自然界周而复始的变化相比，1943年的春天，中华剧艺社的生存处境更加艰难了。

抗战进入了第12个年头，敌我双方呈对峙状态。日军加紧轰炸，想占据主动地位。"中艺"无法正常演出，经济非常困难。

另一方面，"中艺"特立独行，坚持上演抗战剧目，影射、批评国民党顽固派消极抗日，影响越来越大，当局对话剧活动十分头痛，转而加紧对剧本进行审查。国民党中央宣传部部长潘公展雇用一批戏剧界败类，专事鸡蛋里挑骨头，以种种"莫须有"罪名，扣发送审剧本，使"中艺"不能按计划正常演出。为在艰难困苦中维持剧团的生存，"中艺"前台主任沈硕甫付出了年轻的生命。

1943年4月，"中艺"准备上演陈白尘编剧的《翼王石达开》，全剧排练就绪，票已经售出，当局就是不发准演证。应云卫急得走投无路，求潘公展网开一面。沈硕甫为此多方奔走，辛劳过度，倒毙在山

第十三章 为了做人的尊严

坡的石阶旁。消息传到剧社，人人义愤填膺，愤而大恸。

沈硕甫原是个画家，又是出版社的经理，他偏爱话剧艺术，投身"中艺"，为筹划资金，减免捐税，他敷衍官僚，应付流氓。更难得的是，他急公好义，有福同享，有难同当，乐意接济朋友，秦怡就常常吃到他留下的好东西。想到沈硕甫的种种好处，秦怡哭得特别伤心。

沈硕甫的遗体抬到中华剧艺社，秦怡默默地凝视着，啜泣着，用棉花擦洗沈硕甫脸和脖子上的污物。

"你难道一点不怕吗？"年轻的女孩子问秦怡。

"不怕。我觉得他是活着的。"秦怡流着泪说，"我不愿意他死去！"

出殡的那天，抬着沈硕甫的灵柩，中华剧艺社全团演职人员全部出席。送葬队伍人越走越多，越来越长，"中艺"的观众不断自动加入。从几十人到几百人，再到上千人。这是对中华剧艺社最大的鼓励，也是对当局迫害进步戏剧工作者的最强烈的抗议。看到这样激动人心的场面，秦怡感慨不已。

千余人自发为沈硕甫送葬，官方当局更感到不可小视"中艺"，暗中派人威胁利诱应云卫："赶紧转向，否则后果……"情况变得十分复杂危急。

阳翰笙及时把情况向周恩来做了汇报，为了防范国民党顽固派狗急跳墙，避免剧团人员遭受重大伤害，地下党组织很快做出决定，中华剧艺社撤出重庆，用"跑码头"形式到乐山、自流井和成都等地做旅行公演，开辟新的宣传阵地。

1943年夏天，中华剧艺社告别战斗了三年的山城，一路辛劳奔波，一路巡回演出，在成都二度创造了辉煌。而在重庆，在党领导下成立了另一个话剧团体——中国艺术剧社。

三年来，秦怡把"中艺"当成自己的家，在这个平等友爱、生气勃勃的团体里，她得到了关怀和温暖，生活有了新的内容，事业有了新的起点。秦怡爱这个团体，爱这个团体中的每一个人。"中艺"要旅行公演，秦怡也要跟着一起走。她去奶妈家安排好斐斐，做好了各种准备，等待出发的日期。

秦怡也想到，她要离开重庆，陈天国一定不肯善罢甘休。但是，他们已长期分居，她对他毫无感情可言，何必再凑在一起呢？不管陈天国怎么胡来，这一次她坚决跟"中艺"一起走。

果然不出所料,陈天国闻知"中艺"要到外地演出,急急忙忙找到秦怡,要秦怡回到中国电影制片厂。陈天国一再解释,他是爱她的,要秦怡永远留在他身边,两人一起同台演戏。陈天国说的倒是心里话。不管他有多少缺点,包括酒醉后令人无法容忍的胡来,他对秦怡的感情还算出自真心。

秦怡铁定了心,任陈天国怎么表白,没有任何商量的余地。

"那些苦地方,你去干什么哪!回到'中制'工资高,戏会演得更多。"陈天国劝秦怡回心转意。

秦怡的回答简单干脆:"我不怕吃苦。"她懒得和陈天国多费口舌。

秦怡态度坚决,不听劝说,陈天国怒气冲冲地走了。秦怡好一阵高兴,以为自己胜利了。

"这次你就不要去了。"两天后,应云卫把秦怡找去,说出了剧社的决定。

"为什么?"听应云卫这么一说,秦怡心里明白大半,但还是故作不知地反问应云卫。

原来,陈天国见无法阻止秦怡的行动,一转身找应云卫说理,指责应云卫破坏他们夫妻关系,威胁说:"你敢把秦怡带走,看我不把你们团给砸了。"

应云卫恳切地劝慰秦怡:"他这个人惹急了什么事都干得出来,所以我暂时不能带你走。你还是'中艺'的基本演员,这几个月算借给'中制'吧!这样,我们走了,你可以回'中制'去住。"

应云卫的夫人程梦莲也眼泪汪汪地劝说秦怡,要秦怡好汉不吃眼前亏,先退让一步,以后还可以再回"中艺"。

秦怡心里明白,应云卫不会不让她参加旅行公演,他有他的难处。历经苦难的磨炼,秦怡逐渐成熟了。她觉得不能因为她个人的私事,妨碍应社长和中华剧艺社。秦怡什么也没说,以沉默接受了应云卫的规劝。

秦怡等待和大家告别,那几天的日子特别难过。剧社正式出发那天,她眼睁睁看着大伙儿忙忙碌碌地走了,带着一颗痛楚空虚的心,再次回到中国电影制片厂家属宿舍,把可怜的斐斐接到了身边。

陈天国想租房子和秦怡一起住,秦怡断然拒绝。陈天国吵了几次,没有达到目的,只好一个人继续住在男宿舍。

第十三章 为了做人的尊严

秦怡抱着敌对的情绪回到"中制",打算什么戏也不演,好让自己有时间亲自照顾斐斐,弥补一下对女儿的亏欠,无奈事不如愿。"中万"剧团排演《董小宛》,分配秦怡演秦淮名妓董小宛,陈天国演明末公子冒辟疆。董小宛和冒辟疆是一对情人,两人海誓山盟,生死同心。不幸的是董小宛被清世祖纳为贵妃,临行之前,两人有诉不尽的离别之情,说不完的亡国之恨。这样一出爱情悲剧,要求演员用炽热的爱去拥抱。可是,生活中的秦怡和陈天国是一对分居多年的冤家,在台上怎能演生死与共的"伴侣"呢?秦怡几次向剧团提出,不愿和陈天国同台演戏,未被采纳。

有一天,两人在后台刚吵了架,跟着马上要上台演出,愤懑的感情顷刻间要化为炽热的恋情,无论对什么样的演员,这样的变化未免太过苛刻。

秦怡上场了,她在心里一遍遍告诫自己:"我是董小宛,我是董小宛。"力求忘掉刚刚发生过的不快。根据剧情规定,这时的董小宛嘴上念着"今夜的月亮多圆啊……"眼睛望着窗外皎洁的月亮,一面感叹着,一面朝冒辟疆身上慢慢靠去……

陈天国此时也在品尝着痛苦的煎熬,他同样想尽力克制自己,进入冒辟疆的角色,总难做到。秦怡铁定了心要和他分手,深深刺痛了他,所以当戏中的董小宛慢慢靠近他,他看到的是要"离婚"的秦怡时,便再也控制不住自己,忘记了这是在舞台上,一怒之下,从坐着的长凳上站起来,拂袖而去,把一个劲儿向后靠的董小宛孤单单地扔在舞台上,差点从凳子上跌到地上。

观众气愤了,剧场里一片混乱,陈天国因此受到停止演出的处分。

没过多久,"中万"剧团决定第二次排演《野玫瑰》。陶金推说有别的演出,拒绝了。陈天国顶替他的角色,宗由顶替施超,还有两三个角色也换了人。剩下女间谍夏艳华,分配给秦怡演。秦怡感觉如同晴天霹雳,乌云压顶。第一次演《野玫瑰》惹出一场风波,她带头罢演,还在反对《野玫瑰》获编剧奖的抗议信上签了名。一转眼,又要她再次演《野玫瑰》,这太残酷了。

"不能演,绝对不能演!"秦怡把这一想法告诉黎莉莉,征求她的看法。

黎莉莉叹了口气说:"胳膊扭不过大腿,你忘了被勤务兵押着去开晨会、唱'党歌'的事了吗?"

秦怡当然不会忘记。那是原任西安警备司令的吴树勋担任中国电影制片厂厂长后，把国民党军队一套的作风搬到"中制"，规定每个星期一上午举行周会，唱"党歌"，听他训话。秦怡、黎莉莉和舒绣文千方百计赖着不去。有一次，秦怡逃会被发现，吴树勋派两个勤务兵把她押到会场。

"我看不出这出戏有什么问题。"陈天国厚着脸皮来劝说秦怡。因为《董小宛》事件，陈天国被短期停止演出，现在好不容易在《野玫瑰》中分到一个角色，他积极主张演出。陈天国还说既然苏怡也同意再当导演，秦怡为什么就不能再演夏艳华？

厂长吴树勋也把秦怡叫到他的办公室，以规劝的口吻说："你年纪还轻，艺术上还有前途，千万不要执迷不悟。'中制'是军事委员会的电影制片厂，不服从命令，就要关禁闭。"

俗话说，鸡蛋碰不过石头。在每天由荷枪实弹的勤务兵押着到大礼堂排练的情况下，秦怡不得不"屈服"。硬顶不是办法，不如等待机会，想办法离开"中制"。

《野玫瑰》在抗建堂演了三天，第四天被送到青木关大礼堂，为中央训练团的毕业典礼演出。据说，这是由军委政治部部长张治中先生邀请的。

青木关礼堂比较大，中训团的学员不多，票照理绰绰有余，或许因为《野玫瑰》第一次演出引起轰动，接着是罢演风波，种种传说沸沸扬扬，党、政、军、特等机关人员个个争着想看，为争票互相间闹得不可开交。张治中先生为了保护演员，特地在后台门前挂了一块牌子，上写"任何人不得入内"几个大字，下面签了自己的名字。

演出前几分钟，一个胸前别着一枚梅花标志徽章的人，大摇大摆闯进后台，嘴里嚷着要见秦怡。秦怡恰好在布帘子后面换衣服，那人竟大咧咧朝布帘子后面走去。

陈天国此时正坐在化装间门口，见秦怡要被人欺侮，赶紧起身，一个箭步上前拉住那人，用手指着写有张治中名字的牌子，示意那人赶快离开。

"老子哪个衙门不进进出出？这里是我们的地方，为什么进不得！"那人并不把张治中放在眼里，居然直闯女更衣室。

陈天国见状火冒三丈，一只手拉住那家伙，另一只手挥起给了他一耳光。

第十三章 为了做人的尊严

那家伙勃然大怒,冷笑一声:"好小子,你等着吧!"

秦怡从更衣室出来,见此情景,忧心忡忡。那人胸口别着梅花徽章,肯定是特务一类的人物,待会儿不知会闹出什么祸事来。

"管他什么特务不特务的,有什么事我顶着!"面对坚决要求离婚的妻子,陈天国生出一股男子汉的大度与豪气。

戏开演了,舞台上提心吊胆的秦怡侧眼扫视后台,后台两边站满了拿枪的陌生人。秦怡心中一惊,祸事真的来了。戏勉强演完,秦怡快步退到后台,后台已经上演了一场全武行。陈天国被打得鼻青脸肿,在地上翻滚,没有了刚才的威风。一个管道具的被打得满脸鲜血,流淌不止。

秦怡愤怒了,顾不得还穿着长旗袍和高跟鞋,拿起化装台上的一只油瓶,奋力向一个特务扔去。

"臭婊子,看你们的戏是抬举你们,摆什么臭架子!"那特务拿起一把椅子摔向秦怡。

秦怡一闪身躲过,破口大骂:"你们这群不抗日的东西,整天欺侮老百姓,算什么英雄!"骂着她又拿起一个热水瓶扔去。

一场混乱,凳子、椅子、热水瓶和脸盆飞来飞去,桌子、箱子七倒八歪,后台一片狼藉。

特务们打够了,放了"中制"厂的其他人,独独拖着陈天国一个人边打边跑。

秦怡和"中制"厂的一些同事,追上去营救陈天国。秦怡不爱陈天国,但他到底是自己人,他是为了保护她才被打的,她不能袖手旁观,丢下他不管。

后来,张治中派人救了他们,向他们表示抱歉,另拨款十万元,赔偿"中万"剧团的损失。

经此一场意外风波,秦怡借被打伤为由,停演了《野玫瑰》。她暗自庆幸,因祸得福。谁知过了没多久,厂里又发下一个本子《蓝蝴蝶》,编剧还是陈铨。这一下,秦怡的头更大了,一部戏接一部戏地演,哪天是个头?拒绝不演,要关禁闭。再让副官们用枪逼着排练,做人的尊严到哪儿去了?

不演了,坚决不演了!然而,出路到底何在呢?秦怡又一次踯躅在命运的十字路口。

皓月当空，夜深人静。黎莉莉早已沉入梦乡，秦怡辗转反侧，难以入眠。她忽然想到剧作家吴祖光，何不找他商量商量对策！

第二天，秦怡来到纯阳洞山坡下的四德里，吴祖光住在这儿。刚20岁出头的吴祖光，已在国立剧专教了几年书，他编剧的《凤凰城》《风雪夜归人》等剧目，演出后轰动重庆，被誉为是"神童"。

"我想离开'中制'，到乐山找'中艺'去。"见到吴祖光，秦怡开门见山，说出了自己的打算。

吴祖光思考片刻，说："事关重大，我陪你一起去见见夏衍吧。"

在"中艺"时秦怡就认识夏衍，知道夏衍在《新华日报》工作，是个共产党员，值得信赖。秦怡点点头表示同意，跟吴祖光一起去见夏衍。

夏衍住在吴祖光隔壁，是一座简陋的竹篱笆加泥巴糊成的房子，取了一个雅致的名字，叫"依庐"。

夏衍欢迎两位年轻朋友造访，他瘦长的个子，人显得很精神。秦怡先说了想离开"中制"的想法和打算，吴祖光帮助一起进行分析推测，两人都想听听夏衍的意见，期盼的目光一直盯着夏衍看。

"你既已下了决心，我们当然会全力帮助你。到乐山去的船票，我托人帮你想办法。"略作思考，夏衍亲切地对秦怡说，"孩子你也要安排好。"

夏衍表了态，吴祖光接着说："我也想到乐山去看看吕恩，我们一起走吧，路上好有个照应。"

一切是这样顺利，秦怡心里的一块石头落了地，有夏衍的支持，又有吴祖光一路同行，离开"中制"不成问题。

几天后，吴祖光悄悄通知秦怡出发的时间和路线，一再嘱咐："千万别让人识破你出走的行踪。"

秦怡想在离开"中制"前，把她和陈天国的关系彻底了断。这么多年了，背着破碎婚姻的包袱，影响工作，影响生活，太疲劳了。秦怡请黎莉莉做中间人，和陈天国进行了一次谈判。听秦怡又要提离婚，陈天国一改以往的强硬，他抱起女儿，呜呜地哭着，表示一定要和秦怡和好。谈判没有结果，秦怡死心了。

要走了，秦怡最放心不下的是女儿。斐斐快4岁了，长来长去还像个"人秧子",蜡黄干瘦,常常呕吐。白天保姆带着,晚上睡在自己身边。她要走了,斐斐怎么办?一想到这儿,秦怡心乱如麻,五内俱焚,心在流泪,可退路已经没有了。为了跳出虎口,为了不再遭受凌辱,秦怡横下一条心,什么都不管了。女儿有保姆领着,黎莉莉他们会帮忙照顾。陈天国是斐斐的父亲,做母亲的不在了,做爸爸的难道真会撒手不管吗?秦怡从不信鬼神,为了女儿,她在心里一次次发出了"求上帝保佑"的呼喊。

出发的日期到了。这天晚上,秦怡丝毫不露声色,像往常一样熄灯上床。四周黑漆漆的,晚风吹动山上的树叶,"沙沙"之声从窗缝中传来。秦怡闭着眼睛不敢入睡,如涛的思绪在胸中不停地翻滚。

来到这个世界22个春秋,她已是第三次出逃了。一次次的出逃,祖国山河依旧破碎,世道天日依然照样,她的心情始终处于困惑与苦恼之中。

时钟敲响了3点,约定出逃的时间到了。秦怡悄悄起身,蹑手蹑脚地拿起准备好的包袱,吻了吻斐斐干瘦的脸,深情地看了看熟睡中的黎莉莉,在黑暗中摸索着走出了门。

大街上黑沉沉的。秦怡壮着胆子疾步快走。按照事先约定,有人会送船票来。果然,走过一根电线杆,一位朋友压低了帽檐在等她。秦怡未看清他的脸,他塞给秦怡一张船票,一句话也没说,指着一辆洋车要秦怡坐上去,等秦怡一上车,他很快在夜雾中消失了。

拉洋车的一声不响,把秦怡送到码头。下了洋车,秦怡连奔带跑地跃上轮船,船很快起锚,离开了江边,开往乐山。

当晚,同船的吴祖光没来找她,她也不知道吴祖光在哪个铺位,一个人悄悄找到自己的铺位,爬上去一躺下就睡着了。

天色微明,吴祖光来找秦怡。秦怡欣喜若狂,一路有了保护者,她用不着害怕了。

这情形有点像地下工作者接头交换情报,也有点像地下交通站护送重要人员去执行重大使命。

第十四章

西康之行

逃出了重庆，直赴乐山，"中艺"在乐山进行旅行公演，秦怡有一种回到家的感觉。从此，她可以挺起腰杆堂堂正正地做人，可以自由自在地做自己想做的事情了。

去乐山的途中经过宜宾，秦怡住在吴祖光表姐家里。那位表姐没看过秦怡演戏，不知道秦怡是大明星，以为她是吴祖光的女朋友，因此对秦怡格外热情。秦怡想说穿，吴祖光暗示制止了。吴祖光认为，在乐山情况尚不明朗的情况下，身份模糊些对秦怡有好处。后来的事实证明，吴祖光的考虑比较周到。

到了乐山的第二天晚上，在一家小饭馆，应云卫叫了几个菜招待吴祖光和秦怡。"你们一离开重庆，第二天报纸就登出'秦怡出走'的消息。电台也广播'秦怡在重庆拒演《蓝蝴蝶》，突然出逃'。"吃饭间，应云卫说了这些情况。

第十四章 西康之行

秦怡听了一怔,着急地问:"报纸上有没有说要追缉我归案呢?"

"可以想象,吴树勋是不会就此罢休的,陈天国也绝不会放过你。"应云卫认为,秦怡还没有脱离危险,不能在乐山公开露面,更不能回到"中艺"。

两天后,秦怡看到了重庆的报纸,上面果然有《秦怡出走》《昨晚三时秦怡失踪》的报道,标题很大,非常醒目。

不能公开露面,秦怡就躲在朋友家里,内心万般沮丧:这样躲下去,躲到什么时候是个头?况且时间一长,也未必安全。最好的办法是到边远的地方去避一避,哪怕是继续逃亡,也在所不惜。可往哪儿跑呢?没有目标,秦怡一片茫然。

几天后的一个下午,吴祖光带来一个好消息,国民党资源委员会属下的乐山矿务局有一辆运糖的卡车要到西康去换煤、铜和锌等物资,领队的是沈崇教,人称沈九哥,是他的好朋友。画家丁聪受沈崇教邀请随车去四川写生,秦怡如果同意,可以跟着一起去。这样,一来可躲避吴树勋和陈天国的追寻,二来也可以趁机散散心。这件事他和沈崇教说过,沈崇教答应一路上会照顾她。卡车一天跑一个地方,吴树勋和陈天国本事再大,也无法找到她。等到四五个月后从西康返回乐山,事过境迁,就什么都好办了。

"听说,一路来回相当艰苦,也很危险,不知你肯不肯去?"事关重大,吴祖光郑重其事地征求秦怡的意见。

秦怡愁的是没地方好躲避,吴祖光带来的好消息,冲跑了缠绕她心头的痛苦与忧虑。能到世外桃源般的少数民族地区去看看,是秦怡梦寐以求的事情,至于艰苦和危险,她从来都不怕,只要能摆脱压抑的环境和不幸的婚姻,哪怕是上刀山她也要去闯一闯。

事情就这么定了。

几天后,秦怡搭乘沈崇教的卡车开始了一段漫长而又艰险的旅程。经由这段旅程所得到的收获,秦怡终生不忘。在《我的艺术生涯》一文中,秦怡这样写道:

> 西康之行结束了,这苦难的历程始终印刻在我的心里。受过折磨,才能懂得幸福;有对比,才能知道真理;有经历,能够使人成熟。此行不

虚，它不仅影响我的人生观，打破了我的那些幼稚的美梦，更使我懂得了什么是真理，什么是正义，丰富了我的感情，充实了我的理想，有助于我的事业。

西康之行，历时四个多月，一路上遇到的塌方翻车、杀人劫货等艰难风险，说起来令人毛骨悚然，不堪回首。

先是从乐山到西康，要穿越无数崇山峻岭，说是公路，而路面之窄，坡度之陡，弯道之险，塌方之多，数全国第一。其中从贵阳到云南的那一段路，有"七十二道弯，司机鬼门关"之说。实际上还远不止七十二道弯。路面坑洼、狭窄、倾斜，随时有翻车的可能。遇上爬坡，车子稍有故障，一往后退，立即会跌入峡谷。秦怡坐在白糖堆得高高的卡车上，亲眼看见修路工人为搬走巨石而葬身峡谷，破碎车辆的残骸比比皆是。如此富林、安顺场、栗子坪一站站开下去，又经过大渡河和铁索桥，每日每时都会出现意想不到的遭遇。"闭上眼睛，听天由命"，成了秦怡的"座右铭"；一天行车结束，秦怡会为"拣"回一天的生命感到欣慰。

生活就更加艰苦了。吃的是玉米粑，硬得要用石块把它砸开才能吃，一不小心还会咬嘣牙齿。一连十几天没有水，满脸尘垢，肮脏无比。晚上住宿，车上装满白糖，成了苍蝇的世界，人睡在车肚底下。有趣的是，汽车在山底下行驶，气温高达40度，一盘旋到山顶，穿皮袄也会觉得寒风刺骨。四季转换，瞬间完成。仓促流亡，秦怡连仅有的一件大衣都没带。当汽车盘旋到山顶时，她把借来的男外套、皮马甲全穿在身上，外面再披上一只破麻袋。即便这样，人还冻得瑟瑟发抖。秦怡随身带着一块手掌心大小的破镜子，有时拿出来全身上下照一照，蓬头垢面加臃肿的模样，比舞台上的形象更吸引人，秦怡以"别有风味"聊以自慰。有时汽车在山顶上抛锚，后面的车一辆接一辆停下，车上的人都把秦怡当怪物一样观看取笑。

进入西康的第一个大站是富林，前面的大桥被洪水冲断，必须等修好了才能继续往前走。几天的短暂停留，让秦怡看到了社会动荡和复杂的另一面。

比如，常常会发生枪战。那大都是称霸一方的头人或"独霸子"之间的争斗，无辜的人们躲避不及，马上会成为争斗双方的靶子。一天，秦怡行至离汽车站不远的地方，机枪子弹"嗖嗖"从头顶上飞过。她赶紧匍匐在墙根观看，一方的机枪架在一排卡车上向车站打，另一方占领了车站开枪向外打。整整两个小时，枪战宣告结束，双方死伤不少人。奇怪的是无论是哪一方，对死去的同胞均无动于衷，留给秦怡的印象是，在这些人的思维中完全没有人的概念。

民族之间的互相仇恨和报复，更令人难以忍受。在秦怡一行人住的旅馆大院里，汉人抓来两个彝人，倒挂在大树上，让烈日暴晒，用皮鞭抽打，不给吃喝，两个彝人全身伤痕，惨不忍睹。

"他们到底犯了什么罪，要这样残酷对待他们？"秦怡心中升起一股疑问，追根刨底地问沈崇教。

"听说是因为有两个汉人被彝人抓去祭了蛊。"沈崇教经常跑西康，知道各民族间的殴斗是常事。"既然两个汉人被彝人抓去杀害了，汉人当然要找机会报复。"

秦怡听了更加愤愤不平：两个汉人被杀害了，与两个被抓来的彝人并无关系，为什么要报复他们呢？这算什么世道！

夜深了，躺在坚硬的木板床上，秦怡辗转难眠，她同情两个无辜的彝人。稍顷，她翻身下床，悄悄溜出房间，下楼到院子中，两个彝人已从树上放下，被反绑在树干上。看见秦怡走来，两人不停地喊叫呼救，重复着同一句话。秦怡听不懂彝语，从语调神态上判断，猜想他们是想喝水。一股同情和怜悯之心油然而起，她找了个水瓢盛满水递到两个彝人嘴边，彝人贪婪地喝着。秦怡心中忽地产生一股欲望：找把剪刀剪断绳子，放他们逃跑！否则，两个鲜活的生命在天亮之后会成为冤屈的鬼魂。

"你想干什么？"秦怡跑上楼找剪刀，被沈崇教发觉。

"我想把他们放了。"

"把他们放了，你知道后果吗？你放了他们，我们要被你害了！"沈崇教虎着脸责备秦怡，内心却佩服秦怡有一颗善良的心。

为了不连累同行的朋友，秦怡退缩了。她上楼回到屋内，躺在床上，等待天明。

第二天清晨，秦怡眼睁睁看着两个彝人被押走，等待他们的是死亡。不平的愤怒之火在秦怡胸中燃烧、升起，她不明白这一切到底是为了什么！

偶有舒心快意的时候，丁聪背着画夹去彝人住的山寨写生，秦怡则独自一人

外出欣赏大自然的美景。

走到离城不远的地方,站立于悬崖陡壁之上,看大渡河流水淙淙,灰色的旋涡似欲把一切吞噬。此时此刻,秦怡有一种置身世外的感觉,既宁静又恐怖。忽然,她又发现山间涓涓的泉水和石缝中五彩缤纷的野花和小草,它们驱散了秦怡莫名的恐惧而让她感到格外舒适宁静。秦怡忍不住放声大喊,让自己的声音在群山峰峦中层层回荡。这时,整个世界仿佛只属于她一个人。

如此一路艰辛,一路风尘,经过两个月的长途跋涉,到达第一个目的地西昌,稍事休整后直奔会理。从西昌到会理,路途比较平坦,车以每小时80迈(1迈≈1.6千米)的速度飞驰,很快到达目的地。

秦怡十分喜欢会理的气候和仙境般的景色。这里,每天中午大雨滂沱,雨后天晴,彩虹飞霞,漫山遍野盛开的罂粟花,经雨水洗涤,红黄蓝白更加鲜艳。秦怡背起装满脏衣服的背篓,到曲曲弯弯的溪水边洗涤,把洗净的衣服一件件摊在碎石上,挂在树枝上,然后躺在草地上仰望蓝天白云,在遐想中渐渐进入梦乡。

资源委员会的卡车到会理是为了装煤,顺带装些铜和锌。沈崇教到矿区接洽装煤事宜,秦怡跟着到了矿区,异想天开地提出要下矿井参观。沈崇教百般劝阻,秦怡执拗不听。想下矿井是她多年的愿望,在四川她曾去过澄江镇煤矿,可惜未下到井底。这次长途跋涉,幸能生存,她绝不肯放弃这难得的好机会。

秦怡穿上防腐服下井了,在坑道中刚走了三四米路,已是上气不接下气,迈不开脚步。坑道中氧气稀薄,不适应的人会头昏脑涨,倒地不动。前面带路的矿工发现秦怡跟不上,退回来拉着秦怡朝后走,口中不断叫着"不能停,不能停"。秦怡咬紧牙关,奋力向前。

在新鲜空气和阳光下,秦怡肉体上的难受很快消失,心底不由泛起波澜:在这样恶劣的条件下,矿工们每天挖煤不止,怎么受得了?第二天,秦怡打听到矿工们的住宿地,飞也似的直奔而去,她想亲眼看看矿工们的生活。

矿工住宿地前有人阻拦:"你不能进去!"

"为什么?"秦怡不解地问。

"你是女的。"说的人哈哈大笑。

秦怡没有理睬,自顾推开那破烂的茅草屋门,朝里一看,惊呆了:矿工们衣不遮体，个别的几乎是全身赤裸。见有陌生女性站在门口张望，一个个立刻背转了身子。

一个身挂破布条子的年轻矿工走出来，掩上草房门，代表大家"接待"秦怡。

"你们天天下井怎么能活下去？"秦怡问了一个很傻的问题。

"在这里当一个矿工，最多只能活6年。"

"只能活6年，那你们为什么还要干？"

年轻的矿工微微睁了睁双眼说："干，也许能活6年；不干，连一天都活不成！"

望着脸色青黄、干瘪，牙都掉了的年轻矿工，秦怡沉默良久，无言以对。

年轻矿工仰头大笑，夸秦怡是个善良的姑娘。

在会理的那些日子，秦怡有过愉快和自由，出乎她意料的是，她追求的所谓"世外桃源"却是如此残酷！人不能靠想象而生活，必须到现实中去磨砺。

秦怡感觉自己忽然长大了许多。

在会理装好了煤、铜和锌，汽车开始往回走。有过来时遭受的一切，返回时秦怡有了充分的思想准备，但是意外之事仍然不少。除了自然界的险情，其余都与人有关。其一，途遇国民党军队的散兵游勇要搭车，车停得稍慢些，司机和押运员立即遭到毒打。见此情景，秦怡怒火中烧，捡起石块砸向那些穿"老虎皮"的人。可最后受伤的还是秦怡。她被从车上拖下来，扔出几米之远，皮擦肉破。其二，沈九哥沈崇教向她奉献出一份真挚而纯洁的爱。

沈崇教出身名门，家教甚好。他的堂弟沈崇健，早年参加革命，后来献身新中国的外交事业，成为著名的外交官，他就是韩叙。沈崇教比秦怡大10岁，西康之行，他处处照顾秦怡，秦怡的外柔内刚、嫉恶如仇，给他留下了难忘的印象。行车途中，寂寞难耐，沈崇教教秦怡唱程派京剧：芍药开，牡丹放，花红一片……很小的一个细节，显现出他对秦怡的好感。

返回途中，从西昌到富林，因为劳累过度，沈崇教得了伤寒，差一点死去。秦怡日日夜夜侍候陪伴，为他求医喂药，端尿送水，两人的关系又进了一步。危难中的友谊最为珍贵。在大病初愈的沈崇教眼里，秦怡是善良的化身，他的第二次生命是秦怡给的，他知道秦怡可能并不爱他，他还是爱上了秦怡。

沈崇教原先有个情人，自打爱上了秦怡，主动和那位情人断了来往。他和那位情人不是因爱而生欢，而是为了排解各自的寂寞，走到了一起。那位情人有丈夫，因为夫妻感情一时不合，才红杏出墙。沈崇教知道和那位情人不会有结果，那位情人也知道和丈夫离不了婚，于是不管谁先提出分手，彼此都愿意对过去做一个了结。

从西康回到成都，秦怡回到了"中艺"。整天忙忙碌碌地排戏、演戏，报酬仅仅是三顿大锅饭，难得有一点半点荤腥。沈崇教知道了，不时给秦怡送些卤菜。秦怡则借花献佛，拿出来请大家一起吃。

"九哥，你不要再送来了，我不能老花你的钱！"沈崇教送的次数多了，秦怡过意不去，郑重其事地劝说沈九哥。

沈崇教的回答更加恳切："这用不了多少钱，它哪里能表达我对你的感激之情哪！"

面对沈崇教的慷慨和深情，秦怡常常处在矛盾之中。她既珍惜与这位大哥的友谊，又觉得不能永远让他在没有希望的祈求中等待。

"九哥，你应该找一个女朋友。你是知道的，我对你没有这方面的感情。"找到一次机会，秦怡把自己想说的话明白无误地说开了。秦怡知道沈崇教爱她，他也是她所遇到的男人中一个难得的好人，可是她不喜欢他的外貌，不喜欢他的职业，更不喜欢他政治上的糊涂，从来也没有在心中激起过爱的涟漪，何况她和陈天国的关系还未了结，即使和陈天国离了婚，她也不可能和沈崇教生活在一起。

西康之行，是一段既自由又苦难的历程，秦怡经受了一般人难以忍受的磨难，遭遇了无法描绘的险境，躲过了多少次死于非命的可能，终于活着回来了，并且是带着一种饱尝人间酸甜苦辣的丰富阅历，重新扬起了生活的风帆，开始了她新的艺术生涯。

西康之行像一团熊熊烈火，一直在秦怡心中燃烧。

第十五章

重返舞台

1944年10月底,从西康一回到乐山,秦怡立即赶到成都。"中艺"一个月前旅行公演到成都,她想尽快回到"中艺",重返舞台。

成都不是军事要地,日机轰炸比重庆少,演出环境比较理想。而且,抗战进入了第13个年头,日军的嚣张气焰大不如前,德国希特勒先一步完蛋,第二次世界大战的形势发生了根本性逆转,加上成都没有像样的演出剧团,所以"中艺"一到成都很快站稳脚跟,并谋划进一步发展。

应云卫得知秦怡到了成都,十分高兴,因情况不明,他托人转告秦怡暂时先在路曦处住下,不要多露面,一等情况好转,他立刻让她回到"中艺"。

在等待的日子里,秦怡仿佛感到离开这个世界好多年了,四个月的西行之旅带给她的印象也是永生的,她发觉自己变了,尽管由于长期缺乏营养,她的外表瘦弱不堪,内心却变得坚实硬挺了,有

了主宰自己的力量。总之,秦怡渴望尽快回到"中艺",以便她能忘记过去,抹掉噩梦留在身上的阴影,在舞台上再现不同人物多姿多彩的人生。

事实上,令应云卫担心的事不会再发生了。抗战形势急剧变化,国民党政府的注意力已转向准备抢夺胜利成果,"中制"厂厂长吴树勋不会去追究几个月前因不肯演某出戏而逃走的一个女演员,陈天国也不会到成都再来纠缠了。四个月前,得知秦怡连夜出走,陈天国发疯一般四处寻找。而秦怡出走的社会影响之大,更是他始料不及的。舆论对他非常不利,警告他"不要虐待秦怡",陈天国非常后悔。所以,当照料斐斐生活的保姆不辞而别,黎莉莉帮助照料了一段时间后去了美国,他就把女儿接到身边,既当爹又当妈,履行一个做父亲应尽的责任。

平心而论,陈天国对秦怡的感情是真挚的,他一心一意爱着秦怡,至死不改初衷。命运之神对他太不公平,他的后半生过得相当凄惨。

抗战胜利后,陈天国随中国电影制片厂一起迁到上海,继续拍戏。新中国成立前,他没有和他的那帮哥们儿一起逃到台湾,选择留了下来。他先在民营厂拍戏,后加入上海电影制片厂。因为他过去是个名演员,艺术级别定得比较高,工资收入不菲。和秦怡断了关系后,他再次结婚,有了新的家庭。新中国成立初期的那段生活,陈天国过得还算不错。

1957年,突然祸从天降。政治上长期不被信任,没有得到重用,陈天国借机发了点牢骚,被打成右派,踢出演员剧团,罚到摄影棚做场务、场工,从此生活又乱了套。不久,他的右派帽子虽被摘掉了,却没有恢复演员身份。"文化大革命"中遭隔离审查,查来查去没查出任何问题,却被罚到锅炉房烧大炉。

1967年下半年,造反派忙于打内战,把一些查不出什么问题的"牛鬼蛇神"放出"牛棚",宣布解放,秦怡是其中之一。那天她走过锅炉房,陈天国已站在锅炉房门口,像是有意在等她。

看见秦怡迎面走来,陈天国面露笑容,说:"听说你解放了,我高兴极了。"他的消息很灵通。

"这和你有什么关系!"秦怡冷冷地回了一句。她说这话的本意是要陈天国少管闲事,他自己的问题还没解决,免得无事生非。秦怡心里明白,形势复杂,这种所谓的"解放",并无多大意义,说不定哪一天一有"新的精神",又会重新被

第十五章 重返舞台

关进"牛棚"。

几天后，友人告诉秦怡，陈天国自缢在杭州灵隐寺的一棵树上，秦怡听了半天说不出话来。想到几天前陈天国对自己说过的那句话，从神态到语气都是真心的。陈天国还在关心她。虽然他对她的欺骗与强行占有，她一直记恨在心，但他不是一个坏人。如果陈天国没有酗酒的恶习，没有在酒后失去理智，他会有很好的前途。想到这儿，秦怡对陈天国曾经有过的怨恨，随他的去世而淡化了。

"文化大革命"结束不久，陈天国的冤屈得到平反，对一个死去的人来说，已没有任何实际意义。秦怡万分感叹，命运对陈天国太不公平。

当然，以上所说都是后话。

1944年11月初，应云卫兴冲冲来找秦怡，他从重庆的朋友处得到准确消息，陈天国有了新的女朋友，不会再追到成都来了，秦怡可以回"中艺"了。

"中艺"在成都站住了脚，接下去要一部戏接一部戏上演，没有号召力的明星不行。请剧社之外叫得响的明星，酬金动辄两三万，"中艺"请不起。正在左右为难之际，秦怡从西康回来，填补了明星演员的空缺。此外，应云卫要实现他许下的诺言：以后，"中艺"的大戏都由秦怡来演。

半年没见应云卫，秦怡发现应云卫老了许多，头上有了白发，脸上有了皱纹，人也消瘦了，心中不由浮起一丝同情：他肩上挑着的担子太重了，让我帮帮他吧！秦怡没提任何条件，跟应云卫一起回到"中艺"。

在地下党和地方进步力量的帮助下，花了不少精力和心血，"中艺"租下了繁华闹市区的戏园"三益公"做固定剧场，40多个演职人员吃住在剧场后台。饭是大锅饭，睡是稻草铺。戏叫座，收入好，一日三餐仅得温饱。一个星期如能打上一顿牙祭，来一碗回锅肉或麻婆豆腐，真是乐开花了。反之，一日三餐则难得保证。住的地方更甭提了。单身汉一律睡后台，各占一席之地，晚上搭地铺睡觉。夫妻演职人员、年纪大的单身演员，住在楼上用竹篱笆隔成的斗室内，好歹算是有个"家"，也算是特殊照顾。至于薪金，名义上有标准，实际上是不定时给点酬劳，互相略有差异，大体够买点日用品，余下的作零花用。在如此艰苦的条件下，"中艺"为宣传抗日救亡，唤醒民众，打击反动派投降卖国的反共行径，在成都剧坛起到了振聋发聩的作用。

秦怡回到"中艺",和昔日的同事们并肩战斗,过着同样艰苦的生活。应云卫对她的唯一优待是,给一间6平方米大小的竹篱笆房,内放一张竹床,一张破桌和一把椅子,让她有个安静的环境,好集中精力排戏演戏。秦怡每天早上6时起床,7时吃一碗稀粥或其他干点,8时半开始对新戏的台词。

排演新戏,应云卫没有看剧本的习惯,他喜欢坐在竹躺椅上听演员对台词,对如何处理戏进行构思。用什么样的方法把戏处理得更好,秦怡不太考虑,那是导演的事。她在一遍遍对台词中熟悉剧情,角色的语言渐渐变成自己的了——说着人物的语言不感到生硬了。台词对了几十遍,剧情便烂熟在胸。因此,一个新戏花两天对台词,第三天就可以排戏。一般情况下,每天上午、下午对台词或排新戏,晚上演出。如果有日场,晚上演完戏后再排新戏。节奏既快速紧张,又浑然有序,秦怡从中得到了新的锻炼。

成都是秦怡创作的成熟期。在一年不到的时间里,她演了六部大戏,塑造了众多妇女形象,如《桃花扇》中的名妓、《离离草》中的农村姑娘、《草木皆兵》中的地下工作者、《戏剧春秋》中的演员、《结婚进行曲》中的职业妇女等,每一个形象都是主角,每一出戏都演得很成功。此外,秦怡还排了《棠棣之花》,戏上演的时候她离开了成都,她演的角色由李婉清代替。

六部戏中,《桃花扇》和《结婚进行曲》秦怡演得最成功,也最为轰动。

《桃花扇》是秦怡到成都演的第一出戏,她演秦淮名妓李香君。长期压抑的艺术激情,积蓄在心头对现实愤懑的情绪,在李香君身上如火山般喷涌而出。

"秦怡复出了!"

"秦怡重新登台了!"

同秦怡当年轰动山城一样,她重返舞台轰动了成都,戏迷奔走相告,成群结队拥到剧场买票看她的演出。

《桃花扇》演出引起轰动,最高兴的是应云卫,"中艺"欲在成都长期打阵地战,从此再不用为请不起大明星而发愁了,秦怡就是"中艺"的大明星。应云卫祝贺秦怡在艺术上取得新的突破。

在《结婚进行曲》里,秦怡的表演有了新的发展,她把自己与角色融为一体,以至演着演着,角色的台词和动作自然而然地脱离了剧本的设计,出现了新的台

第十五章 重返舞台

词和动作，效果比原剧本设计好。能进入这样境界的表演，不是一般演员所能做到的。

《结婚进行曲》的演出同样风靡成都，"三益公"连续爆满两个多月，盛况空前。

有关秦怡在《桃花扇》和《结婚进行曲》两部戏中的突出表现，后面设专章介绍，这里就不详细叙述了。

需要特别提到的是《戏剧春秋》，它是秦怡在成都演出的最后一部戏，有着特别的意义和结局。

1944年是应云卫先生40岁寿辰，戏剧界为了祝贺这位"我国话剧运动的开拓者、组织者，优秀的导演，电影事业的先行者"，由夏衍、于怜和宋之的合作写了一部话剧《戏剧春秋》，剧中的主角陆宪揆，以应云卫先生为原型。该剧在成都、重庆两地分别上演。成都的演出，由刘郁民扮演陆宪揆，他演得形神兼备，人物内心的矛盾、苦闷，以及坚定的进取精神，活灵活现。应云卫先生的夫人程梦莲看了戏后，感动得热泪盈眶。当代人写当代剧人成戏，应云卫属第一人，是剧坛上的一段佳话。

秦怡在《戏剧春秋》中演女主角杜若燕，这是一个曾经拥有辉煌，得到观众喜爱，而后又经历许多沧桑，最终沦为一个可怜、憔悴与孤苦伶仃的女人。秦怡原本接的是另一部戏，角色的分量很重，经过连续几部大戏的排演，秦怡想演一个稍微轻松些的角色，让自己从精神到体力上喘口气，她这才选了演杜若燕。除此之外，杜若燕是个有沧桑感的人物，秦怡对演这类角色情有独钟。有了这两方面的原因，秦怡演杜若燕时格外用心。

然而，等到真的排演时，秦怡发现演杜若燕并不轻松，杜若燕在一场戏中要唱一段歌曲，她难以胜任。

秦怡在"中制"合唱团唱过歌，生活中高兴时也会放开嗓子哼几句，但那和一个角色在规定情景中独自唱一段歌曲，完全是两回事。因为这个原因，排演中秦怡提醒自己，要放松，不要紧张，不承想临到张口要唱时，不自在了，注意力不集中，常常出戏。多数时候，观众不一定看得出来，是秦怡自己意识到有破绽。对此秦怡体会到，要做一个好演员，艺术修养的提高太重要了，它需要演员付出多方面的不懈努力。

　　为了唱好那一段歌曲，每场演出结束，秦怡一个人留下来再练习唱歌，重点是练放松和放弃一切杂念，并根据冯达奇老师教过的发声训练，练习把声音放在前口腔部，用底气把声音送出来，收到较好的效果。恰在此时，一场意外的大火，结束了《戏剧春秋》的演出。

　　一天晚场演出，戏演到一半，剧场后面一家茶馆失火，火势蔓延到剧场后门，秦怡在舞台上闻到了烟火味。

　　"失火了，失火了"，有人大声叫嚷，剧场内一片混乱，观众你挤我轧，争着往外逃命。大概是供电线路烧坏了，电灯不亮，剧场内一片漆黑。此时，舞台上的秦怡披头散发，她刚从角色杜若燕中醒来，撒腿就往后台跑。后台一片烟雾弥漫，借着从窗缝中透进的月光，秦怡摸到换服装的角落，一摸到是衣服之类的东西就捆在一起，背着逃出了剧场。

　　秦怡一口气奔到"三益公"对面的台阶上坐下，顷刻间，一股从未有过的清新之气沁入心脾，她贪婪地呼吸着，又抬头看着天空，一弯新月似银盘高挂天际，四周繁星点点……啊，多么迷人的夜晚！对刚刚发生的那惊心动魄的一幕，秦怡全然忘记了，心中想到的是，到成都280多天，天天在剧场里排戏演戏，排完了演完了，一头钻进黑咕隆咚的竹篱笆房里睡下，整天过着看不到太阳和蓝天，看不到月亮和星星的日子……要是能休息一下该多好呀！

　　一场大火，虽未把剧场烧尽，但也受到不小的损失，后台被烧得不成样子。为了对观众负责，第二天原班人马勉强又演了一场，弥补前一天未演完的戏，然后就停演了。

　　六部大戏，280余天在舞台上滚来滚去，磨炼了秦怡精湛的演技，她始终处在艺术创作的极度亢奋之中，观众对她的欢迎和崇拜到了如醉如痴的地步，而一些人过分的怪异举动，弄得秦怡很不愉快。

　　有一段日子，秦怡下戏后回到竹篱笆房，发觉小桌上总是放着一只瓦罐，打开一看，里面是卤鸡卤鸭，闻一闻香气扑鼻，有点馋人。这是谁送的？秦怡颇觉纳闷，一屁股坐在竹床上，发现床单也换成了新的。这到底是谁干的？沈崇教？不会的。她拒绝了他的爱，他很长时间不来了。再说一个男人，不会想到给她换新床单啊！问了几个人，都说不知道，秦怡就把瓦罐中的卤鸡卤鸭分给大家吃了。

第十五章　重返舞台

排戏演戏很辛苦，每天三顿大锅饭，难得有荤腥，忽然间有卤鸡卤鸭吃，大家很解馋，都希望那位不知名的崇拜者多送些来。

后来真的又送来几次，有一次瓦罐旁还留了张纸条，上面写着名字。秦怡看了不知道是谁，拿给别人看，才知道这位崇拜者是市长夫人。秦怡不高兴了。如果是普通观众这样做，那是出于对她的热爱，现在是有钱有势的官太太这么做，那是属于捧角儿。秦怡不需要这样的捧场，也不想与官场有关系的人沾上边，送来的瓦罐被退了回去。退了几次，市长夫人不再自讨没趣。

还有一个"秦怡追求团"的故事。

这是华西大学成立的以追求秦怡为目标的组织，人数据说还不少。内有一个"追求者"，在剧场包了一个固定座位，天天晚上来看戏，剧社的人摸不透他是什么身份，是真戏迷还是另有所图。刚开始他还安分，只是看戏，没有什么出格的举动，后来终于暴露了他的庐山真面目。

一天晚戏散场，他起身跳上舞台，找秦怡搭讪闲谈，又递上一张名片。秦怡看名片，头衔一大串，最显赫的是"国大代表"。年纪轻轻的一个大学生就当上国大代表，没点社会或家庭的特殊背景根本不可能。对这种人，秦怡打心里存有反感，不愿多搭理他。

第二天晚戏散场，这位国大代表又跳上舞台，一脸真诚地邀秦怡赴宴。秦怡脸一板，不肯赏光。如此一连数天，国大代表三番五次地纠缠，大有不达目的誓不罢休的味道，让秦怡哭笑不得。

剧社的年轻人帮秦怡出主意：

"去，有吃为什么不去，不吃白不吃！"

"你就说一个人去不方便，带我们一起去，让我们也开开洋荤！"

"对，干脆全团的人都去，看他答应不答应！"

有大家撑腰，秦怡一展愁容，高兴地笑了。第二天，国大代表果然又上台邀请秦怡赴宴。

"你真的要请我们吃饭？"秦怡如法炮制同事们提出的计策。

见秦怡一改往日拒人于千里之外的态度，她身后的年轻人一个个又在挤眉弄眼，国大代表知道大事不妙，赶紧转身拍拍屁股溜了，从此再没有露面。

对于成都的这段演剧生涯,秦怡永远铭记在心。40年后,在《成都,我怀念你》一文中,秦怡深情地写道:

从1938年11月到抗战胜利,其中只有一年时间由于各种原因我暂时离开了舞台,七年来我一直从事舞台演出,而其中最使我留恋的,也是我以后能从事几十年演剧生涯的关键,就是我在成都的一年。

成都,秦怡艺术创作的成熟期。

第十六章

难忘李香君

在重庆和成都塑造的艺术形象中,秦怡最忘不了的是《桃花扇》中的李香君,和李香君联系在一起的,是《桃花扇》的导演贺孟斧。这是秦怡无法忘记的一个集同事、朋友和恩师于一身的人。

秦怡不喜欢演古装戏,古人生活的环境她没看到过,难以去想象和体验,演起来不容易进入角色的思想与情感世界。在重庆,秦怡演过《天国春秋》里的红鸾,三句台词一场戏,是个群众角色,算不得什么,当时她还没有挑选角色的权利。

从西康回到成都,应云卫同意秦怡回"中艺",第一出戏演的就是《桃花扇》中的李香君,秦怡没有讨价还价,乐意地接受了。这主要出于两点考虑:其一,她急于重返舞台;其二,《桃花扇》的导演贺孟斧,是她所敬重的导演。

贺孟斧比秦怡大十多岁,秦怡和他是在重庆时认识的。贺孟

斧导演《愁城记》，派秦怡在剧中演一个跑龙套的角色，秦怡没有因此对贺孟斧有丝毫隔阂，始终和贺孟斧保持着深厚的友谊。

尽管两人差不多属于两代人，但彼此间有许多相似之处，对人对事容易产生共鸣。比如，两人都崇尚纯朴，追求高格调；两人都酷爱俄罗斯文学，一谈起来就没完没了。秦怡喜欢托尔斯泰的《安娜·卡列尼娜》和《复活》，贺孟斧说将来一定为秦怡排这两出戏，让她演安娜和玛丝洛娃。因此，秦怡听说贺孟斧导演《桃花扇》，马上激起了她的创作热情，并庆幸重返舞台的第一出戏就遇上了一个好导演。

贺孟斧很欣赏秦怡，认为秦怡演技出众，气质非凡，这一特点在重庆后期的演出中得到了充分体现，所以当"中艺"在成都站稳脚跟，让他导演《桃花扇》，他首先想到的是让秦怡演女主角李香君，温锡莹演男主角侯方域。

《桃花扇》是我国的十大古典悲剧之一，作者孔尚任以明朝末年南京名人侯方域和秦淮歌女李香君，在媚香楼悲欢离合的恋爱故事为题材，结合政治风云和时代战乱的铺述，突出"借离合情，写兴亡之感"的主题。为宣传抗战救亡，抨击国民党顽固派的假抗战真反共，"中艺"决定把这一古典名剧搬上话剧舞台，具有强烈的现实意义。

导演贺孟斧是大西南最有才华的中年导演。排演《桃花扇》，他担任导演兼舞台设计，甚至包括主要演员的服装，他都亲自挑选。

贺孟斧每排演一出新戏，都讲究创新。对《桃花扇》，他最初的舞美构想是借剧名中有个"扇"字，把舞台设计成一面团扇，整个故事在团扇里发生，可谓别出心裁，独具匠心。其余不同场景的设计，也各有特色，如"尼庵"一场布景是巨大的佛像和柱子，"渔家"一场布景是五张巨大的渔网和一根蜡烛。然而可惜的是，这些独具艺术匠心的精巧构思，被应云卫以"没有钱"一笔勾销了。剧社太穷，没钱买佛像，也没钱买渔网。

此路不通，另辟新路。贺孟斧以简代繁，以假代真，重新构思出一台具有独特意境的舞美设计。佛像不要了，用几条长长的布幔挂着，再选择最佳的布光角度，让暗淡的灯光打在布幔上，扑朔迷离，好像布幔后面有一座巨大的佛像。五张渔网改成了一张，材料是用布景片上的烂绳子织的，然后点一支蜡烛，俨然像是一个江南的小渔村。

秦怡演的李香君，贺孟斧要她披一件红里黑面的披风，走路时学习京剧的碎步，使人和披风显得更为飘逸。披着披风，走着碎步，置身在特有的环境和气氛里，秦怡品味到了李香君应有的感觉，把一个风流名妓的气质、风度和爱国情操很好地糅合在了一起。

秦怡一直记得第三场戏，那是李香君与苏坤生、侯方域相见告别的一场戏。

时间是夜晚，整个舞台像一张大渔网，台角点燃一支蜡烛，微风吹动渔网和蜡烛。火苗摇曳，月夜朦胧。灯光时亮时暗，李香君身披披风，似一阵风从舞台左侧上场，轻盈飘逸，一亮相就非常抓人；然后苏坤生把李香君带到侯方域站的地方，跪在蜡烛前，跟侯方域告别。摇曳的追光灯打在李香君挂着泪珠的脸上，李香君满脸忧伤和一副期盼的神情，念着台词……这场戏秦怡演得相当过瘾。

排演《桃花扇》，贺孟斧除了融合传统的艺术手法，又借用电影特写镜头的方法，重点突出对人物内心世界的刻画，以至从形体到内心，从内容到形式，均有独特而细腻的表现手法。此外，在画面与光的处理上，既讲究与人物的心情相交融，又极富诗意。这使秦怡达到一种艺术的升华和心灵的陶冶，演多少场都不会产生重复感，从而获得不断提高的创作乐趣。

秦怡在《桃花扇》中的表演，超过了她以往演出的任何一部戏，走上了一个高峰。当年曾看过《桃花扇》的一位老戏剧家说：在血溅桃花扇这场戏里，"秦怡从迷离扑朔的佛坛里走出来，一束光照在她的身上，她与侯方域决裂，没有声嘶力竭的呼喊，没有故作深沉之状，眼神里还流露着昔日的眷恋，一头撞在柱子上，顿时鲜血淋漓，她用鲜血画着桃花扇，这是对投降派最大的打击。秦怡从纯真出发，在柔和中塑造了李香君英勇不屈的形象，像是一首李清照的词，给人以美的艺术享受，因而味道更浓"。

排练和演出《桃花扇》，秦怡和贺孟斧结下了更加深厚的情谊。贺孟斧身体不好，太集中精力排练，容易感到疲劳。秦怡的小竹篱笆屋在舞台左侧，上两个台阶，推开一扇竹篱笆门就是。乘排练间隙，贺孟斧有时会进去小坐十来分钟，喝一杯热茶，调剂一下体力和精神，接着再排。

有一天，贺孟斧大概太过困倦，倒在小竹篱笆屋的竹床上睡着了。秦怡轻轻

地给他盖上一件棉大衣，转身出门，关照剧组的人不要吵醒他。看到贺孟斧为了排《桃花扇》绞尽脑汁，大家也想让他多休息一会儿，都静静地坐在一旁耐心等待。

"啊，对不起，对不起，我不知怎么睡着了。来，接着排，接着排！"大约十来分钟时间，贺孟斧醒来走上舞台，向大家表示抱歉。

戏继续排练下去，大家更加投入，也更加认真了。

一件很平常的小事，使贺孟斧感到了友情的温暖，他几次提及秦怡为他盖棉大衣的事，说："秦怡，谢谢你，真的太谢谢你了！"

"老贺，这点小事你还放在心上？为了《桃花扇》，你太辛苦了。"面对贺孟斧发自内心的感谢，秦怡一脸惭愧，她为他做得太少了。

生活太苦了，苦得连喝杯茶的钱都没有。应云卫答应秦怡，演一部戏3万元酬金，可等到戏排了好长时间，秦怡连3000元都没拿到。秦怡不怪应云卫，剧社为了应付苛捐杂税，赚钱永远是件困难的事。为了"中艺"的生存，应云卫整天在外与"三教九流"打交道，忙得头发都白了。

一次排完戏，有人提出到公园喝杯茶。贺孟斧笑嘻嘻地从口袋里摸出50元钱，说："秦怡，假如你再有100元的话，我们就可以买点零食吃了。"

秦怡拿不出100元钱，也没有任何抱怨。苦，对于她来说，早就习惯了。

贺孟斧接着继续说："真糟糕，剧社答应借钱有一个月了，老见不着钱。"一阵静穆，谁也不搭腔。其实，这是贺孟斧用他的机智和幽默，向大家解释剧社的经济困难，让大家安心排戏。

想到公园喝杯茶，最终竟成为奢望。

贺孟斧是个纯艺术型的人，他对生活无所要求，对艺术却是一丝不苟，从不肯有半点马虎。他的内心深处，蕴含着无限的创作热情。和贺孟斧成为挚友后，秦怡多次向他讨教有关创作方面的问题。

"你这个人杂念较少，因此可塑性也更大。作为一个演员，自身的魅力非常重要，这种魅力来自演员的自身修养。"贺孟斧从演员的自我修养上点拨秦怡。

"我演戏缺少自信，性格比较腼腆，一到舞台上就放不开。"秦怡很清楚自己的弱点。

贺孟斧鼓励说："你虽然比较腼腆，放不开，但这个问题通过舞台实践可以克

第十六章　难忘李香君

服，而气质和深度是一种内在的修养。"

秦怡不解地看着贺孟斧，眼神中透出某种企盼。这时的秦怡，对演员的气质认识比较肤浅。

"演员就怕形成一个套子，一种调子，一旦这样，演得再好也会使人厌倦。一个演员如果能有一种特殊的气质，就会吸引人。比如英格丽·褒曼，她魅力无穷，无论什么角色，都会使观众念念不忘。"贺孟斧深入浅出，开导秦怡。

秦怡后来的实践证明，贺孟斧的话确系真知灼见。在成都一年不到的时间里，秦怡天天上台摸爬滚打，塑造了六个截然不同的人物，无论是外在或内在的自我修养，都向前跨了一大步，从而奠定了她今后的表演基础。

演完《桃花扇》不久，秦怡又在贺孟斧导演的《离离草》中演一个性格很泼辣、抗战态度很坚决的农村姑娘，合作同样也很愉快。接着，贺孟斧要去重庆开会，顺带接受重庆一家剧团的邀请，导演一部戏，挣点钱养家糊口，他的经济状况太糟糕了。

贺孟斧一家四口人，家庭负担很重。妻子方菁是个美术家，收入不多，两个女儿贺多芬、贺凯苏正上小学，开支不小。"中艺"的工资有名无实，不仅演员如此，就连贺孟斧这样的剧社骨干也不例外，每月发十来元零花钱。长年经济拮据，他家中一贫如洗。为了尽可能维持家庭的基本生活，贺孟斧省吃俭用，年纪轻轻，已患多种疾病。好不容易有机会去重庆开会，贺孟斧抱着无限希望，想弄几个钱，让一家人的生活稍微安定点，他好专心工作，为"中艺"多排几个好戏。

临行前，秦怡想办法弄了几个菜，把贺孟斧请到自己的小竹篱笆屋里小聚。一个常年缺乏营养的人，偶尔吃一点好东西觉得十分快活。那天，贺孟斧特别高兴，和秦怡谈起了他的创作设想。

"我走了，你不要接别人的戏，等我回来，跟我排《复活》和《安娜·卡列尼娜》，你演玛丝洛娃很合适。"贺孟斧真诚地和秦怡约定。

"我不接别人的戏，一定等你回来排《复活》，我也很想演玛丝洛娃，就怕演不好。"

"不要怕，你行的！还有一个《风雪夜归人》，你演也很适合。"

"《风雪夜归人》路曦在重庆演过，演得那么好，我怕超不过路曦。"

吴祖光的成名作《风雪夜归人》，是秦怡心中理想的剧目。但是，该剧写的是京剧圈里的人和事，秦怡不熟悉，没有这方面的生活，怕演不好。她坦诚地说出了自己心中的顾虑。

贺孟斧放下筷子，微微一笑："演不演是一回事，超过不超过是另外一回事。这就像出书，可以有不同的版本。演《风雪夜归人》，路曦演有路曦的特点，你秦怡演有秦怡的特点，各有千秋，你不要退却，要勇于试探。我回来后一定要排这个戏。"

这天，贺孟斧满怀喜悦地离开了秦怡的小竹篱笆屋。秦怡在心中默默祈祷，祝愿贺孟斧在重庆能赚到钱，然后回到成都实现他的诺言。

贺孟斧走了，秦怡没接新戏，她抓紧时间阅读小说《复活》和剧本《风雪夜归人》。秦怡相信，若真能排演这两个戏，对提高她的演技大有裨益，尤其是贺孟斧导演这两出戏，有其他导演所不具备的优势。

于是，秦怡天天叨念着贺孟斧早点回来。

然而，秦怡等来的不是喜讯，而是噩耗。贺孟斧一去不复返了。在重庆他因病吃错药，永远闭上了他那双充满睿智的眼睛，告别了他所热爱的生活、朋友和同事！

秦怡得知凶讯，心痛欲碎，暗自痛泣，小竹篱笆屋内所说的肺腑之言倏忽间竟成了临终前的永别，眼前晃动着的音容笑貌转眼间竟成了阴阳相隔的两界。一颗灿烂的艺术巨星蓦然陨落，观众再也看不到他优美的剧作了，她也再听不到他豪放爽朗的笑声了！天哪，你为什么这样残忍呢！

"中艺"的每一位演职人员都为贺孟斧的英年早逝悲痛不已，那年他刚36岁，对一个艺术家来说，是谱写传世华章的最佳年华！可惜，天不假年，斯人短寿，悲乎哀哉！

1945年5月12日清晨，雾气重重，大地一片灰暗。重庆中山一路市医院门口排起了长长的送殡队伍，重庆各剧社的导演、演员和各文化艺术团体的人士，从四面八方赶来为贺孟斧送行。于伶、老舍、曹禺、张瑞芳、舒绣文、白杨、路曦等著名剧作家和演员排在队伍中，贺孟斧的夫人方菁由妹妹方弗和吕恩搀扶，

第十六章 难忘李香君

也排在队伍中。8点半,主祭郭沫若焚香祭典,近千人的送殡队伍在宁静肃穆的氛围中缓缓而行,沿途不断有崇拜者、观众和同情者加入。文化艺术界只有鲁迅出殡才有过如此规模宏大的送行队伍,这体现了战友、同事和观众对贺孟斧的敬意、尊崇和深挚的哀思。贺孟斧的灵柩葬在朝天门码头对面的砂锅窑,与先前逝去的沈西苓相伴。

数天后在成都,18个文化团体举行了隆重悼念贺孟斧先生的活动。

贺孟斧去世后,秦怡一直处在深深的悲痛与怀念之中,那排演《桃花扇》的一幕幕情景,那在短暂的休息室关于艺术与人生的倾心探讨,她永远无法忘记。两年过去了,秦怡忘不了贺孟斧,止不住的滚滚哀思化成了文字《幽幽的哭泣》,其中两段读来令人唏嘘。

在这个丑恶的社会里，多一个好人活着，并不会使人注意，然而失去一个好人时，我们真是感觉到多么的痛心和多么大的损失呀！

这段文字，是对那个"丑恶"社会的抨击。是的，像贺孟斧这样的以艺术为武器，宣传抗战和鼓舞人民的艺术家，是不会为那个"丑恶"的社会所注意的，而当他一旦"失去"，只有"我们"才会感到痛心。

夜很静，没有一点骚扰。我坐在这儿想想老贺，想想我们这些人，从那个地方又都到了这个地方；依旧这些人，依旧做着这些事，天气依旧坏得不可想象，但是我们必须等待，希望，斗争。到乌云退开，晴天出来，让亡友老贺在地下也笑出一点声音，觉得他还不是白死。

这是更为诚挚与深沉的怀念，除了炽烈的感情之外，还闪烁着的思想的火花——我等待着"晴天出来"，到那时老贺也会笑的，因为老贺逝世前所做的一切，也是为了"晴天出来"。

◆ 难得潇洒

◆ 当年《电影故事》封面

◆《雷雨》中与张瑜在一起

◆ 1962年,秦怡与赵丹随中国电影代表团访问日本时在东映公司拍摄的纪念照

◆《女篮五号》剧组成员再聚首

◆ 与《女篮五号》中的女儿（曹琪玮）多年后合影

◆ 与奇梦石在《千里寻梦》中，此片为《女篮五号》的续集

◆ 1979年5月第四届文代会时合影

◆ 新中国成立10周年纪念活动与众明星一起庆祝时合影

◆ 和日本女演员吉永小百合

◆ 为宣景琳祝贺 80 大寿

◆ 休闲时光

◆ 生活剪影

◆ 与汪明荃合影

◆ 与演员宋佳(右)、何晴(左)合影

◆ 真实而自然

◆ 舞台上讲述《青春之歌》的故事

◆ 与凌峰（右一）夫妇等合影

◆ 2004年6月9日参加赵丹寓所揭牌仪式

◆ 与张瑞芳（左）、赵青（中）在一起

◆ 2007年10月2日参加上海世界特殊奥运会开幕式

◆ 邵华将军到上海举行摄影展。邵华将军的九寨沟作品美轮美奂,如今斯人已故,秦怡甚是想念。此照在邵华将军作品展时摄

◆ 与韦伯州立大学校长、校长夫人、刘易斯教授合影

◆ 2005年秦怡83岁

◆ 2002 年喜切 80 大寿蛋糕

◆ 欧洲行

◆ 在秦怡艺术展示馆

第十七章 结婚进行曲

贺孟斧不幸去世,"中艺"导演的重担落在了应云卫身上。

应云卫和贺孟斧是风格和个性迥然不同的两个导演,秦怡喜欢和贺孟斧合作,也非常敬佩应云卫。应云卫担负剧社大大小小的事务,里里外外都是当家人,平时忙得连人影儿也见不着。

应云卫排戏不喜欢看剧本,他是个"智多星",脑袋里装着无穷无尽的"鬼点子"。他的生活阅历之丰富,在文艺界是少有的;他的导演经验之丰富,是一般导演不能相比的。

《桃花扇》演完不久,"中艺"决定演剧作家陈白尘的《结婚进行曲》,应云卫自己执导。

《结婚进行曲》主要写一个年轻、单纯和充满幻想的女大学生黄瑛,为了追求自由独立的生活,冲出封建家庭的樊笼,外出谋生,遭遇了一系列意想不到的歧视和侮辱,最后不得不回到她要抛弃的那个封建家庭。戏的风格,是喜剧,也是悲剧,讽刺性很强,主要

讽刺毕业即失业的社会现实。

应云卫分配秦怡演剧中女主角黄瑛，李纬演男主角刘天野，两人是一对夫妻，因为生活没有着落，整天吵架。

自《大地回春》之后，应云卫很少直接导戏，秦怡演《大地回春》中的女主角黄树蕙一炮走红，也再没机会和应云卫合作。这一回应云卫亲自点将，让秦怡演黄瑛，秦怡很高兴，其他演员还有李天济、苏绘和杨华。

事实上，秦怡的经历和黄瑛的经历大体相似。所不同的是，秦怡离家出走，寻找投身抗战之路，虽屡遭磨难，幸运的是她碰到了许多好人，他们帮助她，支持她。对于黄瑛的幻想、痛苦和遭受的曲折，秦怡很好理解，也非常熟悉。尤其在气质上，秦怡与黄瑛比较一致。在社会这个大染缸里滚了多年，秦怡洁身自好，一直保持着纯朴的学生气质。有这些有利条件，要在舞台上演一个既向往自由又屡经坎坷的女大学生，秦怡不觉得有多少困难。

和秦怡演对手戏的李纬，表演上比较成熟，演戏自然而有个性，秦怡很喜欢跟他合作。在李纬的感染下，秦怡逐渐放开手脚，两人配合默契，互相呼应，演戏就像在生活中一样，爆出了不少火花。

应云卫是个极富判断能力和应变能力的导演，《结婚进行曲》既是喜剧，又是现实题材，他导起来很拿手。演员排戏，应云卫不看剧本，坐在一旁听演员对台词，就能抓住每一个关键之处，知道哪些地方会有什么样的舞台效果，要求演员在刻画人物性格、职业特点和习惯动作上下功夫。此外，他还特别注意细节的表现，对演员的即兴发挥能随时加以捕捉，决定取舍。几乎是一致的评价：在应云卫导演的戏里演角色，演员感觉特别轻松省力，容易出彩。

有一场戏，是黄瑛和刘天野因为找不到工作，生活不顺心，发生了争吵。秦怡和李纬在这段戏中，越演越放开，完全忘记了自己的存在，全身心地进入了角色，吵得语无伦次，说错了台词也顾不得纠正。这时，黄瑛卷起铺盖要走，这在原剧本中是没有的，是演员在吵架中自然而然产生的，效果比剧本设计的动作要好，这说明演员把自己和角色真正融为了一体。

应云卫发现了这点，毅然决定用铺盖做道具，重新排演这场戏。

戏重新排演：黄瑛坐在铺盖上哭，忽然发现洗好的碗没放好，边哭边站起来

第十七章 结婚进行曲

去放碗。此时刘天野马上坐到铺盖上,说绝不让黄瑛走。接着,两个一会儿是你坐下,我站起;一会儿是我坐下,你站起,有两三个来回。末了两人分别坐在铺盖的两端,吵累了,彼此都不说话,一起垂下了头。

这样,喜剧变成了悲剧,观众看了感到心酸。一对本来美满幸福的小两口,因一系列社会问题,他们无法获得安宁的生活,每天在打打闹闹、哭哭笑笑中过着希望幻灭与无限痛苦的生活。

一流剧本,一流导演,再加一流演员,故事又是反映现实生活的,《结婚进行曲》的演出大受欢迎。成都的观众很喜欢这部表现妇女命运的喜剧,连演两个月,场场满座,特别成功。

剧中的黄瑛一角,又要吵又要哭,一场戏演下来,体力消耗大,演员十分疲劳,应云卫设了A、B制。但大多数观众买票看戏,是冲着秦怡来的,B角黄瑛一直没机会上场。结果整整两个月,秦怡天天扯着嗓子在台上喊,在台上哭,有时白天还要加日场。不加日场的时候,下午依然排新戏,除了夜场结束后睡觉,秦怡基本没有休息的时候。长时间的过度支出,生活条件又差,秦怡的抵抗力大大减弱,每天演下来,浑身大汗,疲倦异常,真想能休息几天。终于,秦怡的嗓子出了毛病,起先是一点点沙哑,接着是一觉醒来发不出声音,不能登台演出了。

被逼无奈,应云卫不得不同意让秦怡休息两天,由B角黄瑛代替登台。那天下午,秦怡早早就上床休息,满以为可以美美地睡上一觉。

谁知,前台刚刚挂出当日演出换演员的牌子,观众一看演黄瑛的不是秦怡,起哄声立刻炸开了锅。他们冲到售票处,大声嚷着说:"秦怡不演,我们就退票!"

应云卫急了,观众真的退票,一天停演,损失不小,处在经济困难中的剧社承担不起。他马上派人请来医生,给秦怡打针、喷药,又买来胖大海要秦怡泡茶喝。他暗存侥幸:到晚场演出前,秦怡的嗓子最好能发出声音。

事与愿违,打针、喷药一无效果,演出时间快到了,秦怡的嗓子仍然发不出声音。

应云卫急了,顾不得他先前说过让秦怡休息两天的话,急匆匆闯到小竹篱笆屋,说:"小秦,观众嚷着要看你的戏,今晚还是你演吧!"

秦怡从来没看过应云卫急成这样,嘴张了张,没发出声音。

◆ 1945年秦怡23岁

"今晚如果你不上场,观众肯定要退票,剧社这个月的开支就报销了,大家连饭都吃不上。"实在是没有办法,应云卫拿出了杀手锏。他相信秦怡不会置剧社的利益不顾。

秦怡吞咽几口唾液,润润嗓子,总算发出了声音:"我的嗓子不是什么重病,问题是没有声音。观众在台下听不见我说话,照样会闹起来,到时候反而更麻烦。"

"只要你一出场,他们会原谅你哑嗓的,说不定还会同情你呢?你不要发愁,有多大嗓音就发多大嗓音。"应云卫的分析能力比谁都强,他认为观众非常想看秦怡的演出,只要说明秦怡是抱病登台,观众非但不会有意见,反而会大受感动。

"我知道剧团的困难,虽然我很想休息,哪怕是只休息一天,但我绝不会见难不救,只要剧团需要,我能坚持上台演出。"作为中华剧艺社的当家人,应云卫把话说到这份上,秦怡不好不上场了。她理解应云卫的苦衷,能撑起"中艺"这个家,很不容易。

"今天你真是帮了我的大忙,你的嗓子那么哑,太难为你了。"应云卫心中热

第十七章 结婚进行曲

乎乎的，说的全是真心话。

秦怡说："在开演前给观众说几句话，请他们原谅。"说完，她起身下床，走进后台。

剧场里差不多全坐满了，乱哄哄的一片："我们要看秦怡！""我们要看秦怡！"喊声有节奏地响起。

秦怡心里一热，眼眶有些湿润，心里涌起一股说不出的滋味，这究竟是观众对她的偏爱，还是对她的信任呢？容不得多想了，秦怡赶紧涂油彩化装。

大幕在舞台的脚灯照耀下拉开，乱哄哄的叫喊声停止了。

秦怡上台，观众瞪着眼睛看着她，果然是他们喜爱的那个黄瑛。

剧场里寂静无声，静得连呼吸声都听得出来，千百双眼睛一起盯着秦怡看，千百副耳朵一起竖起听秦怡说话。

秦怡张口使劲说话，说剧中的台词，她没听到自己发出的声音。剧场内有一丝骚动，也有些窃窃私语，很快又静了下来，静得使秦怡有点吃惊。

秦怡很快镇定，继续张口说着，她听到的是可怕的气声。不管它了，只要观众不喝倒彩把她赶下台，她就这么说下去，演下去。

秦怡吃力地提着嗓子喊着，发出来的是嘶哑低沉的气声，居然连最后一排的观众都听得清清楚楚。

有如神助，那天整个剧组配合十分默契，没出一丁点儿差错。大概是《结婚进行曲》已连演了两个月，剧情、台词、神态和动作，大家均已烂熟于胸，怎么演怎么成；也可能是事出偶然，为了剧社的名誉和利益，为了对得起忠实的观众，大家演得格外用心。

一出三幕五场的戏，秦怡就这么用气音，拼着浑身的精神演完了，这不能不说是话剧舞台的一个奇迹。

全场观众聚精会神从头看到结束，连咳嗽声也没有听到，敛声屏气看这么长的戏，人会很疲乏的。那天剧场扫地的清洁工人省去了许多力气，地上没有像往常一样到处是瓜子壳和纸屑，注意力全集中到台上，看戏时没人再嗑瓜子，吃零食，散场后他们不用扫地了。

演毕，秦怡快速退到后台，喘一口长气，如释重负，感到人像散了架似的。

观众看戏投入，她比平时演得更加投入，因此倍感疲惫。

秦怡准备卸装，舞台监督及时来到后台，请她出去谢幕。

秦怡重新走到前台，迎接她的是观众经久不息的鼓掌和欢呼，场面之热烈，超过以往任何一次的谢幕。秦怡再三向观众鞠躬，为观众的理解与合作所感动……看着台下忠实热情的观众，秦怡再也控制不住自己，两行热泪夺眶而出，尽情挥洒。在观众热情的鼓舞下，她像演哑剧一样演完了全剧，观众还是这样理解她，爱戴她，这是她当演员以来得到的最高奖赏，获得的最大尊重。

这次演出，给予秦怡很大的震动和教育，观众的爱使她从渺小的自我中跳了出来。演员和观众是息息相关的，离开了观众，演员的价值何在？

秦怡深深体会到，如果是为了谋生，何必去搞文艺呢？文艺需要一种内在的强大的精神力量，而且这种力量始终来自观众——来自人民中间。以自己从艺术中所得到的感人精神力量，再通过自己的劳动释放给别人，这才是自己终身应该追求的理想。否则，整天陷在狭小的私人生活纠葛之中，陷在无谓的争名夺利之中，人生有什么美好可言呢？

《结婚进行曲》的演出，无论在思想境界还是艺术境界方面，秦怡都跃上了一个新的台阶。

既然观众非要看秦怡的戏不可，而且带着哑嗓也能演出成功，秦怡再没有提休息的事。她每天坚持演出，嗓子无法休息，得不到恢复，便永远地沙哑了，直到今天也是如此，这反成了她音色的一个特点。

第十八章

抗战胜利了

1945年8月15日,日本天皇宣布无条件投降,八年抗战胜利了!

喜讯传来,人们忘记了吃饭,忘记了睡觉,忘记了一切痛苦与烦恼,纷纷沉浸在兴高采烈的喜讯之中。大街上人们不分男女老少,不分亲朋好友还是冤家对头,都拥抱在一起,高呼:"胜利啦,胜利啦!"那个狂欢之夜,商店的橱窗被挤破了,酒店的酒被喝光了,许多人一生中从未见过这样的狂欢。

闻听抗战胜利,秦怡整日欣喜若狂,无心再排新戏,离家八年了,她无数次在梦中回到了上海,和爸爸妈妈与姐姐们团聚,现在终于等到了这一天。

抗战胜利了,中华剧艺社决定从成都回到重庆。受中国艺术剧社的邀请,秦怡要在《清明前后》中担任角色,所以于1945年10月初一个人先回到重庆。

快一年没有见到女儿,秦怡无时无刻不在想念斐斐,和陈天国

的关系算是了断了,但女儿还在他那儿,秦怡不放心。陈天国喜欢吃酒交朋友,怎么带得好孩子?为了不让女儿受苦,秦怡一到重庆,在沈崇教妹妹家暂时住下,就想去找陈天国要女儿。

这时,赵丹、王为一、徐韬等人从新疆回到重庆。在新疆他们吃尽了苦头,又长期脱离文艺工作,所以回到重庆一安排好家事,就想立刻跳上舞台一展身手,赵丹因此担任了《清明前后》的导演和主演。秦怡与他们早就熟识,如今在历经磨难后重新见面,并能同台演戏,她兴奋不已。在沈崇教妹妹家住了几天,秦怡就搬到了新中国艺术剧社的临时宿舍,和这些疯狂的文艺人住在一起。

陈天国心中有气,没让秦怡见到斐斐。为了不把事情闹大,秦怡退让了。她相信,用不了多久,陈天国会把女儿给她的。一个大男人拖着个未成年的孩子,怎么说都不方便。再说,他有了新的女朋友,迟早要成家的。

一时没有接到女儿,秦怡全力以赴投入了《清明前后》的排练。

《清明前后》的编剧茅盾从未写过剧本,重庆轰轰烈烈的戏剧运动激起了他的创作欲望。那年清明前后,报纸上刊登的黄金案等一系列消息,茅盾看了非常气愤,感到有史以来还没有第二个地方像重庆那样充满无耻、卑鄙和罪恶。茅盾从那些事中选取有用的素材,写了《清明前后》,揭露国民党反动派统治下重庆的没落和黑暗。用今天的标准衡量,《清明前后》是一出纪实风格的话剧。

《清明前后》有两条主线,一条写民族资本家林永清在国民党官僚资本压迫下奋斗、挣扎和觉醒的过程,另一条写小职员李维勤挪用公款、买卖黄金和投机倒把的悲剧。秦怡演李维勤的妻子唐文君。这原是一对老实本分的夫妻,只因丈夫李维勤在某种诱惑下走上犯罪道路,妻子唐文君受到残酷的折磨,导致精神失常。

在《清明前后》中,秦怡和大名鼎鼎的赵丹第一次合作。

20世纪30年代,赵丹因演电影《十字街头》中的老赵和《马路天使》中的吹鼓手闻名。后来,在新疆被军阀盛世才关了五年监狱,经营救脱险来到重庆。他担任《清明前后》的导演,兼演男主角官僚资本家。赵丹是个感情丰富得无法自制的人,无论是作为导演还是作为主演,他都激情满怀,着了迷一般工作,一心一意想把《清明前后》打响。

《清明前后》抨击国民党政治的腐败,说出了老百姓敢怒而不敢言的话,大快人心，演出在重庆引起轰动，当局为此极为恼火。但在抗战刚刚胜利，进步的文化界人士要求"取消剧本审查"的形势下，不敢轻易禁演，更何况编剧茅盾和导演赵丹都是知名人物，贸然禁演，会酿成意外事端。不能禁演，当局另想对策，不时派人到剧组要求删改台词，规定每场演出留出200个座位让他们派人监督，这些人的真正身份其实都是特务。于是，舞台上演员慷慨陈词，舞台下特务们高呼反对口号。观众们气愤了，嘘声四起，抗议特务们的破坏捣乱，剧场秩序乱作一团，吵吵嚷嚷成了茶馆店。为坚持演出，赵丹和剧组团结一致，想尽办法不改台词，抵制特务的破坏。

但是，由于表演风格不统一，《清明前后》并不是一部很成功的作品。赵丹、秦怡、王为一和夏天在剧中演主要角色，人人尽心尽力，都想把这部戏演成功，可劲儿一旦使过了头，效果会适得其反。在表演风格上，赵丹追求的是20世纪30年代的夸张火爆；秦怡则崇尚纯朴自然，更接近生活。赵丹认为秦怡的表演缺少火花，秦怡抱定宗旨不喜欢做作。王为一和夏天分别赞同赵丹和秦怡的看法。最后，你演你的，我演我的，谁也说服不了谁。后来赵丹承认，脱离剧坛五年，他与时代脱了一大节。

和赵丹合作，秦怡的心情非常愉快，工作之余，赵丹能开各种各样的玩笑，调节气氛。在他的热情影响下，秦怡舒心开朗，忘记了许多生活中的不快。赵丹比秦怡大11岁，他称秦怡叫"秦怡妹妹"；秦怡和大家一样，称赵丹为"阿丹"。由合作产生的亲密友情，使他们常在一起憧憬未来。

一次夜场演出结束，雷鸣电闪，狂风暴雨，水深过膝。重庆的雷电威力无比，打雷时在水中行走，容易被雷电击中。赵丹和秦怡就到剧场附近的唐纳家中避雨。

唐纳是一位出色的影评家，为人谦虚热情，平易近人，是赵丹的至交。赵丹和秦怡两人半夜造访，唐纳把床让给秦怡休息，他拿了一条席子铺在地板上，坐着和赵丹聊天。两人边抽烟边喝酒，从俄国作家谈到法国作家，从法国作家谈到中国作家，从古谈到今，从今谈到未来。秦怡在一旁听得出神，不时插嘴附和。

"你看，秦怡妹妹在一旁笑我们呢！"赵丹向唐纳挤挤眼睛，有意调侃秦怡。

唐纳招呼道："小秦，快来和我们一起谈，不要一个人静坐了。"

两位大哥级的人物发出邀请，秦怡也坐到席子上，一起参加神聊。

唐纳是影评家,赵丹演电影出名,秦怡也不是电影的门外汉,三人谈得最多的是电影。抗战期间,中国电影几乎处于停顿状态;抗战胜利了,若能回到上海,一定要多拍几部电影。唐纳推崇苏联导演普多夫金的导演手法和风格,认为《战舰波将金号》是空前的巨片。赵丹欣赏美国影片《插曲》,特别赞叹其中演员的表演。秦怡谈演《安娜·卡列妮娜》之事,以及反法西斯的电影《马门教授》。

雷阵雨不知什么时候停了,夜色渐渐褪去,黎明悄悄来了,三人彻夜长谈,谁也没睡。

"秦怡妹妹,快去吃豆浆油条吧,一天又开始了!"赵丹双臂一举,挺挺胸,舒展一下精神,高兴地大叫着。

这次有关电影话题的长谈,不久便得到实现。赵丹和秦怡很快回到上海,各自都拍了好几部电影,两人还在《遥远的爱》中有了第二次合作。

俗话说,女儿是母亲身上的肉。只要演出稍有空闲,或是夜深人静之际,秦怡总不免想到斐斐。陈天国用不放女儿折磨报复她,秦怡在心里发泄对前夫的

◆ 电影《遥远的爱》中演大小姐(前左),赵丹(前中)演肖元熙

不满。

或许是心有灵犀,在秦怡想女儿想得最强烈的时候,斐斐竟回到了她的身边。

一天演出结束,秦怡回到宿舍,远远看见斐斐孤零零地站在宿舍门口。她还是那样干瘦,那样脸色蜡黄,身上穿的是她几年前亲手缝的衣服……秦怡不敢相信眼前的一切是真的,用手揉揉双眼,盯着斐斐看。

"妈妈!"女儿认出了母亲。

不用怀疑了,真是她日思夜想的斐斐,秦怡上前一把抱住女儿亲个不停:"斐斐,你怎么一个人来了!"

"是一个叔叔抱我来的。"5岁的女儿比一年前懂事多了。她告诉秦怡,爸爸和一个阿姨到外地去玩儿了,家里没人管她。听说陈天国有了新欢,秦怡反而感到高兴,现在女儿又回到她的身边,她和他再没有任何关系了。秦怡在心中祝愿,陈天国从此能得到幸福。

《清明前后》的演出越来越艰难,特务不仅在剧场内捣乱,而且散场后在剧场外袭击演员。种种迹象表明,为抢夺胜利果实,国民党正磨刀霍霍,破坏和平谈判,新的内战随时可能发生。

不久,一个信号向人们敲起警钟,《新华日报》记者、国民党左派廖仲恺的女婿李少白惨遭暗杀。地下党组织及时做了研究,为了全体演出人员的生命安全,《清明前后》停演。

秦怡为此无比愤慨,依她的想法,抗战胜利了,一切都会好起来,然而围绕《清明前后》上演发生的无情事实教育了她,事情并不像她想象的那么简单!

正在此时,秦怡收到家中的来信,家里生活极度困难,已到了揭不开锅的地步,一家人盼她早点回去。读着信,秦怡百感交集。离家八年了,父亲母亲一年年老了,她没有尽到孝道,对家中也没有尽到责任。该回去了,为了和亲人团聚,为了做一个女儿的责任,斐斐已经回到她的身边,她没有任何牵挂了。

然而,抗战刚刚胜利,重庆和外界的交通尚未恢复正常,怎样才能回到上海呢?秦怡想起了吴祖光。巧的是,吴祖光这时也来找她了。

原来,在八路军办事处举行的一次集会上,吕恩听了周恩来做的形势报告,看清了国民党的真面目,想到充满光明和希望的地方去,秦怡也听了这次形势报

告,产生了同样的想法。吴祖光找到秦怡,是想为女朋友吕恩路上找个伴。路线是从重庆到上海,再从上海找关系到苏北根据地。秦怡一听,正中下怀。回到上海,解决好家中的生活困难,把斐斐交给妈妈,她就和吕恩一起奔赴苏北根据地。吴祖光说,从重庆到上海,具体怎么走,他去想办法。

没几天工夫,吴祖光带来好消息,《新民报》有一辆卡车要带一些职工家属回上海,他已经联系好,秦怡带着斐斐和吕恩搭这辆车一起走。和走水路乘船或走陆路乘火车相比,坐卡车回上海要辛苦得多。但在当时的情况下,能坐卡车先走一步,已不是一件容易的事。多亏吴祖光神通广大,才找到这么一个好机会。

秦怡抓紧做好准备,等待出发的日子。说是准备,仅是整理一下简单的行李,再买些小东西,到家后当作见面礼分给亲人们。

1946年12月上旬,秦怡抱着斐斐,和吕恩坐上了《新民报》那辆开往上海的卡车,她不禁思绪滚滚,感慨万千:啊,整整八年,久违了,亲爱的故乡!

八年前,秦怡逃出"孤岛",是个涉世未深、幼稚单纯的小姑娘,如今经过几番颠沛流离的生活磨炼,她已成为一位母亲和誉满大江南北的一代明星,她虽然没有腰缠万贯,称不上是衣锦还乡,但八年抗战,她尽了一个中国人应尽的责任,可谓是凯旋。

坐在颠颠簸簸的卡车内,秦怡的心早飞到上海,飞到了父亲母亲身边。

《新民报》的这辆卡车,破得真是可以。车灯只有一个,车头的铁皮包不住发动机,车篷用破席子代替,难挡风雨。车厢内一半堆满行李,车子一开,东倒西歪,一不小心会砸着人。乘车的大人小孩坐在车厢的前半部,拥挤不堪。吕恩有晕车症,一路吃够了苦头。秦怡抱着发烧的斐斐,坐在一只脸盆上,头上靠的是一只痰盂。不管它了,只要能早点到上海,哪怕是刀山火海,秦怡也愿意冲过去。

最令人心焦的是,一路行车如蜗牛爬行。从四川到湖南,蜀道艰险。八年战争,公路破坏殆尽,车子在悬崖峭壁上跳跃着前进,车祸经常发生。晚上住宿,一不留意就误入"黑店",敲诈、勒索和抢劫,屡见不鲜。最妨碍交通,造成行车堵塞的是国民党的军车。抗战时他们躲在大后方享福,胜利了他们下山摘桃子,抢夺胜利果实。任何车辆一遇到军车,一律靠边让路,一等就是半天或一天,有时甚至是几天几夜。本来十几天就能回到上海,结果开了十几天,还没有开出湖南地界。

车到衡阳，湘江挡住了去路，一停大半天，像生根一样，开不动了。时间已到晌午时分，夕阳西下，再不过江又要留宿。秦怡和吕恩心急如焚，下车跑到前面一打探，吓了一跳，前面大大小小的军车有100多辆，排成长龙等着过江，民车和商车不许抢先。湘江大桥早被破坏，渡江全靠一只小渡船，一次渡一辆车，来回约一个小时。100多辆军车，要渡多少天？万一后面再来军车，十天半个月也过不了江。国民党的军车不要紧，今天过不了江，明天再过，哪怕是等上十天半月，照样有吃有喝。民车和商车就耗不起了。

◆ 与吕恩（右）在重庆

"真他妈的，这是什么世道！这哪里像是胜利回上海，简直比逃难都不如！"吕恩控制不住愤怒的心情，气得破口大骂。

秦怡尽量克制心中的焦虑，走了那么长的路，吃了那么多苦，花了那么多钱，一定要想办法快点走，再被拖上十天半个月，势必变成穷光蛋，流落他乡。秦怡决定碰碰运气，找人打打交道，争取当天过江，她把斐斐交给吕恩，一转身朝湘江边走去。

吕恩抱着斐斐，关切地在后面大声喊着："一定要小心，不要硬来！"

下武汉，赴重庆，走西康，奔成都，秦怡转辗奔波八年，屡遭艰险，也算是经过风雨，见过世面的人了，关键时刻，她什么也不怕。费了不少周折，秦怡找到负责渡江的一个团长。团长正喝着酒，看上去40来岁年纪，黝黑的皮肤，高突的颧骨，一脸凶相。

秦怡对国民党军官从没有好感，但为了能早点过江，她硬着头皮，低声下气地向团长哀求："我们的车上都是妇女儿童，没有吃，没有喝，还有个生病的孩子，请您务必帮帮忙，让我们先过江吧。"

团长眨着狡黠的眼睛，上下打量秦怡，见是一位漂亮妙龄的女子求他，把自己面前的一只粗瓷大碗往前一推，拿起酒壶朝碗里倒满酒："你先把它喝了！"

秦怡看看那碗白酒，少说也有半斤，心"突突"地跳个不停："对不起，我是不会喝酒的。"秦怡说的是实话，她从不喝酒。

"啊，你不给老子面子，还和我商量什么！"

秦怡一时无话可说，略停片刻后灵机一动："我喝了，你能让我们的车先过江？"

"喝了就让你们的车先过去！"

"说话算数。"

"当然算数。"团长用手拍拍胸脯。

"好，大丈夫一言为定！"秦怡豁出去了，她端起粗瓷大碗，闭着眼睛，一口气把一碗酒喝得点滴不剩，霎时胸中有股热气直往上蹿，头发昏、脸发烧、眼发花，双腿也微微在发抖。

"稳住，稳住，千万别趴下！"秦怡给自己打气，从没有喝过酒的她硬是挺住了。从此，秦怡相信人的精神是可以战胜一切的。

"行，真有你的！"团长见秦怡一腔豪气，真把一碗白酒干了，不能食言，当即下令让秦怡他们的车摆渡过江。

卡车过了湘江，从湖南入湖北，再从湖北进安徽、下江苏，一路磨难不断，开开停停，停停开开，到上海已是 1946 年 1 月上旬。原本是十几天的路程，结果竟足足走了一个月。

近乡情更怯。

《新民报》的卡车到上海已经天黑。秦怡抱着斐斐，提着行李，照着信封上的地址找自己的家。一路上她心中忐忑不安：家中不知怎么样了！在重庆接到家中的信，得知家中已揭不开锅，她托沈崇教妹妹找人从邮局先汇了一笔钱，不知家里收到没有？万一没收到，一家人的日子可怎么过？

第十八章 抗战胜利了

一条马路一条马路地找,一家一家地问,好不容易找到信封上写的那个门牌号码,是一幢石库门房子。秦怡轻叩门环,喊着爸爸的名字,里面有人应声,是二姐的声音。八年过去了,二姐说话的声音还是那么熟悉。二姐打开门,门外站着个怀抱小孩的女人,瞪眼一看,原来是妹妹秦怡!刹那间,姐妹俩紧紧抱在一起……

二姐接过斐斐走在前面,秦怡提着行李跟着二姐,上楼走进一间前厢房,妈妈、妹妹知道是秦怡回来了,在房间里等着。

"妈!"秦怡先看见母亲,忙上前抱住母亲,泪水随之夺眶而出。母亲比过去苍老了许多,鹅蛋脸上有了皱纹,两鬓添了不少白发。

"回来好,回来好!"瞿素月看着女儿,面露笑意,不断用手擦擦双眼。

妹妹德华和二姐逗着斐斐玩,14岁的德华是个大姑娘了,如果是走在马路上碰到,秦怡肯定认不出来。

"咦,爸爸哪,怎么没见到爸爸?"秦怡问妈妈,一抬头看见墙上挂着爸爸的画像,心里明白了,爸爸不在了!妈妈怕她伤心,信中没有告诉她。

"爸爸!"秦怡放声大哭。

"不要哭,今天是大喜的日子,谁也不许提伤心的事!"刚强的瞿素月拉住秦怡,叫小女儿下菜肉馄饨给姐姐吃。

德华很快将一碗热气腾腾的菜肉馄饨端上桌子,这是秦怡最爱吃的。忍着悲痛,秦怡慢慢吃着,味道好极了,整整八年没有吃过这么可口的菜肉馄饨了。

过了几天,瞿素月才将丈夫去世的情形讲给秦怡听。

秦粟臣因为到大橱顶上找一本书,不慎失足跌倒后一病不起,在大年三十夜去世。

瞿素月说:"你爸爸去世时,我想哭但没有哭。你想想,那样的年三十,深更半夜风雪交加,街上积雪有一尺多厚,我身无分文,顶着寒风,脚踏厚雪,冒着被人家赶出来的危险,叩亲友家的门借钱,哪里顾得上哭啊!"

听妈妈讲得如此伤心,秦怡抽泣着,泪如泉涌。

瞿素月继续说道:"一直到你父亲'五七'那天,我烧了几个菜,才在你父亲的牌位前痛哭了一场!"

秦怡放声大哭。她太对不起这个家,太对不起爸爸了。在几个孩子中,爸爸最喜欢她。她和爸爸一起听音乐,看电影,享受过许多欢乐。这次回上海前,秦怡就想要多尽孝道,让爸爸生活得幸福;她要向爸爸"忏悔",当年她不该不辞而别,害得爸爸为她担惊受怕……怎奈天不如人愿,如今再没有机会了!

瞿素月既豪爽泼辣,又心细如丝,她关照秦怡不要急于外出做事,先在家休息一阵,她每天做点好吃的菜,让秦怡补补身子。

"你自己穿的也要想想办法,上海是个人要衣装、佛要金装的地方,马虎不得。"看到秦怡回家那天穿着长长的素旗袍,外披一件棉大衣,臃肿不堪,瞿素月特地提醒女儿。

啊,可怜的妈妈,真难为你了。在以后的几十年中,秦怡始终赡养着母亲,直到"文化大革命"中,她被隔离审查,母亲发病死在家中,等撤销隔离后她才知道。后来秦怡写过一篇散文《我想妈妈》,文中这样写道:

> 妈妈是个文盲,封建家族中的一个一般妇女。她虽然出身富家,但嫁给了我的穷父亲就没过什么好日子。没完没了地生孩子,终日操劳家务……我的妈妈,她不是个逆来顺受的弱女子,她是个深藏着眼泪,一生与命运抗争的勇敢的女性。我想您,妈妈!我永远想您,妈妈!

爸爸去世了,妈妈年纪大了,二姐身体不好,14岁的妹妹为一家人的生活放弃了学业,出去打工。秦怡再不忍心丢下一家人不管,去追求自己的理想。大哥没有工作,听说当明星的妹妹回来了,他一家人也要秦怡供养。苏北革命根据地不能去了,秦怡决定独自挑起包括她和斐斐在内全家11口人的生活,让爸爸在九泉之下能够安息。

今非昔比,大名鼎鼎的秦怡一回到上海,邀请她拍电影的人已纷纷登门,一个让她纵横驰骋的新舞台正热情地向她招手!

第十九章

爱上了拍电影

抗战胜利了,原先到重庆、香港避难的大批民主人士和文艺工作者纷纷回到上海。作为特殊时期党所领导的中华剧艺社等文艺团体,在完成了它们的历史使命后自行解散,有关人员也先后回到上海。政治环境的变化和各方面人才的回归,使有"东方好莱坞"之称的上海出现了又一次电影生产的高潮。

在此情况下,国民党官方为抢夺胜利果实,扩大对电影事业的垄断,不断排挤、压迫民营公司,打击、迫害进步的电影工作者。为反击国民党官方对电影事业的垄断,地下党组织团结进步的电影工作者,展开针锋相对的斗争,开辟进步电影运动的基本阵地。在这场斗争中,从重庆回到上海的话剧工作者大都转向电影的创作与拍摄。

秦怡一回到上海,一些电影厂(公司)的老板、制片人和导演就找上门请她拍戏。大家心里清楚,能请动这位蜚声全国、深受观

◆ 1946年，舒绣文、胡蝶、白杨、秦怡、章曼莉、路曦（从右到左）

众喜爱的话剧名旦在自己的影片中出镜，一定会受到观众的欢迎。由于体力和精神的双重疲劳，秦怡一部戏也没接。长达一个月的旅途奔波，她需要休息一段时间，尤其是回到家得知父亲去世，似当头一棒，击得她缓不过气来。白天，秦怡一个人站在父亲遗像前，盯着父亲的眼睛看，看着看着父亲仿佛从镜框中走了下来，领她去听音乐，带她去看电影，塞给她一根雪茄似的巧克力糖……"爸爸"，秦怡情不自禁地叫着，爸爸没有答应，又回到了镜框之中。晚上，爸爸会在梦中和她相会。

"爸爸，你为什么不给女儿一个机会，让女儿好好报答你呢？"无论是白天还是晚上，秦怡总是在自责中发出无声的呼唤。

瞿素月理解女儿的心。女儿有出息了，她从心里感到高兴，她每天换着花样烧几道女儿爱吃的菜，让秦怡补补身子，也补偿她对女儿的亏欠。家，这就是家

第十九章 爱上了拍电影

啊！有了母亲的呵护，秦怡体会到了家的温馨。

今后的路该怎么走？秦怡不停地思考着。她不想急于加入某个电影厂（公司），靠制片厂发的那点薪金养不活全家11口人。那就当自由职业者，签合同接戏，这样片酬比较高，养家糊口不成问题。但是，这戏怎么接呢？

在重庆八年，已经习惯听从某种安排的秦怡，不适应一个人单打独斗，她渴望有某种力量继续给予她点拨和支持。

回到上海一个多星期了，身心彻底放松，吃着妈妈烧的小锅菜，秦怡的脸上有了血色，皮肤红润光亮，人也有了光彩。

"秦怡，秦怡是住这儿吗？"一天午后小憩，秦怡正浏览报纸，忽听有人在门外叫喊。

秦怡放下报纸，起身下楼开门，惊喜地大叫道："于先生，怎么是你，真没想到！"

来人是于伶。秦怡从中华剧艺社借到新中国艺术剧社演《清明前后》，是于伶提出的。《清明前后》被迫停演，秦怡收到上海的家信，要先回上海，也是于伶同意的。于伶曾和她相约，他到上海后一定和她见面。今天，于伶真的找上门来了。

"回到家还好吗？斐斐身体怎样？还有你妈妈，年纪不小了，要多尽点孝道。"分手刚一个多月，一见面于伶就亲切地问长问短。

秦怡把于伶领到二楼表姐的新房，"于先生，你怎么知道我住在这儿的？"她一边倒茶一边问。

于伶笑眯眯地看着秦怡，没有正面问答："你胖了，气色不错，看来还是家里好啊！"

秦怡忽然醒悟，自己太唐突了，不该问那样的问题。像于伶这样做地下工作的人，找个人太容易了。至于他怎么知道被找人的地址，一般是不能问的，问了也不会说。这是地下工作的规矩。在重庆和成都，秦怡和许多地下共产党人有过交往，知道这样的规矩，刚才一高兴给忘了。秦怡不再问了，她微笑而带点羞涩地看着于伶。于伶上门来找她，肯定有事情。

"上门找你拍戏的人不少吧！"

"找的人是不少，我一个戏也没接。刚回到上海，我想先不着急，看一看再说。"

"看一看是可以的。依我看，现在你可以到民营公司去拍戏。有什么戏拍什么戏，没关系的。"顺着秦怡的话题，于伶借题发挥。

谈话不知不觉进入正题，秦怡认真听着。

"你现在是明星，有名誉，有地位，一拍戏肯定是主角，其他人会跟着你走，所以你的观点会影响一批人；而你的观点是什么，我们最清楚。据我知道，吴永刚马上就会来找你拍戏。"

至此，于伶专门来找秦怡的目的已很清楚。抗战胜利后，上海电影界良莠不齐，情况复杂，地下党组织希望秦怡能发挥作用，用自己的明星身份和政治观点去团结影响其他人。秦怡能发挥的作用，是一个身份公开的共产党员所难以发挥的。

于伶的这次谈话，给秦怡的帮助启发很大。她并不认为自己有多大的名气和地位，但她愿意用自己的政治观点去影响别人。国民党腐败无能，抗战初期节节败退，后来又假抗日真反共，她亲身经历过，有足够的发言权。因此，这次谈话后，秦怡更加自觉地学习时事，考虑怎样结合拍片，用自己的想法和看法去影响、带动别人。

没过多久，果然如于伶所说，吴永刚上门来找秦怡，请秦怡在他编剧和导演的《忠义之家》中演女主角——一个飞行员的妻子。

《忠义之家》是根据真人真事创作的。在"八一三"上海战役中，国民党空军驾驶员驾驶飞机撞击日本侵略者的军舰，壮烈牺牲。这位飞行员就是沈崇诲的三哥沈从辉。吴永刚的想法比较简单，抗战胜利了，写一写抗战中的烈士是应该的。飞行员牺牲后，他的妻子和父亲在敌伪压迫下坚强不屈，继续参加爱国活动，直到日寇投降，飞行员的妻子和父亲一起参加庆祝胜利的大游行，被"政府"褒奖为"忠义之家"。

《忠义之家》是秦怡回上海后拍的第一部电影，也是她第一部演主角的电影。吴永刚的风格与应云卫、贺孟斧不同，他向演员讲清总体构思后，很少对演员提什么要求，角色怎么演，让演员自己去把握。

刚开始，秦怡自认演一个烈士的妻子不会有问题。这个角色说是主角，戏的分量并不重。出乎意外的是，戏拍到三分之一，一看样片，秦怡真想提出换掉自己，

第十九章 爱上了拍电影

样片中她对角色的塑造完全体现不出来,角色的每句话、每个动作都是不由自主,身不由己,把握不住节奏,离自己想象的距离太远。为此,在后来的拍摄中,秦怡不断寻找自己的缺点,并分析为什么会出现这些缺点。

《忠义之家》的拍摄,使秦怡既感到电影的可怕复杂,又喜欢上了电影。

所谓可怕复杂,是指电影与舞台剧的表演有很大不同。电影要在导演的分镜头拍摄中准确、充分地体现人物的面貌,对颠颠倒倒的剧情拍摄和断断续续的感情流露,秦怡很不适应。在重庆秦怡参加过几部电影的拍摄,那多是客串性地玩玩,没有进入角色的塑造,不知道其中的艰难。看来,要真正掌握电影表演的特性,做到运用自如,要从头学起。所谓喜欢上了电影,是指电影的天地非常广阔,是最具表现力量的艺术手段。在日常生活中无法看到和不能言传的细微末节,在电影镜头中能表达得淋漓尽致。电影能传达人的精神状态的微妙变化,有着无穷的魅力。

毕竟在舞台上塑造了那么多的艺术形象,秦怡在《忠义之家》中的表演基本是合格的,得到了观众的赞许。不过,当时一些左翼人士认为,《忠义之家》是写国民党飞行员的,有歌颂国民党的嫌疑,所以很快不再被人提起。直到"文化大革命"以后,《忠义之家》才获得新生,被认为是一部具有爱国意义思想的影片。

1946年秋末,拍完《忠义之家》,秦怡应应云卫之约,演出了几台话剧。在上海舞台上,秦怡一展重庆名旦的风采,赢得了观众的热烈欢迎。

父亲去世的哀伤逐渐平复,家中的经济压力开始缓解,银幕散发着无穷的诱惑力,秦怡的心情从没有这样轻松愉快过。这时,陈鲤庭来请秦怡参加影片《遥远的爱》的拍摄。

秦怡和陈鲤庭在中华剧艺社一起共过事,又在他导演的戏里演过角色,所以陈鲤庭一发出邀请,秦怡二话不说就答应了。

《遥远的爱》署名编剧是陈鲤庭,实际上陈鲤庭只写了分场故事梗概,他请夏衍写对白。夏衍最后交出来的是一部完整的剧本,而且立意深刻,对白漂亮,极富文学性。夏衍谦虚,坚决不肯挂编剧之名。出于无奈,陈鲤庭只好一身二任,既当编剧又当导演。

《遥远的爱》的主题是宣传妇女解放,剧情的大意是:**农村姑娘余珍到城市帮**

佣，在大学教授肖元熙家做小大姐。肖元熙口头上喊着教育救国、妇女解放的漂亮词儿，实际上是个什么也不做的人。他决心改造余珍并占有她，结果小大姐真成了他的夫人。余珍在成为教授夫人后，有了接触外界的机会，慢慢成长起来，最后离开了空喊口号的肖元熙，投入抗日战争的行列中。影片中，秦怡演余珍，赵丹演肖元熙，这是两人的第二次合作。

"哈哈，秦怡妹妹，我们又在一起了！"赵丹一看见秦怡，笑着大声说。他历来性格开朗，对人热情似火。

秦怡也抑制不住内心的高兴，说："阿丹，你可要好好帮我！"秦怡说的是真心话，在电影表演上，赵丹的功力有目共睹。

"还记得一年前在唐纳家通宵长谈吗？现在我们都回到上海了，变化真快啊！"故人相逢，赵丹旧事重提。

秦怡说："记得，当然记得！那时我就想回上海了……"

对于往事的短暂回忆，激起了两人的创作热情。

余珍从一个农村姑娘，通过学文化成为教授夫人，再从参加抗日救国活动，到离开教授投入抗日行列，人物发展变化大，很有戏可演。但这时秦怡对电影表演的特性尚不够熟悉，总感到有劲儿无处使，对人物的分析设计在想象中好像活了，等到一看样片，人物并没有活到银幕上。

赵丹演肖元熙却演得有滋有味。他每天花样百出，在一根拐杖上也能设计出许多动作，而且总能设计到点子上。

秦怡羡慕赵丹，虚心向赵丹请教："阿丹，我怎么不知从什么地方用功，你怎么会有这么多'花头经'的？"

赵丹看着秦怡，故作一脸茫然："人家都说你秦怡妹妹演的角色接近自然，很朴实，今天怎么谦虚起来了？"

"唉，我不会演戏。刚上舞台，我是靠模仿别人的外形，慢慢才走进角色的。你别搭架子，今天我是有心拜佛，求得真经。"秦怡知道赵丹喜欢开玩笑，嗔怪地说道。

"其实，模仿外形的过程，也是揣摩、体验角色内心的一种途径。"赵丹不再说笑了，"但演有的角色是要由内心来塑造外形的。我觉得，不管是从外形还是从内心走进角色，最终必须把内心和外形融为一体，这样才能自然、准确、生动地表演角色。"

赵丹的一席话概括得深刻透彻，秦怡打心眼里佩服，也受到很大启发。

在拍余珍吃教授来不及吃的鸡蛋火腿烤面包早餐，和在余珍成为教授夫人，新闻记者到家采访教授这两场戏时，前者秦怡在表现小大姐狼吞虎咽吃的同时，把两条腿随意夸张地放在茶几上，凸显了一个从农村刚到城市的小丫头的特点；后者秦怡表现为教授夫人一见新闻记者拍照的闪光灯就很不习惯，每当闪光灯亮一下，她都会微微一惊，凸显出余珍虽然成了教授夫人，又终究是个生于农村的纯朴姑娘，少见世面，所以闪光灯一闪，她会下意识地一惊。秦怡在这两场戏中的表演，体现了人物的外形与内心融为一体。

从秦怡的个人感受来说，她看到了细节在电影表演中的重要。细节真实会大大增加作品的生动，也会大大丰富人物形象。

从艺术上看，《遥远的爱》人物性格刻画自然逼真，栩栩如生，博得了观众的称赞。

20世纪80年代的一个春天，著名女科学家修瑞娟在政协会议上碰到秦怡，她告诉秦怡，当年她父亲带着她去电影院看《遥远的爱》，以余珍的形象教育她说："娟，你将来长大做人就要像这个女孩子那样。"几十年来，修瑞娟一直在心中珍藏着这个激励她的美好形象。

"谢谢……谢谢你还记着我40年前演的那个余珍……"听着修瑞娟的叙说，秦怡胸中涌起一股暖流。一个演员演了一个角色，打动了父女两代人，而且是几十年地被记在心中，那种幸福的感觉是无以言表的。

拍完《遥远的爱》，秦怡又应应云卫之邀，在他导演的《无名氏》里演女主角。这部由于伶编剧的影片，尖锐地揭露了国民党统治下的社会黑暗，遭到官方审查机构的百般刁难，不断要求修改台词，影片拍拍停停，被剪得支离破碎，连故事情节都连不起来，严重损害了影片的思想性与艺术性。这从一个侧面，反映了当时进步电影生存环境的恶劣。

《无名氏》拍到一半，阳翰笙给秦怡写了一封信，说他在筹备昆仑影业公司，希望她尽快去参加，昆仑影业公司成立，她就是"昆仑"的正式成员。抗战刚胜

利的时候，阳翰笙对秦怡说过："中华剧艺社的历史任务已经完成，要解散，以后'中艺'的人到哪里去，我们会安排的。"

秦怡心里明白，"昆仑"名义上是民营公司，实际上是地下党组织领导下一个进步的电影拍摄机构，她当然愿意加入。问题是她正在拍《无名氏》，一时离不开。于伶知道了这件事，专门关照秦怡，先不急于到"昆仑"，还是多在民营公司拍戏，用她的观点去影响别人。用今天的话说，于伶是让秦怡在民营公司"掺沙子"，尽量多抓住一些阵地。秦怡认为于伶说得也对，就给阳翰笙回了一封信，说明了情况。阳翰笙又来信说，秦怡暂时不参加"昆仑"的筹备没关系，她可以继续在民营公司拍戏。

从舞台走向银幕，是秦怡艺术生涯中的一个重大转折。靠着执着的探索和追求，秦怡一点点积累经验，终于适应了水银灯下的表演，开辟了新的创作领域。1948年春，秦怡在《母亲》中演母亲，从二十几岁演到七十几岁，这一形象的塑造成功，标志着她完成了从一个舞台表演艺术家向电影表演艺术家的转换。

《母亲》由石挥编剧兼导演。秦怡演的母亲，出身名门，出嫁后生下一子一女，丈夫辞世而去。她含辛茹苦地培养儿子从医科大学毕业，希望他能成为一位名医，过上富裕的生活。没想到儿子毕业后热衷为贫民义诊，她仍然过着一贫如洗的生活。母亲的希望落空了，和儿子发生矛盾，可当她看到儿子受到贫民的真诚爱戴，醒悟过来了，思想认识有了根本性的转变。

纵观《母亲》的剧情，母亲的戏十分丰富，特别是进入老年以后的戏更是催人泪下。秦怡演年轻时代的母亲，毫无难度，演老年时代的母亲难度不小，她当时才26岁。许多人担心，老年母亲的戏演不好，《母亲》就彻底砸锅了。

奇怪的是，秦怡本人偏偏特别喜欢演老年时代的母亲。

《母亲》正式开拍，石挥先拍两场母亲年轻时代的戏，接着跳拍老年时代的母亲冒着刺骨的寒风去当铺的戏。显然，石挥也担心秦怡胜任不了老年时代的母亲。令大家惊讶的是，看了样片，老年母亲的形象从外到内融为一体，谁也不会想到扮演者是黑发红颜的秦怡。

老年母亲演出成功，一是辛汉文的化装功不可没，二是从自己母亲身上，秦怡找到了一个从外形到内心可供借鉴的人物原形。母亲的生活与性格，和影片中

第十九章　爱上了拍电影

◆ 在电影《母亲》中演母亲（右），与剧中女儿合影

母亲的生活与性格十分相似……生活中的母亲，大年三十丈夫不幸去世，她深更半夜冒着寒风，脚踏深雪去叩亲友家的门借贷；剧本中的母亲，身体虚弱，精神颓丧，在寒风凛冽中颤颤巍巍，步履踉跄地去典当……两个母亲渐渐合二为一，变成银幕上秦怡演的母亲。

秦怡和石挥原来并不熟悉，仅是互相慕名，彼此知道对方。石挥担心秦怡能否演好老年时代的母亲，秦怡也担心石挥第一次当导演，不知能不能拍好《母亲》，通过这次合作，两人互相增进了了解，此后一直保持着愉快而友好的关系，从未有过任何争执。石挥的工作作风轻松愉快，能把握全局，严格而善意地对待所有的合作者。秦怡感到，石挥不仅是一位好演员，也是一位好导演。

不知是什么原因，《母亲》拍完放映后，后来一直很少露面。从内容来说，《母亲》在今天仍具有现实意义。

除了上述四部影片，秦怡还拍了毛羽导演的《大地春回》、何兆璋导演的《海茫茫》和汤晓丹导演的《失去的爱情》，前后共七部影片的拍摄，秦怡打心眼里爱

上了电影,从此和电影再也分不开了。

作为一个演员,一生只要能演一两部能留得下来的作品,塑造一两个站得住的艺术形象,也就终身无憾了;相反,如若错过机会,与优秀作品擦肩而过,是会抱憾终身的。

然而,仅仅是一两年的工夫,秦怡就错过了《一江春水向东流》和《乌鸦与麻雀》两部在中国电影发展史上经典之作的拍摄,几十年来每谈起此事,秦怡惋惜不已。

1946年秋天,秦怡正拍《遥远的爱》,一天,《一江春水向东流》的编导之一郑君里来找她,请她演影片中的留守夫人素芬。郑君里眼光犀利,挑选演员很有一套。秦怡端庄秀丽,宽厚善良,是演素芬的理想人选。郑君里实话实说,他还要邀请陈天国演张忠良。作为当红小生,陈天国演张忠良同样是理想人选。秦怡一听,婉拒了郑君里的好意。好不容易和陈天国彻底分开,秦怡不想在舞台或银幕上再与他有任何瓜葛。后来素芬一角由白杨出演。出人意料的是,临到开拍,陈天国失踪了,另一位编导蔡楚生请陶金出山。《一江春水向东流》拍完上映,陶金演的张忠良深入人心,白杨演的素芬也极其感人,外加配角舒绣文和吴茵的精彩表演,影片轰动上海,创造了继《渔光曲》之后的最高卖座纪录,连演三个月,群众达70余万人,是以往所从未有过的。

1947年年底,"中艺"老人陈白尘对秦怡说,他在写电影剧本《乌鸦与麻雀》,到时候请她演国防部小官僚侯义伯的姘妇余小瑛,秦怡愉快地答应了。拍完《无名氏》,秦怡有一段短时期的空档,便耐心等《乌鸦与麻雀》的开拍。正在这时,石挥邀秦怡在《母亲》中演母亲。石挥是上海"孤岛"时期的电影人,秦怡和他不熟,而且石挥说得很客气,秦怡不好意思拒绝,遂去找陈白尘拿主意。陈白尘让秦怡先拍《母亲》,他的剧本还在修改,估计等《母亲》两个月拍好,《乌鸦与麻雀》才能开机。这样,秦怡就接了《母亲》。谁知《母亲》刚拍了一个月,陈白尘的本子一改好,《乌鸦与麻雀》马上开机。秦怡不能丢下《母亲》去拍《乌鸦与麻雀》,余小瑛最后由黄宗英出演。《乌鸦与麻雀》是一部优秀影片,影片以卓越的艺术技巧和辛辣的政治讽刺,真实生动地记载了国民党统治区的混乱、黑暗和光明即将到来的社会面貌,在中国电影发展史上有着重要地位。

尽管与《一江春水向东流》和《乌鸦与麻雀》两部优秀影片擦肩而过，不无遗憾，但秦怡抓住了每一次上镜的机会，兢兢业业，一丝不苟，在电影表演艺术领域取得了很大成就，成为名扬中外的电影表演艺术家。

机遇是重要的，但成功并不全靠机遇！

第二十章

意想不到的爱

古往今来，人世间最难说清楚的感情，恐怕就是爱情了。什么是爱情？怎样才能得到爱情？谁也说不清楚。

在舞台和银幕上，秦怡演过不少痴情女子，但在生活中她从没有主动想过爱，在爱情上她是被动的。17岁那年，秦怡的全部思想沉浸在抗战的迷梦之中，"爱情"的旋风猛烈地向她袭来，由此让她尝到的不是爱情的甜蜜，而是分外的苦涩，此后历经五年的离婚大战，才获得自由之身。好不容易跳出"围城"，秦怡一心只想多拍点戏，在没有任何思想准备的情况之下，又一场爱情的旋风开始向她逼来。

1947年的除夕之夜，事隔八年分离，秦怡第一次和家人一起过年。按照上海本地人的习俗，吃完年夜饭，秦怡洗完头，披着一头湿漉漉的秀发，准备和姐妹们一起"守岁"。

"噼……啪……"马路上和弄堂内的爆竹声一阵阵传进屋内，不时蹿入半空中的焰火的光亮从窗户射进来，节日的气氛令秦怡分外激

第二十章　意想不到的爱

动。在重庆和成都八年，她从没有像今天这样欢度过新年。

母亲瞿素月从楼上下来，走进厢房，在一家人吃饭的八仙桌一边坐下，脸上漾着笑意，叫秦怡坐到她身旁。姐姐拿出麻将盒将麻将牌倒在八仙桌上，八仙桌空下的另一边留给妹妹。顺从母亲的招呼，秦怡挨着母亲坐下。看样子，老太太今晚不打足八圈不会罢休。

秦怡回到上海两个月了，母亲始终处在兴奋之中。离家出走的女儿回来了，又是那样有出息，一家人的穿衣吃饭从此有了保障，她在亲友们面前感到脸上特别有光。

"妈，今天是过年，输了可不许赖。"秦怡双手捋着麻将牌，笑着对母亲说。秦怡不喜欢打麻将，为了让老人家高兴，她故意逗弄母亲。

母亲同样笑着说："凭你那点三脚猫本事，要赢我还早着哪！"她伸出双手也搓起了麻将牌。

忽然，楼下有人敲门，同时伴着"秦怡、秦怡"的喊叫声。

"咦，守岁之夜谁会找上门来？"秦怡疑惑不解，起身到楼下开门。

门一打开，闪身而进的是长得高大英俊的刘琼。他和秦怡在即将拍摄的《忠义之家》中分演男女主角。影片虽然还未开拍，但两人在摄影棚内见过几次面，已经熟悉了。

秦怡看着刘琼，笑眯眯地问道："这么晚了，找我有事？"

"不，在下提前给重庆回来的大明星拜个早年。"刘琼半是嬉笑半是认真地说，"还给你带来一位尊贵的客人，大名鼎鼎的电影皇帝金焰先生。"说着他往边上一站。

听说是金焰来了，秦怡大吃一惊，一位身高约一米八，鼻梁笔挺，眼不大却极富魅力，风度潇洒的人此时已站在她面前。秦怡仔细一看，果然是电影皇帝金焰。

"秦小姐，除夕之夜冒昧上门，多有打扰了。"金焰真诚地说，那轮廓分明的脸上溢出一层浅浅的笑意。

"金先生……欢迎……"电影皇帝突然来访，秦怡慌得不知说什么好，忙把客人邀请到楼上厢房。

客人来了,瞿素月和两个女儿起身相迎。秦怡分别向母亲、姐姐和妹妹介绍刘琼和金焰。电影皇帝名声很大,母亲、姐姐和妹妹早有耳闻,也看过他在银幕上演的角色,今天一个真真实实的人竟然来到家里,而且就站在她们面前,她们感到十分意外,一时间什么也没说,只顾睁大眼睛看着电影皇帝。金焰亲切和蔼地看着秦怡的母亲、姐姐和妹妹,微微点头示意。厢房不大,六七个人齐刷刷地站着,显得逼仄。秦怡有点尴尬,自己的家太寒碜,怎么接待这两位大明星呢?

"把客人请到你表姐房里去坐吧!"瞿素月最先反应过来,给秦怡解了难题。

母亲一提醒,秦怡不好意思地说:"真抱歉,我家太小了,我家太小了。"她把刘琼和金焰领到表姐的新房内。表姐婚后借不到地方,新房暂时设在她们一家住的前厢房后面。后厢房虽不大,因为是新房,比较整洁,是接待客人的理想场所。

看到秦怡有些狼狈,刘琼想说些安慰话,被金焰抢在前头:"我倒很喜欢这种石库门房子。"电影皇帝说一口上海话,秦怡听了倍感亲切,尴尬之态立刻被打消了。看来,电影皇帝是个善解人意的人。

金焰是秦怡从小就崇拜的偶像,进入演艺圈后,听到过不少关于电影皇帝的传说,更增加了对他的崇拜之情。

金焰原名金德麟,1910年出生在朝鲜汉城一个医生家里。父亲金弼淳,医术高明医德感人。朝鲜当时是封建王朝专政,受英美资本主义国家经济剥削,后被日本军国主义暴力侵占。金弼淳目睹祖国百姓受压迫被欺凌,与一些爱国人士成立抗日组织,遭到朝廷和日本占领者通缉。此时,他从报纸看到中国爆发"辛亥革命",遂于1912年带全家秘密逃离朝鲜,亡命中国,先暂住东北通化,再移居到齐齐哈尔市。为了生活和求学,金焰一个人辗转到了天津,加入中国籍,在天津南开中学读书,同时受学校风气影响,从事戏剧工作。学业尚未毕业,在老师的推荐下,金焰于1927年来到上海,加入由田汉主持的"南国社"。

1929年,金焰经人介绍进了民新影业公司,从当小杂役、小场记、小配角干起,凭着自身的毅力和勤奋,先后主演了《母性之光》《三个摩登的女性》《大路》等影片,树起了一个富有朝气的新型知识分子形象。接着,在与阮玲玉一起主演的影片《野草闲花》中,他以健美的体魄和青春活力,创造了"学生型"的银幕形象,观众看了感觉耳目一新,引起轰动。在《一剪梅》《恋爱与义务》等影片中,

第二十章　意想不到的爱

金焰继续与阮玲玉合作，分演男女主角，成为当时观众最喜爱的"银幕情侣"。金焰体态健美、英俊清秀、性格开朗，富有思想与青春朝气，是中国新时代青年的表率，在20世纪30年代中国电影的男演员中昂然挺立。1932—1935年，上海《电声日报》效仿好莱坞，举办"电影皇帝"的评选活动，金焰连续三年当选，成为中国影坛的第一位"民选"电影皇帝。

消除了先前的激动和紧张，在表姐的新房内，秦怡给刘琼和金焰倒茶，又拿出花生瓜子，气氛变得轻松随意。近距离看自己心中崇拜的偶像，秦怡多少有点难为情，丰腴的脸庞漾起红晕，在电灯光下更显得妩媚动人。

刘琼看看金焰，又瞧瞧秦怡，漫不经心地问道："你们两个都在重庆待过，过去见过面吗？"

金焰爽朗地说："见过，在重庆的一个朋友家里。"

秦怡也想起来了，那是六年前的1941年，金焰过生日那天，陈天国带她一起去向金焰祝寿。陈天国对金焰百般崇拜，他告诉秦怡，金焰不仅善于射击、骑马、游泳、开车，是个全能的演员，而且还会做电工、钳工、踩缝纫机和打毛线……当时金焰和王人美住在南岸黄山顶一个朋友的大别墅中。在秦怡的印象中，那天王人美活泼热情，金焰有点傲慢，她很羡慕金焰、王人美婚姻的美满和谐。所以，三年后的1944年，听说金焰和王人美离婚了，秦怡也和大多数观众一样，非常惋惜。她想象不出，这么一对般配的夫妻怎么会劳燕分飞呢？

对于往事的回忆，不知不觉拉近了两人间的距离。秦怡说她上小学时就看过《野草闲花》和《恋爱与义务》。金焰谦虚地表示，"那时候刚学着拍电影，艺术水准不高"。刘琼在一旁两面开着玩笑。稍稍寒暄了一会儿，看到秦怡要和家人一起"守岁"，刘琼和金焰起身告辞了。

送走了刘琼和金焰，秦怡越想越觉得有点意思，要是在过去，想一睹电影皇帝的风采是多么不容易；今天他居然放下架子，到她家做客。生活的变化，有时真让人难以思议。

刘琼带金焰在除夕之夜登门拜访秦怡，目的是想把金焰介绍给秦怡。刘琼和金焰是好朋友，知道金焰和王人美离婚后十分寂寞。抗战胜利后，金焰从重庆回到上海，就住在刘琼家里。同样，刘琼和陈天国也是好朋友，知道陈天国和秦怡

断了关系,陈天国很快有了新欢,秦怡是孤身一人。刘琼想做个月下老人,用一根红线把两人牵在一起。他把自己的想法告诉金焰,金焰求之不得,这才有了除夕之夜的上门"做客"。一台大戏拉开了大幕,对秦怡来说,这是一段意想不到的爱。

金焰一时没找到拍片的机会,比较空闲,自除夕之夜去秦怡家后,隔几天他就去秦怡家玩。秦怡拍戏忙,不常在家,金焰就和秦怡母亲拉拉家常,一点也不拘束。金焰说一口上海话,语言上的亲切使他和秦怡母亲很能沟通,没有任何隔阂。瞿素月把这位电影皇帝敬为上宾,也把他当作自己人,时常在秦怡面前夸赞金焰,不断拉近秦怡对金焰存有的距离感。

有时碰到秦怡在家,两人见面后都很高兴。光是坐着说话,有点乏味,秦怡便拉着表姐一起打一块钱四圈的麻将。秦怡不精通牌艺,屡屡出错牌乱打一气,惹得金焰很是生气。

秦怡趁机取笑说:"打一块钱的麻将还这么认真!"

"不是钱的问题,做什么事不认真就没有意思,打牌也有一个锻炼脑子和提高技巧的问题。"金焰反对秦怡的马虎劲儿。

金焰过于较真,让秦怡难以忍受,有时连自尊心都受到了伤害。

一次,金焰破天荒地约秦怡去大光明电影院看电影,秦怡高兴极了。自从和金焰相识,金焰很少约她到外面去玩,再说那天她正好不拍戏。想不到真到了那天,导演临时通知要补拍两个镜头。秦怡补完戏回到家,换好衣服赶到"大光明",电影已开场好几分钟了。原来说好金焰在电影院门口等她,票子也在他那儿,现在金焰不知是没来还是进去了,秦怡进不去也不敢走,在放映厅门口犹豫徘徊。大概一两分钟光景,刘琼拿着票从放映厅出来,把票给了秦怡,秦怡接过票匆匆钻进放映厅。

"对不起,我来迟了。本来今天说好不拍戏的,是临时通知补拍两个镜头,所以……"秦怡摸黑找到自己的座位,一坐下就轻声向金焰解释迟到的原因。

金焰不领情,生硬地说:"我最讨厌迟到的人,别说了,快看电影吧!"

如同是一盆冷水当头浇下,秦怡被浇蒙了:这发的是哪门子火呢?秦怡心里很不好受,无趣地看着银幕,再没和金焰说一句话。电影放映结束,两人走出电

第二十章　意想不到的爱

影院，连招呼都不打就各自回家了。

过了两天，金焰主动上门找秦怡，送给秦怡一只可以别在胸前带有金属链子的木制小帆船，是他亲自动手做的，意在向秦怡表示曾经有过粗鲁的歉意。

秦怡很喜欢这件小礼物，她看看木制小帆船，又看看金焰，明白了藏在小帆船背后深刻的用意。对于两天前偶然发生的不快，秦怡早忘记了，并自责是她迟到不好。金焰认真守时，性格鲜明，很有特点，是个率真而透明的人。

有过这样一次小小的"风波"，两颗心渐渐靠近。有空余时间，秦怡会主动去看金焰；金焰接演吴永刚的《迎春曲》，秦怡也常到摄影棚去探班。拍片空隙，金焰动手做朝鲜泡菜，用泡菜烧肉，美味无穷，秦怡特别爱吃。

随着交往的加深，金焰政治上爱憎分明和强烈的民族感、爱国心，深深地打动了秦怡。

全面抗战爆发之初，日军还没有进入上海租界地区，金焰就不再拍片了。一位日本少佐找到金焰，要他和日本演员一起拍电影，金焰血气方刚，严词拒绝："你以为你们能够征服中国？"

日本少佐傲慢地说："我们大日本从来没有失败过！"

"你们可以占领中国的领土，但你们征服不了中国人的心！"金焰冷笑着回答。父子两代人和日本侵略者结下的仇恨，他蓄积于胸的愤怒之情，骤然间爆发了。

日军很快进了租界，为了免遭侵略者的报复，金焰和王人美丢下上海的家，辗转香港、桂林、昆明，再到重庆，大好时光白白在流亡中流逝。一直到抗战胜利，金焰在重庆只演了一出话剧，拍了一部电影。

秦怡佩服金焰的铁骨铮铮，一股爱意开始在心中酝酿。但不知什么原因，金焰一直未向秦怡做明确表示。秦怡生性平和传统，又有过一次失败的婚姻，也没有主动向金焰发出爱的信息。这样，横隔在互相仰慕的一对恋人之间的那层窗户纸，谁也不先去捅破，尽管该有的交往和关心仍继续在进行。

秦怡从来就不缺少追求者，当金焰迟迟不向秦怡表示爱意之时，秦怡的另一个追求者胡业祥向她发起了爱的攻势。

胡业祥是著名影星胡蝶的堂弟，秦怡初中时的同学。全面抗战爆发后，秦怡在重庆演话剧走红，胡业祥在重庆中央大学求学，当时他曾向秦怡吐露过心曲，

因为有陈天国的缘故,没有任何结果。随后,胡业祥被国民党军方选派到美国学习空军,中断了和秦怡的联系。

1947年7月,《遥远的爱》拍到一半,秦怡意外收到胡业祥的来信,信中说他已从美国学习结束回到国内,部队驻扎在徐州,他好不容易打听到秦怡的消息,因为有假期,想到上海来看看秦怡。信写得言辞恳切,秦怡很受感动:胡业祥是个有情有义之人。早在初中读书时,胡业祥的随和可爱和好脾气,就给秦怡留下了很好的印象。秦怡立即回了一封信,同意胡业祥到上海来看她。老同学多年没见面,有机会叙叙旧,怎么说都是件好事。

收到秦怡的信,胡业祥迅速从徐州赶到上海,找到秦怡的家。最初的几次会面,胡业祥谈美国的见闻,秦怡讲拍电影的趣事,各自都当故事听,彼此相当高兴。胡业祥约秦怡外出逛马路或喝咖啡,秦怡都落落大方予以接受。可每次外出,胡业祥总是穿一身笔挺的国民党空军的军装,秦怡感到特别别扭。秦怡对国民党没有好感,中央训练团事件发生后,她对国民党军人更没有好感。她虽不是共产党员,但她的全部行动已自觉接受共产党人的领导。

"下次你和我出来的时候,能不能不穿军装?"秦怡忍不住说出了心中的不满。

"穿军装难道有什么丢人吗?"胡业祥疑惑地看着秦怡,不明白秦怡为什么提出这样的问题。

秦怡同样看着胡业祥,她感到了两人思想上的差异。

胡业祥继续说道:"我穿的是我们国家空军的军装,我是为了保卫我们国家才到美国去学习空军的,为什么不能穿军装?"

"你穿的是国民党空军的军装!"

"国民党的空军也是中国的!"

秦怡有些生气,大声说:"你知道吗?国民党蒋介石马上要打内战了!"

秦怡这么一说,胡业祥不吭声了,他本来感到很自豪,突然发现秦怡根本瞧不起他,心陡然冷了半截。不过,对爱情的渴求战胜了他心中的不快,后来他请秦怡外出吃饭,还是脱下了国民党空军的军服,换上了临时买的一套西装。

秦怡意识到胡业祥对她的那份爱,可她无法接受。古人言,道不同不相为谋!和金焰的一腔正气相比,胡业祥政治上太糊涂。有了对比,秦怡希望金焰赶快向

第二十章　意想不到的爱

她说一声："我爱你！"如果这样，那该多好啊！但是，胡业祥并没有放弃他追求爱的权利。

《遥远的爱》拍完后，秦怡接着拍《无名氏》，因为国民党审查机构不断干涉，要求反复修改台词，拍摄进度很慢。一次，秦怡在摄影棚连拍了两天两夜的戏，糊里糊涂在摄影棚睡得正香，有人拍了一下她的肩膀。秦怡睁眼一看，是胡业祥从徐州赶来看她。秦怡刚和胡业祥没说几句话，金焰也到了片场。自《无名氏》开拍，金焰三天两头开着车子接送秦怡，今天碰巧，撞上了胡业祥。金焰知道胡业祥也在追求秦怡。

"今天的戏到下半夜都拍不好，你们不要等了，都回去吧。"

胡业祥和金焰谁也没有离开。胡业祥专程从徐州赶到上海，不会因为秦怡的劝说就轻易放弃追求的机会；金焰看到了竞争者的威胁，更不会不争而走。戏拍到凌晨1点多收工，金焰和胡业祥一直等着，两人谁也不搭理谁。

秦怡卸完装准备回家，看见金焰和胡业祥两个人干耗着，一时不知说什么好。

金焰先打破僵局："我有车，我送你回家吧！"

胡业祥也不甘落后："我陪你一起走走，先放松放松，睡觉会更香。"

秦怡左右为难，迟疑片刻后说："小胡，你从徐州到上海，又等了这么长时间，很累了，先回去休息吧，有话明天再说。"

胡业祥很听话，独自先走了。

秦怡上了金焰的车，金焰把她送到家，一路上谁也没说话。

面对两位优秀的追求者，秦怡心中翻腾不定：不用怀疑，金焰和胡业祥都是爱她的，她和谁都没有明确关系，老这么拖着，外人以为他们是在谈"三角"恋爱，万一谁先把握不住自己，弄出点小乱子，三流小报大做花边文章，不是闹着玩的！思来想去，秦怡觉得这件事应该做一个了断。

秦怡想过选择胡业祥，可胡业祥是国民党派到美国去学空军的，学了五六年，他绝对不肯脱下军装。他不脱军装，跟国民党走，内战打起来，他驾着飞机去轰炸解放区，她能跟他吗？不行，不能做这样的选择！

秦怡感情的天平倾向了金焰。她和金焰年龄差距并不大，两人都有过不幸的婚姻，又同在电影界当演员，有共同语言，特别是在政治上，金焰能让她放心。

金焰成了秦怡第一个真心相爱的男人,也是她一生唯一真心爱过的男人,她愿意和他同舟共济,恩爱相伴,白头偕老。

决心下定后,秦怡写了封信给胡业祥,婉转地叫他今后不要再到上海来看她了。胡业祥为此受到很大打击,身体不好。秦怡知道后非常内疚,写了第二封信去表示安慰……

再没有任何顾虑了,秦怡等着金焰向她求婚。

第二十一章

银坛双翼

《无名氏》的戏经常拍到半夜三更,南市区又比较杂乱,金焰担心秦怡半夜回家不安全,便和秦怡约定:万一他没空到片场接她,戏拍到半夜2点,她就住到他那儿去,睡在他床上,他房间里有个沙发,他睡在沙发上。

金焰的细心和周到,秦怡十分感动,她不明白金焰为什么不向她求婚,她猜想是金焰和王人美的感情还未彻底了断。金焰没有明确表示,秦怡也绝不主动开这个口,她有她的自尊心。但是,从一个女性应有的敏感来看,秦怡感到金焰对她绝不是一般的朋友关系。

一天白天,秦怡去看金焰,金焰正和别人通电话,内容是关于他去美国好莱坞拍片的事。这件事金焰没和她说过,秦怡听了有点意外,难道这就是金焰不向她求婚的理由?

金焰打完电话,发现秦怡怔怔地站在一边,估计秦怡知道了他打电话的内容,忙说:"本来是说好去好莱坞拍片,一直定不下来,

◆ 电影《无名氏》中演女儿周瑛

也许根本就去不成了,所以没有告诉你,再说我对这件事也有点犹豫。"

秦怡一声不响,抬头看着金焰,一时不知说什么好。

金焰倒也爽快,接着说:"是的。如果我去成了,我们只好分手;去不成,我们可以在一起。"

金焰这么一解释,秦怡蒙了,人几乎要窒息:他们之间的爱情原来是那样无所谓,去则分,留则成,这算怎么一回事?爱情难道可以这样随便的?当然,世界上的男男女女,好一阵换一个的情况有的是,可秦怡不喜欢也不希望她和金焰之间的关系是这样的。秦怡认为,为爱情应该做出牺牲。尽管内心情绪十分激动,表面上秦怡仍表现得很镇静,什么也没说,只说要回去了。

金焰一点儿也没发觉,硬留秦怡在房东太太家一起吃晚饭。晚饭后,不愉快的心情发作了,秦怡头发晕,不断恶心想呕吐。

"可能是胃不好,要不要去买点药?"金焰丝毫也没察觉他刚才的话伤害了秦怡,还以为秦怡犯病了。

秦怡哭笑不得,这个人实在诚实得过头了,她什么也不想说,便急急告辞回家了。

"他为什么不把有些话留在心里呢？"

"难道一定要全盘掏出来伤害我吗？"

秦怡在家里一个人呆坐着，傻想着。

"也许他是不想伤害我？"

"也许这是一种真诚的表现？"

"也许……也许……"

秦怡找不到答案，这应了一句关于爱情的老话：热恋中的人最低能。

略略平息了心中奔腾的情绪，秦怡产生了另外一些想法。从某种程度上说，金焰是个诚实的人，他如果做了错事，绝对隐瞒不了，因为他不会为自己辩护！金焰的手是那样巧，心是那样直，嘴却是那样笨。

善良的秦怡总把别人往好处想。于是，在别的恋人之间可能会引发意外风波的这样一件事，她很快就忘了，和金焰的关系一如既往。

1947年冬天，应香港建华影业公司邀请，秦怡到香港拍《海茫茫》，演女主角，男主角由乔奇担任。金焰正好没戏，和秦怡一起去了香港。两人有机会一起赴香港，他们决定公开同居，住在万邦酒店。这时，金焰对秦怡说，他不去美国了，朋友告诉他，解放战争很快就会胜利，他愿意留在祖国。

金焰要去美国而不告诉她，秦怡嘴上不说，心中多少有些耿耿于怀，现在她对金焰反产生了几分敬意，这个人在政治上一点不糊涂，因而从感情到行动和金焰的关系越发亲密。

国民党蒋介石挑起全面内战后，国统区的白色恐怖日益加剧，进步的文化人纷纷从内地暂避香港，所以秦怡和金焰一到香港，很快和吴祖光、吕恩、丁聪等老朋友见了面。金焰没什么事，他很喜欢香港的生活，整天和老朋友、老同事应酬不停。秦怡每天早出晚归忙拍戏，尽量挤时间和金焰一起与朋友们相聚，日子过得非常开心。

"你们为什么不结婚？"看见秦怡和金焰出双入对，亲密无间，老朋友吴祖光在一次欢聚时不解地问。

秦怡和金焰一时无法回答。他们并不把结婚看得那么重要，尤其是秦怡，认

为男女双方如有真情,不结婚也能白头偕老;如没有真情,结了婚也约束不了,人的感情不是靠约束维持的。

吴祖光趁热打铁:"你们年纪都不小了,在香港结婚吧,我来帮你们操办!"

说到年龄,秦怡和金焰真是不小了,两人都属狗,秦怡25岁,金焰37岁,比秦怡大一轮。朋友们这么热情,那就在香港结婚吧。秦怡和金焰默认了,吴祖光等一批朋友们开始精心张罗。

1947年12月15日晚,秦怡和金焰的婚礼在宇宙俱乐部举行,郭沫若当证婚人,题"银坛双翼",祝贺新人美满幸福。茅盾夫妇、翦伯赞、球王李惠堂,画家丁聪、方菁、张光宇,还有影剧圈中的夏衍、吴祖光、陈云裳、朱石麟、袁美云、舒适、苏怡等共五六十人参加。12月21日的《大公报》以《秦怡金焰在香港结婚/文艺界公谌新夫妇/新娘说并不感到紧张》为主标题,做了生动报道:

> [本报香港讯]战时重庆"四大名旦"之一的秦怡,与战前"电影皇帝"金焰于十二月十五日晚在香港宣布结婚,这一婚礼之特点,就是他俩没有请朋友喝酒,反而有五六十位朋友们合伙请他俩在钵甸乍街宇宙俱乐部喝酒,到会者除了他们两位新人是客人外,其余的反是主人。结婚证书是一张长约尺余,阔约一尺的大红帖,首页上半面由证婚人郭沫若题"银坛双翼"四大篆字,下面书写"金焰三十七岁,民国纪元前一年生,黑龙江省城人。秦怡,二十五岁,民国纪元年十一年生,江苏上海县人。二君献身影坛,驰誉当代,志同道合,愿契偕老,以民元三十六年十二月十五日结婚于香港"。

所有参加婚礼的人都在结婚证书的下半截签名,可惜这份结婚证书在"文化大革命""破四旧"时被烧掉了,不然既有纪念意义,又有文物和民俗价值。

秦怡和金焰,既非达官显贵,也非富商大贾,他们的婚礼却办得异乎寻常热烈和隆重。

据前面提到的《大公报》报道,婚礼仪式极其简单,酒宴一摆开,郭沫若先致辞。他向秦怡说了句玩笑话:他现在要是单身一人,一定也会向秦怡进攻的。

郭沫若接着说，秦怡的"怡"字一不小心写了别字，会成为"始"字，她与"电影皇帝"结婚，不就成了"秦始皇帝"了！大才子随意轻松的开场白，听得满座哈哈大笑，大家一起看着秦怡和金焰，两人满脸飞红，有点不好意思。

正式致辞，郭沫若用的是严肃的口吻：香港在文化和艺术方面，可算是一片沙漠地带，很多文化界的朋友到这里都不免感到悲观和失望。但我们知道，电影艺术界的朋友就是文化的垦荒者，昔日的上海、重庆，也都是寂寞荒凉之地，经过这班垦荒者的努力，才能成为中国文化的中心。所以今日新郎、新娘在此时此地结婚，实负有排除封建桎梏、发扬文化精神的责任，过去两位都有辉煌的成就，相信以后当有更卓越的表现。

郭沫若的致辞文采斐然，在对秦怡和金焰昔日的努力做了赞扬之后，又有对往后责任的勉励。最后，他祝福秦怡和金焰"珍重爱情，爱惜艺术生命"。

翦伯赞和茅盾等，也祝愿秦怡和金焰争做人民的艺术家。

朋友们要新郎金焰致答词，金焰素来不善在公开场合说话，忸怩不肯，倒是新娘秦怡大方，主动起身说：对今晚的婚礼我并不紧张，是郭先生的话令我紧张起来，深深感到今日艺术工作者责任的重大……我要一辈子献身于艺术，献身于人民。最后一句话，是秦怡在上海到马思南路中共办事处听周恩来做报告时听来的，今天用到她婚礼的答词中，十分贴切，赢来一阵喝彩之声。

随后是猜拳祝酒，狂呼欢笑。文艺界人士大多热情奔放，碰到喜事闹起来更是新意别出。

那晚喝醉酒的人很多，唯有新娘秦怡是清醒的，独坐一边看着众人微笑。

历史学家翦伯赞也喝醉了，他七颠八倒地跑到秦怡身后，抓住她那件紫色长旗袍，一边踏步一边嘀咕着："我愿意做你的尾巴……"

丁聪不甘落后，又跑到翦伯赞身后，拉着翦伯赞的西装嘟哝着说："我也愿意做你的尾巴……"

翦伯赞和丁聪一带头，其余人也被吸引过来，大家争先恐后奔到秦怡的背后，一个接着一个，后者拉着前者的衣服，都说要做秦怡的尾巴。

秦怡迅速站起来，回过头让翦伯赞走在前面，她拉着翦伯赞西装的衣角说："还是让我做你的尾巴吧！"

一群人醉醺醺的，高兴得像孩子一样做游戏。

大家之所以说要做秦怡的尾巴，是因为秦怡在致答词时说过"我要一辈子献身于艺术，献身于人民"，她说出了大家共同的心声。

婚礼结束，秦怡和金焰一起前往英国人开的高级酒店"雅兰亭"入住，秦怡事先订了房间，付了三天的房租，打算和金焰一起欢度蜜月。秦怡并没把结婚看得那么重要，但公开举行了结婚仪式，她心中还是升腾起一股从未有过的奇异感受。这是她第二次结婚，第一次结婚她是被动的，没有得到幸福。这一次的爱才是她的初恋，她期盼和金焰之间的

◆ 1947年和金焰结婚照

爱情是纯洁的，能终生相伴，白头偕老。到了"雅兰亭"，秦怡像没和金焰同居过一样，急切地等待幸福时刻的到来，不料等来的是一场泡影。

金焰在婚宴上喝得东倒西歪，一到"雅兰亭"就呕吐不止，吐完了倒头便睡，一直睡了两天两夜。因为拍戏，秦怡婚假只有三天，"蜜月"无法顺延，只好退掉租金昂贵的"雅兰亭"，重新搬到"万邦"。三天后，带着无法向人诉说的遗憾，秦怡没日没夜地继续忙着拍戏。

婚后第五天，有人请秦怡和金焰一起吃晚饭，这本来是件高兴的事，想不到席中金焰与一位友人谈起往事，大发雷霆，一怒之下推翻座椅，拂袖而去。同座的男同伴起身去追，追到深夜也没见金焰的人影。朋友怎么也没想到会出现这样

第二十一章 银坛双翼

尴尬的局面，连连向秦怡表示抱歉。秦怡既感到脸面尽失，又担心金焰的安全，一个人回到"万邦"，无法抑制的委屈和痛苦蹿上心头，秦怡放声大哭。她不知道这一切是怎么回事，无法忍受这种突如其来的爆发性的生活，承受不了心灵所遭受的冲击，金焰的酗酒和脾气的暴戾让她害怕：难道这一次她又错了？

夜深了，秦怡哭罢站在房间的阳台上，仰望高挂在半空中的明月和繁星，心中一片茫然：下一步的路该怎么走？今天刚刚是结婚的第五天！

"小迪，小迪，请你原谅，是我伤害了你！"不知什么时候，金焰回来了，他双手从后面扶着秦怡的肩膀，忏悔似的检讨着。"小迪"是金焰给秦怡起的小名，只有金焰才能叫。

秦怡的心软了，正因为金焰的这一次"认错"，才使他们一起共同生活了37年。秦怡知道，在金焰的一生中，他从未向第二个人这样认过错。金焰的倔犟与刚烈，是造成他后半生事业不如意的重要原因。

拍完《海茫茫》，已是1948年的春天，电影公司大老板张善琨想和秦怡签订合同。张善琨是大名鼎鼎伪华影公司的创办人，秦怡不愿与他合作。碰巧这时，秦怡怀孕了，又特别想念母亲，她决定返回上海。金焰本可以放低条件和永华影业公司签订较长期的片约，秦怡决定回上海，他毫不犹豫地收起在香港长期发展的打算，和秦怡一起回到上海。

1948年7月，秦怡生了个男孩，取名金捷，昵称小弟。小弟胖嘟嘟的，一双眼睛和脸盘长得像金焰，这是秦怡自有斐斐七年后的第二个孩子，金焰是中年得子，所以两人分外高兴。

多了一个孩子，家中的住房更加紧张，怀孕后秦怡没有拍片，金焰因为片酬要价太高，与片商谈不拢，只拍了《乘龙快婿》和《迎春曲》两部影片，其余时间赋闲在家。一家人坐吃山空，哪有余钱买房子？幸好国泰影业公司这时请他们夫妻俩拍《失去的爱情》，犹如雪中送炭，秦怡和金焰接受了。

《失去的爱情》是秦怡新中国成立前拍的最后一部电影，也是她和金焰合作的唯一一部电影。两人结婚一年就拍《失去的爱情》，在外人看来有点不吉利，好在两人都不相信迷信，没有丝毫顾虑就投入了拍摄。然而，从后来两人关系的变化看，这件事多少给人一种不祥的暗示。世间的事瞬息万变，其间的蹊跷总也说不明，道不透。

《失去的爱情》是一部宣传抗战的影片，金焰演画家，秦怡演女大学生，两人是一对恋人。画家因抗战准备离开上海去武汉，女大学生家中贫困，靠做工维持生活，两人不能一起同行，被迫暂时分离。后来女大学生失业，为生活所逼嫁给一奸商，奸商强奸家中的女佣，被女佣用花瓶砸死。关键时刻，女大学生挺身而出，把罪名拉到自己身上，救了女佣一命，自己被判无期徒刑。画家得知消息，从武汉赶回上海看望昔日的恋人，女大学生已患肺病奄奄一

◆《失去的爱情》电影海报

息，最终死于狱中。画家悲痛万分，意识到一个人总陷在个人的小圈子中不会得到幸福，于是决心北上，走革命道路。

《失去的爱情》的导演汤晓丹，是一位极富经验的老导演，他每拍一部影片，会把分镜头一个个画出来，让演员在拍摄前对整部影片有视觉感，有利于演员做好创作准备，并从中得到启发，等到开拍时已心中有数，能充分体现分镜头剧本的要求。

秦怡为汤晓丹选中她和金焰演一对恋人感到高兴，她特别珍惜和汤晓丹的合作，和金焰的表演也达到了一定水准，汤晓丹认为他们的表演"确实与一般演员大不相同"。

从故事来说，《失去的爱情》写了人世间的悲欢离合，是一部相当有可看性的

第二十一章 银坛双翼

◆ 与朱莎在影片《失去的爱情》中

◆ 电影《失去的爱情》中演女大学生（后左），金焰演画家（后右）

影片。可等影片上映时，上海刚刚解放，两位大明星的首次合作虽然对观众极有号召力，一上映就场场客满，但评论界的反映并不热烈，改朝换代大喜事的来临，他们认为影片应该更具浓烈的革命精神，因此《失去的爱情》放映没几天就收进片库，后来连拷贝都找不到了。

秦怡本人在拍摄时看过一些样片，没看到后期制作完成的全片。时间一长，对《失去的爱情》只记得一个镜头：画家赶回上海，急切盼望与昔日的情人相逢。他匆匆奔到医院探望，为时已晚。女大学生倚在牢房的铁栏门上，深情地望着她永远期待的情人，默默无语……最后她告诉他，她的病已无法挽回，嘱咐他按自己的意志去奔赴前程。说完这句话，两行热泪从她面颊上往下流淌……安详地离开了人世。

秦怡倾注了全部情感拍这个镜头，印象特别深刻。

40年后的1997年1月，秦怡去马来西亚访问，在一个边远的城市，一位影迷告诉她，他从澳洲朋友那里录了秦怡所有的片子，他一一报出片名，其中有《失去的爱情》。秦怡非常羡慕这位观众，他至今还能看到她早就看不到的影片。

拍完《失去的爱情》，已是1948年年底了，解放战争的炮火隆隆轰响，蒋家王朝开始摇摇欲坠。天快亮了，上海人民心怀喜悦，翘首以待。

秦怡当然更不例外了。

第二十二章

最喜欢打腰鼓

1949年4月20日,国民党和谈代表团拒绝在《国内和平协定》上签字,中国共产党中央委员会主席毛泽东向中国人民解放军发出了"奋勇前进,解放全中国"的命令。在解放区人民的支援下,中国人民解放军百万雄师,斗志昂扬,打响了气壮河山的渡江战役。

解放战争的号角终于吹响,黑暗即将过去,天快要亮了,一个人民当家做主的新中国诞生在即,向往光明的人们在心中发出了胜利的呼喊。

上海解放前夜,始终追求进步的秦怡,在地下党和剧作家陈白尘的鼓励下,冒着被关押和枪杀的危险,赶排了一出反映上海工人护厂队为保卫工厂财产,同反动派做英勇斗争,迎接解放的话剧。秦怡演女主角,李纬演男主角,准备上海解放后将这出戏推上舞台,送往工厂,献给英雄的工人阶级。

1949年5月26日,逼近上海郊区的中国人民解放军向上海市区

挺进。秦怡一整天都待在家里,听着远处传来的隆隆炮声,心中激动不已。

"妈妈……怕……"刚刚会说话的小弟,被传入屋内的炮声吓得直往秦怡怀里钻。

"儿子,别怕,上海要解放了!"秦怡拍拍小弟的后背,极度兴奋,说着儿子还听不懂的话。

晚上,炮声越来越响,密集的机枪声也听得清清楚楚,秦怡猜测:解放军进入市区了。小弟不肯入睡,秦怡抱着他来回踱步。炮声渐渐稀了,枪声时断时续,解放军打到哪儿了?秦怡彻夜未眠。

第二天,半殖民地的大都市上海宣告解放,伴随一轮朝阳冉冉升起,人们尽情欢呼一个新时代的到来。

> 解放区的天是明朗的天,
> 解放区的人民好喜欢,
> 人民政府爱人民呀,
> 共产党的恩情数不完,
> 呀呼嗨嗨依个呀嗨……

浦江两岸红旗如潮,歌声如海。成千上万的劳苦大众涌上街头,尽情地欢唱跳跃,呼喊口号,以人世间最纯朴真诚的方式,表达自己欣喜若狂的心情,讴歌共产党的伟大,迎接那红彤彤的新时代的曙光。

秦怡抱着小弟来到马路上,想亲自感受一下上海人民欢庆解放翻身的喜悦之情。

一出家门口,小弟就高兴地大叫:"妈妈……枪……"

秦怡忙抬头看,不见头也不见尾,戴着解放帽、打着绑腿、背着背包、扛着枪的解放军战士们,站在军车中由北向南,沿瑞金路前行,马路两旁的人群自觉排成一行夹道欢迎,有鼓掌的,有挥舞红旗的,还有想塞东西的……战士们不受任何干扰,面带微笑向欢迎的人群招手。

秦怡三步并作两步抱着小弟回到家,把孩子交给保姆,拿起饼干筒奔到马

第二十二章 最喜欢打腰鼓

路上。

"解放军同志辛苦了,吃点东西吧!"秦怡把饼干递给靠近她身边的解放军战士,军车缓缓而行,没人接她手中的饼干。

秦怡想到解放军的"三大纪律八项注意",其中一条叫不拿群众一针一线,又转身回家放下饼干筒,拿着茶水再回到马路上。

"解放军同志,喝口水吧,军民鱼水情,这是我们的一点心意。"秦怡端着水,跟着军车叫喊着。她从内心感到子弟兵的可亲可敬,一定要为他们做点什么。

一位满脸稚气的小战士接过秦怡手中盛满水的碗,一口气喝完,把碗还给秦怡,用手抹抹嘴,冲秦怡粲然一笑,像个大孩子。秦怡把空碗倒满水,向别的解放军战士送去。只要有战士喝她送上去的水,秦怡就感到幸福无比。抑制不住内心的激动,秦怡干脆跟着解放军的车队一起跑,从瑞金一路一直跑到打浦桥。

第二天,上海各界群众联合举行盛大游行,庆祝上海解放。早晨天一亮,秦怡拿着写有标语的三角小旗,跻身在市民群众的游行队伍中,心里洋溢着自由舒畅的翻身感。

游行队伍沿着既定的路线,一路高呼口号往前走。

还是那狭窄的柏油马路,还是那鳞次栉比的灰色高楼,今天的感觉是特别亲切温馨;还是那样的天空,还是那样的太阳,今天的感觉是那样温暖。为什么会有这样的感觉?因为时代变了!压迫人民、欺压百姓、歧视演员、捣乱戏院、亵渎文明的悲剧,一去不复返了,笼罩在心头的压抑与恐惧,随之烟消云散。

"解放区的天是明朗的天,解放区的人民好喜欢……"秦怡挥舞彩旗,迈着轻快的步伐,满怀激情地唱着那首刚刚学会的歌。她亢奋激动,思绪万千,眼前呈现一片美丽的玫瑰色。

40年后,一位中国台湾记者问秦怡:"你一生中什么时候最幸福?"

秦怡不假思索地脱口说出:"解放初期和现在我感到最幸福。"

解放了,秦怡像生活在茫茫黑夜里的人见到了曙光,那为了解放而响起的隆隆炮声,那为人民英勇作战的解放军战士,那整日整夜欢庆胜利的游行队伍,那震耳的腰鼓声和飞腾的龙舞,所有这一切,都让秦怡感受到一种挣脱了锁链似的轻松,兴奋得彻夜难眠。

◆ 1949年与金焰在中山公园参加义卖

在接下来沸腾的日子里，秦怡不知疲倦，积极投入各种宣传演出活动。先是下工厂，演出早就排练好的反映工人护厂队保卫工厂财产，迎接解放的话剧；接着又走上街头，演出老区妇救会组织群众，克服困难，支援前线的话剧《把炮弹打上去》，还有另一出歌颂农村土地改革的话剧，都受到群众的热情赞扬和欢迎。

在上海解放最初的几个月，秦怡像一个活跃的音符，在欢庆上海解放的乐章中，找到了自己的最佳位置。

1949年10月1日，新中国开国大典在首都北京天安门广场隆重举行，秦怡参加了上海各界群众的庆祝大游行。游行结束后，秦怡喊口号喊得嗓子都哑了，路走得太多，累得连腰都直不起来，她弯着腰走进家门，心情高兴得仿佛又回到了童年。

游行中，秦怡看到新旅文工团的打腰鼓演出。"咚啪——咚啪——咚、咚，咚啪"，那雄壮的场面像是人们敞开的胸怀，那一记记鼓声像是心灵的跳跃，有一种

第二十二章 最喜欢打腰鼓

◆ 和金焰、儿子金捷

使人坐立不住的兴奋。

上海解放后,秦怡经常听到鼓声咚咚,对在中国北方民间流传了几百年、从解放区传过来、为抒发欢迎与喜悦之情的打腰鼓十分喜欢,等到亲眼看到新旅文工团的演出,秦怡感到它是世界上最好看最美丽的艺术,因为它最能表达一个人热烈奔放,欢呼翻身自由的情怀。

新中国代替了旧中国,没有人命令,没有人强迫,文艺界人士自觉把"艺术"和"政治"结合起来,秦怡也不例外。

秦怡两岁的儿子金捷受到咚咚鼓声的感染,向别人要了一只旧腰鼓,用草绳扎起来捆在腰上,边打边跳,跌跌撞撞,惹得秦怡忍俊不禁。

秦怡也忍不住了,和同事吴茵、张鸿梅、傅慧珍一起参加了业余腰鼓队,每天在兰心大剧院楼上前厅练习,琢磨打腰鼓的技法、节奏和舞蹈动作。

"咚啪——咚啪——咚、咚,咚拍",秦怡打着腰鼓,随着欢乐的节奏,时而

屈膝对练，时而扬臂独舞，练得手臂酸疼，两腿沉胀，爬楼梯都没有了力气，一回到家便倒在床上，动弹不得。

金焰见秦怡这副模样，心痛地说："你的腰鼓已经打得满不错了，完全可以上台表演，好好歇歇吧。"

秦怡微微一笑，第二天到排练场，忘却了疲劳，照样生龙活虎地练起来，一刻也不肯停歇。

在银幕上素有"东方第一老太婆"之称的吴茵，年近40，每天上午练完后，腿僵硬得难以弯曲，下楼梯都不能下，只好直直地站着，从楼梯台阶上一级级往下跳。人人都有不同的"丑态"表现，但学会了打腰鼓，每个人心里又都很高兴。大家心中藏有一个秘密：练好腰鼓，在庆祝自己的电影厂——上海电影制片厂成立的晚会上，大显身手。

上海是中国电影的发祥地，在近半个世纪的时间里，上海影星云集，名家荟萃，设备先进，技术力量雄厚，是中国电影生产的重要基地。上海一解放，由中央电影局派出的钟敬之接管了国民党在南京的电影机构后，马上赶到上海，和于伶会同留在上海的电影工作者徐韬等，在上海军管会的领导下，接管了国民党的中国电影制片一厂和二厂、中央电影制片厂摄影场和40多家电影院。上海解放前夕，坚持在上海进行斗争的革命电影工作者在党的领导下，团结电影厂职工，做了许多工作，使这些电影机构没有遭到重大破坏，为不久后成立的上海电影制片厂奠定了坚实的物质基础。

1949年6月中旬，上海解放不到两个月，在百废待兴的日子里，为振兴和发展人民的电影事业，党首先把未加入私家电影厂的演员组织起来，从政治和生活上关怀他们，让他们解除失业的顾虑和担心温饱的后顾之忧。根据党组织的安排，秦怡担任学习组组长，黄宗英担任福利组组长。不久，妇女联合会成立，秦怡又兼做妇女工作，当选为上海市妇联执行委员，且届届连任，以至后来市妇联活动，代表都称秦怡为"我们年轻的'老委员'"。

秦怡为人随和、厚道，对工作极其负责。为了当好学习组长，每天清晨，她早早赶到位于延安中路的浦东大楼，带领演员们学习时事政治，学习毛主席《在延安文艺座谈会上的讲话》。其时解放战争势如破竹，神勇的人民解放军似秋风扫

第二十二章 最喜欢打腰鼓

◆ 与金焰在新中国成立初期

落叶般追剿蒋家王朝的残兵败将，向南方各省胜利挺进。1949年10月1日，鲜艳的五星红旗终于在北京天安门广场升起。不可逆转的政治形势令人鼓舞，毛主席阐述的全新的文艺观透彻精辟，长期生活在蒋管区的演员们茅塞为之顿开。

为什么演戏，为什么人演戏，怎样才能演好戏，是新时代的文艺工作者必须弄懂的常识性问题。这些问题，秦怡过去从未认真思考过。她为抗战而离家出走，为生活所逼走上文艺之路，从不会演戏到会演戏，从舞台走上银幕，她只知道宣传抗战，唤起民众，还有就是对观众负责，再多的内容她没有也不会去想。毋庸置疑，在特定的时代背景下，秦怡能够做到这些已经很不容易，是同类中的佼佼者之一。然而，学习了《讲话》，秦怡深感在翻天覆地的社会变革发生之后，仅有这些朴素的认识远远不够。毛主席把"演戏"提高到党的事业的高度去剖析论证，令秦怡耳目一新。从《讲话》的精神实质中，秦怡领悟到在这场伟大的社会变革中，演员的真正价值、神圣使命和应当奔赴的目标。

于是，在紧接着筹备成立上海剧影协会和上海电影制片厂的7、8、9三个月中，秦怡冒着风雨，蹚着齐膝的大水到处奔走，忙得不亦乐乎。

解放初期的上海，干部实行供给制，没有工资。组织起来的演员，不再是被人瞧不起的"戏子"，性质定为国家干部，大大提高了演员的社会地位。既然是国家干部，同样也要实行供给制，每月另加20万元（旧币）的生活津贴。对大名鼎鼎的明星而言，这点津贴太少了，但秦怡已很满足，今后她再不用为全家老小的温饱而操劳担忧。将来肯定是美好的，秦怡愿意为这个壮丽的事业奉献一切。

1949年11月，上海电影制片厂成立，剧作家于伶任厂长，钟敬之任副厂长，陈白尘任艺术委员会主任。上海电影制片厂的成立，标志着人民电影事业更加扩大了。

1950年除夕之夜，上海电影制片厂全体职工在金司德庙礼堂举行共庆佳节和建厂的联欢晚会，朗诵、双簧、唱京戏、唱沪剧……编剧、导演和演员纷纷亮出自己的拿手节目，在晚会上一显身手。轮到秦怡上场了，节目是苦练了几个月的打腰鼓，秦怡、莫愁、张鸿梅和傅慧珍，孙永平、王俊、王琪和邱实平，四女四男，打着腰鼓走上舞台，"咚啪——咚啪——咚、咚，咚啪"，欢乐的鼓声，强烈的节奏，振奋着场内每一个人的心，大家不约而同地热烈鼓掌……

对这次演出，秦怡和她的同事十分重视，大家心中充满对解放后新文艺的向往，倾注了自己的一颗红心，鼓声表达了他们期待新中国电影事业蓬勃发展的强烈愿望。

"咚啪——咚啪——咚、咚，咚啪……"

舞台上秦怡专注地打着腰鼓，舞台下有人给秦怡拍了一张照片：四个女演员一字排开，秦怡当头，她右手高高举起，手中握着鼓棒正欲下击，左手刚击完鼓面，甩出了画面，秀丽的脸庞挂着倾心的微笑……摄影者抓拍的技术非常高超。单是这一张照片，就足以反映秦怡，不，准确地说是反映全体文艺工作者拥护新时代到来的喜悦心情。上海电影制片厂成立后，秦怡和金焰都是基本演员，金焰还担任了演员剧团的首任团长，评为一级演员。秦怡的艺术级别比金焰低一些，两人都拿固定工资，合起来每月数百元，在物价稳定的新中国成立初期，这是一笔不小的收入。而且，原要秦怡供养的哥哥和妹妹也先后找到工作，减轻了秦怡的负

第二十二章　最喜欢打腰鼓

◆ 欢呼翻身解放，练习打腰鼓（右为秦怡）

担，生活一天比一天好，秦怡再不用为一家人的穿衣吃饭发愁了。

一切都如愿以偿，秦怡和金焰把注意力转到了事业上，渴望多拍些电影，好为党为人民服务。但是，新时代的文艺是为工农兵的，写工农兵、演工农兵是文艺工作者的主要任务；而要写好、演好工农兵，首先必须熟悉工农兵的生活。

秦怡生在城市长在城市，没有到过农村、工厂和军营，不熟悉农民、工人和解放军战士。新中国成立前，她演过20多部话剧，拍过10多部电影，塑造了各种类型的女性形象，其中也有从农村来的劳动妇女，那往往是形似大于神似，靠技巧掩盖生活的不足，而且戏的主题多为宣传抗战，不是真正从正面去触及工农兵生活，称不上是演工农兵。

然而，在成为人民的演员之后，秦怡一开始接演的角色都是地地道道的农村姑娘。怎样才能演好这些角色？秦怡面临全新的考验和挑战。

◆ 1957年在上海少年宫给孩子们讲故事

◆ 1957年和张俊祥、白杨、吴蔚云、金焰等人在北京举办的第一届亚洲电影节期间留影

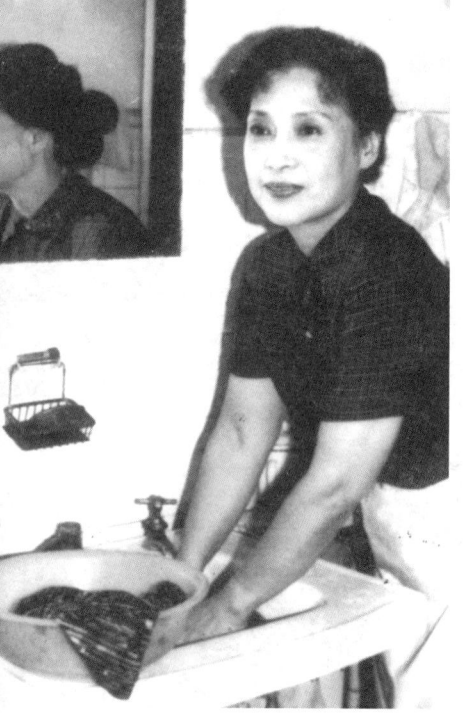

◆ 银幕外生活

第二十三章

学演工农兵

1949年11月，刚成立不久的上海电影制片厂拍第一部故事片《农家乐》，秦怡有幸在影片中演女主角。有关这部影片拍摄的情形和当时的心情，秦怡一直记忆犹新。

《农家乐》是一部宣传科学种田的戏。在人民政权建立较早的老解放区，党在农村中推广种植洋棉，老贫农张老五固守传统，拒不接受新生事物，他未来的儿媳拉英也对种植洋棉将信将疑。为了说服父亲，复员军人张国宝先说服未婚妻拉英，然后两人一起去说服父亲。在事实面前，张老五转变了态度。影片的主题是通过贫苦农民在新旧社会两种生活的强烈对比，反映翻身农民努力发展生产，走勤劳致富道路的巨大热情和积极性。显然，这是一部文艺为工农兵服务的典型作品。导演张客接受拍摄任务后，邀请张伐、卫禹平演男主角张老五和张国宝，秦怡演女主角拉英。这一演员阵容，表明厂领导对拍摄《农家乐》的高度重视。

◆ 电影《农家乐》中演拉英

根据影片规定的剧情，女主角拉英是解放初期农村的新女性，能够演这样一个角色，秦怡感到特别幸福与自豪，这是她当演员以来第一次演工农兵。与此同时，秦怡也有点担心和困惑，她已经是两个孩子的妈妈，对农村生活和拉英这样的未婚女青年比较陌生。怎样拍好这部戏，塑造好一个农家女儿的完美形象？秦怡心中没有底。

为了从思想上拉近演员与角色之间的感情，摄制组组织全体演职人员学习毛主席《在延安文艺座谈会上的讲话》。这是秦怡第二次学习《讲话》。第一次是她当演员学习组长时带着大家学。在天真、单纯和过分热情的思想支配下，秦怡和许多人一样，把新中国神秘化，萌发了要把自己的过去全部推翻，把过去演话剧拍电影的经验全盘否定的想法，否则就不像是一个新中国的革命人。二次学习《讲话》，秦怡的想法不再像先前那样幼稚，她觉得自己的不足是不熟悉工农兵生活，需要的是和工农兵群众打成一片。为了演好拉英，秦怡决心从头学起。

时令已是寒冬腊月，《农家乐》摄制组奔赴老解放区胶东莱阳深入生活，行

第二十三章 学演工农兵

前每人发一件棉军大衣，秦怡穿上兴奋无比，认为这是世上最好看的衣服，站在公共汽车站等车，也觉得它既保暖又神气。人在不同的环境里会产生不同的感受、不同的好恶和不同的情感。秦怡决心到崭新的生活中去寻找女主人公，探索、体验拉英这位农家姑娘的生活、思想和感情。

从繁华的大城市来到广阔的农村，秦怡顿觉胸襟开阔，广袤的原野，起伏的丘陵，灰色的土屋，纯朴的乡情，农村的一切都让她陶醉。

作为老解放区，莱阳人民的生活相当贫困。摄制组的人分散住在堆牛粪的草屋里，牛粪加暖炕，怪异的气味把人堵得喘不过气。为了款待从大城市里来的干部，房东在剁碎的榆树叶中掺点玉米面，烙成一张张饼子当饭吃。秦怡第一次吃这种没有油、粗糙得难以吞咽的饼子，心中升腾起一阵强烈的冲动：可敬的老区人民，为了赶走日本侵略者，为了解放全中国，节省每一粒粮食支援前线，自己却以榆树叶代替粮食充饥。村里的孩子们一个个瘦骨嶙峋，挺着个大肚子，那是因为没有粮食，吃榆树叶充饥得了鼓胀病。渐渐地，秦怡自觉滋生了一种对农民、对劳动者的爱心，她与工农兵的心贴得更近了。

摄制组在莱阳集体深入生活，导演张客每天都要求大家结合生活谈人物形象的塑造，主要演员还分头到村里体验生活，寻找各自所演角色的雏形，从中获取与工农兵在一起的真情实感。

秦怡到了崂头村，住在一位贫农女青年家。这是一个贫瘠的村落，到处是丘陵绵延，沟壑交

◆ 1950年秦怡28岁

错,村民们祖祖辈辈靠垒石造田为生。女青年17岁,父亲不在了,母亲有病,全家的劳动靠她一个人担当,生活的压力与磨炼,造就了她腼腆文静的性格,干起活来却麻利泼辣。

女青年的生活本来是平静的,突然来了个南方城里人,每天和她一起吃,一起住,一起劳动,给她带来极大的负担和不安。她不明白秦怡是干什么的,也不明白秦怡笨手笨脚的还要抢活干,给她添了许多麻烦;而她的纯朴和善良,又深深打动了秦怡。

一次,秦怡和女青年一起上山拉石头,秦怡不会推独轮车,女青年要她背着纤绳在前面拉,她在后面推。山路崎岖不平,一会儿上坡,一会儿下坡。秦怡没拉过独轮车,以为只要用力气就行。上坡时她使出力气在前面拉,女青年在后面稳住车把用力推,独轮车慢慢爬上坡顶。到坡顶平行了没多远,又要下坡了,秦怡继续用足力气在前面拉,独轮车飞也似的直往下冲。

"她姐,快松绳子,不要拉了!"女青年在后面大声惊叫。

秦怡回头看,女青年两手死命拽住车把,力图减缓独轮车下冲的速度。秦怡意识到自己错了,十分懊恼。独轮车下坡有惯性,不用拉也会往下冲,假如再用力拉,后面的人无法掌控,只好等着翻车了。

女青年好不容易停住独轮车,跑到秦怡面前说:"她姐,我是怕车翻了,石头会砸伤你……"

"不,是我不好。"

"不该让你干这样的活,以后你不要上山了……"

女青年纯朴亲切的语言,让秦怡羞愧不止,她的年龄比自己小得多,竟如此关爱人。秦怡情不自禁地抱着女青年,激动地说:"你真好……你真好……"

秦怡和女青年坐在小山坡上聊开了,女青年问秦怡为什么要到她家来,又问电影是啥样儿的;秦怡也问女青年的家和她的生活,俩人互相敞开心扉,倾心交谈。

晚霞在远处的山边渐渐落下,映在天际的光辉五彩斑斓,女青年按住车把在后面推,秦怡背着纤绳在前面拉,装满石头的独轮车在山道上缓缓前行,那情形似一幅意境深远的写意画。

◆ 电影《两家春》中演大媳妇坠儿

在胶东莱阳短短几十天的深入生活，老区人民的纯朴和友情，秦怡终身难忘。秦怡在这儿找到了"拉英"，发现了拉英应具备的质朴、热情、勤劳、乐观和刻苦耐劳的品质，真正体会到"生活是创作的源泉"。

扮演角色的"感觉"有了，秦怡不再就戏演戏，靠技巧掩盖生活的不足。银幕上的拉英，不是一个符号，而是个有血有肉的形象。

1950年秋天，《农家乐》在全国公映，当代农村新女性拉英给广大观众留下了美好深刻的印象，秦怡也以崭新的面貌出现在银幕上。作为意外收获，秦怡接着在另一部农村题材故事片《两家春》中演女主角坠儿。

《两家春》题材新颖，讲述的是大媳妇和小丈夫的故事。几经曲折，大媳妇解除了与小丈夫不合理的婚姻关系，和相爱的小伙子结成美满姻缘。影片歌颂新社会的婚姻自由，鞭挞封建的包办婚姻，主题的现实性极强。

导演瞿白音接到拍摄《两家春》的任务，一时找不到合适的人演女主角。一次偶然的机会，瞿白音看了《农家乐》，秦怡的表演朴实无华，性格鲜明，是演坠儿的理想人选。瞿白音当即拍板，邀秦怡参加《两家春》摄制组。

接到瞿白音的邀请，秦怡很快读完剧本，她喜欢《两家春》，愿意饰演坠儿，同时也有点疑惑：拉英和坠儿都是北方农村的姑娘，都是善良纯朴的贫下中农，

年纪也都在十七八岁,她一个人来演,连面孔都是一个模子里刻出来的,会不会雷同?尽管坠儿因为反封建,挣脱包办婚姻的牢笼,最后取得成功,性格比拉英更加坚强,但是戏剧的发展往往不完全是人物性格的发展,如何避免两个农村姑娘从形象到气质的雷同,至关重要,否则不要说观众不满意,她本人也会通不过。为此,秦怡苦苦地进行思索。

一天闲来无事,秦怡看一本连环画,一位农村姑娘唇边长着一颗黑痣,给人以一种很有个性的感觉。秦怡忽然受到启发,如果她在演坠儿时也在唇边画上一颗黑痣,不但不会破坏美的形象,相反更能体现人物倔强的个性,揭示坠儿对封建婚姻制度的憎恶和内在的反抗精神,而且在外形上也使坠儿与拉英多少有了些不同。

《两家春》正式"定型"化装,秦怡向瞿白音建议:"我想在坠儿的嘴唇上点一颗黑痣,这样观众就不会把我当成拉英了。"

"好,就这么办!"瞿白音欣然赞同。

艺术的生命力在于创造,在于求新。一个优秀的演员应当善于塑造个性鲜明的人物形象,这如同画家挥毫绘出不同的画卷,科学家论证出不同的猜想和假设一样。

秦怡不满足于在坠儿的嘴唇上画一颗黑痣,那仅仅是外形上的区别,她进一步琢磨的是怎样才能揭示人物独特的内心世界,使坠儿不同于拉英。

几天后,摄影棚里拍内景:大媳妇坠儿抱着5岁的小丈夫"把尿"。这是一个纯叙述性的镜头,表演和拍摄都比较简单。灯光、摄像各就各位,等导演下令开拍。

"导演,这个镜头这么拍没多少戏。"秦怡突发奇想。

"你认为怎样拍才能出戏?"瞿白音很喜欢听演员的建议,"说说具体的想法。"

"坠儿给小丈夫把尿,是很不情愿的,她越想越烦,越想对这门亲事越恨,终于忍不住要发泄出来,应当拍坠儿在把尿时气得将小丈夫摔在地上,充分表现她内心的愤怒和反抗情绪。"

瞿白音听了极为赞赏:"秦怡,还真有你的。"

后来,"把尿"这场内景戏是照秦怡的提议拍的,艺术效果特别好。《两家春》正式上映与观众见面,受到广泛好评,引起了很多与坠儿命运相同的年轻妇女的共鸣,她们以坠儿为榜样,奋起向封建包办婚姻进行抗争。不久,《两家春》被文化部评为1949—1955年的优秀影片,秦怡荣获女主角奖牌。

1954年年底,秦怡作为中国电影代表团的成员,去苏联参加在莫斯科举行的中国电影周活动。参观访问之余,代表团去中国驻苏联大使馆拜访,围绕坠儿嘴唇上的那颗痣,闹出了一场笑话。

"你为什么把黑痣弄掉了?"大使馆的一位男同志看到秦怡,发现嘴唇上没有了黑痣,不解地问道。

秦怡一时没反映过来,随口回答说:"没有,我本来就没有黑痣。"

那位男同志肯定地说:"你一直有黑痣的,你在《两家春》里有黑痣的。"

秦怡恍然大悟,原来如此,接着解释说:"《两家春》坠儿脸上的黑痣是我画上去的。"

"我记得你本来就有黑痣,给人印象很深的,为什么要弄掉它呢?"那位男同志固执得有点可爱。

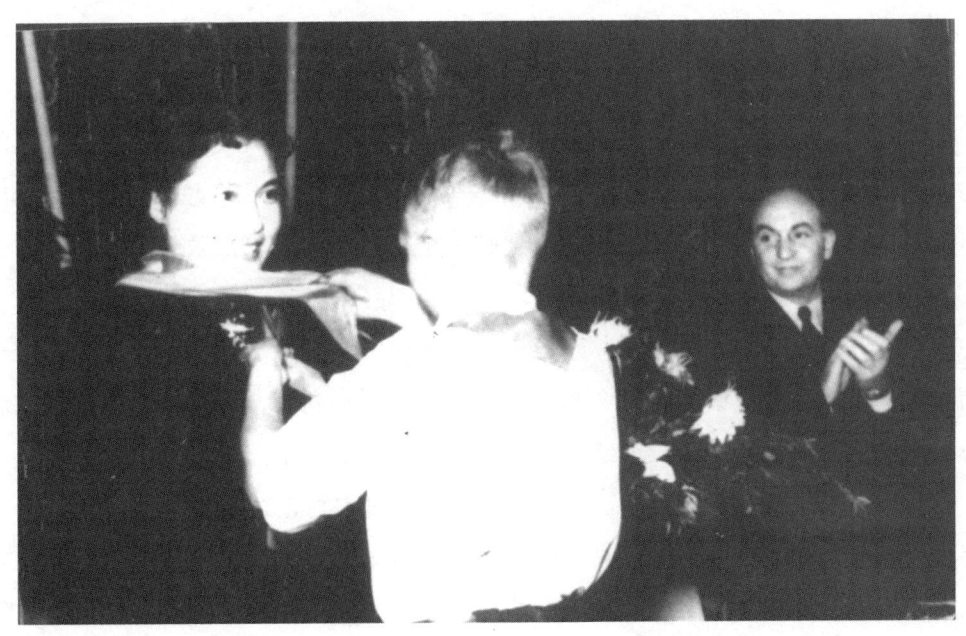

◆ 1954年随中国电影代表团访问苏联,少先队员敬献红领巾

秦怡想想觉得好笑,事情怎么会是这样的?再往深处一想明白了:演员无论在舞台还是在银幕上塑造出来的人物,在观众的心目中都是真的,许多观众对编出来的故事也完全信以为真,艺术在人们心中所起的作用实在无法比拟。

拍完《两家春》,已是1950年的年底,秦怡随上海文艺工作者组成的土改工作队到皖北宿县参加土地改革运动。这时,秦怡又怀孕了。但农村火热的斗争生活深深吸引着她,特别是演了拉英和坠儿,秦怡深深体会到,作为一个进步的文艺工作者,不熟悉新的社会、新的生活和新的人物,就不能很好地为新时代服务。秦怡隐瞒了自己怀孕的真相,愉快地参加了土改工作队。然而由于经常通宵达旦访贫问苦和发动群众,劳累过度,到宿县农村不久秦怡流产了,不得不返回上海休养。

在以后的日子里,秦怡积极参加上海文艺界的整风和"三反五反"运动。在抗美援朝,保家为国的热潮中,又积极参加捐赠活动,演出话剧《英雄的阵地》,强烈的翻身感和主人翁精神,促使秦怡用一颗火热的心去拥抱生活,听从党的召唤,伴随时代的步伐一起前进。

1954年年底,秦怡从苏联访问回到国内,应长春电影制片厂的邀请,在故事片《马兰花开》中演女主角马兰。

《马兰花开》是一部反映妇女解放的影片。马兰不同于拉英和坠儿,她是一位工人家属,婚后忙着伺候丈夫,成了丈夫的附庸。新中国成立后,社会主义的建设热潮欢迎"半边天"参加工业建设。马兰受到鼓舞,不顾丈夫的阻挠,走出小家庭,到热火朝天的建设工地学习驾驶推土机。新的形象,激起了秦怡的创作欲望。

剧组到长春第一汽车制造厂建设工地深入生活,秦怡学开推土机。坐在推土机驾驶室里,师傅给秦怡讲方向盘、离合器、油门和刹车,讲操作要领,讲完后扔下一句话:"开推土机不难,练熟了就成。"说完,跳下推土机走了。

秦怡傻眼了,她学过商科,会打算盘;她下过农村,会锄地、会拉车,可她从没接触过机械车辆,不懂驾驶,师傅讲完后走人,她怎么办?这么大一个铁家伙,一个人也推不动!犹豫片刻,秦怡的倔强劲上来了,她坐到驾驶座位上,凭着过人的记忆力,东摸摸,西扳扳,硬把推土机开动了。一连几天,秦怡天天坐

第二十三章 学演工农兵

◆ 电影《马兰花开》中演推土机手

在驾驶室里，每天练得疲软无力，很快成为一名熟练的推土机手。正式开机拍摄，有一场戏是马兰驾驶推土机做各种难度较大的操作，有人建议改用替身，秦怡婉言谢绝。她不紧不慢坐进驾驶室，握着方向盘，根据剧情需要，完成了一系列复杂操作，得到所有在场人的称赞。

《马兰花开》在宝成铁路基建工地拍摄，气候条件恶劣，气温零下20多度，住的是泥巴地、竹篱笆墙的房子，吃的是夹满了沙子的馒头，条件十分艰苦，摄制组团结协作，有事大家一起讨论商量，决定了同心协力地去干。每场戏的分镜头会议，导演李恩杰把分镜头画在黑板上，先从整场戏谈起，然后阐明一个个分镜头的地位、区别，让大家充分讨论，听取大家的意见，让每一个在场工作的人做到心中有数。身处这样的摄制组，秦怡特别珍惜，也特别能迸发出智慧的火花。有一场关于"接吻"戏的拍摄，给秦怡留下了深刻印象。

戏的具体场面是：马兰从家里赶到基建工地与多年不见的丈夫见面，李恩杰要求两人一走进房间，丢下背包就拥抱接吻。

从剧本提示的剧情看，夫妻俩感情很深，在特殊情景下可以做这样的处理，日常生活中人人都会这样做的。

秦怡从未演过接吻戏，迈不开这一步，她振振有词地提出："中国人的生活习惯，不会当众去拥抱接吻。"

李恩杰说："电影是表现生活中的人，他们到了自己的房间，如果没有点亲昵的表现，这才假呢。"

秦怡认为李恩杰说得有道理，同时又提出："这种接吻镜头，观众不能接受，改拥抱吧。"

李恩杰没有勉强，退一步表示同意。

拍亲昵的感情戏秦怡放不开，关键是有杂念，想退缩，特别是临到拍摄那天，现场除摄制组的工作人员，又来了一大帮中外参观者，秦怡还被叫去应酬了一番，一转身要紧紧拥抱一个实际上不是自己丈夫的人，太难了。最后，秦怡充分调动人物内在的真情实感，排除一切杂念，拍完了这个镜头。

"这不是很好吗？接吻也未尝不可。"摄影机一停，李恩杰满意地说。

"只要人感情真切，不接吻也一样。"秦怡坚持自己的看法。

李恩杰十分宽容："你说的也言之有理。"

如此融洽的创作氛围和愉快的合作，几十年来秦怡一直无法忘记，李恩杰皱着眉头的瘦脸，摄影师韩仲良的音容笑貌，不时在她脑海中缠绕。

《马兰花开》拍摄中途，夏衍两次到摄制组看样片，看到马兰和丈夫吵架的一场戏，他高兴地说："秦怡的表演越来越成熟了，这场戏看了很舒服，希望沿着这条路走下去……"

秦怡本人也认为，这是她自1946年参加电影工作以来的重大转折，从塑造人物的角度分析，她开始有了自己的发挥余地。

《马兰花开》公开放映的时间并不长，没放几场就收起拷贝不许放了。原因据说是苏联老大哥有意见。马兰是推土机手，参加的是重工业劳动，当时的苏联老大哥不主张妇女参加重工业劳动，在强调一切以苏联为榜样的岁月里，《马兰花开》的命运自然就不妙了。

这是一个奇怪的逻辑。

第二十三章　学演工农兵

从 1949 年年底至 1954 年年底，在新中国电影事业刚刚起步的时候，秦怡先后参加了三部影片的拍摄，演的都是主角，不能不说是幸运的。然而，由于特定时期的社会需要，人们又不得不承认，这些影片的宣传意义大于艺术价值，无论是拉英、坠儿还是马兰，均有概念化、公式化倾向，难以经受时间的考验而永远留在观众的记忆之中。

不过，这并非秦怡的过错。

第二十四章 远去的爱

新中国成立初期的那一段岁月,秦怡的心情最为舒畅,政治上翻了身,艺术上有了新的起步,和金焰的关系也处在"蜜月"期,总之是事事顺心,日子过得比蜜还甜。

新中国成立后,金焰有了很大改变。因为贪酒,他有时还会喝醉,闹出些荒唐事来,不过比新中国成立前要少多了,他已能够约束自己。上海电影演员剧团成立,金焰任团长,被评为为数不多的一级演员,他心满意足,感到自己存在的价值得到承认。他热爱新中国,很想多拍些电影,为此开了双眼皮,让自己的眼睛更能表达角色的神情,适合演工农兵。这和秦怡从思想到事业的追求相当合拍,夫妻间的关系因此更加亲密融洽。

金焰心灵手巧,做事认真,从不偷懒马虎。和秦怡结婚后,家务事他一手包办,秦怡则坐享其成。儿子金捷出生,抚养护理,金焰样样会做。给孩子洗澡,一般家庭是母亲动手,女性心细手巧,洗得又快又好,不会弄痛孩子。而给金捷洗澡,都是金焰动手,秦怡在一旁学习。秦怡外出体验生活,金焰帮着打理铺盖。他打的铺盖背起来省力,日常用品一样不落。碰巧金焰外出开会或学习,秦怡自己乱打一气,金焰回来会拆开重打。每当此时,秦怡感到无比幸福,佩服金焰做什么事都讲究完美。

有一件事,秦怡永远不会忘记。

1951年秋季,秦怡赴石家庄鹿县拍《两家春》,金焰被派往北京全国劳模大会接待劳模。在新中国成立的一两年中,为拍戏或参加会议,秦怡和金焰经常分赴两地。

一天,秦怡拍完戏回到剧组驻地,收到金焰从北京寄来的信,激动万分。这是金焰第一次给她写信。秦怡撕开信封,抽出信纸急切地读着。

金焰是个硬汉子,平时沉默寡言,轻易别想打开他的心扉。在男女感情问题上,金焰羞于花言巧语,更惜墨如金。从谈恋爱到结婚,金焰从未给秦怡写过一

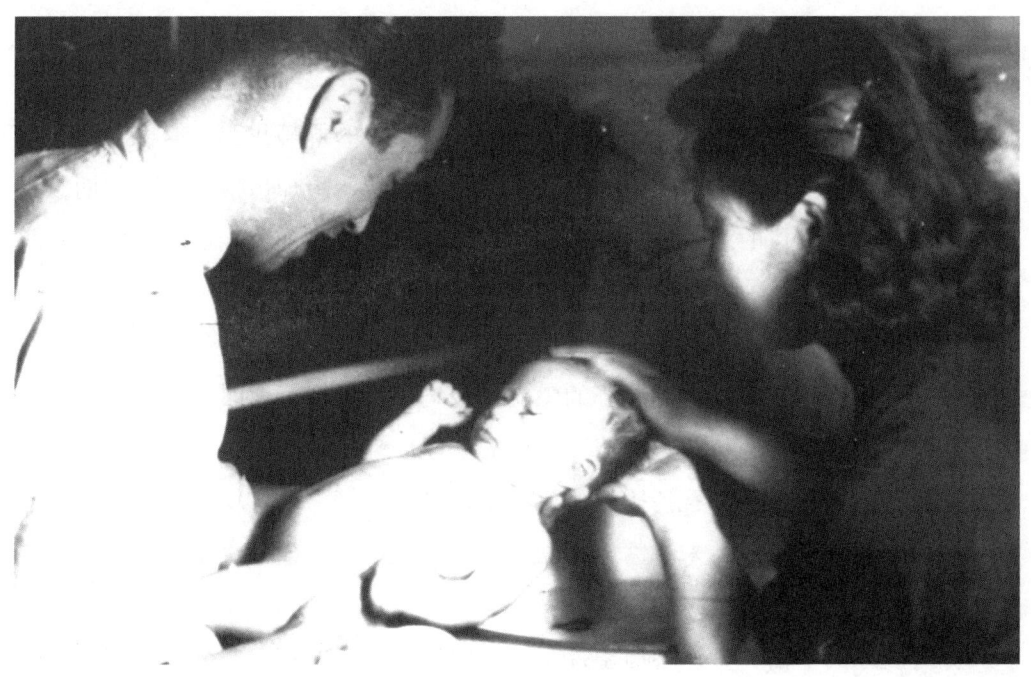

◆ 金捷一个月时

◆ 1951年金焰和儿子金捷

封情书,也没有留过一张纸条。秦怡也不喜欢口头上的卿卿我我,但喜欢恋人或夫妻间有书信往来,她觉得书信能表达人的丰富感情,更加传情。结婚初期,秦怡外出拍戏,一到目的地就忙着给金焰写信,但从来没收到过金焰的回信,时间一长,她也习惯不再写信了。

这次是金焰破天荒地主动写信,而且是一封长信,信中没有甜言蜜语,没有抒发相思之情,倾吐的是出自内心的感受。金焰告诉秦怡,他因为接待劳模工作做得出色,大会发给他一枚劳模奖章。他的本职任务是做好大会的接待工作,出于对劳模的崇敬和爱戴,看到招待所有些工作做得不好,他主动把劳模们从生活到开会的一些琐事包揽下来,甚至帮助倒痰盂。在信中,金焰流露出对党的信仰和许多从未有过的感受。

读着金焰的来信,秦怡喜出望外,心中萌生一种亲切感。金焰只有把她看成真正的亲人,才会向她倾诉肺腑之言。秦怡感激金焰对她的信任,这样做才像是

第二十四章 远去的爱

一对真心相爱的夫妻。

为了分享金焰的喜悦,秦怡铺开信纸,给金焰回了一封长长的信,秦怡在信中告诉金焰,作为妻子,她为他的"高兴"而"特别高兴"。

这是秦怡和金焰夫妻间的一段佳话,也是他们从理想追求与情感世界最为融洽的一段时期。然而,秦怡没有想到的是,这次通信竟成了两人一生中绝无仅有的一次通信。此后不久,金焰得不到应有的理解,过着抑郁苦闷的日子。而秦怡则全身心地投入自己的事业,疏忽了对丈夫的关心,也疏忽了夫妻间的思想分歧。

1950年年底,电影《武训传》在全国放映引起轰动,场场满座。北京、上海等地的主要报刊发表了评论文章,予以肯定。1951年春,《人民日报》的社论引发了对电影《武训传》的批判,并迅速刮起一场风暴,同时波及《关连长》和《我们夫妇之间》等影片。批判风潮过后,文艺界开展"文艺整风"和"思想改造"运动。在这场运动中,秦怡和金焰的处境大不一样。

秦怡响应党的号召,以虔诚的态度投入"文艺整风"和"思想改造"。她积极走与工农相结合的道路,争先下乡下厂,向工农兵学习。在秦怡眼里,工人和农民是伟大的,自己是渺小的。她主动检查演《野玫瑰》的错误,否定自己的非无产阶级思想,立志把自己改造成无产阶级的知识分子。秦怡的自我检查(书面),态度认真,反省深刻,领导十分满意,被推荐给《大众电影》发表。

用今天的眼光看,秦怡当时的一些说法和做法,有"左"的味道,但在当时的社会大背景下不足为奇。新中国成立后,人民翻身当家做了主人,广大文艺界人士听毛主席话,跟共产党走,主动要求改造自己,自在情理之中。

和秦怡相比,金焰在文艺整风中的日子中不那么好过。群众对金焰生活上的一些小节意见较大。

金焰讲究生活情趣,养花、养鸟、养猫和养狗,自不在话下,诸如打猎、骑马和射击,他也样样喜欢。这本无可厚非。但是,在什么都提倡"知识分子要向工农兵学习"、要"工农兵化"的新中国成立初期,这些统统被列为资产阶级的闲情逸致,与艰苦朴素的作风格格不入。在一些人看来,金焰像个资产阶级的大少爷。在演员剧团的学习会上,金焰受到了严厉批评。面对种种指责,金焰不以为然,极力为自己申辩,反遭来更多的批评。既然不让说话,金焰闷声不响了,他把不

满埋在肚子里,不理解那些人为什么要这么看他。

金焰生性倔强,对想不通的事从不服软。养猫养狗纯属个人爱好,有什么好批评的?会骑马会开车,怎么说都是好事,有什么好指责的?金焰特别恼火的是,凭这么点小事,竟给他扣上了"资产阶级大少爷"的帽子。

所以,回到家里,控制不住心中的愤怒,金焰发起了牢骚:"养花养狗有什么不好,真是多管闲事……"

"不让养就不养了,免得别人说闲话。"为了维护丈夫的名誉,秦怡劝说道,她不希望金焰因为一些小事,授人以柄。

金焰一听,认为秦怡是帮别人说话,便反唇相讥道:"你少说话,用不着你来教训我!"

好心相劝,反被误会,秦怡很不高兴,但还是继续劝道:"你想想,我这样说是为了谁?还不是为你好!"

"你极左!"金焰越发气愤,话说得很重,有点失去理智。

大约话不投机,从此金焰变得更加沉默寡言,回到家也不再啰唆。他心情烦躁,每晚借酒浇愁,几乎回复到以前一喝就醉的状态。

夫妻间思想上有了分歧,由于性格原因一时无法沟通,时间一长,容易在感情上出现疏离。

在金焰精神处于苦闷之际,同剧团的一位姑娘经常陪他一起消遣散心,两人同进同出,关系日益密切。好心人旁敲侧击,提醒秦怡:当心有人乘虚而入。在感情方面先天反应迟钝的秦怡,没有将朋友的好意放在心上,她压根儿没想过她和金焰之间的关系会蒙上阴影。

如果仅此而已,在咀嚼了一段不被理解的思想折磨之后,金焰或许会从"思想改造"的苦闷中醒来,重新振作精神,投身他所钟爱的电影表演。然而,在遭受无端批评的同时,金焰又为自己没有受到足够的重视,陷入更大的痛苦之中。

新中国成立了,金焰以为他这个"电影皇帝"从此可以多拍些影片。岂料新片一部部开拍,很少有他的份。他加入上海电影制片厂将近两年,只拍过一部《大地重光》,是一部歌颂七个革命战士坚持斗争的影片。七个战士等于是七个主角,以群戏为主,演起来不过瘾。后来又拍过《伟大的起点》《母亲》《暴风雨中的雄鹰》，也多是配角，难以发挥他的演技。批判《武训传》时，有关方面酝酿筹拍歌颂农民起义军领袖宋景诗的影片《宋景诗》，金焰全力争取演主角宋景诗，他相信自己的实力，一定能演好宋景诗。金焰满怀信心，认为演宋景诗已非他莫属，没想到导演偏偏看中了别人，这对他打击不小。

其实，金焰要想多拍戏，是有些捷径可走的。新中国成立前，他和文艺圈中的许多人有过密切交往，有的还是很不错的朋友，新中国成立后有不少人当了文化官员，有的就在电影界当领导。为拍戏，金焰只要找他们说一下即可。但是金焰不愿意。有过"电影皇帝"的美誉和秉性耿直的他，不屑于走后门，也鄙视拉关系，而且他也看不惯一些朋友一当官就浑身上下满是"官气"的作风。

金焰为被冷落和怀才不遇而苦恼，酒喝得更多了，成日半是清醒半是醉。清醒时，日常以打球、游泳消磨时光；酒醉时糊里糊涂，在感情的岔道上越走越远。

此时的秦怡，全身心投入事业之中，忽视了对丈夫的关心，没有想到即便在新社会同样会有人生的坎坷。所以，当她知道金焰和那位姑娘终于越过界线，有了无法消除的后果后，犹如晴天霹雳，打得她晕头转向，不知所措。于是，一向娴静优雅的秦怡愤怒了，她想骂人，她想打人，以宣泄心中的怨恨，可最后她什么也没做。曾经拥有关于爱情和幸福的憧憬渐渐破灭了，秦怡无比伤心。

秦怡深陷于痛苦之中：为什么纯洁而崇高的爱情总是离她那么远？金焰是她唯一真正爱过的人，金焰也是爱她的，她听过他不少甜蜜的情话，她爱金焰比金焰爱她要深得多，为什么她不能得到相应的回报，反遭受如此不公正的对待！

和许多普通夫妻一样，一方感情出轨后，关起门在两人的世界里，或吵或骂，会有些风雨的。金焰在感情上误入岔道，秦怡和金焰有过争吵，金焰知道自己错了，多数时候是以沉默代替抗争。这样，原本琴瑟和谐的夫妻关系出现了裂痕。修补和弥合这一裂痕需要双方的努力，也需要时间的考验。有鉴于此，同时为了减少因生活习惯不同而造成晚间作息安排的互相干扰，秦怡和金焰分居了。

俗话说，大有大的难处。如果秦怡和金焰真是一对普通的百姓夫妻，事情发展到这一步，反而好办：要么吵个天翻地覆，拼个你死我活；要么吵到法院，让法院做出离婚判决。可秦怡和金焰是电影界的知名人士，一举一动格外引人注目。平时无事尚会生出点风波，如今真有了点事，而且是令低级趣味者感兴趣的事，

稍一漏出点风声，顷刻间会满城风雨。人言可畏，秦怡不希望金焰名声扫地。七年的夫妻生活，秦怡对金焰是有感情的，即便两人关着门争吵，她都尽量把声音放轻点，免得让邻居们听到。公开场合，秦怡还必须装出高高兴兴的样子，显得和金焰特别亲热，像什么事也没发生过。无论白天还是黑夜，秦怡始终把折磨她不快的秘密藏在心底，哪怕是对最知己的朋友，也不敢有丝毫吐露。这份痛苦和委屈，不是一般人所能忍受的。

但是，世上没有永远不透风的墙。

一天下午，也不知怎么引起的，秦怡和金焰又发生了争吵，一气之下，金焰甩手走了。这也难怪，有过感情上的创伤，一句话和一件小事都会擦出火花，引发新的不快。

金焰走了，一直到吃晚饭的时候都没回来。秦怡心急如焚，她怕金焰在外面喝醉酒闹出意外，又担心夫妻之间的秘密会被泄露，她四处寻找，到了金焰可能去的地方和朋友家，不见金焰的踪影，也不知金焰的去向。

第二天，金焰离家出走的事沸沸扬扬传开了，一些好事之人多方打听，嗅出一点蛛丝马迹，便添油加醋，像讲故事一样四处散布。秦怡和金焰夫妻失和的内情再也遮掩不住了。

怎么办？到底该怎么办？面对舆论的压力和家庭中的冷战，秦怡不知该怎么去处理。

秦怡想过再次离家出走，什么都不去管它，但斐斐、小弟和妈妈谁来照顾？他们的生活费用谁来负担？靠金焰一个人，挑不起这副重担。

秦怡也想过和金焰离婚，彻底解除自己的痛苦。虽说她已是两个孩子的妈妈，不过还很年轻，才31岁，找一个爱她的人太容易了。可再往深处一想，秦怡下不了决心。她已经离过一次婚，第二次再离婚，两个孩子都没有父亲。如果第三次结婚，还会有第三个、第四个孩子，几个孩子分属几个父亲，关系太乱。这些非常棘手而实际的问题，别人无法体会。此外，她和金焰都是名人，名人发生婚变，影响太大，容易给人制造话柄。何况在当时，结婚、离婚并不纯粹是两个当事人之间的私事，往往会和"政治影响"连在一起，这不能不使秦怡望而却步。

金焰也不肯离婚。秦怡试探性地向金焰谈过两人分手的事，彼此好聚好散，各自走自己的路，儿子仍然姓金，他随时可以探望。对此，金焰闷声不响，秦怡说多了，他就彻底关闭互相通话的大门："假如你实在感到不舒服，你可以离开我，我是不会跟你离婚的。"

为了孩子，也为了这个家，秦怡只好独自咽下这颗难咽的苦果，寻找与金焰妥协、和解的途径。当时，了解事情真相的人都被秦怡的容忍、克制与宽宏大量所打动。然而，后来发生的一些事情进一步伤了秦怡的心，使她和金焰间的关系再也无法和好如初。

1953年秋天，秦怡正准备参加电影《渡江侦察记》的拍摄，发现自己又怀孕了。为让

◆ 1953年秦怡31岁

孩子顺利出生，秦怡不得已退出了摄制组。事隔没多久，金焰婚外情的事情暴露。在此情况下，腹中的孩子到底要不要，秦怡左右为难，犹豫不决。最后，是母性的力量战胜了思想上的顾虑：孩子是无辜的，她不能剥夺他来到人世间的权利！腹中的小生命因此保住了。后来，秦怡之所以下不了决心与金焰离婚，和腹中的这个孩子也有关系，她不想让孩子一出生就没有父亲。

十月怀胎，一朝分娩。1954年夏季的一个凌晨，睡梦中的秦怡发觉下半身湿漉漉的，经验告诉她是羊水破了，腹中的小生命即将出世。秦怡赶紧起身下楼，一出门就雇了辆三轮车直奔医院。到医院一检查，医生告诉秦怡，胎心已停止跳动，腹中是个死婴。死婴不能动铲钳，要靠她自己慢慢生出来，时间可能是明天，

◆ 1953年和金焰、儿子金捷

也可能是几天或一个月。

咳，怎么会是这样的呢？

秦怡想，可能是几个月来受到刺激太多，心情极度压抑与不快，影响了腹中小生命的发育成长，使这个可怜的孩子还没来得及看看人间世界就夭折了。想到这儿，秦怡控制不住伤心的感情，放声大哭，让所有的委屈、痛苦和不满在哭声中尽情宣泄。哭罢，秦怡打电话给金焰，要他赶快到医院来。

对金焰来说，这是一次弥补自己的过失，缝合他和秦怡感情裂痕的绝佳时机。女人在分娩之时，感情最为脆弱，此时没有什么比丈夫站在身边，给个笑脸，说几句温存的话更能让人感到安慰了。何况，秦怡分娩的是个死胎，特别需要亲人的呵护与温情。

"今天上午不行，我要参加演员剧团的政治测验。"接到秦怡的电话，金焰实话实说，"我下午来吧。"

第二十四章 远去的爱

也许是巧合,当天上午演员剧团要进行时事政治测验,这是早就定下的。金焰是演员剧团团长,他怕请假了,别人会说他是逃避政治测验。

金焰不想请假,秦怡尊重他的决定。上午考完试,下午金焰主动打电话到医院,问秦怡分娩的情况,秦怡说没什么变化,又问金焰上午测验结果是否理想。

金焰不觉得上午没去医院有什么不妥,照样实话实说:"测验前接到你的电话,心慌意乱,测验时看错了题目,考了59分。虽然不及格,但我心里踏实,别人也不好说什么了。"

金焰这么一说,秦怡什么也不想说了,只觉得心里空落落的,不知是什么滋味。下午,金焰也没到医院看望秦怡。

按照医生的嘱咐,秦怡不断把气往下压,自己做无痛分娩,第二天上午10点,产下了死婴。休养一个星期后,秦怡收拾好行李出院了,像来的时候一样,她雇了辆三轮车回到家里。

不知为什么,金焰一直没到医院看望秦怡。两人继续分居,保持着名义上的夫妻关系。1954年底,秦怡受东北电影制片厂邀请,赴长春拍《马兰花开》,拍完《马兰花开》接着拍《哥哥与妹妹》,一年没回上海,春节也是在东北过的。东北寒风凛冽,冰雪交加,冷得人发抖,但秦怡觉得那儿有温暖,有乐趣,还有幸福。

就这样,秦怡和金焰之间曾经有过的爱,一点点地远去。

第二十五章 林洁与芳林嫂

新中国成立后,秦怡一共拍了 25 部影片,如果不是"文化大革命",她拍的影片还会更多。和外国同档次的大明星相比,25 部的数量不能算多,但在中国绝对算是高产了。

25 部影片中,被人们提得最多的是《女篮五号》和《铁道游击队》。这两部影片因为经常放映,尤其是在"文化大革命"以前,已是家喻户晓,人人皆知,秦怡因此在观众中有着极高的地位。

然而,《女篮五号》中的林洁和《铁道游击队》中的芳林嫂,均属配角,演配角能抓住观众,且留在观众深深的记忆之中,显示了秦怡特有的魅力。

对此,秦怡自己抒发体会说:

> 人遇到事情,各人有各人的感觉,有的冷淡,有的热情,有的捉摸不定。每个人都有自己的内心世界,那是最最真

实的，也常常是不能公开的。我在艺术中进行追求，就是要去挖掘这种秘密，当我把这个秘密表现出来，我就得到了幸福。

挖掘角色的内心世界，把角色不能公开的秘密表现出来，配角就有了戏，就能活起来。靠着这一条，林洁的典雅、温柔而略带哀怨的性格，芳林嫂的顽强、刚烈与不倔不挠，给观众留下了难忘的印象。事实上，有关秦怡塑造林洁和芳林嫂这两个形象的具体过程与细节，是很有些东西供人们咀嚼的。

1956年，上海电影制片厂决定筹拍我国第一部彩色故事片，在众多备选剧本中，挑中了基础较好的《女篮五号》。从题材看，新中国成立后的五六年，电影题材比较单一，多是反映农村建设和革命战争生活，风格也比较类同。而《女篮五号》写的是新中国成立前后两代篮球运动员的不同命运，属于体育题材，风格轻松活泼，充满人情味。剧本挑选确定后，厂领导指定才华出众的谢晋任导演。

谢晋当时刚30出头，精力充沛，自信健谈，是同辈导演中的佼佼者。谢晋认真阅读剧本，挑选的第一位演员就是秦怡，他

◆ 1955年秦怡33岁

要34岁的秦怡演"女篮五号"的母亲林洁。

林洁是上海华东篮球队老板的女儿,她爱上了球队主力田振华。一次华东篮球队和外国水兵队比赛,有人行贿收买老板,让华东篮球队输球给外国水兵队。田振华出于民族自尊心,不听老板的指使,和队友一起打赢了外国水兵队,被老板派来的流氓打伤,林洁也被迫嫁给了一个有钱人。一对真心相爱的恋人从此分道扬镳。一转眼18年过去了,田振华担任了上海女子篮球队的指导,林洁的女儿林小洁在他手下训练打球。在一次比赛中林小洁受伤住院,田振华和林洁到医院探望,久别的情侣意外相逢。

秦怡读完剧本,认为《女篮五号》是一部雅俗共赏的影片,它既有新旧社会的对比,又有人生路上的淡淡哀愁;既有老一代运动员的坎坷曲折,又有年轻一代运动员的朝气蓬勃,其间虽无热恋的情节,却有更深的惆怅。从戏的分量说,林洁在全片中虽不是女主角,却是串连情节的一个重要人物,真正打动人的戏几乎都在她身上。总之,这是个新的人物,演起来具有挑战性。

谢晋很会挑演员。他选秦怡演林洁,又选了刘琼演田振华,在后来的影片中,刘琼把角色的沧桑感演得很到位。其余女子篮球队的成员,由从部队、体委和学校选来的一批20岁不到、从没演过戏的女孩子担任。演林洁女儿林小洁的曹琪玮是排球运动员,只有17岁。演短发女孩的贡德仁,来自学校,20岁不到。这些年轻人个性鲜明,各有特征,没有演过戏,也没有杂念,反而演得真实自然。

《女篮五号》在展现林洁曲折坎坷的人生和悲欢离合的婚姻爱情时,有不少她登场比赛、练球的镜头,所以要演好林洁,秦怡必须体验运动员的生活,学会打篮球。那些从四面八方挑来的年轻人,更不能例外。为此,摄制组到北京工人体育馆下生活。全体"女篮队员"住在一间20多平方米的大房间内,秦怡是演员组长,和大家住在一起。

训练严格而辛苦,每天的作息时间和运动员一样,清晨4点起床,练跑步、弹跳和跑篮,10点半吃饭。饭后略作休息再继续练,下午4点半吃晚餐。

晚上的时间比较长,主要用来讨论剧本和准备角色。20岁不到的女孩子住在一个房间,根本闲不住。大家唱呀、跳呀、闹呀,从这个床跳到那个床,"疯"起来没完没了。秦怡本是管她们的,可她当时才30刚出头,禁不住诱惑,也和女孩

第二十五章 林洁与芳林嫂

◆ 新中国第一部彩色体育故事片《女篮五号》造型照

◆ 电影《女篮五号》中母亲（秦怡）与女儿（曹琪玮）

◆ 电影《女篮五号》中演母亲林洁

子们一起闹。

秦怡的青春岁月十分短暂,是在苦难艰辛、战火纷飞的年代中度过的,自18岁当了妈妈,年轻人特有的奇异梦想就宣告结束了。拍《女篮五号》,整天和一群女孩子吃住在一起,秦怡羡慕她们朝气蓬勃,赶上了一个好时代,同时也唤起了她身上沉睡已久的青春活力,她十分留恋那一个多月的集体生活。演女儿林小洁的曹琪玮乖巧懂事,对"母亲"秦怡竭尽体贴和抚慰,两人因此结下深厚的友谊。

秦怡扮演林洁,自觉不费力。林洁凄楚惆怅的一生,秦怡并不陌生。她本人的生活经历和情感遭遇,远比林洁曲折丰富。但是,林洁的戏大部分在田振华的回忆中出现,断断续续,要使观众能理解和感受她20多年过着的隐居生活,必须抓住每一个重要环节,刻画她从内心到表情的细微变化。

当时,文艺界正热衷学习斯坦尼斯拉夫斯基的表演体系,《女篮五号》在拍摄中也是如此。学习中常会出现吹毛求疵的硬套,喋喋不休的争论也使人烦恼。然而这个体系毕竟是从实践中来的,它有助于演员分析人物,促使演员开动脑筋,对角色在规定情景中反映的准确性反复默想,以求得表演上的逼真细腻。

有两场戏,秦怡对林洁的心理变化把握准确,层次分明,感情流露真实自然,不仅和刘琼的表演珠联璧合,相得益彰,而且紧紧地抓住了观众的心,使林洁的形象在观众心中扎下了根,永远无法抹去。

一场戏是在苏州林洁的家。

女儿小洁从上海回到苏州,说她们现在的教练是田振华,她也要继续打篮球。听完女儿的诉说,埋在林洁心底的往事翻腾而起:突然有了昔日情人田振华的音讯,他就在女儿身边,这到底是该兴奋还是该忧伤?多少年的痛苦和期盼……压在心头的疑问和矛盾,一时难以梳理!

深夜,林洁无法入睡,控制不住的感情驱使她翻开尘封已久的相册,一幅幅记录心酸往事的照片展现在眼前……不料,这一痛苦的秘密被女儿发现了。多少年了,女儿是她生活中唯一相依为命的人。既然女儿知道了一切,她反觉得有了一种依靠。可女儿毕竟还是个孩子,怎么对她说呢?思绪滚滚,愁肠百结,林洁抱着睡梦中的女儿,眼中闪烁着泪花,不知是幸福还是心酸。

这场戏,要靠演员表情和动作的细微变化,层层揭示角色复杂微妙的情绪和心理，要求层次感强烈。经过反反复复的体验与默想，秦怡全力捕捉林洁的真情实感，在拍摄时全身心投入，分寸把握十分准确。影片上映后，不少观众看这场戏时，银幕上的林洁"抱着睡梦中的女儿，眼中闪烁着泪花"，银幕下他们眼中的泪水已潸然而下了。

另一场戏是在北京医院病房中。

林小洁受伤住院，林洁从苏州赶到北京探望，在病房中与田振华不期而遇。多少年没有相见，而且是不断思念中的年轻时的恋人，林洁心情极其复杂：她很想见他，又不知对方是何种心情。这么多年了，他为什么没有找她？有情有怨，林洁进退两难。况且场合又是在有着许多人的病房，因此当她一跨入病房，猛然间见到田振华……脸"唰"地一下红了。

排练时，秦怡反复探寻林洁复杂而准确的心情体验。戏正式开拍，林洁在病房外听到病房内的田振华说话，心中涌起一种欲见田振华的迫切感，随即举步踏进病房。女儿向她介绍田振华，她忽然觉得心中的隐秘暴露了，刚和田振华四目相对，脸果然"唰"地一下红了起来。

这一脸红的镜头，在彩色胶片上也不一定能反映出来，但就秦怡对林洁内心世界的感受来说，层次是极其丰富的。观众看着银幕上的林洁，相信林洁就是秦怡，秦怡就是林洁，演员和角色融合为了一体。

1957年7月，在第六届世界青年联欢节上，《女篮五号》获银质奖章；稍后又被推荐到在埃及开罗举行的首届中国电影周展映，获得了埃及观众的热情赞扬。

作为第一部反映运动员生活的体育片，《女篮五号》雄冠同类影片之首40余年，至今仍没有一部体育题材的故事片超过它。

《女篮五号》产生的巨大影响，给秦怡带来了更大的荣耀和声誉。1957年下半年，秦怡增补为全国政协委员，一当就是近40年，直到2003年因年过80，才告别了全国政协。

《女篮五号》刚一关机，秦怡紧接着演《铁道游击队》中的抗日妇女芳林嫂。影片拍完上映，观众好评如潮。那首脍炙人口的主题歌："西边的太阳快要落山了，微山湖上静悄悄……"旋律优美，昂扬抒情，很快飞出银幕，在民间广为流传，成为电台和晚会上经常演唱的优秀电影歌曲之一。即便在今天，只要一听到那优

◆ 与埃及文化部部长在一起

美的旋律,许多人还会跟着哼唱,心情激动不已。

《铁道游击队》根据刘知侠的同名长篇小说改编。此前,这部长篇小说已广为人们所喜爱,有关铁道游击队的传奇故事,非常吸引人,尤其是通过活跃在敌人心脏的游击队员们机智勇敢的行动去歼灭日本侵略者,读了令人钦佩痛快,荡气回肠。不可否认,电影《铁道游击队》上映受到广泛好评,与小说先一步在读者中打下基础是分不开的。

芳林嫂在影片中是个地地道道的配角,戏不多,秦怡自我评价是"有点支离破碎",原因当然并不在她身上。和秦怡的"自我评价"不同,观众是认可她的。作为影片中唯一的女角色,秦怡的表演是出色的。

《铁道游击队》拍摄时间紧张,摄制组几乎没有深入生活。拍摄外景地在无锡,大队人马住在山坳里一个部队的宿舍,条件艰苦。时值酷暑,烈日当空,宿舍里一台电风扇都没有,晚上睡觉,大汗淋漓;早上起床,席子上会留下一个汗湿的

第二十五章　林洁与芳林嫂

◆ 1993 年参加全国政协会议

"人形"。

　　有些戏是冬天的戏，在炎热的夏季拍，演员穿着冬衣，容易中暑昏倒。凭着健康的身体，秦怡硬是挺了过来。

　　有一场戏是芳林嫂和战友一起送政委到后方养伤，在湖边与政委告别。秦怡穿着棉袄，围着一条厚厚的毛围巾，在地表温度高达 50 摄氏度的太阳下拍摄，热得火烧火燎，里面的衣服早已湿透，表面上还要装作若无其事，坚持把戏拍完。还有一场拍火烧场面的戏，战马都热得昏倒在地，秦怡却安然无恙。

　　人没有生病挺过来了，身上则顶不住了，长了一身的痱子，特别是脖子上的痱子密密麻麻连成一片，结成了块，看上去红红厚厚的一层，怪吓人的。

　　日本著名影星乙羽信子此时正巧来华访问，厂里指令秦怡回上海出面接待。天气实在太热，秦怡穿了件低领的连衫裙，露出脖子上的一圈痱子。

　　和乙羽信子见面，秦怡刚想开口说些欢迎之类的客套话，发现乙羽信子老盯

◆ 电影《铁道游击队》中演芳林嫂

着她的脖子看,那少有的惊讶眼神见后永远难忘。乙羽信子无论如何也想不通,中国的电影明星怎么会有这么一副狼狈相。

秦怡读懂了乙羽信子的眼神,解释说:"我是因为夏天拍冬天的戏,脖子上长了痱子。"

"为什么你要让人把你折磨成这样呢!"乙羽信子摇头叹息。

"没什么,这是拍戏的需要。"

这件事,乙羽信子一直记了几十年。在 20 世纪 60 年代、80 年代和 90 年代,秦怡三次访问日本,都见到了乙羽信子,每次见面她都会指着秦怡的脖子问:"还会长痱子吗?"关切之情,溢于言表。

《铁道游击队》另一场非常有趣的戏,是芳林嫂扔手榴弹。

这场戏的主要人物是秦怡、曹会渠和陈述,曹会渠演刘洪,陈述演日本鬼子。根据导演的要求,秦怡要把手榴弹扔到陈述的脚后跟。秦怡有点犯愁,在所有的

第二十五章　林洁与芳林嫂

体育项目中，扔手榴弹是她最差的，从来没及格过。导演要求手榴弹扔到陈述的脚后跟，秦怡担心扔不准。

"请你们耐心拍吧，哪次扔准就算哪次。"秦怡不知该怎么完成这场戏的拍摄，主动向导演和摄影师打招呼。

这以后，秦怡天天有意识地盯着陈述的脚后跟看，每次试戏都牢牢盯住不放，好像陈述的脚后跟有着某种魔力在吸引她。

戏正式开拍，秦怡双眼一眨不眨地盯着陈述的脚后跟，疏忽了手的姿势，手榴弹不知是怎么扔出去的。好似有如神助，手榴弹在空中划了个弧形，不近不远，正好落到陈述的脚后跟。

"过了！"导演手一挥，兴奋地大叫，一次成功，他没有想到。

秦怡狂喜不止，她真成了神投手；可如果再拍第二次、第三次，也许就扔不到了。秦怡把成功的原因归结为意念集中。那天下午，在拍摄前的所有时间中，她一时一刻也没离开过陈述的脚后跟，眼睛看着，心里想着，手榴弹要丢到那里，大脑支配着手，手榴弹果然投向了目标。

不过，这是一颗没有拉出导火线的手榴弹，扔出去后没有爆炸。芳林嫂眼睁睁看着日本鬼子逃走了，气得难过了好半天。

秦怡认为，《铁道游击队》的艺术效果没有达到预定拍摄的理想，原因是摄制组的创作构思、完成的样片和领导的观点没有取得共识。

《铁道游击队》开拍前，包括导演在内的主创人员都主张要刻画芳林嫂与大队长刘洪在共同对敌斗争过程中，特别是刘洪负伤休养，芳林嫂精心护理时，两人萌发了爱情的细节。戏正式开拍后，拍了两场完整的爱情戏。但意想不到的是，忽然节外生枝，影片即将上映时，传出政策有变，有关领导不主张在银幕上表现爱情戏，拍好的爱情戏被剪去，前后情节弄得接不上，芳林嫂的形象也被搞得支离破碎。对此，一般观众并不一定会发觉，创作人员对其中的破绽却是一目了然，留下了遗憾。假如一开机干脆不涉及爱情，反能保证全片的完整，不出现硬伤。

秦怡感到遗憾，《铁道游击队》中她演的最好的戏就是爱情戏。

芳林嫂是个年轻的寡妇，始终在战斗中生活。她一个人既要维持生计，又要接济革命同志。当她重新获得安慰，燃起爱情之火，便感到有了依靠，也更感到

有百倍的信心和勇气去参加战斗,帮助游击队取得胜利。

抓住人物特有的心理特征,秦怡在表现芳林嫂获得爱情的情绪变化时,动作和表情演得朴实自然,没有任何"做戏"的痕迹。

屋内,刘洪轻轻拥抱芳林嫂,芳林嫂有些矜持与腼腆,她迅速跑到外屋门口,推开木门眺望远山,思绪万千;刘洪跟着跑到外屋,取下自己身上的棉衣,披到芳林嫂身上。棉衣温暖了芳林嫂的身体,也温暖了她的心……

为拍好这场戏,秦怡整日沉思默想,寻找芳林嫂的感觉,因为只有感觉到的东西才会是真实存在的。

江苏省话剧团的名演员张慧芳在一旁看这场戏的拍摄,戏拍完后她对秦怡说:"秦老师,你当时的那种感觉真实极了,看了一点不会不舒服……"

张慧芳的话给了秦怡莫大的安慰,为拍好这场戏,她下了很大功夫。这场戏被剪掉了,但对今后的表演来说是有帮助的,秦怡永远也不会忘记。

第二十六章

丰收的年代

1958年和1959年，是"大跃进"的年代，尤其是1958年，革命激情过分燃烧，科学和理智退到一边。诸如"鼓足干劲""力争上游""多快好省""一天等于二十年"等狂热的口号，喊得震天响，直喊得人们热血沸腾。工业放卫星，农业创高产，天天都有"奇迹"发生。

为了跟上"大跃进"的形势，文艺创作也不甘落后。掐着秒表拍电影，写下了自有电影以来从未有过的新鲜事。好在这股狂飙突进的旋风，也最先在文艺界得到遏制。为向新中国成立十周年大庆献礼，电影界精心创作和拍摄了一批优秀影片，国产电影的生产出现了第一次高潮。

在秦怡的艺术生涯中，1958年和1959年是艺术创作的顶峰期。1958年，秦怡拍了《红色的种子》，接着赴福建前线慰问演出，而后再次走上舞台演出话剧《第十二夜》和拍摄《林则徐》。1959年，秦

怡更加忙碌,先拍了《青春之歌》和《摩雅傣》,接着又一次走上舞台演出话剧《大雷雨》,而后出席在莫斯科举行的第一届国际电影节,然后继续拍《林则徐》。也就在这一年,秦怡光荣地加入了中国共产党,成为无产阶级的一名先锋战士。

丰收而富有意义的这两年,从拍《红色的种子》拉开序幕。

《红色的种子》是一部革命题材影片,故事比较动人。女共产党员华小凤奉命潜入敌占区做联络工作,她坐着米商的船来到预先约定的地点小王庄,联络点已被敌人破坏,接头的地下党员不知去向。米商见机顿生歹意,将华小凤卖给老实忠厚的王老二做媳妇。华小凤蒙在鼓里,不知内情。洞房花烛之夜,王老二欲和华小凤过夫妻生活,华小凤亮出自己的真实身份,并晓明大义,为王老二和他的母亲所理解。从此华小凤和王老二以假夫妻掩人耳目,暗中开展地下活动,组织群众和敌人做英勇斗争,成为一颗"红色的种子"。

毫无疑问,这样的情节是引人入胜的,观众会带着浓厚的兴趣关注华小凤的命运。影片的演员阵容不弱,秦怡演女共产党员华小凤,顾也鲁演米商,周伯勋、智世明和黄宛苏分演王老二等角色。江苏省话剧团的知名演员张慧芳、沈世芳也参加了影片的拍摄。因此,如果不是仓促上马,《红色的种子》会是一部很不错的影片。

可是"大跃进"形势逼人,《红色的种子》一开机就卯足劲要争上游,抢速度,影片从开机到完成后期制作,前后一个月时间不到,在故事片拍摄上放了一颗"大卫星"。

奇迹的创造说来让人难以置信,但真实的情况确实如此。

内景在上影厂的三号和四号摄影棚拍,三天三夜拍完,摄制组人员吃、喝、拉、撒、睡全在摄影棚,任何人不许回家。为了抢时间,黄宛苏负责掐秒表,拍一个镜头,一秒一秒地报,精确计算每个镜头需要的时间。秦怡三天三夜没离开摄影棚一步。偶有一两个镜头没有戏,她赶紧考虑下一个镜头的戏。台词是早就背好了。一些本应花时间设想和体验的戏,为了在一两分钟内找准角色的感觉,决定怎么演,脑子紧张得像打仗,只能演到哪儿算哪儿。为避免服装搞乱接错戏,华小凤一件衣服从头穿到底,样片出来一看,离真实太远。在秦怡的坚决要求下,导演同意让华小凤换一件衣服补拍一个镜头。

◆ 电影《红色的种子》中演地下联络员华小凤

三号棚的戏拍完,全体人员翻到四号棚继续拍。除导演做准备工作外,全剧组不分演员场工,也不分男女老少,一律当搬运工,扛灯拉线,搬道具拿服装,有什么活干什么活。摄影组和照相组的人更是像机器,一开就转,三天三夜转动不息,创下了一天拍120个镜头的空前绝后的纪录。

内景一拍完,马不停蹄地忙着拍外景。外景地在苏州东山,白天黑夜连轴转,五天拍完。高强度的紧张,人人疲劳至极,头一碰地就会睡着。

内景加外景,从开机到停机,八天半时间拍完全部镜头,速度快得让人惊讶!用"大跃进"的方式拍电影,违反艺术规律。艺术上的粗糙,使《红色的种子》公映不久就被束之高阁。

秦怡对华小凤形象的塑造很不满意,认为这是她艺术生涯中的一个缺憾,但她对当年许多人没有丝毫杂念、忘我工作的精神与和谐的人际关系,以及为完成任务而团结一致的创作友情,认为还是值得继承和称道的。

拍完《红色的种子》,秦怡参加了中国文联组织的艺术家代表团赴福建前线慰

问演出。代表团由田汉任领队,团员有梅兰芳、吕骥、马思聪、郑律成、瞿希贤、戴爱莲和李波等一流艺术家。上海参加的还有电影演员冯喆。能与这么多声名显赫的前辈艺术家一起工作,秦怡由衷感到高兴,看作向前辈艺术家学习的一次绝佳时机。

秦怡准备的节目是朗诵,同时兼任演出主持人。她没有选定一首或几首诗,而是采用随团诗人的即兴新作。身处"大跃进"的年代,到处是火光熊熊,干劲冲天,诗人们充满了创作灵感,每到一地总有佳作喷涌而出。秦怡给前线的战士朗诵这些豪情万丈的诗篇,受到战士们的热烈欢迎。

战备紧张,慰问演出有时在部队驻地剧场,有时在部队驻地前沿,有时干脆在坑道,从一个地方转到另一个地方,吉普车在夜间不开灯行车,速度像走路一样慢。抗战时秦怡饱受挨轰炸、躲进防空洞的滋味,但亲临战备第一线这是第一次。她很喜欢这种紧张、惊险而特殊的生活。

每天赶场子演出,秦怡既要背诵新诗,又要主持演出,面对老前辈她不好意思指手画脚,靠起早摸黑做好准备工作,人特别累。有时场子里的演出已经开始,节目一个接着一个,突然下一个节目的演员因为交通问题无法准时赶到,秦怡马上自己顶上去救场。

一次,在一个部队前沿阵地慰问演出,部队领导和代表团领导热情洋溢地讲完话,眼看演出就要开始,打头炮的著名歌唱家李波没有赶到,秦怡垫上去先朗诵一首短诗。诗朗诵完了,李波没有来。她又朗诵了一首,李波还没有来。不能再朗诵诗了,急中生智,秦怡唱起了歌。观看演出的战士们是组织好的,不管台上出现什么问题,也不管秦怡是朗诵还是唱歌,每演一个节目,他们一律热烈鼓掌,欢迎再来一个。

秦怡知道她的歌声不能和李波的歌声比,一边唱一边竖起耳朵听有没有汽车的喇叭声,盼望李波早点赶到。

"嘀嘀……嘀……"

汽车喇叭声响了,救星到了,秦怡立刻把唱到一半的歌停下,大声向战士们宣布:"我们的歌唱家来了,有劳她多唱几首歌,让她的美妙歌声来弥补我刚才拙劣的表演。"

秦怡的话一说完，战士们以善意的笑声和热烈的掌声把她送下了台。

慰问演出中，艺术大师们的高风亮节，不仅促使秦怡深深思考，而且永远铭记在心。

梅兰芳先生的京剧清唱是每次慰问演出的压轴戏。梅兰芳出台成名时，秦怡还是个五六岁的孩子。新中国成立后，秦怡听到许多有关梅兰芳先生的传说，对梅兰芳先生十分敬仰。在梅兰芳先生面前，秦怡是个后辈。作为节目主持人，秦怡天天有机会和梅兰芳先生接触。梅兰芳先生平易近人，不端大师的架子，消除了秦怡原先存有的拘束。

"您看，我唱这个曲目好吗？"每次演出选择唱什么曲目，梅兰芳先生事前都征求秦怡的意见。他对秦怡不称"你"，而是说"您"。

秦怡有些诚惶诚恐，急忙说："您定的当然可以了。"

"还是您看，您从全盘考虑，也许需要调整……"对年轻的节目主持人，梅兰芳先生尊重有加。

一次慰问演出，梅兰芳先生演完预定的曲目，战士们情绪高涨，几次鼓掌要求再来一个。

秦怡怕梅兰芳先生太累，上前试探性地问："您要是累了，我就去给您挡驾，再谢个幕就行了。"

梅兰芳先生连连摇头："这没关系。您说，我加个什么好呢？"

"您定吧，您定吧。"秦怡被梅兰芳先生的认真和谦虚感动得不知说什么好。

"加演《宇宙锋》的一个片段，您看行不行？"

"行，您就演《宇宙锋》吧。"

那次演出结束，秦怡感慨万千。梅兰芳先生有着高超的艺术、崇高的威望，也有着无法计算的观众的爱戴，可他事事是那样谦虚谨慎。在梅兰芳先生面前，她是个小辈，可梅兰芳先生特别尊重她，帮助她把工作做得更加完善。艺术大师这样的风范值得她永远铭记。自此以后，每当看到圈内同事互相轻视，为一点名利不惜你挤我轧，你争我夺，自以为自己天下第一时，秦怡不免会想起梅兰芳先生等老一辈艺术家的高风亮节，以此激励自己本本分分地做人和演戏。

1958年真是太热闹了。

◆ 与金焰同台演出话剧《大雷雨》,饰演卡契琳娜

◆ 演出话剧《大雷雨》剧照

◆ 话剧《第十二夜》中演薇奥拉(右)

第二十六章　丰收的年代

在福建前线慰问演出约半个月，秦怡提前离开代表团，赶回上海排练莎士比亚的话剧《第十二夜》和准备影片《林则徐》的拍摄工作。

1957年，上海电影演员剧团有几位演员到北京向苏联专家列斯里学习表演艺术，一年后学习结束回到上海，演员剧团决定排练莎士比亚的这一名剧。原定到北京学习的人中也有秦怡，因为有拍片任务，秦怡走不开，错过了学习机会。但是，当剧团决定排演《第十二夜》时，仍让秦怡在剧中同时扮演安东尼奥和薇奥拉孪生兄妹二人。

初次演莎士比亚的作品，秦怡异常兴奋。她看过《哈姆雷特》《奥赛罗》《理查三世》《罗密欧与朱丽叶》《无事生非》等莎氏作品的演出，也看过外国剧团演出的《第十二夜》，非常喜欢莎士比亚。秦怡觉得，尽管莎士比亚是文艺复兴时代的人物，但他的作品无论在任何年代、任何国家和任何环境下都具有现实意义，其人文主义的意识在今天仍然需要提倡。莎士比亚的剧作鞭挞坏人，歌颂真善美，典型人物的思想和语言，一针见血地深入人们的生活中，因此能够演莎士比亚的作品，不仅是过创作之瘾，也是过认识各种生活、各种人物之瘾，是真正的演戏。

在《第十二夜》中，秦怡同时扮演安东尼奥和薇奥拉。安东尼奥是男性，秦怡演他是女演男。薇奥拉是女性，剧中穿男装的时候多，直到最后才显示出女性身份。两个人物在外表上都是男性，实质却截然不同——一个是真男性，一个是假男性，怎样处理好这两个既有共同之处又有极大不同的人物，难度比较大。此外，演安东尼奥和薇奥拉还要学会击剑。

学击剑的事秦怡没发什么愁，她对各种体育项目历来兴趣浓厚。在剧组有凌之浩帮助教，回到家里金焰会帮着练。金焰是体育运动的多面手，不会的一学就会。他给秦怡做了一把木制的轻剑，每天晚上秦怡一回家，两人在客厅里大打出手。没用多长时间，秦怡就学会了击剑。不说怎么精通，至少在台上应付演戏是绰绰有余。秦怡准备的重点，是放在塑造安东尼奥和薇奥拉这两个人物身上。

颇有点奇怪，秦怡在把握哥哥安东尼奥这个真正男性人物的性格特征、外在气质，以及形似与神似的关系时，感到十分顺利，也十分自信，没花多少工夫就摸准了人物的基调，上台后感觉良好，自觉是个风度翩翩的男性，没有丝毫犹豫，演来非常自如，得到了同行与观众的一致认可。演妹妹薇奥拉，秦怡反而把握不

好,费了一些周折。

薇奥拉不同于哥哥安东尼奥,她既要让观众看出薇奥拉作为女性的温存、柔顺和妩媚,又要让观众看出薇奥拉比男性还男性的夸张动作——在外表上薇奥拉穿的是男性的服装。因此,十分女性的心态和万分夸张的男性外表,是塑造薇奥拉形象的一个关键点,要求相当高。秦怡自当演员以来就不善夸张,后来随着年龄、经历和阅历的增长,才有所变化。生活中,秦怡给人一种温顺、善良和文静的印象,却缺少女性的妩媚。秦怡十分清楚自己这两方面存在的不足,戏称自己是"温吞水"与"马大哈"。开始演薇奥拉,秦怡既怕把她女性温柔的一面表现过分,又怕把她男性的一面夸张过度,两面都放不开,结果使薇奥拉的女性内心世界和在特殊情况下假扮的男性形象无法达到和谐统一。

舞台剧的特点是每演一场能及时听到别人的意见,也能感受到观众的反映,可以不断摸索改进。在后来的演出中,秦怡从角色的内心世界和思想感情出发,使薇奥拉终于站立起来。

薇奥拉为了追求自己火一般的爱情,必然要与阻碍她的一切进行抵抗。在她柔顺、美丽的外表之下,必然有着坚韧不拔的性格。为了获得最后胜利,她不愿退下阵来,加上宏观环境所逼,她的夸张是出自内心的向往,既是自然的,也是必然的,她的外型同她所表达的思想是一致的……秦怡这样演,达到了人物的要求,没有生搬硬套使人物失真。但是,在后来评价她所塑造的安东尼奥兄妹俩时,多数评价是安东尼奥演得好,周恩来总理也持同样的看法。

《第十二夜》演出期间,周恩来总理正好在上海,他从百忙之中抽空到剧场看演出,看后即对秦怡说:"秦怡,你演的哥哥安东尼奥更好。奇怪,安是男性,可你演得非常之好。"听了周恩来总理的赞扬,秦怡佩服总理看戏认真,是个内行。

秦怡从话剧舞台起步成长,1946年转向电影,其间又演过一两个话剧,可她觉得以往所有在舞台上学到的东西,比不上演《第十二夜》所学到的多。1959年上半年,为向新中国成立十周年献礼,秦怡又演了话剧《大雷雨》,从此再没上过话剧舞台,而是全身心地投入电影的创作。

狂热的年代也有不狂热的电影,这就是1958年10月开拍的《林则徐》,秦怡在影片中演一个具有强烈爱国心的侠义渔妇阿宽嫂。

第二十六章 丰收的年代

《林则徐》是上海电影制片厂向新中国成立十周年献礼的重点片，演职人员阵容强大，导演是久负盛誉的郑君里，演林则徐的是大名鼎鼎的赵丹，演穆章阿的是优秀喜剧演员韩非，演三元里人民抗英领袖的是高博，演阿宽的是温锡莹，一个个都是精兵强将。有过《红色的种子》因追求速度而导致艺术上粗糙的教训，郑君里坚决反对"开快车"的跃进式做法，力主精益求精拍《林则徐》，并以此统一大家的认识。虽然如此，摄制组成立后，有关领导一再督促尽快开机，要求在限期内拍好。郑君里不为所动，反反复复组织大家讨论剧本，剧本不成熟绝不开机，否则宁可不拍。讨论的重点是怎样做到历史地、真实地反映鸦片战争时代的社会现实，塑造好林则徐等各种各样的人物形象。在周恩来总理的关心和支持下，有关林则徐形象的塑造、三元里人民的抗英斗争，以及影片结尾落笔等关键问题取得圆满解决，等到正式开机拍摄，剧本已相当成熟。

秦怡演的渔民阿宽嫂，是影片中唯一的一个女角色，算是女主角，实际上戏并不多，但剧本提供的这个人物形象比较鲜明，秦怡想努力改变自己，多演一些不同类型的人物，因此愉快地接受了拍摄任务。

《林则徐》的外景地在广州虎门炮台。为了塑造好阿宽嫂这一人物，秦怡首先从外部寻找角色勇敢、单纯与善良的特征。作为一个渔民，阿宽嫂与风浪博斗，练就了一种敢作敢为的性格，她恨透了用鸦片毒害中国人的洋人，一伸手一抬足都爱憎分明，强而有力，毫不拖泥带水；她一心一意跟着丈夫阿宽打洋人，禁鸦片……从外部着手寻找角色特征的同时，秦怡也渐渐从内心找到了角色的感觉，正式拍摄时激情爆发，演出了"假戏真做"，怒打洋鬼子颠地的感人一幕。

扮演英国鸦片商人颠地的特邀演员，是中国福利会的美国朋友谭宁邦。接到参加拍摄《林则徐》的邀请，他非常高兴，能与大艺术家赵丹、郑君里和秦怡合作，他引以为荣。在外景地，他一遍遍进行排练，格外用心，稍有空闲就虚心向别人讨教，学讲普通话，和大家相处得相当融洽。颠地被打的那场戏，是颠地偷乘官船准备逃出广州，被渔民的爬龙快船追上。阿宽嫂跳上官船，从船舱里把肥猪似的颠地拖出来。

颠地惊惶地抬头大叫："我……我是外国人！"

面对张牙舞爪的洋鬼子颠地，阿宽嫂怒从心起，劈脸给了颠地一巴掌："知道你是番鬼！"

颠地又叫起来："我是……我是中国人！"

愤怒之极的阿宽嫂又给了颠地一巴掌。

颠地不再叫了，腮帮上顿时暴起几条手指印。

这一组镜头拍得干脆利落，真实感人，效果比设想的好。戏拍完，秦怡觉得那两巴掌打得太重，找了个机会向谭宁邦表示歉意。谭宁邦毫不在意，夸秦怡演得好，演得逼真。

为了让阿宽嫂的感人形象真实可信，对于包括道具在内的一些破绽，秦怡一直耿耿于怀。

影片中有一场阿宽嫂背着孩子、摇着船送林则徐过江的戏，根据剧情要求，阿宽嫂背上的孩子仅几个月大，找这样的孩子拍戏比较困难，特别是在江中摇着船拍，有一定的危险性。临到拍摄那天，时间仓促，找不到几个月大的孩子，管道具的就让秦怡背了个玩具"洋娃娃"，全当背个真孩子，说好拍摄时镜头可以避开，拍不到孩子。身上背个真孩子和背个假孩子，演员的感觉是两回事。但因为找不到真孩子，秦怡只好作罢。然而，等洗出样片一看，假孩子的脚露出来了，看上去一目了然。秦怡为此坚决要求重拍，制作部门认为这

◆ 电影《林则徐》中演阿宽嫂

不是一场重头戏,当事人不说,观众不会发觉,没有同意。事后秦怡每想到那假娃娃的脚就很不舒服。这不是一场重头戏,但却是个重要的错。阿宽嫂背着个洋娃娃,怎么说都有点可笑!当然,只要她不对外说,观众不一定知道,有这么一点小破绽,也不会影响《林则徐》成为一部优秀影片。可身为一个演员,虚假的破绽发生在自己塑造的形象身上,内心总有一种说不出的遗憾。

1959年3月,《林则徐》完成后期制作,上上下下一致评价,这部表现中华民族反对外来侵略和弘扬民族气节的爱国主义影片,无论思想性还是艺术性都属于上乘之作。作为新中国成立10周年的献礼片,《林则徐》上映后受到国内外观众的广泛好评。秦怡扮演的阿宽嫂,"戏虽不多,但是演活了",从中人们发现了她日臻完美的再现生活的本领和严肃执着的创作态度。

拍完《林则徐》,秦怡参加了以夏衍为团长的中国电影代表团,准备出席在莫斯科举行的首届莫斯科国际电影节。行前秦怡应北京电影制片厂著名导演崔嵬的邀请,在同样是向新中国成立10周年献礼的影片《青春之歌》中演革命者林红,而且林红的戏从准备到拍完,仅10天时间。

这又是一个具有挑战性的人物,秦怡知难而上,刻苦努力,塑造了一个她自从影以来最为满意的银幕形象。这一意外收获,为秦怡在观众和同行中赢得了更大的声誉。

第二十七章

美丽的林红

1959年5月，秦怡的心像鲜花一样怒放，在这个红色的5月里，她光荣地加入了中国共产党。多少年梦寐以求的夙愿实现了，秦怡兴奋不已，感到自己肩上的担子更重了。作为无产阶级先锋队的一名战士，今后她要更加严格要求自己，自觉完成党交给的各项任务。带着这样的心情，秦怡参加了电影《青春之歌》的拍摄，演女革命者林红。

这多少有点巧合，在秦怡政治身份和思想感情发生变化不久，让她去塑造一个坚贞不屈的女革命者的形象，是找准了时机。

杨沫的长篇小说《青春之歌》，1958年一出版就受到广大读者的欢迎。小说以1935年"一二·九"运动前后动荡的时代为背景，以党领导下的学生爱国运动为主线，细腻地描绘了以林道静为代表的各种知识分子的形象，谱写了一曲动人的青春之歌。小说成功塑造了卢嘉川、江华和林红等一批共产党人的形象，其中林红犹如一枝

红梅在狱中绽放,以共产主义的思想品格显示出中国共产党的伟大和组织群众、宣传群众的巨大力量。为向新中国成立十周年献礼,北京电影制片厂决定将《青春之歌》搬上银幕。

1959年6月,导演崔嵬专程从北京赴上海找到秦怡:"我们准备把杨沫的长篇小说《青春之歌》改成电影,想请你演女革命者林红。"崔嵬和秦怡不熟,话说得很客气,口气是试探性的。

秦怡感到有些意外,一时不知怎么表态。《林则徐》在广州虎门拍外景,她抽空读完小说《青春之歌》,心情无比激动,小说中的许多人物引起了她强烈的创作欲望,也有过许多如何去塑造这些人物的想象,只是她没有想过由她来演林红。秦怡对林红抱有深深的尊敬和热爱,在狱中林红被反动统治者折磨得虚弱不堪,但内心却包藏着钢铁般的意志,而她略显丰腴的外形,演林红难以达到应有的效果。

"林红的戏是少了点,却是个起关键作用的人物,林道静实际上是在她的影响下入党的,所以这个人物一定要给观众留下很深的印象,否则整个戏会受影响。"崔嵬以为秦怡嫌林红的戏少不肯演,进一步做工作,强调林红形象的塑造对整部影片所起的重要作用。

"戏多戏少没关系,我向来不在乎这个。"秦怡知道崔嵬误会了,连忙说出自己的真实想法,"林红一直在监狱里出现,我比较胖,体形上与林红有距离。"

"这一点你不要担心,胖点瘦点没关系。我考虑了很久,林红这个人物要的是气质。"秦怡不是因为戏少不肯接,崔嵬松了一口气。他趁热打铁,说出了对演林红的看法。

话说到这个份儿上,秦怡不便当面推辞,答应考虑考虑再说。

为了物色演林红的演员,崔嵬动了一番脑筋,找过一位女演员试镜,效果不甚理想。正当继续寻找之际,他看了电影《林则徐》,从秦怡演的阿宽嫂身上发现了一种特别的气质,不由得一阵欣喜,这种气质正是演林红所需要的。这应了一句老话,踏破铁鞋无觅处,得来全不费功夫。崔嵬决定让秦怡演林红。

没过多久,电影界领导陈荒煤因事来到上海,劝秦怡大胆去演林红。"不要考虑自己的体形,什么胖不胖的,让导演去想办法克服和避免。"陈荒煤说,"我可

第二十七章　美丽的林红

◆ 1959年访问苏联

以告诉你,你的气质完全可以演林红。"

从陈荒煤的劝说中秦怡听得出,崔嵬到上海找她演林红,以及她的顾虑,陈荒煤都知道。他和崔嵬的看法一样,认为她是演林红的最佳人选。

既然陈荒煤和崔嵬都竭力要她演林红,秦怡不好再坚持己见,就接受了北京电影制片厂的邀请。

答应了扮演林红,秦怡人没到摄制组报到就先阅读剧本,她想从剧本中先得到某些启发。出乎预料,第一遍阅读《青春之歌》的剧本,和以往拍别的戏阅读剧本时的感觉完全不一样:过去初次阅读剧本产生的印象总是鲜明突出的,由此会产生许多想象,成为以后体现人物的基础;这次阅读剧本感动的程度远不如读小说那样强烈,对人物的印象比较淡。根据剧本的提示,林红的戏主要都在狱中,大部分是通过自述性的对话来表达思想感情,真正展示人物性格的镜头不多,行动也不多,怎样在有限的场景和镜头中体现人物光辉的一生,困难比想象的要多

得多!

不过,正如崔嵬说的那样,剧本也给了秦怡一些明确的提示:影片中的林红是对主人公林道静成长起关键作用的人物,林红这一形象塑造得成功与否,关系到影片的完整性。说白了,林红的戏只能演好,不能演坏,《青春之歌》功败垂成,很大程度上系于林红一身。

初读剧本,秦怡感到困难和压力,也感到了时间上的急促。去莫斯科参加首届国际电影节的日期日益逼近,留给她准备和拍摄的时间只有十天。要在短短的几天内就沉浸到剧本所描写的那个时代中去,生活到角色的心灵中去,不是件容易的事。

秦怡为此付出了巨大的劳动。向摄制组报到的最初几天,秦怡没有先想人物的具体设计,而是白天阅读小说《青春之歌》的争论材料,晚上再读《革命烈士诗抄》《红旗飘飘》等革命回忆录,读革命烈士的生平事迹,那些朴实无华的文字,把她引到剧本所描述的那个时代氛围中,革命者的斗争生活不断净化、升华她的思想情操……对此,秦怡在1960年为《电影艺术》第七期所写的《谈谈创造林红》一文中写道:

> 这些时代的形象,像潮水一样涌进了我的脑海,我整日整日激动着,只要一想到那些在敌人残酷迫害下坚定勇敢的英勇形象,就会激动得流泪,觉得世界上再没有比这种人的感情更高贵的了。

带着这样一种心情再去阅读剧本,秦怡产生了不同的感觉,剧中的对话一次比一次深刻地打动了她。这时,她虽然还没有具体而深刻地掌握角色的性格,也没有深入而充分地理解和挖掘角色的内心世界,以及角色在银幕上出现以前的思想和生活状况,但是这股被激发起来并冲击着她的热流,成为她后来塑造角色的基本的也是主要的因素。

于是,秦怡感觉有了灵感和创作的冲动。更为重要的是,她把这种灵感和冲动与现实生活紧密结合起来——现实生活启发她从心灵深处去感受角色的生活实感,从角色所处的规定情景中找到它们的内在根据。

第二十七章　美丽的林红

秦怡不断地问自己：林红为什么在临死前会那样坚定沉着，充满着乐观主义的精神？为什么她能时时想到对年轻革命战士林道静进行教育和鼓励？反问的结果使她找到了答案：因为林红有崇高的理想，而她现在所生活的时代正是林红所追求的理想的时代……

一天下午，秦怡漫步到天安门广场，天安门城墙上的红旗迎风招展，一盏盏金色的吊灯在灯柱上高高悬挂，天空呈现一片蔚蓝的色彩，秦怡忽然产生一种特殊的感觉，她仿佛像吊灯那样自由地在空中飘舞……她不禁思絮翻腾，浮想联翩：眼前的一切，难道不是无数革命先烈流血牺牲换来的吗？它就是活生生的理想。林红之所以坚贞不屈，视死如归，是伟大的共产主义理想赋予她坚定的信念，赋予她坚强和勇敢，使她成为人人所敬慕的革命英雄。

秦怡觉得自己生活在角色中了，理解和体验到了角色的伟大思想和深切情感，找到了角色行动的内在根据。

戏开拍了。

崔嵬对林红在监狱中戏的要求是："林红在监狱中表现了共产党员的高贵品质，继承了丈夫的遗志，林道静是继承了林红的遗志。林红的戏不多，也没有更多的动作，主要是为了表现一个共产党人的气质。"

秦怡理解，这种气质就是角色对待生活的态度，从中人们能够感受到她的精神世界是什么。

监狱这场戏的发展走向是：林红带着遍体伤痕回到牢房，发现狱中又多了一位难友，她忘记了自己身上的痛苦，去帮助这位难友。当她发现这位难友是林道静时，更激起了她对反动统治者的无比仇恨，同时也为林道静感到心酸……林红的莫大关怀和同情，使林道静感到有了坚强的依靠，在感情与精神上得到安抚而产生了力量……林红向林道静和小妹妹讲故事，这是一段既痛苦又值得骄傲的回忆，她鼓励林道静，不要以"死"来消极抵抗敌人，要以活和活得更好来让敌人害怕，以至灭亡。

接着是临别就义，林红从容不迫，向林道静和余淑秀告别："再见吧，小妹妹"，强大的精神力量不仅感染了别人，也感染了她自己。林红被押出牢房，隔着一道道铁窗向难友告别，一步步走向刑场。

　　林红的"感觉"找到了,演起来水到渠成。秦怡没有考虑如何去表演,而是完全沉浸在角色之中,一切听凭感情的自然流露而发挥——是角色在驱使她行动,不是她在演角色。临刑决别那一组镜头,没有一丝一毫"演"的痕迹,给观众留下了不可磨灭的印象。

　　秦怡本人后来在谈演这场戏的体会时说:

　　　　我感到浑身发颤,血往头上涌,完全和角色融为一体。为了不让林
　　道静痛苦,我表现得十分平静,就跟什么都不会发生一样。

　　拍完这场戏,秦怡疲劳到了极点,只想一下子倒在床上,再也不要起来。

　　监狱里的戏拍完了,秦怡不能离开摄制组,要等导演看了样片没问题,她才能去莫斯科参加首届国际电影节。热烈的赞誉首先来自看样片的崔嵬和金山。

　　"啊呀,大妹子,这个戏你演得这么好,我真是没想到。"崔嵬拉金山一起看样片,金山看后激动得跳起来对秦怡说。新中国成立前,金山在重庆就和秦怡相识,年纪又比秦怡大,所以称秦怡为"大妹子"。

　　临刑就义的那一组镜头,崔嵬兼演一个革命者,他带着脚镣手铐,跟在秦怡(林红)后面,昂首挺胸,一步步地走出牢房。

　　"把你自己剪掉,让秦怡一个人走。"金山看到这组镜头,回头对崔嵬说,"秦怡走得多好,从容不迫,视死如归,从她的眼睛里好像看到了未来一样。"

　　金山称赞林红演得好,秦怡很高兴。金山是个优秀演员,很懂戏。秦怡私下里问过金山,她的表演到底好在哪儿。

　　金山说:"你是真正的视死如归。一个革命者对未来的无限希望,你在这么一点点戏里就传达出来了。讲故事的那场戏太好了,我想象不到你能演成这样。总之,叫任何一个演员来塑造这个人物,都不会像你这样演。"

　　金山不会说假话,眼光十分犀利。《青春之歌》上映后,观众反映热烈,秦怡所扮演的革命者林红受到普遍赞扬,成为当时对青少年进行革命传统教育的光辉形象。

　　文艺界的有识之士,对秦怡的表演给予了极高评价。

第二十七章 美丽的林红

◆ 电影《青春之歌》剧照。林红一角戏少但戏重,没有更多的动作,只有以讲故事的形式,在临行前安慰和鼓励林道静和小妹妹。那时秦怡正好有外事出访,《青春之歌》从准备到拍摄完成只有十个工作日,秦怡只能每夜睡四小时,其他时间都在看革命烈士们的事迹。秦怡夜以继日地被激励着,感动着。导演崔嵬也以较多的特写来显示人物的内心世界,摄影师聂进始终不断地研究,怎样才能把人物拍得更立体,任何小小的成功都依靠了集体的力量

"林红演得非常出色。这部电影就数秦怡演得最好,非常自然,与人物完全吻合。我不知道她怎么会演得这么好的。"剧作家曹禺这样说。"不知道怎么会演得这么好的",这和金山的说法一样。

"秦怡同志表演的林红,也是我最喜爱的,从她的表演,我才深深体会到演员的魅力。因为她的戏并不多,而且只说话,没有什么形体动作,但表现得却是那样真实动人,使人感动得落泪。"小说《青春之歌》的作者杨沫看到自己笔下的人物在银幕上如此真实动人,相当满意。

"林红这个人物塑造得很好,特别是监狱这场戏,她鲜明地揭示了共产党员誓死不屈的气概,深深地感动了观众,使不少观众流下了眼泪。当然,让观众感动得流泪,这不是演员创造角色的目的,秦怡同志之所以演得好,更重要的是在于她还给人一种巨大的鼓舞力量。"同行田华的称道,用的是专业眼光。

秦怡感到特别受鼓舞和激动的,是来自周总理的鼓励和表扬。

《青春之歌》上映不久,周总理抽空看了影片后对秦怡说:"你演的林红很不错,所以说一个演员演一个戏不在乎戏多戏少,也不在乎是主角还是配角,关键是要把这个人物塑造得深入人们的心中去。你看吧,林红人们是不会忘记的。也许你演的其他人物人们都忘了,这个林红是不会忘的。"这段话周总理后来在好几个场合重复说过,目的是鼓励包括秦怡在内的广大文艺工作者提高演技,努力塑造像林红这样感人的艺术形象。

小说和电影《青春之歌》都是优秀的文艺作品,秦怡因在电影《青春之歌》中演林红,赢得了更大的声誉。林红的戏不多,是作为"绿叶"去衬托"红花"林道静的,这是一片极富生命力的"绿叶"。在已经演过的所有人物形象中,秦怡对林红最为满意。一直到今天,每当有记者问起"你最喜欢自己拍过的哪几部影片"或"你最喜欢自己演过的哪几个艺术形象"时,按时间的顺序排列,秦怡首先提到的总是《青春之歌》和林红。

1959年年底,秦怡又参加了描绘傣族人民生活的影片《摩雅傣》的拍摄,一人演母亲米汗和女儿依莱汗两个角色。母亲的年龄30多岁,和秦怡相仿,比较好演。女儿十七八岁,中年演青年,难度较大。导演徐韬很有信心,认为完全没有问题,秦怡也就大胆地尝试了。

第二十七章　美丽的林红

《摩雅傣》的故事是歌颂民主改革的。

民主改革前的云南傣族山寨，盛行"琵琶鬼"的封建迷信传说。山寨美丽的少妇米汗因拒绝头人老叭的调戏侮辱，被老叭诬为"琵琶鬼"而被火焚。18年后，米汗的女儿依莱汗又长成一个漂亮的少女，同样因为不屈服于头人的淫威，也被诬为"琵琶鬼"，被迫和父亲一起逃进深山老林。不幸的是，父亲因病死在山洞中，心上人岩温又要与头人的女儿结婚（误会），一连串的意外打击，让依莱汗不想活了，她投河自尽，但被解放军救起，并在解放军部队学医，成为傣族的第一代医生——摩雅傣。不久，民主改革在山寨顺利开展，依莱汗在为乡亲们治病的同时，与"琵琶鬼"的封建迷信做坚决的斗争。

拍摄的外景地主要在云南西双版纳，从繁华喧嚣的大上海来到四季如画的西双版纳，秦怡眼睛一亮：那宽阔的马路，那飘在蓝天下的朵朵白云，那高高的棕榈树、芭蕉树在微风中摇曳，那一幢幢绿色的竹楼透着浮风，让人的心情无比自由舒畅；还有那碧绿清澈的澜沧江水，让人真想跳下去，一洗满身的尘埃。

摄制组没有让大家陶醉于亚热带的美丽景色，根据导演的要求，制片主任分配主创人员下村寨体验生活，傣族文工团的同志也来协助帮忙。秦怡演的米汗和依莱汗都被污蔑过是"琵琶鬼"，所以她到村寨去采访活着的"琵琶鬼"，体验和感受她们遭受过的苦难，了解和掌握她们个人的情感和生活，寻找把握角色的感觉。

西双版纳的景色和风情太诱人了，趁着拍摄尚未开始，每天傍晚，秦怡、康泰、邓南、夏天、狄凡等结伴在大街上散步，大声歌唱，或在树下弹起吉他跳起舞。晚上，在竹楼的凉台上，秦怡和傣族姐妹一起听远处传来的情人们的吹笛和歌唱。

一切准备就绪，将要开机之际，秦怡和导演徐韬大吵了一架，事情的起因是关于依莱汗的着装。

徐韬要秦怡在演依莱汗时穿无袖筒裙，把肩部全部露出来。傣族妇女参加劳动，在太阳的照射下太热，的确有人穿无袖筒裙，这是真实的。然而，秦怡因为自己的臂膀特别粗圆，演十七八岁的依莱汗穿筒裙，露出两条大胳膊，会破坏人物形象。为了掩盖自身的缺点，她不同意穿无袖筒裙。分歧由此产生，双方都是对艺术特别执着的人。

◆ 电影《摩雅傣》中饰演母亲米汗和女儿依莱汗两个角色

第二十七章 美丽的林红

徐韬坚持己见："你的体形非常健康，依莱汗是劳动人民，也应该是健康的。"

秦怡不肯相让："傣族姑娘的身体都很纤细，我穿无袖筒裙肯定不像傣族姑娘，而像'娜塔莎'了。"

一句"娜塔莎"，徐韬认为秦怡是讽刺他，转而勃然大怒："我是导演，一切由我决定！膀子粗了细了，谁会来看你的膀子！"

"你的决定是叫我拍黄色影片，"徐韬失言失态，激起了秦怡的牛劲，"我坚决抵制。"

事后冷静下来，两人都觉得为了艺术上的一点不同看法，竟然失去理智，像小朋友一样吵架，太不应该。

秦怡检讨了自己，先退让一步，建议让依莱汗穿坎肩。徐韬也亮出姿态，表示同意。过了一段时间，他给秦怡写了一封信，既表示吵架后的和解姿态，又婉转地向秦怡提出，"不要被自己身材上的不足所困扰，一会儿怕胖，一会儿怕活泼不起来，要把思想从这些框框中解放出来，毫无顾虑地把自己的缺点变为优点，大刀阔斧地去迈步"。看了信，秦怡很感激徐韬的友情和期望。

拍《摩雅傣》，秦怡吃了不少苦。在西双版纳山上拍外景，她的双腿被林中的小黑蚊咬了，奇痒无比，吃了止痒药发生过敏，皮肤上起了红斑，长了水泡，两手肿得不能弯曲，拍骑马上山的戏，只好双手脱缰，还好没从马上摔下来。为拍一个拂晓前的镜头，秦怡连续十几天在半夜2点起床。寒冬腊月，拍依莱汗在冰冷彻骨的沙地里跑，秦怡冻得双脚直跳。

1960年的初春，《摩雅傣》拍完试映，反映不错。一个很有意思的小插曲是，在一次大会上，看过影片的一位上海文化艺术界的领导说："《摩雅傣》是部很好的片子，秦怡同志当然也是一位很好的演员，戏也演得好，但是她的膀子拍得太粗了。"

有人觉得奇怪："身为一名领导，他怎么能这么说？"他们怕秦怡知道了不高兴。其实那天秦怡就坐在会场内，她听了非但没有不高兴，反而认为这位领导很会看戏。联想到和徐韬的吵架，她体会到，艺术家有时会有许多天真的想法，可如果离开了银幕效果，往往会出现事与愿违的情况。

在《摩雅傣》中秦怡一人演母女两个角色，影片上映后，观众非常欢迎。如

今几十年过去了,至今仍有人向秦怡说"《摩雅傣》真好看"。面对观众的褒奖,秦怡总是说"谢谢,谢谢"。用专业的眼光看,《摩雅傣》存在节奏缓慢等方面的不足,秦怡并非十分满意。

第二十八章

浪涛滚滚

1964年的夏天，天气特别热。坐在软卧车厢里，电风扇送出的风和窗口外吹来的风都是热的，秦怡热得有点喘不过气来。此行，她是应北京电影制片厂导演成荫的邀请，在影片《浪涛滚滚》中演水利工地的党委书记钟叶平。

如同天有阴晴、月有圆缺一样，人生的旅途、事业的发展也是曲直相伴、起伏交替的。

经历了1958、1959两年创作生涯的高峰期后，秦怡的演技日趋成熟，可偏偏在这时，她的角色创作反而暂时停缓下来。在将近三年的时间里，秦怡没有正儿八经地上过银幕。原因是多方面的，其中主要是额外任务不断增多。

秦怡是上海电影演员剧团的副团长，既然挂了名，总要做些事。1960年初夏，她以副团长的身份带队去江西演出剧团排练的话剧《镀金》。江西演出结束回到上海，厂里准备拍根据民办教师吴佩芳先进

◆ 电影《浪涛滚滚》中演水利工地党委书记钟叶平

事迹创作的电影《春催桃李》。导演林扬在《红色的种子》中和秦怡有过很好的合作，他要秦怡做副导演，兼演女主角——一位民办教师。

正在此时，为参加缅甸联邦独立节和互换中缅边界条约批准书的庆典，中国政府派出一个庞大代表团赴缅甸。周恩来总理任总团长，代表团成员包括国务院副总理兼外交部部长陈毅元帅、国务院副总理兼中国人民解放军总参谋长罗瑞卿大将等一批高级军政官员，和中国佛教协会会长喜饶嘉措大师和副会长赵朴初居士等知名人士。代表团下辖军事代表团、文化艺术代表团、电影代表团、新闻工作者代表团、佛教代表团和体育代表团等八个代表团。秦怡接到了参加电影代表团的任务。电影代表团团长为陈播，团员有桑弧、张瑞芳、王丹凤、王苏娅、杨丽坤、庞学勤和王心刚等，多是著名的导演和演员。事关重大出访活动，《春催桃李》的角色只好放弃。从缅甸回来没多久，秦怡又和赵丹等一起访问日本。完成了这一系列的额外任务，《春催桃李》早已开机，女民办教师一角换成了沙莉。女

第二十八章 浪涛滚滚

主角不演了,林扬仍要秦怡做副导演,同时兼演仅有两个镜头的老校长一角。

这期间,秦怡仍不断忙碌。作为一位耀眼的明星,她先后到革命根据地井冈山,风景名胜苏州、庐山、杭州、青岛等地巡回演出,报幕、朗诵、唱歌、表演电影中的片段,深受各地观众的欢迎,掌声、鲜花、宴请和座谈,每天不断。总之,虽然没戏可拍,生活过得相当充实。但是,秦怡并不满足,创作的欲望似熊熊烈火时时在她心中燃烧。

新的机遇终于在等待中降临。

◆ "文化大革命"前秦怡43岁

1963年6月,秦怡在沈浮导演的《北国江南》中演农村女共产党员银花,这是一个比较重要的角色。影片拍完尚未上映,她又接受了演钟叶平的任务。读完《浪涛滚滚》的剧本,秦怡很喜欢钟叶平这个人物,唤起了她压抑已久的创作激情。

电影《浪涛滚滚》由成荫根据作家韶华的同名中篇小说改编,主要讲述的是水利建设战线的感人故事。影片没有谈情说爱,没有哭哭啼啼的儿女情长,但秦怡认为,《浪涛滚滚》接触到人的世界观,接触到人在特定环境中的情操和关键时刻的表现,比较深入地挖掘了人物的内心世界,演起来不会单调乏味,尤其是演钟叶平,可以让她有充分发挥的余地。

冒着酷暑从上海赶到北京电影制片厂,成荫已带着摄制组大队人马到山西文裕河水库工地深入生活去了。根据事先安排,秦怡在北京住了一星期,主要任务

是量服装和读剧本。量服装，是做了一件白衬衫和一条蓝布长裤子，那是钟叶平穿的主要服装；读剧本，是为了进一步熟悉角色。一个星期后，秦怡又顶着高温烈日，从北京赶到山西与摄制组会合。

成荫对秦怡的表演一直很欣赏，他认为秦怡在气质上很适合演党委书记钟叶平。秦怡一到文裕河水库工地，成荫就要求她把钟叶平演成一个有血有肉、令人耳目一新的党委书记，而不是以往在银幕上常见的那种干巴巴的说教型的政工干部。导演的提示，与秦怡对角色的设想不谋而合。

在文裕河水利工地深入生活，时间只有十天，尽管秦怡很喜欢钟叶平这个人物，可她从没有到过水利工地，对水利工作也是一窍不通，一个水利工地的党委书记应该是什么样子，心中毫无感觉。抓紧有限的时间，秦怡从早到晚在工地上转悠，凡是剧本中提到的事情，她想方设法要在工地亲眼看一看。七月的骄阳当空照，工地上没一点遮拦，烤得人汗流浃背，口干舌燥。水利工程，整天就是和水泥石头打交道。工人们把一车车石料运往大坝，一干就是七八小时，劳动强度之大，生活之艰苦，为一般人所难以想象。工人是这样，当领导的同样很辛苦，天天想的是土方、石头和炸药，有时几天几夜都得不到休息。更可怕的是，一不小心还会出现塌方事故。在文裕河水库大坝底下，因为塌方而埋了不少人。因此，在这样的工地当一名党委书记，既要有魄力，又要有献身精神。

到了夜晚，在一间土屋内就着昏暗的灯光，秦怡翻看借来的水利工程建设方面的书和资料，看不懂硬着头皮看。一点一点地钻研，一天一天地积累，秦怡学到了不少水利工程建设的基本知识。所谓水利建设，关键是造大坝，大坝的功能是拦洪或发电，也有两者兼而有之的。大坝的高低决定了工程的大小。一个高几十米甚至上百米的大坝，全靠石料加水泥黏结而成，所以大坝附近一定要有采石场。和文裕河水库大坝一样，影片中水库的大坝主要是拦洪，而以拦洪为主的大坝要特别注意两个问题：一是要考虑一个"快"字，早一点造好早防止水灾，老百姓可以少受损失；二是百年大计质量第一，不能有丝毫疏忽。围绕这两个问题，具体建设中会产生尖锐的矛盾冲突。在《浪涛滚滚》中，钟叶平有决断、有胆识，和在工地上当工程局局长的丈夫的因循守旧、胆小怕事所产生的矛盾，即由此而来。

短短十天时间的深入生活，秦怡找到了准确把握角色的感觉，掌握了水利建设的基本知识，对水利工作产生了浓厚的兴趣。这后一点，对她深入钟叶平的内心，丰富对钟叶平的理解，有举足轻重的作用。

秦怡设计中的钟叶平，既坚决果断，又不令人望而生畏；既有工作经验，颇具干部风范，又是一个非常亲切的普通人。钟叶平第一次到水利工地担任党委书记，面临许多亟待解决的问题，在解决这些问题的过程中，凸显她作为一名党的优秀基层工作者的光辉形象。这样的设计，与以往影片中摆足说教架势的党委书记形象判若两人，它摒弃了从概念出发的公式化表演。

◆ 1978年游览人间仙境蓬莱

成荫导演能力很强，他善于组织，善于诱导，根据深入生活的感受，他召集大家讨论剧本，设计人物。不管是谁，只要是合理的意见，他立即采纳。为了调节气氛，丰富娱乐，他忙中偷闲，吆喝大家一起打乒乓球，搞活动。身处这样一个既严肃认真又轻松愉快的创作集体，秦怡觉得特别能激发自己的创作欲望。

但是，任何开拍前的创作设想，终究是留在脑海里或停在嘴上的东西，要把这些设想落实到一场场戏的表演上，必须找准切入的手段，切忌就事论事地去演，否则一旦分寸感把握不当，角色就会游离已有的理想设计。

戏正式开拍了。

第一天拍的戏是，新到工地任党委书记的钟叶平由总工程师陪同到工地了解

情况，镜头是中镜推近，钟叶平远眺工地全貌。

"导演，怎么样？"摄影机一停下，秦怡急着问成荫。

成荫看着秦怡秀丽的脸庞，一言不发。

"你说，行还是不行？"

"行是行，不过有点矜持。"

一听说有点"矜持"，秦怡明白自己没有找准角色的心理感受和表情流露。所谓矜持，是指在端庄严肃的态度之下，兼有惊讶与感叹之色，这不是钟叶平应有的神态和表情，而是她秦怡的感慨。作为演员，她第一次到水利工地，面对气势壮阔的劳动场面，她由衷地感到"了不起"和"不容易"，矜持之情由此而生。钟叶平是到工地担任党委书记的，她第一天到工地，对气势壮阔的劳动场面会有自己的感受，她更多的不是惊讶与感叹，而是仔细地观看、调查和研究，脑子里想的是今后应该怎样做好工作，她不会矜持。

问题的症结找到了，秦怡提出重拍这场戏，成荫没有同意。这场戏秦怡的表情是有些矜持，不过还不太明显，只要在今后的拍摄中注意改进就行了。

有过第一个镜头小小的失误，秦怡一有空就反复揣摩属于钟叶平应有的神态和动作。比如走路，她穿惯了高跟鞋，走起路脚后跟容易一颠一颠的，不像是钟叶平走路的样子。钟叶平的步履应该是又轻捷又实在。再比如钟叶平的神态，她面对成堆的问题，整天考虑怎么去解决，她不会愁眉苦脸，而是很开朗，很明快，很利索。点点滴滴，秦怡不断寻找属于钟叶平的习惯动作和思维方式，领悟到一点就默默地练习，谨防属于自己的东西流到钟叶平身上。

戏一场接一场地拍下去，钟叶平一点点地活了起来。戏拍到一半，夏衍到剧组看了两场戏的样片。

秦怡抓住机会问道："夏公，您看我是否胜任这个角色？"

夏衍微笑着说："有了，有了，你掌握住这个人物了。"

有夏衍的褒奖，秦怡悬着的一颗心放下了，后面的戏越演越好。

秋天是金色的，一个收获的季节。

1964年初秋，周总理和邓大姐到北京电影制片厂看《浪涛滚滚》的样片，厂长汪洋请秦怡作陪。

第二十八章 浪涛滚滚

◆ 1965年秦怡43岁

秦怡喜出望外,好久没见到周总理和邓大姐了,她很想念他们,心中有许多话要对他们说。

在北影厂的小放映间,周总理一见到秦怡,就上前握着秦怡的手问道:"秦怡,你是水利工地党委书记,我要考考你,你懂得多少,是不是够格?"

邓大姐慈祥而亲切地在一旁看着秦怡。

秦怡格外激动:"总理,您考吧!"

接着,周总理问水利工地的大坝有多高,是以拦洪为主还是以发电为主,时间长了会不会发生流沙,又问采石场离工地近不近等,问题问得很专业。

秦怡下过生活,又看了不少水利工程建设方面的书,胸有成竹地一一做了回答。

周总理很高兴,饶有风趣地说:"看来你这个党委书记还可以,不算太官僚主义。"

审看样片,周总理看得特别认真。看到钟叶平和丈夫因思想观点不同发生激烈争吵,他大声称赞:"精彩,精彩!"

坐在周总理身后的秦怡倍受鼓舞,黑暗中盯着周总理的背影看。

"秦怡,你们真的吵架了吗?"周总理突然回过头来问。

秦怡一时没有回过神来,下意识地回答说:"是的,我们真的吵架了。"

"我是说,你们在生活里真的吵架了?"

秦怡这才明白周总理问的意思,赶紧回答说:"没有,是戏里真的吵架了。"

"噢,很真实。"周总理满意了。

那天,邓大姐因身体不适,样片看到一半先走了。秦怡陪着周总理看完没有配音乐的标准拷贝。

1965年初,《浪涛滚滚》完成后期制作,凡有机会看过影片的人,无不称赞秦怡把钟叶平演活了。秦怡本人也感到钟叶平是她从影以来塑造得最为满意的一个形象,她为此很是激动了一番,并迫切盼望影片尽快上映,接受观众的检验。

无奈,好事多磨,《浪涛滚滚》迟迟未能公开放映。

作为一部反映我国水利事业发展的影片,《浪涛滚滚》要听取国家水利部门领导的意见,岂料他们一看影片,对写工地翻车的那场戏提出意见,说是没有这样的事,影片这么拍是虚假的,必须修改。事关失实,加之意见又是来自行业的权威领导部门,《浪涛滚滚》暂时不能公开发行。然而要修改这场戏,不仅摄制组要重返山西文裕河水库,而且连带后面的戏也要一起修改。因此,看似一场翻车的戏,实质是牵一发而动全身。当时,摄制组已经解散,大家回到了各自的岗位,

第二十八章 浪涛滚滚

再要把他们从四面八方召集而来，不是件容易的事。有人大为感叹：在中国拍一部电影太难了，一些与电影无关而又身居高位的人，随便说上一句什么话，都会决定一部影片的命运。

既不能发行放映，一时又无法修改，导演成荫别无良策，唯有等待机会再说。此后，各种干扰和无法想象的意外越来越多，尤其是批判《北国江南》的风声越来越紧，调门一天比一天高，电影界人心惶惶，安不下心抓创作。一些政治嗅觉敏感的人隐约感到，一场大灾难即将降临。是什么样的大灾难？一时半会儿说不清楚。

形势的发展，比人们的预料还要快。仅仅几个月工夫，名曰"无产阶级文化大革命"的号角吹响了，这真是一场"浪涛滚滚"的"大革命"，它是非颠倒，黑白混淆，无情地冲击着我们国家和民族的一切！

"文化大革命"初期，北京电影制片厂最先受到冲击，不要说《浪涛滚滚》无法修改补拍，就连厂长汪洋和导演成荫也开始厄运当头了……

时光飞转，跨过十年动乱，文艺的春天来了，《浪涛滚滚》用不着再修改补拍了。1978年，成荫把原来的完成片重新剪了一遍，打算拿出去发行。但此时一方面是一大批"文化大革命"前拍摄的影片竞相复映；另一方面，一部接着一部新拍的影片不断问世，内容大多是控诉"四人帮"的滔天罪行，很受观众欢迎。在此情况下，既是"文化大革命"前拍摄，又没发行过的《浪涛滚滚》，未能挤上放映的最佳时机，只在电视上播了一下。秦怡就是从电视上看到《浪涛滚滚》的，她发现整个戏的节奏有点紧，还缺了一大块，不过还可以看。后来她知道，《浪涛滚滚》的样片在"文化大革命"中遗失了一部分，放映的片子是成荫在原样片的基础上重新剪过的。事隔十余年再看自己演的钟叶平，秦怡仍然十分满意。

1984年的深秋，成荫同志猝然去世，为纪念这位著名导演，北京电影制片厂和北京电影学院联合举行了一次成荫作品回顾展，在很小的范围内放映了《浪涛滚滚》，人们惊讶地发现，秦怡塑造的党委书记形象是那样逼真感人，艺术上有很大突破，很有研究价值。友人给秦怡写信说："真不知道你拍了这么好的一部电影，你演得实在出色。"北京电影学院后来派人专程赶到上海，请秦怡介绍塑造钟叶平形象的体会，并且录了音，留作教学资料。

1998年10月，适逢秦怡从艺60周年纪念，同事和朋友们热情张罗，计划好好庆祝一番。面对同事和朋友们的盛情，秦怡淡然一笑，她不喜欢浮名，也不喜欢表面上的热热闹闹。一个演员，能够留给后人和值得庆祝的是他的作品。上海电影制片厂和上海电影家协会广纳善言，联合为秦怡举办了一个纪念活动。纪念活动要放映电影，原上海电影家协会秘书长、剧作家刘泉提议，不要再放《女篮五号》或《青春之歌》等老片子，要放就放许多人还没看过的《浪涛滚滚》。"文化大革命"前刘泉任上海电影制片厂文学部主任，作为创作参考片，《浪涛滚滚》在文学部内部放映过，他被秦怡所演的党委书记钟叶平所折服。纪念活动的组织者接受了刘泉的提议，秦怡知道后就更加愿意和高兴了。

纪念活动在上海影城一号放映厅举行，来自四面八方的领导、同事、朋友和观众坐满了千余人的一号放映厅。纪念仪式简朴隆重，应有的程序过去之后放映《浪涛滚滚》。大家聚精会神地看着银幕上的秦怡。影片放映结束，场内灯光齐亮，大家起立鼓掌，目光投向坐在前排的秦怡。大多数人都面露惊讶之色：怎么从来都不知道秦怡拍过这么好的片子！

"秦怡这个戏演得实在是好，我看了觉得完全不像秦怡了，可再看看又还是秦怡，因为戏是她演的嘛，她就是那个党委书记。"著名电影表演艺术家张瑞芳朴实地说。刚刚看完《浪涛滚滚》，她一时找不到合适的表达方式，便很直观地谈了自己的观片感受。

"我认为《浪涛滚滚》才是秦怡同志真正的代表作，这么好的片子，过去为什么不拿出来放？"著名越剧表演艺术家袁雪芬爽快地说。她的话不多，却很有见地。

围绕《浪涛滚滚》，秦怡听到来自方方面面的赞扬之声并不少，她感到遗憾的是，《浪涛滚滚》没有在电影院上映过，热爱她的观众无法看到她塑造得最为满意的角色……

第二十九章

暴风雨前夜

秦怡生来是个天真善良的人，在她眼里，世界永远是美好的，即便生活中有什么不如意的地方，她也多从好的方面去想。

然而，秦怡怎么也没有想到的是，当她用一颗真诚的心去拥抱生活，努力塑造新的人物形象，寻求表演上新的突破时，她主演的影片和扮演的角色受到了无情的批判。这部被批判的影片是上海海燕电影制片厂拍摄的《北国江南》，秦怡在影片中扮演瞎了双眼的共产党员银花。

事情的发生颇为突然，秦怡陷入了无法理解的茫然之中。

1964年9月中旬，《浪涛滚滚》摄制组在文裕河水库工地拍完外景返回北京，路经太原时住在市委招待所。内地的一个省城，鲜有机会见到著名的电影明星，招待所的女服务员们一见到秦怡，一个个争相和她拍照，要她签名留念。对待崇拜自己的观众，秦怡历来尊重有加，因而女服务员们的要求她全都答应。

初秋时节，天空撒满了灿烂的阳光，空气中弥漫着菊花的芳香。第二天早晨吃好早餐，秦怡换好衣服准备到太原城里转转，成荫手拿一份报纸来找她："你看看这报纸，但不要受其影响。"说这话的时候，成荫的脸色严肃中带着些许尴尬。

秦怡不知发生了什么事，一边伸手接过报纸，一边看着成荫。

成荫又加了一句："这些说法也不一定对。"说完不辞而别。

秦怡越发感到莫名其妙，翻开了手中的报纸。这是一份《人民日报》，上面刊登了一篇批判《北国江南》的长文。秦怡一看标题，心中不由"咯噔"一下，头轰然变大了。仔细读完全文，秦怡愣住了。文章批判《北国江南》宣扬"资产阶级人性论"，鼓吹"走资本主义道路"；银花有十大罪状，核心是"只讲资产阶级人性，不讲无产阶级的斗争性"，是披着共产党员外衣，毒害人民的"阶级异己分子"。秦怡承认写此长文的人很有学问，但是她无法苟同文章的观点，因为这从来都不是《北国江南》摄制组追求的目标。

秦怡清楚地记得，《北国江南》在拍摄中，摄制组成员全部下农村生活，与贫下中农同吃同住同劳动。外景拍摄地在张北，在条件艰苦和工作繁重的情况下，导演沈浮天天带着大家一起学习毛主席著作，一转眼，《北国江南》怎么成了鼓吹走资主义道路的"大毒草"呢？

秦怡反复思考，无法找到能说服自己的答案。她把报纸往桌上一扔，不看了。秦怡丝毫也没感到有什么内疚，当天中午照样参加了当地驻军一位副司令员的家宴。那位副司令员的夫人是秦怡初中时的同学。在以后的几天里，秦怡继续全神贯注地生活在钟叶平的世界中，再没有关心过那篇大批判文章，倒是有关《北国江南》拍摄的情景不时会在她脑海中翻腾。

20世纪60年代初，时任国务院文委副秘书长、总理办公室副主任的剧作家阳翰笙，和郭沫若、茅盾等一起到张北参观访问，为当地农民改天换地的斗争精神所感动，回来后创作了《北国江南》。这是阳翰笙在新中国成立后创作的唯一一个电影剧本。

《北国江南》由上海海燕电影制片厂负责拍摄，沈浮担任导演。阳翰笙指名要秦怡演银花。抗战时在重庆，秦怡在阳翰笙的领导下从事进步的话剧运动，演过阳翰笙创作的话剧《天国春秋》中的红鸾，阳翰笙很欣赏秦怡的演技。沈浮也早

第二十九章 暴风雨前夜

◆ 电影《北国江南》中演瞎眼母亲银花（左）

◆ 1963年在电影《北国江南》中演银花，王琪演大成。体验生活时，剧组去张家口外张北两个多月。当时张北生活极其困苦，由于缺水，粮食无法生长，影片的主题就是描写张北农民打井，生产自救的故事。到了张北，根据情况无法与农民实行"三同"，只能与她们同住同劳动。剧组的一个小组每天去挖土豆，捡柴火，把土豆烤得半生不熟吃下去。但演员们想到剧中挖井的艰苦情形，也不觉得怎样苦。影片完成后被批判为"人性论"，一批、二批……共有十批，这真是人们所难以想到的

说过要和秦怡好好合作一次,这次他接手导演《北国江南》,感到是个好机会,况且阳翰笙也要秦怡演银花,于是便正式邀请秦怡加盟《北国江南》摄制组。用导演的眼光看,沈浮认为银花不仅是个贤妻良母,温顺善良,而且是个优秀的共产党员,让秦怡演比较合适。

《北国江南》的故事非常简单,大意是说农村女共产党员银花从小是个苦水里泡大的孩子,眼睛被坏人弄瞎了。在党的领导下,银花一心要把张北农村变成江南,空闲时不休息,和丈夫吴大成一起发动群众打井造林。工作是艰巨的,同时还要和暗藏的反革命分子钱三泰做斗争。正在此时,养子要离开农村到城里工作,银花又费尽心思做说服工作。最后养子不走了,井也打成了,反革命分子的阴谋被公开揭露,银花的眼睛被治好了,北国真的变成了江南。这一故事热情歌颂了党的领导,积极宣扬阶级斗争,在当时的背景下,应该说政治上是无懈可击的。

初读《北国江南》的剧本,秦怡并不欣赏这部戏。她认为阳翰笙的精神可嘉,年纪那么大还从大都市跑到张北去体验生活,问题是剧本写得不怎么样,比较散,读了提不起精神,戏也有点群戏的味道,即这个人身上有点戏,那个人身上也有点戏,缺少浓墨重彩地去刻画一个人物。但是,阳翰笙指名要她演银花,沈浮又跟着发出合作一把的希望,所以秦怡不便也无法推辞。

还是老习惯,每接到一个新的角色,秦怡总是先揣摩角色的内心世界和性格特征,从角色身上寻找容易出彩的地方,然后用心去体验,把"出彩"的地方演出来。和以往演过的角色不同,银花的戏虽然不多,可她是个睁眼瞎。闭着眼睛的瞎子好演,睁着眼睛的瞎子怎么演?明明有一双亮着的大眼睛,却要装作什么也看不见,演起来难度较大。而且,一个双目失明者常态和非常态下的内心活动与外部动作是什么样的,也不好把握。为此,秦怡先到医院五官科去采访双目失明的人,观察他们的生活,发觉大部分盲人的特点是特别敏感和心细,也有些盲人因埋藏在心中的痛苦无法发泄而变得暴躁,还有些盲人总是生活在想象和回忆之中。然后,秦怡每天睁着眼睛,装作什么也看不见,结合剧情,体验银花内心的企盼与希望——她感到井水像山泉一样流出来,因为眼睛看不见,她的外部动作相对要静止得多。通过这些观察、采访与模拟演练,秦怡逐步熟悉和进入陌生的盲人的精神世界。

第二十九章 暴风雨前夜

《北国江南》的大部分戏在宣化和张北拍摄,去宣化和张北时经过北京,阳翰笙向秦怡提出了演银花的要求:"李双双是一种典型,银花是另外一种典型。"1961年拍摄的电影《李双双》上映后反响热烈,张瑞芳演的李双双广受好评。阳翰笙提出"银花是另外一种典型",是希望秦怡演的银花能和张瑞芳演的李双双相媲美。

为了让秦怡理解"另外一种典型"的深义,阳翰笙进一步说:"中国的农村妇女,是压在社会最底层的,绝大部分农村妇女是善良贤慧的,她们一辈子操劳,无怨无悔,还总是想着帮助别人。"阳翰笙的一席话,加深了秦怡对银花思想境界的理解。

在宣化和张北,秦怡吃住在农民家里,头上包一块毛巾,跟村民大嫂一起干活,挖地、搬石头和运土,样样都干。或许是水土不服,到张北没几天,秦怡体重减了10斤,脸瘦了一圈。"她大姐,你怎么了,是病了吗?"村民大嫂关切地问秦怡。在张北农村,秦怡看到了一些盲人大嫂,她仔细观察盲人大嫂们的行动,领悟出一条通向盲人的表演之路:"演银花的时候,我的听觉是两样的,我眼睛张着,但什么也不看,光凭耳朵去感觉,我就变成瞎子了。"

银花形象的塑造是成功的,沈浮对秦怡的表演非常满意:"她下了不少功夫,我看着她对盲人的生活慢慢地熟练起来,她演得很细致很朴实,像个盲人,像个劳动妇女,这已经很不容易了。"

拍完《北国江南》,没等影片上映,秦怡就去拍《浪涛滚滚》了。想不到《北国江南》一上映竟掀起一场轩然大波。

从太原回到北京,批判《北国江南》的声势越来越大,调子越升越高,什么人性论、阶级调和论、中间人物论,已不在话下,许多批判文章气势汹汹,无限上纲,声称《北国江南》"诬蔑共产党人瞎了眼睛",是"借题发挥、丑化、咒骂共产党"。

成荫非常仗义,时时宽慰秦怡:"他们批的是银花,不是你,你是秦怡。他们批判有他们批判的权利,对你大家是了解的。即便是人物塑造得有好坏,也扯不上什么政治问题,而且还有编剧和导演呢。"

这段日子,秦怡每天早晨都到北影厂的图书室翻阅报纸,看那些批判文章,心中愤愤不平:共产党员难道就不会双目失明吗?她在宣化和张北拍戏,亲眼看

到不少瞎子。把银花写成瞎子，就是"诬蔑共产党人瞎了眼睛"，如此推论，岂不荒谬绝伦！冷静地想想，秦怡觉得成荫说得很对，即便这些文章批判得都对，那也是批银花，与她何干？

但是，气氛一天比一天紧张，秦怡产生了从未经历过的奇异感觉：这究竟是要干什么呢？

秋风阵阵，一片萧杀，枯败泛黄的树叶四处飘落。为给《红岩》补戏，赵丹从上海来到北京电影制片厂。初见秦怡，赵丹木讷而毫无表情。秦怡有些纳闷，几个月没看见，阿丹怎么变得一本正经了？

几天后，赵丹发现北影厂的人对秦怡并无任何异样，于是把秦怡拉到一边问道："你知道上海的情况吗？"

"我不知道。"

"厂里有没有叫你回去？"

"没有。"

赵丹恍然大悟："怪不得你自我感觉这么良好。"

"我为什么要不良好？"秦怡不解地反问赵丹。

赵丹摇了摇头，恢复了爱开玩笑和爱挖苦人的劲儿："上海不得了了，张春桥亲自到厂批判《北国江南》，摄制组的人都战战兢兢，你在这儿倒逍遥自在。"

"我没逍遥，也无须紧张！我又没做什么，跟每次拍片一样，银花是厂里让我演的，我就演了……"

赵丹瞪大了眼睛，严肃地说："你厉害，你在这儿没事儿，你到上海去敢说这个话？"

"为什么不敢说，事实就是如此！"秦怡趁机发泄积在心中的不满，但事后又有些恍惚不安。北京报纸在批，上海有人在闹，这一切到底是为什么？什么时候算是个头呢？

从表面看，秦怡和赵丹的见面对话并不那么投机，但在内心深处，秦怡非常感谢赵丹对自己的关心。1945年，赵丹刚从新疆回到重庆，就和秦怡一起演出了话剧《清明前后》。赵丹又导又演，每天都在禁演声中顶住各种刁难，坚持把该剧演到预定的日期结束。新中国成立后，秦怡又和赵丹合拍了影片《林则徐》。赵丹

第二十九章 暴风雨前夜

精心塑造人物、严肃认真的敬业精神，给秦怡留下了深刻印象。在共同的事业追求和艺术创造中，两人结下了深厚的友谊。1980年10月10日凌晨，赵丹不幸逝世，秦怡伤感不已，写下了《忆阿丹》一文，其中写道：

> 阿丹离开我们，不会来了。在这悲痛的时刻，又怎么回忆得尽像阿丹这样的艺术家的丰富而又历尽艰辛的生活呢？他与我们共事的那几十年的经历是难以用几句话说得清，几件事讲得尽的！阿丹虽死，音容宛在，我们将永远怀念着他，他将永远鼓舞着我们。

周总理为秦怡解开了这个谜。

那天，周总理在北京电影制片厂看完《浪涛滚滚》的样片从放映室出来，秦怡紧跟在总理身后。

"秦怡，报纸上在批判《北国江南》，你紧张吗？"周总理打破沉默，漫不经心地问秦怡。

"我……我……"秦怡没有思想准备，支支吾吾地说"……还好，有点儿。"

周总理笑笑："看了你这个戏，可以说跟你没关系。演员是塑造各种各样人物的。"

"可银花是我演的角色呀。"周总理说批判《北国江南》跟她没关系，秦怡心里的一块石头落了地，仍谦虚地表了个态。

"不要怕批评，有则改之，无则加勉，不要一副挨批的样子。"周总理善解人意，很会做工作。

秦怡没再说什么，心中是暖洋洋的。

"要振作精神，明天叫人到国务院办公厅去拿张票，看看大型音乐舞蹈史诗《东方红》，这对开阔你的心胸有好处。"见秦怡不说话，周总理又特别吩咐说。

秦怡不能不激动了，心头一热，眼眶中蓄满喜悦的泪水。

"我知道这与你没有关系，"周总理临走时一语道破天机，"他们是要批阳翰笙。"

周总理这么一点破，秦怡茅塞顿开，某些人批判《北国江南》不过是幌子，

实则是要找影片后面的人算账,目的是要把阳翰笙和与他一起并肩作战的文艺界领导人打倒在地。

几乎在批判《北国江南》的同时,电影《早春二月》和《舞台姐妹》也先后遭到厄运,三部影片一起被列为电影界的三株"大毒草",并与"修正主义文艺"挂上了钩。稍后,田汉的《谢瑶环》、夏衍的《林家铺子》相继遭殃。等到文艺界最高领导人周扬也无法幸免地沦为批判对象时,"四条汉子"就成了一项莫大的罪名……极左盛行,形而上学猖獗,拿文艺作品开刀,这预示着一场民族大灾难的来临。

不过,对于这后一点,秦怡当时尚无法认识,在那场大灾难到来的初期,她仍然以天真善良的本性去看待一切。

第二天,汪洋派人到国务院办公厅为秦怡拿来了大型音乐舞蹈史诗《东方红》的票,秦怡独自去看了这一在当时非常轰动的演出。宏大的场面,精彩的舞蹈,激昂的旋律,让秦怡情绪无比激奋,心胸也为之开阔:在大革命的洪流中,个人的力量太过渺小,集合起来的力量才是强大而不可战胜的;为了新中国的建立,无数革命先烈抛头颅,洒热血,前赴后继,不屈不挠。相比之下,一些个人的委屈又算得了什么?要抛弃和摆脱不必要的患得患失,像周总理勉励的那样,振作精神,去塑造各种各样的人物。

回到宿舍,激动的心情趋于平静,略作洗漱后秦怡上床休息,这一夜她睡得特别舒坦与香甜。

《浪涛滚滚》的修改补拍难度太大,何时能排上计划,成荫决定不了,厂长汪洋也无法拍板,秦怡决定先回上海。时令深秋,是吃螃蟹的时候,热情好客的汪洋邀请赵丹和秦怡吃螃蟹,说是为赵丹接风,为秦怡送行,其实是别具深意。

秦怡因为《北国江南》的批判正在升级,不管怎么说是她演了瞎了双眼的共产党员银花,批判的矛头尽管没有对着她,谁知道发展下去会是什么结局?她怕连累汪洋,竭力推辞不肯参加。

汪洋大声说道:"你不要多想,螃蟹是一定要吃的!"

北京人吃螃蟹不像上海人那样讲究精致,一只只螃蟹放在瓷盆中,那天在北影厂食堂,端上餐桌的是一脸盆红得发亮的螃蟹,风格像汪洋的为人,粗犷豪放。

第二十九章 暴风雨前夜

有主人的刻意调节,吃蟹的气氛是欢乐的,但并不十分轻松,敏感而多变的政治气候,在三人的心头多少蒙上了一层无法言说的阴影。

秦怡回到上海,厂里的气氛已不像赵丹说的那么紧张,从领导到同事,没人和她提批判《北国江南》的事,新的任务也派下来了。厂里决定拍《乡村女书记》,秦怡演主角女书记。刚演过水利工地的女书记,跟着演乡村女书记,角色的身份太接近,但能有戏演总是好事,秦怡二话不说就接受了。根据剧组安排,秦怡到浙江莫干山山区深入生活。时隔没多久,她从莫干山回到上海,《乡村女书记》暂缓开拍了,理由是什么,没有明说,秦怡也不打听。没几天工夫,厂里决定拍一部反映上海汽轮机厂制造双水内冷发电机组的纪录片,由秦怡当这部纪录片的编导。当纪录片编导是头一回尝试,秦怡多少有点新鲜,接受任务后就和陈鲤庭的夫人毛燕芳到闵行汽轮机厂深入生活,然后赶赴杭州采访收集资料,因为发明双水内冷发电技术的专家是浙江大学的教授。

5月的春天,杭州街道两旁的树木披上了绿装,马路上的行人也都换上了春衣,美丽的西子湖畔百花齐放,姹紫嫣红,置身于这样一派迷人的景色之中,秦怡心情舒畅,也格外想念上海的亲人。从拍《北国江南》起,她大部分时间在外面东奔西走,与家人聚少离多,心有愧意,她没有尽到一个做女儿、妻子和母亲的责任。夜深人静,秦怡会想起母亲、金焰和儿子小弟,特别是儿子,两个月后要考高中了,她祝福他考上一所好学校。

然而,在内心深处,秦怡又藏有一丝忧虑,从点点滴滴的细微变化中,她总觉得会有一些什么事要发生。比如《乡村女书记》先是说要拍,忽然间说暂缓开拍;前一阵说要重新拍,忽然间又没了动静。再比如厂里的书记老是在换……这些事情小而又小,可为什么会变来变去,没人说也说不清楚。联系到越来越紧绷的政治气候,秦怡认为不是孤立的。自16岁那年离家出走,奔赴抗战前线,20多年的风风雨雨,秦怡养成了关心政治,善于用政治眼光去看人看事的习惯。这一回,凭长年养成的政治嗅觉,秦怡潜意识中感到会有事要发生,但到底会发生些什么事,她说不清楚,也不可能说清楚。

恰在此时,两场意外的打击无情地落到了秦怡身上。

其一是儿子小弟疯了。1965年9月,秦怡在杭州写双水内冷发电机组纪录片

◆ 与母亲、女儿和儿子合影

的拍摄大纲,接到家中电话,说是小弟病了。秦怡顿感不妙,如果是一般的病,家里不会急着找她,看来小弟病得不轻,秦怡心急如焚,匆匆赶回上海。

"儿子,儿子,我是妈妈,你怎么了?"回到家看到小弟,秦怡抱住儿子大声叫着。小弟瞪着一双无神的大眼睛看着她,不认识她这个妈妈。

秦怡立即托朋友找最好的精神病医生会诊,医生一检查,下了秦怡最不愿意听到的结论:精神分裂症。天啊,好好的一个人,怎么突然疯了!这一年小弟16岁。那一天,秦怡不知是怎么回家的,坐在三轮车上,她神思恍惚,经过家门口也不认识自己的家了。

从此以后,秦怡倾心照顾儿子,无怨无悔。秦怡不怪金焰,儿子发病时他自己也病得起不了床;秦怡也不怪母亲和姐姐,如果她们一发现小弟不对劲就及时送医院,结果也许会是另外一种样子,但她们没有经验。秦怡只怪自己为了拍片,疏忽了对儿子的照顾。

其二是秦怡本人患了肠癌。儿子得了精神分裂症,被送进精神病医院,秦怡也像个精神病人一样,天天跑精神病医院,多的一天要跑三次。面对巨大的精神压力,秦怡的身体垮了。在儿子的病稍有好转后,秦怡到市郊川沙搞"四清"。她

第二十九章 暴风雨前夜

常常便血,人在农村无法看病。1966年春节前放假了,秦怡从川沙回到上海到华东医院检查,医生要她立即住院动手术。秦怡要求过完春节再说,医生没有同意。秦怡意识到情况不妙。那一年秦怡刚40岁出头,对一位女演员来说,是个关键的年龄,若抓住机会,还能再拍几部电影……一切已容不得秦怡多想了,不管什么病,春节她一定要和家人一起过。拗不过秦怡的固执,医生勉强同意。回到家里,秦怡没把自己的病情告诉家人,在家里欢欢喜喜地和母亲、丈夫、女儿、儿子一起度过了年初一、初二。年初三一早,秦怡提了个小包住进了华东医院。手术前要家属签字,别人无法代替,金焰硬撑着从床上爬起来到华东医院签了字。

手术后切片化验,秦怡患的是肠癌,医生和家人都瞒着她,秦怡也乐得装糊涂,没有查问。由于手术中输血不洁,秦怡染上了血清性肝炎,在医院多住了两个月。每天吊针、吃药,其余时间看看书,学画画,生活从没有这么空闲与平静。

此时,病房外的世界已是另外一番情景,秦怡忧虑而又说不清的事情终于发生了:一场前所未有的民族大劫难降临了!

第三十章

黑沉沉的噩梦

暴风雨真的来了。

1966年5月,中共中央批准成立新的文化革命小组,陈伯达任组长,江青、张春桥任副组长,康生任顾问,无产阶级"文化大革命"就此拉开序幕。事实证明,这场史无前例的"红色风暴",是中华民族的大浩劫!

可是,当这场浩劫刚刚兴起之时,因为太纯洁、太天真,包括秦怡在内的大多数人并没有意识到是灾难的降临。这不能不说是个悲剧,一个可怜而又可怕的悲剧。

秦怡出院了,医生开了一年病假,再三叮嘱回家后"要好好休息"。所以,回到家没住几天,秦怡带着儿子一起到温州疗养。女儿斐斐新婚不久,丈夫是温州驻军的一名干部,她在温州建立了小家庭。

一个忙惯的人突然清闲下来,会感到无所适从。离开了舞台和银幕,秦怡的心中空空的,说不出是什么滋味,在温州住了两个月就住

第三十章　黑沉沉的噩梦

不下去了。她不顾女儿的一再挽留，回到了上海。这时，"文化大革命"的熊熊烈火已经点燃。

回到上海的家中，往日的清静已一去不复返。弄堂里整天敲着锣鼓，摇着红旗，"破四旧"和抄家的叫喊声不绝于耳，间或还有人跳楼自杀，秦怡听了心慌慌的。秦怡觉得，这个名曰"文化大革命"的运动有点稀奇古怪，发展下去不知会是什么样子。秦怡坐不住了，她要知道这到底是怎么回事，知道了是怎么回事就不会害怕了。"我要去上班，要不然什么都不知道。"秦怡对金焰说。

金焰没有表态。他身体有病，多年不上班了，对外面的世界不了解，再说秦怡是个有主见的人，她决定的事劝了也没用。

秦怡上班了，一年病假只休息了两个多月。谁知上班第一个月就靠边站，第二个月又被打成牛鬼蛇神，进了牛棚。有人说，秦怡是自己送上门的"修正主义黑线的宠儿"。

十年动乱，电影界首当其冲。"四人帮"诬蔑电影是被一条20世纪30年代延续下来的又粗又长的黑线统治着，江青一口气点了60多部电影的名，戴上了"大毒草"的帽子。为了"横扫一切牛鬼蛇神"，享受高工资、高稿酬和高待遇的名导演、名编辑和名演员，一个个被扣上"三名三高"的罪名打入牛棚，秦怡也是其中之一。

在上海电影制片厂，造反派摘下厂门口的大招牌，让厂长徐桑楚扛着摔在地上，他们跑上去乱踩乱踏，然后点上了一把火。熊熊的烈火越烧越旺，造反派高呼口号，唱着语录歌，乐得不知所以。站在"牛鬼蛇神"的行列里，瞧着这一幕闹剧，秦怡感觉既可怕又可笑，这算怎么一回事？

哦，一场发了疯的"大革命"！

秦怡最初遭受的冲击是"破四旧"和抄家。"破四旧"的行为比较文明，无非是一些身穿黄军装、臂带红袖章的年轻人到家里东翻翻西看看。烦人的是一批接着一批，没完没了，人员多是社会上的。来的次数多了，秦怡发现有些人是打着"破四旧"的幌子专门来看她和金焰的。若在平时，他们想亲眼见一见心目中的名演员，不是件容易的事。"文化大革命"天赐良机，名演员的家成了不设防的空间，随便什么人拉几个帮手，说一声"破四旧"就可以自由出入。由于幼稚、任性和调皮，少数年轻人也会做出些出格过火的行为，秦怡是谅解的，小将们毕竟没有恶意。

抄家就不同了，那是先把人当成假想的敌人，通过抄家收集证据。秦怡认为，这样做是对她人格的侮辱。她无法抗拒抄家，但从心里鄙视抄家的行为。

1967年初春的一个晚上，十几个人穿着军装，戴着军帽，手拿藤条、皮鞭和匕首的小伙子破门而入。他们气势汹汹，一个抽屉一个抽屉搜查，弄得满地狼藉。他们特别注意书籍，把书橱里的书翻开看看又扔在地上，用匕首在精装书的书脊上乱刺乱划，连《列宁全集》和《毛泽东选集》也不放过，像是要寻找什么东西。

金焰有病躺在床上，眼看如此野蛮的破坏行为，愤怒至极。他是个刚烈血性的汉子，如果不是虚弱得站不起来，他早就挺身制止，甚至会不惜拼命的。现在他只能瞪着痛苦愤懑的眼睛，听之任之。

这些人一进门秦怡就非常反感，但还是尽量克制自己，后来见他们越闹越不像话，才忍不住大声抗议："你们破坏毛主席著作，这不是革命行动！"

"什么，什么，"领头的一位小伙子一把抓住秦怡的领口，大声吼道，"你有什么资格保护毛主席著作，态度这么嚣张！"

"我没资格保护，你们自称是毛泽东思想的捍卫者，更不应该搞破坏！"秦怡理直气壮地说。

"好厉害，牛鬼蛇神还如此大胆，你不想活啦！"一个年轻人拿着匕首逼向秦怡，耍起了流氓腔。

反正是半条命，秦怡豁出去了："随你们的便，我是什么都不怕的。你们好好想想，这样做是忠于毛主席吗？"

这伙人愣住了，他们没想到秦怡的态度会这么强硬。看着划破了书脊的列宁和毛主席著作被扔在地板上，他们意识到问题的严重性，万一秦怡向外告发，那是十足的现行反革命行为。

"走，今天先便宜她，过几天再来！"领头的小伙子手一挥，带头夺门而出。据说，这伙人又冲到附近的徐玉兰、周小燕等人家里去抄家了。

这次专门以文艺界著名人士为目标的抄家行动，是专为查找并销毁不利于"文化大革命"旗手江青的有关书刊资料。可在秦怡家里，什么都没有抄到。

而另一次抄家所发生的戏剧性变化，让秦怡感慨不已，哭笑不得。

那是厂里的造反派到秦怡家里抄家，没费什么周折，翻出一个放手枪的盒子，

第三十章 黑沉沉的噩梦

盒子里有一个空的皮枪套。"秦怡家里有枪！"耸人听闻的消息很快传开。有枪套肯定有枪，一定要抄出枪来。

金焰承认，枪是他的。新中国成立前他当"电影皇帝"，别人以为他有钱，为防不测，他买了把枪随身带着，一次都没用过。新中国成立初期，他把手枪交给厂里，经办的当事人还在。造反派马上问当事人，当事人不承认。造反派于是一次次抄家，角角落落四处搜寻，连壁炉的烟囱也不放过，派人从外面爬进去找，弄得四周邻居都知道，秦怡家里有枪！

令人啼笑皆非的是，当年交手枪的收条就在放枪的盒子内，抄家的人一看到枪套就认为有枪，也不看枪套内还放着一张收条。是金焰反复想，才想起交枪的收条就在放枪的盒子内。造反派无话可说，一场闹剧被迫草草收场。

每一次抄家，秦怡都有些胆战心惊，她不怕从家里抄出些什么来，她一生坦荡，没有见不得天日的东西；她也不怕脸上无光，她所住的弄堂有几家不被抄家的？是非曲折全颠倒了，个人的脸面算得了什么！秦怡怕的是儿子小弟会因抄家受惊导致旧病复发。所以，每次有人来抄家，秦怡总是把小弟关在一间小房间内，不让抄家者惊动他。

秦怡千方百计护着儿子，抄家者却兽性大发，他们冲进小房间，逼着惊慌失措的金捷说："你老实交代，你妈妈干了哪些反革命勾当！"

秦怡在小房间外，神经紧张，她不在乎金捷胡言乱语说些什么，她怕金捷一受刺激，精神失常，做出些不理智的事来。

看着抄家者满脸杀气，17岁的小弟说："妈妈是反革命？我是1948年生的，1948年以前的事我不知道。"

秦怡在小房间外听着，金捷回答得滴水不漏。秦怡感动了：儿子，你自幼好学上进，要是不生病该多好啊！

小弟还在说："妈妈一直劝我好好学习马列主义，不许我做坏事，妈妈是好人……"

秦怡再也控制不住自己，激动的泪水潸然而下，儿子那么清醒，哪像是个有病的人？

除了抄家，还有批斗。秦怡因为患过癌症，平时又从不摆明星的架子，人缘

极好。一些好心肠的老师傅暗中保护她,不让外来的红卫兵批斗她,厂里的造反派也没单独开过她的批斗会,更没让她受皮肉之苦。有一次造反派批斗中共上海市委宣传部部长石西民,秦怡胸前挂着写有"三名三高分子""黑线宠儿"的牌子,参加陪斗……比起别人所遭受的折磨,秦怡幸运多了。

尽管如此,蹲牛棚的滋味毕竟是痛苦的。为了避免碰到熟人和不必要的麻烦,秦怡每天清晨5点起床,为金焰和家人买好大饼油条,然后在夜色朦胧中赶到厂里,坐在一间小屋内反省。晚上10点,街上行人稀少了,她再拖着疲惫的身子回家。

秦怡一生清白,从没做过任何亏心之事。"心里没鬼,我怕什么!"整天面壁,秦怡无"过"可思,也无"省"可反。1967年年底,造反派抓不住秦怡什么辫子,给她摘掉了"牛鬼蛇神"的帽子。

牛棚不住了,精神上的压力丝毫没有减轻,到处是乱哄哄的,整天无所事事,无聊与苦闷缠绕在秦怡心头。

形势越来越严峻,赵丹、白扬和张瑞芳先后被隔离审查,关进了监狱。没多久,同样的厄运也落到秦怡头上。

1968年冬天,天气特别冷,呼呼的北风不停地刮着。一天下午,造反派说秦怡是"化装成美女的毒蛇",宣布成立市一级专案组,对她重新进行审查。批斗会一结束,又借口要秦怡写材料,晚上让她住在车间里,不许回家。仅仅两天工夫,造反派要秦怡搬一个地方。秦怡简单整理了一下洗漱用具,跟着来人走出车间,一辆汽车已停在车间门口。造反派挥了挥手,秦怡上了车,汽车一直开到上海少年管教所。秦怡正式被隔离监护,从此开始了长达两年之久的囚徒生活。

秦怡的这一"待遇",是"四人帮"的军师张春桥"恩赐"给她的。在文艺界一批知名人士遭隔离审查后,张春桥在一次会议上信口雌黄:"像秦怡这样的黑线宠儿,怎么不是审查对象?"他认为这是抓阶级斗争不力,大批判不猛,清查不深的表现,扬言要进行追查。张春桥一发旨意,电影系统的造反派闻风而动,秦怡立刻就遭了殃。

在少年管教所,秦怡被关在一个劳教车间里。"你自己没什么大问题,你只要把知道的人和事写出来,就可以出去。"一进少年管教所,专案组的人对秦怡这样说。他们要秦怡写交代材料,揭发文艺界领导和一些知名人士的问题。

第三十章　黑沉沉的噩梦

身陷逆境，秦怡坚持原则，如实写了她所知道的情况，不夸大，不无中生有，专案组不满意，他们奉行的是怀疑一切，打倒一切，他们要秦怡重写，最好能揭发出一个"特务集团"来。

秦怡不肯就范，专案组撕破脸皮，直接提审："你参加过国民党吗？"

"没有！"秦怡坦然回答说，"新中国成立前在重庆，我参加过中苏友好协会，参加过文艺界抗敌协会，就是没有参加国民党，连集体加入国民党都没有参加。"

"×××是不是加入过国民党。"

"不知道。"

"那么，×××是特务，你总知道吧！"审问者布下陷阱，等着秦怡往下跳。

"他是不是特务，我怎么会知道。"

审问者恼羞成怒："你不老实，在狡辩，你写的材料一点没有价值。"

"我写的材料最真实，没有一句假话。"对所谓的"不老实"和"狡辩"，秦怡不想多做解释，她软中有硬地表明了自己的态度。

"新中国成立前你在重庆为国民党演《野玫瑰》，解放后你又演修正主义的大毒草《北国江南》，这到底怎么解释？"审问者抛出了两颗"重磅炸弹"，数落秦怡的"罪状"，想捏住秦怡的软肋，制服秦怡。

秦怡淡然一笑，不急不怒。《野玫瑰》的事组织上做过结论，再翻出来无限上纲，真是欲加之罪，何患无辞！演《北国江南》是组织分配的任务，有问题也是组织上的事，与她何干？秦怡据实陈言，不认为自己有什么不对。

审问者气得七窍生烟，大发雷霆："秦怡，你是死硬的顽固派！"

这以后，唱红脸的威胁逼供，唱白脸的启发诱供，两下里轮番上场，秦怡始终坚持一条：实事求是，绝不瞎编乱咬；不能为了自己的解脱，凭空诬陷别人。交代材料写来写去总是那几句话，索性不写了。

秦怡软硬不吃，专案组转而审查秦怡参加第22集团军的那段历史，专案人员内查外调，前后历时8个月，证明秦怡说的全是真话。

一转眼，秦怡在少年管教所关了两年了，能问的都问了，该查的全查了，没发现秦怡有任何问题，再关下去也不会有什么结果。迫于无奈，1970冬天，专案组释放了秦怡，宣布撤销隔离监护，不做结论。颇为恶劣的是，专案组规定释放

后秦怡不能直接回家,必须先到"五七"干校报到。黑白颠倒的年头,什么样稀奇古怪的事都会发生。

从少年管教所出来,秦怡匆匆赶到奉贤文艺"五七"干校报到,略作安顿后又匆匆赶回上海家中。两年没有与亲人见面,秦怡日夜想念他们:妈妈身体好吗?小弟的病有没有复发?金焰能起床了吗?

不料,一回到家中,发现全都乱了套:金焰仍然躺在床上不能起来;小弟不断发病,认不出她这个妈妈;母亲早在1969年年初就去世了,丧失人性的专案组竟然不告诉她。猛然知道这一消息,秦怡双眼一黑,人差点昏倒,眼泪随之夺眶而出。母亲是为她受了惊吓,突发脑溢血,在家中躺了五天五夜后含恨去世。

在家的几天中,秦怡一边照料金焰,一边给小弟看病,稍有空闲,心中想的全是母亲。

母亲出身富家,是个文盲,嫁到秦家没过上一天好日子,没完没了地生孩子,终日操劳家务,侍候丈夫,一辈子任劳任怨。晚年的母亲本可以好好享受天伦之乐,却在担忧女儿的惊恐中告别人世。母亲去世那天,身边只有终日恍惚不安的二姐和已患精神分裂症的外孙小弟。想着想着,秦怡泪流满面。这种令人痛苦、窒息、难忍得几乎要发疯的滋味,一直久久不忘地留在秦怡的记忆之中。

安排好家中的琐碎事务,秦怡返回"五七"干校。劳动十分繁重,造房、种菜、插秧、挑粪,秦怡样样都干,每天疲劳不堪。晚上,打谷场上经常放电影,秦怡不管多累都端一只小凳子坐着看。《列宁在十月》《列宁在1918》《伟大的公民》,放来放去总是那几部老片子。

"秦怡,一天劳动这么辛苦,不要看了,早点休息吧。"好心人劝说道。

秦怡笑笑,坚持看下去。金焰曾经笑话她,说她是个"电影疯子"。的确,电影是她的生命,她离不开电影。从"文化大革命"开始,她没再看过电影,反因电影被没完没了地审查。如今既然有电影看,管它是什么片子,管它放了几遍,她要一部不落、一遍不少地看下去。而且,就电影论电影,这几部片子是她非常喜欢的。在那个发疯的年代,唯有电影能使秦怡产生无穷的力量和活下去的勇气。

干校待了两年,秦怡重新被调回上海,在人称"桥办"的大木桥路摄影棚待着,任务是看群众来稿。动乱的岁月,电影不拍了,仍有痴迷的电影爱好者写了电影剧本送到厂里。读着无名者的剧作，秦怡百感交集，她还有机会站在水银灯下吗？看了一段时间剧本，秦怡又被派到唐桥的电影资料仓库倒片子。

被审查的人一个个解放了，是演员的都回到演员剧团，秦怡却一直"挂"着，迟迟没个说法。

一次，一个工宣队员悄悄问："秦怡同志，你怎么还没有解放，你有什么问题吗？"

秦怡苦笑地回答说："我也不知道为什么不让我解放。"

秦怡的事是公开的。

经过内查外调，秦怡没参加过任何反动组织，历史是清楚的；演话剧《野玫瑰》，解放初期做过检查；演《北国江南》，算不上是问题，秦怡的态度是老实的。既然如此，为什么不让解放呢？

好不容易熬到1974年年底，秦怡终于被宣布解放了。没过多久，有人私底下告诉秦怡，她的问题久拖不解决，根子是张春桥在作怪。

1968年年底，因为张春桥的一句话，没有问题的秦怡遭隔离审查，审查结果还是没问题。专案组请示张春桥怎么办，张春桥沉默了半天，说："再说吧。"一句"再说吧"，折腾了秦怡好几年。

1975年下半年，厂里拍《征途》，这是一部反映知识青年接受贫下中农再教育的影片，主要演员是从学校选来的郭凯敏等一批学生，导演选中秦怡演贫下中农关婶，兼任演员组组长，辅导青年演员的表演。摄制组的领导大权掌握在造反派手里。

能有戏演，秦怡很高兴，只要不叫她演造反派，演任何角色她都不会计较。《征途》在黑龙江省的黑河地区拍摄，条件艰苦，出了不少烦心的事。对此，秦怡尽量不去想它。拍片间隙，她读了《飘》等一批长篇小说，从中寻找精神上的慰藉。

1976年1月上旬，寒冷的冬天到了，东北的冬天出奇的冷，光秃秃的树枝在呼啸的北风中摇曳，大地整个儿都结了冰，太阳也变得遥远了，照在身上失去了往日的温暖。摄制组第二次去黑河拍外景戏，途经哈尔滨停留两天。1月9日清晨，秦怡从当地的广播中听到噩耗：敬爱的周总理与世长辞了！如遭晴天霹雳，秦怡愣住了。这位像朋友、像兄长、又像慈父一样的好总理，曾指引她走上革命的文

◆ 电影《征途》中演关大嫂

艺道路，解放后几乎年年都聆听他的亲切教诲。"文化大革命"中她身处逆境，仍时时想念总理，盼望有机会能再见到总理，向他一吐心中的委屈……万万想不到总理竟离开了人间……秦怡哀思如潮，悲恸欲绝，放声痛哭。

形势又变得紧张起来，"四人帮"批邓、反击右倾翻案风的叫嚣让人头皮发麻，摄制组工宣队负责人要大家一起参加"批邓"，点名要秦怡带头。

秦怡非常气愤，回答说："批邓怎么个批法，我没有接触过他。"一句话顶得那个负责人半天开不了口。

4月5日清明节，首都人民群众在天安门广场悼念周总理，拥护邓小平，反对"四人帮"，声势之大，气势之猛，震惊全中国，也震惊了全世界。这一消息传到祖国的北疆，秦怡听了振奋不已，她深信苦难的日子即将过去，倒行逆施的"四人帮"必将垮台。

夜深了。

秦怡躺在床上无法入睡，黑暗中她默诵英国诗人雪莱的著名诗句："冬天已经到了，春天还会远吗？"

第三十一章

跑龙套真好

春天终于来了。

1976年10月，是秋色正浓的时节，但是亿万中国人民的感觉像是走进了灿烂明媚的春天。倒行逆施的"四人帮"被粉碎了，阳光驱散了祖国天空的阴云，长达十年之久的民族大灾难终于结束了。

这是一个政治上的春天。

秦怡第二次得到解放，好像从恐怖的地狱回到人间，从她眼睛里看出的一切都是美好的，蓝天是那样辽阔，大地是那样壮美，黄浦江是那样欢乐，走在欢庆"四人帮"垮台的游行队伍中，看到群众欣喜若狂，激情像火山一样爆发，她抑制不住内心的激动，喜悦的泪水直往外淌。

浩劫过后，秦怡已年逾半百，她像精力充沛的年轻人一样，活跃在新时期的舞台和银幕上，她的忠实观众分外关心她，想听到她的声音，再睹她的风采。

在庆祝"四人帮"覆灭的高潮中,秦怡的身影出没在大大小小的舞台上,她用微微沙哑的嗓音,用她真诚的心灵,为荡涤污泥浊水,为医治心灵的创伤,为歌颂春天的到来,一遍遍地诵咏吟唱。在高等院校,秦怡朗诵以青年人领悟十年"文化大革命"为主题的长诗《我的青春》,大学生们听得泪流满面,忍不住失声痛哭。从1976年10月到1978年6月,两年时间不到,秦怡以极大的热情演出了几百场节目,常常是这里的节目没演完,下一场演出的场子已派人来接了。最多的一天,上午、中午加晚上,连演近十场。嗓子哑了,喉咙充血,可秦怡心里是甜滋滋的。

"秦怡还活着!"

"秦怡还是那样年轻漂亮!"

看到自己崇拜的偶像青春犹在,英姿不减当年,观众欣喜地传递这样的信息。观众这样关心她,秦怡感到莫大的慰藉。她理解观众说的"还是那样年轻漂亮"

◆ 电影《风浪》中演渔轮厂党委书记

第三十一章 跑龙套真好

的含义,这不仅是指她的容貌和年龄,更主要的是指她的艺术生命;对一个演员来说,艺术生命的长盛不衰是第一位的。

秦怡是属于银幕的。历经十年动乱,老一辈女演员大都长出了白发,额上有了皱纹,能演的角色不多了。秦怡却是个例外,蕴藏在内心深处的激情不断燃烧,她迎来了艺术创作的第二个春天。

欢庆第二次解放的短暂高潮过去之后,秦怡又回到水银灯下。从1978年6月在影片《风浪》中扮演渔轮厂党委书记开始,她相继拍了《苦恼人的笑》《海外赤子》《张衡》《倔强的女人》《青山夕照》《雷雨》《梦非梦》等12部影片和《上海屋檐下》等6部电视剧,塑造了从古代到现代各种类型的妇女形象,是同辈女演员中拍戏最多的一个。她那端庄秀丽的仪表,深沉含蓄、朴实无华的表演,像"文化大革命"以前一样富有魅力,艺术上也更趋于炉火纯青。

特别值得一提的是,在这近20部影视作品中,除了影片《风浪》《海外赤子》

◆《风浪》是"文化大革命"后的第一部影片,秦怡扮演渔轮厂党委书记。虽然导演非常民主,经常和演员们一起探讨剧本,但演员们也许刚从"文化大革命"中过来,思想上总受到约束,这部戏拍得不太理想,不过,演员们和导演赵焕章都成了很好的朋友。而且剧中有一段戏,秦怡演得很得意,后来因剧本改动删掉了,秦怡仍会在谈表演问题时经常提到它

《梦非梦》和电视剧《上海屋檐下》，秦怡演的多是配角，戏也不多。比如《苦恼人的笑》，秦怡演一个老演员，一场戏，而且还特别短。再比如《张衡》，秦怡演老夫人，也是一场戏，仅仅几个镜头。秦怡并不因为这些人物戏少而马虎从事，仍是一丝不苟，用心去演，心甘情愿当一片"绿叶"，从而使这些人物别具亮色，收到意外的社会效果。

《张衡》中的老夫人是东汉时期的人物，她善良并识大体，因支持丈夫的事业遭遇不测，对于特定时期、特定环境中的这个角色，为了把握好她的身份、气质、举动、形体动作和思想感情，秦怡经过许多探索、体验与自我排练，有血有肉地把她体现到了银幕上。拍送别那场戏，地点在外景地码头边，秦怡跪送夫君离别家乡，众百姓也来跪送，每次试拍，她都情绪饱满，一次次泪流不止。

"秦老师，你是不是感冒了？"在一旁观看的一位青年演员问秦怡。以他的年龄和经历，无法体会秦怡对艺术的执着追求。

辛劳的汗水没有白流。《张衡》上映不久，秦怡收到上海沪西工人文化宫业余影评组写给她的一封信。20世纪80年代，这个业余影评组在上海很有些影响。信中说："我们看了影片《张衡》，觉得您把老夫人演得很出色，这个人物有时代感，而且其气质、形象给人留下了很深的印象，很想请您跟我们谈谈。"很可惜，因为新的创作任务接踵而至，秦怡未能抽出时间和热爱她的观众倾心交谈。

当演员的总希望能碰上好机遇，戏越多越好，角色越重越好。戏多角色重，容易出彩，容易走红。有这样的想法非常自然，无须多加指责。而秦怡自从艺开始，就有些与众不同，她希望戏越少越好，即便后来成名了，她也是不论大戏、小戏，不论主角、配角，分配什么演什么，从来都不争不抢。相比较起来而言，从新中国成立前在话剧舞台到新中国成立后在水银灯下，秦怡演的配角都比主角多。难能可贵的是，那些只有一场戏和几句台词、几个镜头的配角，一经秦怡饰演，大多光彩照人，看了给人留下难忘的印象。秦怡戏称这是"跑龙套"，且公开声明"我喜欢跑龙套"。

1986年8月14日，秦怡写了一篇题为《跑龙套》的短文，对从艺数十年的心得做了扼要概括，对"跑龙套"发表了独到的见解。

最初的"跑龙套"是在重庆。刚上舞台，对演戏一窍不通，秦怡总想戏少点，

第三十一章　跑龙套真好

◆ 拍摄影片《青山夕照》时与仲星火（后排左二）、冯奇（后排左三）等合影

◆ 与青年演员陈冲合作演出

否则上了舞台会手足无措,不敢大声说话。这时,让她演一个群众角色,她会在一旁体会观察,在无拘无束与无人注意的情况下,除去各种杂念,在享受艺术氛围感染的同时,把毫不起眼的群众角色演得逼真自如。

典型的例子是看舒绣文演《虎符》,秦怡自告奋勇要求演一个群众角色。有一场戏,是如姬夫人奔上搭得高高的台阶,以荡气回肠的语言尽情抒发,舒绣文念了一大段独白,秦怡和其他一些群众角色背对观众跪在下面,激动得泪流满面,身体也控制不住地颤抖,他们完全进入了角色。戏演完了,秦怡同样感受到创作后的愉快。如此一次次地磨练,秦怡成了一名出色的"跑龙套"演员。她说,"在戏中与人物搭配沟通时,我从不懈怠"。哪怕如应个"是",端个"盘",这些轻而易举的事,如果龙套当得不好,也会影响主角的戏,甚至还会影响戏的整个节奏。

新中国成立后,秦怡是大名鼎鼎的大明星,她一如既往地不拒"跑龙套"。在《哥哥与妹妹》中,她的戏只有两三个镜头。在《春催桃李》中,她演老校长,总共两个镜头。在《青春之歌》中,她演林红,戏分较重,不能说是"跑龙套",但林红的戏也是一场,相对全剧三小时的篇幅,时间分量极小。这时,秦怡对"跑龙套"的认识又进了一步:"如果一个艺术家能将从心底流出来的情感真切地体现到银幕上,那将是十分幸福的。"

秦怡始终记得苏联电影《海军上将乌萨柯夫》中一位老水兵的形象,他只占一个摇镜头中的一席之地,镜头在他脸上停留了几秒钟,是一个特写,然而就是这位水兵的形象,在几十年后的今天仍清晰可见。他帮助人们去认识乌萨柯夫海军上将所领导的那支出色的队伍,和乌萨柯夫与下属的关系。

在第二个艺术的春天中,回顾自己所演的一系列角色,秦怡对"跑龙套"有了更新的理解:"我在很长时间的艺术实践中感到,如果每出戏的群众演员都很认真地把自己作为'重要的一部分'的话,那么这出戏的整体质量,肯定是能提高的。"

1997年12月,为纪念从艺60周年,秦怡把平时抽空撰写的长达10万余字的《我的艺术生涯》,以及陆续在一些报刊上发表的文艺随笔、对故人的回忆和出访散记,结集出了一本书,书名就叫《跑龙套》。在书的《自序》中,秦怡写下了这样一段话:

◆《海外赤子》剧照

◆ 与史进、简瑞超在影片《海外赤子》中

如果生命还能反复一次，我一定不会像今生这样活着，但既然生命不可能反复，那么我还是面对现实吧。做任何事情都不可能不劳而获，一个人只要自己的心是大的，那么事情就没有大小之分；只要自己的心是重的，那么事情就没有轻重之分；只要自己的心是诚的，那么即使事情成败有别，也多少有些安慰了。

读着这段朴实无华的文字，人们从中感受到的是秦怡崇高的艺德和豁达开朗的胸怀，正因为如此，她才会从一个对表演艺术一无所知的小女孩，逐步成长为一名闻名中外的电影表演艺术家。

重新站在水银灯下，演好配角，秦怡也有遗憾，由她主演的《海外赤子》《梦非梦》，本来可以拍得更好一些，像"文化大革命"以前拍《青春之歌》一样，继续产生较大的影响，无奈因为种种客观因素，这一想法未能如愿。

《海外赤子》写的是爱国归侨从灯红酒绿的西方世界，满腔热忱地投奔到祖国母亲的怀抱，参加社会主义建设，"文化大革命"中虽然饱受"四人帮"迫害，他们仍不改初衷，持之以恒地报效祖国。秦怡在影片中演华侨妇女林碧云。接到拍摄任务，秦怡到海南岛兴隆华侨农场深入生活。当时，丈夫金焰病重，卧床不起；儿子金捷的精神分裂症转入狂躁型，一发病就动手打人；女儿斐斐发现患有心脏病，不能劳累，家中事无巨细，全靠秦怡拿主意。然而，从来都把事业看得比生命还重要的秦怡，顾不了那么多了，她粗粗安排好家中的生活，就带着金捷一起来到剧组。"四人帮"耽误了她十年时间，她57岁了，已不再年轻。来日无多，有机会拍戏，她一定要紧紧抓住。

在兴隆华侨农场，秦怡接触了许多海外赤子，她和他们交朋友，听他们讲自己的故事，对林碧云的爱国之心和报国之志有了深切的了解。摄影机对准了秦怡，拍林碧云一家受"四人帮"迫害，有冤难申的重头戏，秦怡面含悲愤，心情沉重，委屈的泪水慢慢夺眶而出……这场戏秦怡对角色心理情绪的变化把握十分到位，演得真挚感人。有人开玩笑说："瞧这秦老太，演伤心的戏，眼泪仿佛是现成的。"

《海外赤子》拍得非常艰苦，夏天在海南岛兴隆华侨农场拍，冬天在北京长城拍，热起来头昏脑涨，冷起来簌簌发抖。摄制组经济条件有限，住得差吃得也差。为拍林碧云和丈夫黄德辉游览长城，抒发这对华侨夫妇向往长城，热爱祖国大好山河的兴奋之情，秦怡每天凌晨4点起床奔赴八达岭，一天之中三爬长城，有时还要爬到最高处的峰火台，拍林碧云和黄德辉夫妇从长城顶往下走的镜头。毕竟是奔60的人了，一连五六天，秦怡累得腰酸腿疼，举步艰难，可她从不叫苦，以饱满的情绪坚持把戏拍完。

说不清是什么原因，《海外赤子》上映后反响不大，倒是旅居海外的华侨和已经归国的归侨感谢秦怡演了林碧云。1981年，秦怡到美国访问，不少华侨主动向她表示感谢。福建侨乡泉州庆祝元宵节，邀请秦怡参加庆祝活动。在尽情欢乐的时候，有人干脆称她为林碧云，不叫她秦怡。华侨和归侨，把秦怡看成他们当中的一分子。

《梦非梦》的拍摄，发端于十多年前的一个难忘的片段。

那天，秦怡到精神医院去看住院的金捷，为儿子忙碌不停，忽然门外传来一阵悦耳的口琴声，秦怡忍不住走出病房，只见病房走廊栅栏门外坐着一个十五六岁的男孩，据说是音乐学院附中的学生，不知受了什么刺激，也患了精神分裂症。男孩的口琴吹得熟练而动听，一首接着一首。琴声引来了病房内的病人，他们走

第三十一章 跑龙套真好

向大栅栏——有的瞪着出神的双眼,有的跟着曲子打着节拍,还有的跟着口琴声轻轻哼唱,脸上露出天真而怪异的微笑。

突然,有人用祈求的目光冲着秦怡大叫:"妈妈,妈妈……"口琴声在延续。此情此景,秦怡无限感慨,这些精神病患者同样向往美好的生活,需要爱的呵护。

在后来对儿子的精心照料中,秦怡更加体会到"妈妈"这两个字在患精神病孩子的心目中是多么重要。

一个偶然的机会,秦怡将那难忘的一幕,以及她和儿子间的故事讲给友人听,友人大受感动,创作了电影《梦非梦》。影片没有离奇古怪的曲折情节,而是朴实地直抒其爱,直表其情:著名歌剧演员颜蔚在事业上整天生活在鲜花与掌声之中,但现实生活却是厄运连连:丈夫丧生于车祸,女儿又遭病变……真是"花非花,梦非梦"!颜蔚有一颗博大而深厚的母爱之心,她用这颗心去医治女儿的创伤,融化了生

◆ 1991 年拍摄《梦非梦》时的剧照,饰演歌剧演员颜蔚,刘琼饰演精神病院院长

活中的冰霜。

秦怡在影片中演歌剧演员颜蔚,刘琼演精神病医院院长。这是两人自《女篮五号》后的第二次合作。曾经令秦怡难以忘怀的那一幕成了《梦非梦》中的一个镜头——颜蔚到精神病医院探望女儿,一个病孩用口琴吹起了《世上只有妈妈好》,几十个病孩趴在窗口同声歌唱。

《梦非梦》中有秦怡和儿子的影子,秦怡演得格外用心。颜蔚的身份原定是话剧或电影演员,秦怡建议改成歌剧演员,目的是想通过演《蝴蝶夫人》和《茶花女》片段,揭示女主人公深刻的人性内涵与悲剧情怀。于是,秦怡必须具备《蝴蝶夫人》和《茶花女》的气质身份,要学意大利语,拍摄时要对准口型。为此,秦怡每天练发声,背意大利语单词,背着背着就睡着了。那一年,秦怡已是古稀之年,而剧中人颜蔚刚满50岁,以古稀之龄演50岁的角色,一般人是不敢演的。

秦怡喜欢颜蔚,她有类似的生活经历,影片阐述的是爱的主题,秦怡从自己的"生活库"中搜索为角色规定的情景和细节。颜蔚终日奔波,变故迭起,是她生活的生动写照。继而,秦怡又从自己的"感情库"中去寻找不能忘情的爱的呼声、爱的欲望,以及不可名状、无法排除的爱的感觉,把颜蔚浓郁的人性内涵与悲剧情怀刻画得感人至深。

《梦非梦》拍完了,秦怡深深喘了一口气,如释重负。影片送北京审查,很快传来喜讯:审查人员对《梦非梦》评价很高,拷贝送入了中南海,时任中共中央总书记的江泽民要看,并请秦怡一起陪同观看。

秦怡兴高采烈地赶到北京。那是一个下午,江泽民连看两部影片,另一部是《在那遥远的地方》。两部影片看完,已经很晚了,江泽民仅向秦怡表示祝贺,没再说什么。晚上10点,电影局田聪明局长向秦怡传达了由中共中央宣传部转达的关于江泽民同志观看《梦非梦》的意见:《梦非梦》的题材很好,影片充满了爱心,体现了母爱及人与人之间应有的爱护与关心。秦怡的表演很真实。江泽民同志还特别关照,要秦怡代向刘琼和其他老艺术家们问好。

总算忙出了一点成绩,秦怡非常高兴。接着,《梦非梦》在北京举行隆重的首映式,评论界开了一个座谈会,《中国电影艺术报》发了一整版的座谈会纪要。应该说,有这样的反映和评价是相当理想的。然而20世纪90年代初,国产电影境况不佳,观众锐减,票房下跌,一些优秀影片上映后,大多波澜不惊,兴不起浪花,让电影人大失所望。《梦非梦》的最后结局也基本如此。

当然,有遗憾也有欣慰。秦怡感到欣慰的是由她挑头并主演的三集电视剧《上海屋檐下》,一举荣获"飞天奖"特别奖,她本人获得了首届最佳女演员"金鹰奖"。

20世纪80年代初,电视机迅速普及,电视剧作为一门新兴艺术蓬勃崛起。身为著名电影表演艺术家,秦怡没有看不起被许多人视为"小儿科"的电视剧,当她看到许多老、中、青演员由于业务实践机会太少,演技日益荒废,感到如果能尝试拍些电视剧,不仅能让演员有戏可演,还可以为厂里开辟一条新的创收之路。从这样的想法出发,趁厂里开创作会议之机,在演员剧团分组讨论时,秦怡提出了将《上海屋檐下》改编拍摄成电视剧的建议,得到了杨在葆、康泰等许多人的支持。

◆ 电视剧《上海屋檐下》剧照

《上海屋檐下》是夏衍在20世纪30年代创作的名剧,从30年代到80年代,在话剧舞台演过不知多少次,屡屡得到观众好评,是一部经过长时间检验的优秀剧目。秦怡认为,这部作品从一个侧面反映一个时代,通过描写一幢房子里的几家普通人在一天内所发生的变化,揭示了那个时代令人窒息的气氛,反映了人民的希望。戏的风格是朴素的、含蓄的,也是耐人寻味的,演这部戏有助于提高演员的表现能力和艺术修养。

秦怡的提议得到了厂部的赞同,经过联系,夏衍也同意将《上海屋檐下》改编成电视剧。摄制组迅速成立,秦怡任艺术顾问,兼演女主角杨彩玉;杨在葆任编剧,兼演男主角匡复;康泰演另一个男主角林志成。三集电视剧《上海屋檐下》,开创了上海电影制片厂拍电视剧的先河。

秦怡演的杨彩玉是一个感情极为复杂的人物。她和匡复结成夫妻,全力以赴支持匡复从事革命活动。匡复不幸被捕,杨彩玉领着一个年幼的孩子艰难度日。匡复的好友林志成及时伸出援助之手,主动帮助照顾杨彩玉母子。匡复入狱十年毫无音讯,据说已经死去,杨彩玉和林志成于是萌生爱意,生活在一起。几年后,匡复被地下党营救出狱,重新出现在杨彩玉和林志成面前,悲剧因此产生。林志成见到匡复很高兴,但立刻又谴责自己的不义行为;杨彩玉对匡复的出现感到意外,但又唤起她对过去美好生活的回忆,三个人都陷入了痛苦之中。匡复率先从矛盾中挣脱出来,理智战胜了感情,毅然离开日夜思念的妻儿,希望杨彩玉和林志成勇敢地活下去……杨彩玉、匡复和林志成都是有着美好心灵的人,他们没有为自己的幸福去伤害他人,而是为了别人的幸福,宁肯自己忍受痛苦。悲剧之所以会产生,是那个时代所造成的。

在电视剧中,秦怡把杨彩玉在匡复重新出现后因惊讶、欣喜、矛盾、内疚而百感交集的神态,演得真实可信;把杨彩玉跌宕起伏的情感,深沉复杂的矛盾心理,刻画得细腻鲜明,感人至深。

秦怡演杨彩玉时已届花甲之年,杨彩玉的年龄才32岁,典型的老演少,年龄差距几近一倍。反映在银屏上,秦怡依然肤色晶莹,光彩照人,岁月似乎并未夺去她的青春,杨彩玉的形象因此表里如一,栩栩如生,有强烈的美感,令同行和观众大为惊叹。

◆ 第四次文代会上与夏衍交谈

秦怡本人认为，"文化大革命"以后她塑造了一系列女性艺术形象，杨彩玉是她最满意的一个。

"战士的歌声，可以休止一时，却永远不会沙哑；战士的眼睛，可以关闭一时，却永远不会昏瞎。"秦怡很喜欢诗人郭小川的这一著名诗句，这一诗句其实也是秦怡后半生艺术生涯的生动写照。

第三十二章

流泪的眼睛

1983年12月下旬，天已经冷了。在华东医院的病房里，秦怡把冲好的热水袋焐在金焰的脚下。

躺在病床上的金焰，鼻孔里插着氧气管，手背上扎着输液的针头，人瘦得皮包骨头，两颊的颧骨高高耸起，双眼深陷眼窝，唯有盖着被子的胸部在微微起伏，表明他还活着。

一个月前，因为肺气肿和胃切除后遗症等旧病复发，金焰住进了华东医院。医生尽心尽责，想方设法对症治疗，病情仍不见缓解。

放好热水袋，秦怡坐在病榻旁看着瘦得脱了相的金焰，心中一阵忧伤，爱怜之情油然而生。

金焰也在注视秦怡，止不住的泪水从深陷的眼窝中溢出。秦怡掏出手绢，为他擦去泪水。金焰抬起另一只手，轻轻抚摸妻子的手指。一切尽在不言之中，又胜过语言所能表达的一切。

这对由自由恋爱而再婚的明星夫妻，都是正直、善良和感情丰

第三十二章　流泪的眼睛

富的人，在共同生活了 7 年之后，因为金焰的一时苦闷与糊涂，误入了一段情感岔道，由此他们虽同在一个屋檐下生活，却疏远与分居了长达 30 年之久。秦怡对此从不回避，她坦率地对人说："在生活上他很苦闷，我也很苦闷。"然而此时此刻，两人无言中的下意识举动，流露出在疏远与分居的背后，依然燃烧着昔日真心相爱的火焰。

秦怡一直认为，命运对金焰不公平，极左的做法挫伤了他的自尊心，打击了他的积极性，使他整日生活在彷徨、犹豫、痛苦与愤懑之中。

新中国成立后，金焰被评为一级演员，当上了上海电影演员剧团团长，他的心情极为舒畅，一心想着把注意力集中到事业上，多拍几部出色的片子，好好为党和为人民服务。为此，金焰和其他许多演员一样，把单眼皮开成了双眼皮，让自己的眼睛更能传达角色的神情。当时，审美标准笼罩着浓郁的政治色彩，银幕人物形象追求威武、高大与精神，而单眼皮被认为在体现人物情感时有一定的局限。

金焰的满腔热忱并没有换来他所期待的结果，在演了一部《大地重光》之后，很长时间一直无戏可演。后来虽然又演了《暴风雨中的雄鹰》《母亲》等影片，多是一些不起眼的角色，不能发挥他的演技。金焰为自我价值不被重视深感苦恼。这时，文艺整风运动又接踵而至，他的打猎、种花、养狗等个人爱好，他的会骑马、会开车等技能，被戴上了"资产阶级生活方式"的大帽子，并遭受无端的批判。金焰无法理解，这些个人生活爱好有什么好指责的！

与此同时，金焰在艺术上坚持己见，凡他演的角色，导演的框框不能太多，他要根据自己的体验自然地去演，经常与找他拍戏的导演发生争论，甚至吵架。他是名演员，脾气又大，一般导演有点怕他，久而久之，请他拍戏的导演相对少了。这未免有点遗憾。

政治处境不顺心，艺术见解上有分歧，金焰上银幕的机会越来越少。解放前，他是第一个民选的"电影皇帝"，大名鼎鼎，声誉雄冠各家电影小生之首；解放后，他拍了几部电影，没什么反响，几近默默无闻。内心的强烈渴望与客观效果形成巨大的反差，无法弥补的失落感和不满积聚在金焰心头。他生性倔强，不爱多说话，也不爱出风头，及至事事不如意，他就愈发沉默寡言，不愿多说一句话。

古诗云，何以解忧，唯有杜康。为了排解胸中的郁闷，金焰借酒消愁。他出

◆ 金焰和儿子金捷

生在朝鲜，长在东北，那里气候寒冷，人们以酒御寒，所以年轻时他就特别爱喝酒，因酒量大，少饮不过瘾，非喝得酩酊大醉不肯罢休。新中国成立初期，金焰一度改掉了嗜酒的不良爱好，可惜好景不长，心情一不舒畅，又故态复萌，恋上了酒杯。过分的酗酒，彻底毁坏了他的身体。

尽管如此，金焰并没有绝望，他在等待机会，盼望有朝一日能一展雄风。没过多久，还真的有了一次机会，只是刹那间"机会"化成了"陷阱"，让金焰背上了一份"莫须有"的罪名……

1958年，许久不拍戏的金焰被文化部派往民主德国，参加一部描写各国科学家到金星上探险的科学幻想片的拍摄，金焰演一位中国科学家。

金焰2岁时随父母流亡到中国，出国的机会不多。新中国成立前他到处跑，那也是因为爱好旅游和打猎。新中国成立后他除了1953年赴朝慰问志愿军外，再也没出过国。在这一点上，他的机遇远远比不上秦怡。这次组织上能派他去民主德国拍戏，金焰非常兴奋，认为这是政治上对他的信任，也是他一展身手，重新证明自己实力的好机会。金焰精心做了准备，

第三十二章 流泪的眼睛

◆ 和金焰、儿子、女儿、外甥女在一起

他复习了本来就会说的英语，设计了要穿的服装。他对秦怡说："我是代表中国出去的，应该有自己的水平。"

秦怡为金焰能有这次机会而庆幸，她希望通过这次出国拍戏，能给金焰的整个生活状态带来转机。十几年同在一个锅里吃饭，她相信金焰在表演和仪态方面不会给中国人丢脸。

在民主德国，金焰一待就是两个月，剧本一直没有修改好，戏迟迟不能开拍，金焰因长期贪酒生成的胃病却发作了，制片方因此决定让所有外国演员暂时先回国，等剧本定稿后再集中。

金焰要回国了，出于礼貌，摄制组制片主任和副导演陪他一起去百货公司购物。金焰生活兴趣广泛，对什么东西都有相当的鉴别能力，能够去外国的百货公司看看，他十分愿意，可能的话，他想买台录音机。当时那种老式笨重的录音机，在国内个人是没有的。如果有一台录音机，可以大大改进自己的台词，对演戏大

◆ 1999年在韩国与金焰侄女（右）、侄孙女（左）合影

有帮助。钱他也有，是从伙食费里省下的。巧的是作为主人的制片主任和副导演会讲英语，金焰便用英语和他们谈了自己的想法。随同而行的是俄语翻译，听不懂他们说什么。

在百货商店，金焰看到了录音机，选中了一台买下了。临离开百货商店，制片主任和副导演说，录音机是制片厂作为礼物送给他的，他们硬把钱塞给金焰。金焰婉言相拒，双方坚持不让，最后只好收下。在返回住处的途中，金焰请制片主任和副导演吃饭，算是答谢和还情。这本来是件极普通平常的小事，但在极左盛行和阶级斗争的弦绷得很紧的年代，成了金焰的一大"罪状"。

不知是谁向大使馆打了"小报告"，说金焰向制片方索要礼品，还违反外事纪律，避开翻译，用英语和制片方亲热交谈。大使馆根据"小报告"提供的内容，写了一封信给文化部。颇为戏剧性的是，大使馆把信托金焰回国转交文化部。金焰以为是重要文件，一路上小心保管，生怕弄丢了。一回到北京，他做的第一件

第三十二章 流泪的眼睛

事就是把信送到文化部。他万万没有想到，这是一封数落他"罪状"的信。为了这件事，组织上一再要他"说清楚"。金焰说来说去只是那几句话，组织上也拿不出其他证据，最终不了了之。录音机被送到了演员剧团，金焰没能第二次去民主德国。

回到北京没几天，金焰因疲劳过度，胃大出血，昏倒在北方饭店的卫生间里。

"老金病危，速来。"当晚，秦怡在上海收到了北京拍出的电报。

第二天一早，秦怡匆匆买好机票，准备飞往北京，又收到金焰本人拍出的加急电报："千万别来，我明日即返沪。"

第二天中午，秦怡到机场去接金焰，金焰被人用担架抬下飞机，秦怡从机场直接把金焰送进了医院。

"为什么不让我去北京接你？"在前往医院的路上，秦怡问金焰。

金焰虚弱不堪，断断续续地说："你在北京人地生疏……让你去打各种交道……你会晕头转向，连路都不认识。你的生活能力不强，弄到最后你也会病倒，所以我一醒过来，知道有人打电报叫你来，立刻让你别来……"即便在重病中，金焰还是非常实在。

这次胃大出血，金焰住院治疗了很长一段时间，身体元气大伤。1960年，金焰赴大西北慰问上海支边职工，在青海柴达木盆地冷湖油田，和一支勘探队一起爬山，胃部又一次大出血，被运煤的卡车送往柴达木医院急救。1962年，金焰的胃病继续发作，有病变的可能，迫不得已，整个胃切除了，由食管和肠对接，让部分肠道代替胃的消化功能。一个原本壮实的汉子，体重骤然减了40多斤。更加不幸的是，手术后落下了严重的神经性胃切除后遗症，每次饭后都要在床上躺上两三个小时。一代"电影皇帝"从此成了一个废人，过早地中断了艺术生涯，他的形象连同他的名字，渐渐被人淡忘。

"文化大革命"中，秦怡身陷囹圄，没有工资。造反派查来查去也没查出金焰有什么问题，硬给他套上"三十年代文艺黑线干将"和"资产阶级大少爷"两顶帽子，减去工资，放到"五七"干校劳动一年。

由于营养跟不上和精神压力过重，金焰的身体更加衰弱，胃切除后的倾倒综合征不见好转，粉粹"四人帮"后又患上肺气肿，成日"哎哟、哎哟"喘着气过

日子，东倒西歪，度日如年。活着竟成了一种折磨，但金焰还是挣扎地活着。

为了彻底摆脱感情上的痛苦，和金焰分居后，秦怡希望金焰再有个温馨的家，以便有人好照顾他。她几次和金焰谈起两人离婚的事，金焰始终不接口，也不说为什么。金焰宁可分居，也不愿离开秦怡，离开这个家。1962年，金焰做了全胃切除手术，得了后遗症，艰难而痛苦地活着，秦怡从此再不提离婚的事。老天爷对金焰不公平，他一生经历坎坷，令人同情，过去的创痛就让它过去吧！

秦怡和金焰继续分居，儿子金捷不久就发病了，且反反复复，金焰自顾不暇，秦怡只好和儿子同住一间房，便于夜间照料。他们毕竟是法律和名义上的夫妻，尽管感情疏远了，彼此尚能理智地对待对方，互相间还有一份真诚的关怀。说到底，在他们各自心灵的深处，仍然保留着过去的那份爱。

金焰是个硬汉子，自1958年发病至死，再未康复过，他坚持自力更生，尽量不麻烦别人。秦怡拍戏不停，金焰深感孤寂和缺少照顾，也从不要她做任何事。秦怡因此戏称："他是个死硬派。"

金焰会洗衣、会烧饭，身体垮了不能工作，他用他特有的方式关心家中的每一个人。金焰记得家中每个人的生日，到了那天，不管他身体多么不好，他都会亲自动手做个炸鸡，买块蛋糕，让大家一起庆祝一番。他做的炸鸡大家最爱吃。每逢年节，金焰会在客厅里摆上一束花或放点小摆设，再打开家里所有的灯，让角角落落一片光亮，充满小情调，等大家吃完晚饭，高兴一阵，他再回自己的房间睡觉。

秦怡经常出差，金焰像过去一样，帮她整理行装，检查是否漏了必须带的东西。有时实在无法亲自动手，他会躺着一样一样提醒秦怡。金焰很了解妻子，她有强的耐力和克制力，但她不会照顾自己，笨手笨脚的，总是做不好事情。如此点点滴滴，秦怡不免心生感慨：如果金焰还和王人美在一起，他得到的照顾会好得多，王人美在生活上比她能干。

无戏可演，无事可做，寂寞无聊中，金焰寻找着自己的精神寄托。阳台上的那几盆花，是玫瑰与月季嫁接的，种子是张翼大哥给的，不论病怎样严重，金焰每天总要端上一盆水去浇灌。花开季节，他站在花盆前凝视那黄色和红色的艳丽花朵，久立不去。偶有空闲，秦怡也会到阳台上欣赏生气勃勃的花朵，同样舍不

第三十二章 流泪的眼睛

得离去。

金焰住的房间像个金工小作坊。写字桌变成了工具台,有榔头、锉刀、锯子和凿子,还有小车床。年轻时在东北半工半读,金焰对机械制造有着浓厚的兴趣,他认为用自己的双手做出一件满意的小玩意儿,好比是孕育一个生命,能产生成就感而获得心理上的满足。如今身体不行了,不能重返银幕,只要稍有些精神,他就在自己的房间里,做些小东西送给朋友。他送给刘琼的一把小锯子,长八英寸,锯口薄而锋利,配上一个淡黄色的羊角作锯柄,古色古香,十分精致,刘琼赞不绝口。每当此时,秦怡会忽发奇想:如果金焰不当演员,去做个工人,他会是一个出色的技师,那就用不着遭受这么多磨难了。

金焰最忘不了的还是电影,他自己不能拍戏,一有机会他就和秦怡谈电影,为秦怡出主意。

病后的日常生活,金焰唯一的消遣是每天晚饭后躺在沙发椅上看一会儿电视。中央台的新闻和天气预报,他每天必看,球类比赛是他主要的选择。一次,电视台播放一部演员和导演秦怡都很熟悉的外国影片,金焰和秦怡一起看,秦怡看完影片分外亢奋,沉浸在故事情节中不能自拔。

◆ 20 世纪 50 年代和金焰在家中阳台上

"你为什么会觉得这部影片好看?"金焰冷不丁地问。

秦怡一时回答不上来,怎么想怎么说:"我觉得演得那么舒服,简直不像演戏,可又都是戏。"显然,这样的回答没有说到点子上。

金焰略一踌躇,说出了自己的看法:"这是导演与观众有很多共鸣,有一种心理默契,导演清楚观众需要看什么。观众要看人物的近景特写,他就让观众看人物的近景特写;观众要看人物怎样处理眼前发生的一切,他就给观众看足这一切。这样,观众与人物一直是有共鸣的,而不是让观众看导演本事有多大,故弄玄虚地搞一套;不是故意卖弄什么蒙太奇,而是让蒙太奇为人物和剧情发展服务。各种各样的手法,只要是能加强这种需要,就肯定会好。当然剧本永远是重要的。"

秦怡从没听过金焰对艺术问题发表见解,猛一听到他对一部外国影片发表长篇的理性分析,既惊讶又佩服,金焰是真正懂电影的,不愧为"电影皇帝"。

另有一次,秦怡看完了曹禺的话剧剧本《王昭君》,随手一放,金焰拿去看了。

"你非常适合演王昭君。"看完剧本,金焰对秦怡说。

秦怡反问道:"我为什么合适?"

"首先是你的气质,你的韧劲,还有你比较野的性格。但是,你的外表不野,你显得大方,所以如果各方面配合得好,你绝对可以演王昭君。"

"我只是看着玩儿,根本没人要我演什么王昭君。"

"你这个电影疯子,别看你整天拍戏拍戏,你的戏命也不见得比我好到哪儿去……"

听了此话,秦怡淡然一笑,金焰平时看似什么话都不说,像个闷葫芦,其实心里什么都明白。这样一个绝顶聪明之人,早早地和水银灯告别,无论对金焰还是对中国电影,都是无法弥补的一大遗憾。

1983年,金焰的身体每况愈下,秦怡却格外忙。一年中她连拍三部影片,一部是福建电影制片厂的《我》,一部是北京电影制片厂的《青山夕照》,再一部是上海电影制片厂的《雷雨》,三部戏一上身,秦怡抽不出时间照料金焰,心中愧疚不已。秦怡自我安慰:三部影片一拍完,她一定好好待在家里,尽一个做妻子的责任。

但是等不及了,金焰住进了医院。那时《雷雨》正拍到紧要关头,周公馆借

第三十二章 流泪的眼睛

用的是科学会堂的房子,星期天不办公,能用来拍戏,于是秦怡连星期天也不能休息。万般无奈,秦怡只好每天等拍好戏再赶到医院探望金焰,时间多在吃晚饭的时候。

"时间不早了,你快点回去吧……"每次赶到医院,在病榻旁刚站了一会儿,金焰就催秦怡回去。

秦怡有些茫然,也有些委屈:是金焰生气了,不满意她总是在吃晚饭的时候才去看他,还是知道她人很累,让她早点回家休息?不管怎么说,她也是身不由己。戏拍到一半,丢下不拍已不可能。转而一想,秦怡又释然了。金焰人在病中,特别需要亲人的温存与慰藉。

再次到医院,秦怡对金焰说:"你要是觉得不行的话,我去对剧组说不去了,后期制作让他们找别人配音。"

金焰连连摇头:"不要,不要。"金焰自己拍的片子,最反对让别人配音。秦怡自从影以来,也没让人配过一次音。秦怡被深深打动了,金焰要她早点回去,是对她的关心和爱护。

进入12月下旬,金焰真的不行了,病危通知送到了秦怡手里,她心急如焚,连续四天精心护理金焰。秦怡希望金焰能挺过去,活下来,在未来的日子里,她一定好好照顾他。

天气特别冷,秦怡摸摸金焰的手和脚,四肢冷冰冰的。她一次次给热水袋换水,放在金焰的脚后跟,暖和金焰的脚,又用自己温暖的手轻轻搓着金焰的手,让金焰的手也热起来。

金焰几天吃不下东西,秦怡挤了小半碗橘子汁,温热了一滴一滴地往金焰嘴巴滴。"吃吧,吃吧,吃下去你会好的。"秦怡期盼奇迹能够出现。

秦怡不停地忙着,金焰黯淡的眼神盯着她看。秦怡走到东,他朝东看;秦怡走向西,他朝西看,一副恋恋不舍的样子。金焰仿佛想说些什么,下颌微微蠕动,却发不出任何声音,眼角不停地流泪。那泪水是代表羞愧、痛楚、祈求和呼喊,还是兼而有之,谁也说不清楚。

秦怡的心像在沸油中煎熬,痛苦得难以忍受。霎时间,曾经有过的种种不快,全都抛到九霄云外。生活是复杂的,金无足赤,人无完人,人与人之间需要多一

◆ 电影《雷雨》中演青年时期的侍萍

份理解，多一份宽容。

秦怡更多了一份自责。她和金焰结婚 37 年，在这漫长而坎坷的 37 年中，他们共同生活在一个屋顶之下，很少把心敞开来交谈，她为他遗憾，也为自己遗憾！和她结婚前，金焰早已是一个久负盛名的演员，在后来的几十年里，他竟弄得事业一无成就，感情不堪收拾，身体一败涂地，而之所以会如此，原因是多方面的，不可否认的是，其中也有属于她的一份不是……秦怡心潮起伏，喉咙被千言万语

第三十二章　流泪的眼睛

堵塞着，泪珠尽在眼眶里打转，她从没有这样难受过！

在金焰生命的最后 30 多小时中，秦怡夜以继日地守在他身旁，一刻也没离开过。金焰一直想睡觉，医生给他注射针剂，不让他睡，因为只要他一睡着就长眠不醒了。

临终前几小时，金焰不停地张动着嘴巴，像有话要说，秦怡把自己的耳朵贴近他的嘴巴，金焰气如游丝，好一会儿才发出微弱的声音，秦怡勉强听出是叫着儿子金捷的乳名："小弟……小弟……"孩子是夫妻感情的结晶，在即将告别人世之际，金焰不忘儿子，自然也意味着忘不了秦怡给予他的爱。

"你放心吧，我会带好小弟的，我永远不会离开他。"秦怡转了一下头，用嘴对着金焰的耳朵柔声说。

1983 年 12 月 27 日上午 8 时，一代"电影皇帝"再无牵挂，永远地闭上了他的眼睛，享年 73 岁。

秦怡悲恸欲绝，泪如雨下，却哭不出声来。

"你哭出来呀，哭出来呀，否则你要昏过去的！"护士不断拉着秦怡大声叫着。

秦怡这才"哇"的一声号啕大哭。

第三十三章 伟大的母亲

诗人泰罗有句名言："谁在我跌倒的时候将我扶起？谁对我讲美丽的故事？谁给我创痛的地方一个吻？——我的母亲！"

秦怡就是这样一位母亲。

在秦怡的小皮夹中有一张儿子金捷3岁时的照片，照片上的金捷十分可爱：一张特别善良憨厚的胖乎乎的小脸，耳朵有一点点招风，眉宇间有些许不易察觉的淡淡的忧愁，甚至还有点深沉。后来秦怡才觉得，这或许是儿子发病的原因。金捷从小性格内向，父病母忙，家中老人爱他、关心他，那更多的是在饮食起居方面。他小小心灵中有着许多丰富而凌乱的思绪，却无人了解和帮助排解。

自金捷16岁发病后，秦怡一直把这张照片放在小皮夹中，带在身边，经常拿出来看看。每换一次大皮包，秦怡从不会忘记把小皮夹也放进去。如今照片已经发黄变旧，秦怡也很长时间不去翻它，因为"小弟"快成为"老头"了。

第三十三章 伟大的母亲

83岁的秦怡是个祖母级的人物，理当儿孙绕膝，尽享天伦之乐，可56岁的儿子至今还像个孩子，穿衣吃饭，打针喂药，洗头洗澡，样样要秦怡动手操劳，她无法摆脱一个做母亲的责任。

无论是友人探访还是记者到家里采访，话谈到一半，秦怡会突然说声"对不起"，然后发出如下的呼喊：

"小弟，该吃药了，今天天热，吃的时候倒点凉水，当心别弄翻了！"

"小弟，早上吃粽子，吃得慢一点，糯米的东西不容易消化！"

80余岁的母亲关照近60岁的儿子，殷殷切切，一片怜爱之情。

有时，则是小弟进来打断谈话，秦怡同样会抱歉地向客人说声"对不起"，然后等着儿子说话。

"妈妈，今天天热，等会儿你帮我洗澡。"

"妈妈，晚上出去吃饭，穿这件衣服好吗？"

小弟身高1.81米，体格魁梧，脸盘、身架像年轻时的金焰，说话的神态口吻，是一个孩子对母亲的依赖。

此情此景，凡亲眼所见、亲耳所闻者，无不感慨系之。

20世纪60年代中期金捷开始发病，至今40余年。40多年中所包含的全是琐碎的、日常的和烦恼的事；是理不清、做不完和说不尽的事；是日复一日，年复一年，想做也得做，不想做也得做的事，可秦怡从无怨言，只要能让儿子健康地活着，她什么事都愿意干。

许多记者采访秦怡，都问起她和儿子的事，问得多了，秦怡写了一篇短文《孩子与我》，文中有如下的一段：

> 我想，这是世界上所有母亲都能领会到，并且是身在其中的。我与一般人们的不同只是孩子从不会责备我，或是赞扬我。如果我对他什么也不理不干，他也一样会来叫着妈妈；如果我为他呕尽了心血，他也只是像平常一样地叫我妈妈！既然孩子已经无法对我做出反应，那么我就必须自己来审视我自己的错误、过失、优缺点，而且在日常的生活中去体验孩子虽没有反映出来的却又一定存在的感受。

秦怡这样写，是因为金捷是一个无法治愈的精神病患者。

40年过去了，儿子发病以来大大小小的每一件事，秦怡始终记忆犹新，稍有机会说起，仿佛是如数家珍，点点滴滴从不会遗漏，而且前后的说法不会矛盾——她的整个心都扑在了儿子身上。

1965年5月，读初三、准备考高中的金捷突然发病，送到医院检查，医生诊断是精神分裂症，潜伏期已经很长，无可挽救了。

"医生，孩子小小年纪，没受过刺激，怎么会得这种病呢？"秦怡想不通。

医生的回答不着边际："原因很多，比如是遗传，或者是药物引起，还有精神压抑等。"

"你说能治好吗？"

"如果能找到病根的话……"

真要命，秦怡就是不知道儿子发病的病根是什么。

金捷住进了精神病院，吃了两个月的药，症状有所缓解，秦怡让他回到家里继续吃药，最后效果不好。

1965年9月，金捷再次住进了精神病医院，并不得不听从医生的建议，采用电休克疗法。孩子刚发病，许多家长都拒绝采用这上刑般的医疗手段，可临到后来没有一个能逃脱上电疗的。

金捷在医院里受"刑"，秦怡在家里苦苦思索他发病的病根。从祖宗三代到儿子成长过程中的细枝末节，埋入记忆深处的一件件往事重新被翻找出来，从中没有发现有什么必然的因果关系。

比如，是请的那位代数补课老师要求太严，作业布置太多，儿子被逼疯了。仔细一想不对了，代数补课是不久前的事，与"潜伏期很长"没有关系。

比如，是金焰对儿子管得太严，儿子有话不敢说，闷在肚子里了。再一想也不对，儿子对父亲并不怕。何况金捷一得病，金焰同样很着急，特地买来玩具，启发儿子的记忆。不管怎么说，金焰是儿子的父亲，对儿子是有感情的。

那么，会不会是遗传因素呢？秦怡把自家的祖祖辈辈一个个想下来，没有一个患精神病的。金焰的祖上，也没听说过有谁精神不正常。

这也不是，那也不是，那是为什么？秦怡觉得，是她当母亲的做得不好，她

第三十三章 伟大的母亲

总以为一切为了工作是她人生的责任,而没有想到作为一个母亲,爱护孩子、教育孩子也是她应尽的责任。她领儿子去看病,医生说:"如果早点看就好了,现在已经是典型的精神分裂症了。"的的确确,儿子初发病,她在杭州写双水内冷发电机组纪录片的剧本。要不然,一发现小弟不说话、不吃饭、不睡觉和不认识人等恐惧与怪异之状,及时把他送进医院治疗,结局会是另外一种样子。唉,是她亏欠了儿子。

经过10次电休克疗法,金捷的病逐渐好转,病态症状基本消失。出院那天,秦怡换了身新衣服去接儿子,像过节一样。

"妈妈,我开心死了!我现在才知道我是生病了,以前我不知道。"走出医院的大门,金捷拉着秦怡的手亲热地说。

几天后是国庆节,晚上,秦怡一家人坐在阳台上看焰火。初秋的夜晚,气候宜人,四周灯光闪烁,天空繁星点点,蹿上半空的焰火五彩缤纷,由点到面地散落开来,分外撩人。

小弟非常高兴,对秦怡说:"妈妈,我现在完全好了。我以后一定好好念书,我还要考学校哪。我不要休息得太长,要不然就来不及了。"

秦怡安慰儿子:"这个学期你不念书了,等下个学期再说,没什么关系的。"她暗存侥幸,让小弟病休时间长一点,或许会不再发病了。

这实在是秦怡的一厢情愿。身逢多事之秋,她连自己的命运都无法掌控,更不用说保护儿子了。

金捷从医院回家刚一星期,秦怡就不得不丢下儿子到市郊川沙县参加"四清"。"四清"结束回到上海,她被查出患了肠癌,立即住院手术。癌肿切除刚出院,"文化大革命"开始了。从此秦怡厄运不断,抄家、陪斗、隔离、审查与下"五七"干校,前后历时五六年。最困难的时候,母亲去世,金焰也下了干校,家中整个儿乱了套。金捷无人照顾,药吃吃停停,病好好坏坏,秦怡的愿望彻底破产了。

1968年上半年,金捷的病第二次大发作,那时秦怡每天还能回家。她带儿子到精神病医院找纪医生。到医院一看,医院也乱翻了天,纪医生被造反派迫害至死,院长在医院大门口扫地,不会看病的护士穿起了白大褂。熟悉儿子病情的纪医生不在了,秦怡心绪茫然,拿了点药带金捷回家。

299

◆ 教金捷读竹简

这一年，金捷的精神病开始转型，由恐惧转向忧郁，整天呆痴痴的，闷声不响，还伴有幻听，会喃喃自语地说："算了，死了算了；有人叫我去死，我就死吧。"说这种话他是无意识的，但可怕的是后来真发生过一次自杀，一下子吃了一瓶氯丙嗪。氯丙嗪专治精神分裂症，一次服用十片就会致命。幸亏金捷常年服用此药，有抗药性，加上发现及时，才没有危及生命。

另有一次是即将发生的自杀，被秦怡发现，及时制止了。

那天下午在阳台上，金捷把一串钥匙扔了下去，人弯着腰朝下看，准备翻身跳下去。

"小弟，你要干什么？"秦怡看见了大叫一声，跑上去一把抓住儿子。

金捷清醒了："啊呀，妈妈，我的钥匙丢下去了。"

秦怡问："你把钥匙丢下去干什么？"

第三十三章 伟大的母亲

◆ 电影《海外赤子》拍摄期间,与海南兴隆农场职工合影

"下面有人跟我说,我先把钥匙丢下去,然后再往下跳,我的病就好了。"金捷说。

从这以后,秦怡一直生活在担惊受怕之中,生怕不知什么时候会听到儿子发生意外的消息。幸运的是,在她失去自由和下"五七"干校的日子里,这样的事情没有发生。

1971年下半年,秦怡结束了干校的生活回到上海,儿子一声不吭,呆呆地看着她,目光是滞钝的。

"小弟,你病好了?妈妈不在的时候,你好吗?"

"我没有病,我过得不好。"

秦怡听了好一阵心酸,金捷的病没有好。她搂住高她一头的儿子,发誓不再让他遭受任何打击。从这时起,秦怡按时给儿子吃药,帮儿子洗漱,几十年从未断过。参加活动和外出拍戏,凡离家超过三天,她都带着儿子一起走。

1978年，金捷的病再次转型，从忧郁转向狂躁，一发作会手舞足蹈，到1979年便开始动手打人了。

1979年8月拍《海外赤子》，秦怡把金捷带到海南兴隆农场，母子俩同住一个房间。招待所在当地属不错的，但用的是温泉水，水温较高，没有冷水。时值酷暑，气温高达40摄氏度，每天从早到晚用热水，人好像一直被蒸煮着，非常难受。精神病患者本来就不适应夏天，现在天天高温，用不到冷水，加上每天一个人闷在房间里，金捷烦躁不安，容易上火发怒。

秦怡每天拍完戏已筋疲力尽，一回到屋里，金捷就抓住她不放，抬手就打。秦怡举手抵挡，手臂被打得暴出一块块乌青。打她的是有病的儿子，秦怡不好向别人诉苦，独自默默忍受。后来金捷越打越厉害，看见秦怡进屋，就往死里打。他人高马大，正好打秦怡的头。为了拍戏，脸要保护好，秦怡用双臂抱着头和脸，弯着腰，让金捷打她的背。

"妈妈让你打，你打妈妈的手和臂，千万不要打妈妈的脸，因为妈妈要工作，要拍戏，要接待外宾，脸打坏了就不能工作了。妈妈求你手下留情。"金捷一拳接一拳地从上面打下来，秦怡弯着腰在底下哀求着。

金捷不打别人，专门打秦怡，在他眼里妈妈整天要他吃药，是敌人。

狂躁过后，打也打累了，金捷躺在床上很快睡着了。抚摸身上的伤痛，秦怡泪水涟涟，胸中拥堵着一股无法言说的凄苦。第二天，她照样精神饱满地去拍戏。

海南的戏拍完，剧组转到北京拍外景。秦怡还是带着儿子一起住。拍长城的戏，秦怡天一亮就要出发，金捷头天晚上吃了药，还在睡觉。秦怡把早饭和中饭买好放在一边，等儿子醒来后自己吃。北方吃馒头，菜也比较差，荤菜是红烧肉或鱼，外加一个蔬菜。为了增加营养，有红烧肉的时候，秦怡尽量买红烧肉。一切都弄好了，她留下一张纸条，告诉儿子怎么吃：小弟，馒头和菜买好了，放在桌子上，吃的时候喝点水。冷开水妈妈倒好了，嫌凉就加点热的。馒头是两个，和红烧肉夹在一起吃。如果很凉，就不要夹在馒头里吃，一边吃馒头一边吃红烧肉。有人打电话来，你告诉他我在长城拍外景……

白天，金捷的头脑是清醒的，会照着纸条上写的去做。一到晚上，秦怡拍戏回来，他又变得怒气冲冲，见人就打。

第三十三章　伟大的母亲

秦怡一边挨打，一边琢磨对付的办法。一次被打，秦怡逃出房间，金捷没有追出来，在房间里来回走动，寻找发泄的对象，半个小时后慢慢安静下来。所以，后来每天拍戏回来，秦怡先在房间门口观察动静，发觉里面有闹腾的声音，她站在门外不进去，等房间里平静了，她再进去安抚，柔声地哄他，剥个香蕉给他吃，然后给他吃饭、吃药，帮他洗漱睡觉。

这时，秦怡会发现小弟留给她的纸条："妈妈，你留的馒头，我吃剩了半个……"秦怡一找，盘子里果然剩了半个馒头。50岁以前，儿子的注意力能够集中，也能写两三句话，50岁以后不行了。

金捷发病时没头没脑地打秦怡，清醒时，他会深情地注视着妈妈。

一天晚上，在柔和的灯光之下，金捷特别乖，秦怡趁机问道："小弟啊，妈妈死了你怎么办？"

"妈妈不会死的。"金捷听了双眼一瞪，摇摇头说，"妈妈死了我也死！"

秦怡心中一热，好一阵激动。"妈妈"这两个字在孩子的心目中是多么重啊！秦怡深深感到，儿子生了病，给她带来了痛苦，影响了她的工作，但也丰富了她的情感，锻炼了她的意志，她决心一定要医好儿子的病。

1980年和1981年，金捷间歇性的狂躁发作越加频繁，打人的事经常发生。一次秦怡应邀到南京演出，住在南京市体育馆招待所，金捷也一同随往同住。不知怎么一发作，他竟动手打体育馆馆长，秦怡在一旁急得要命。好在体育馆馆长身体不错，有办法招架，没出什么意外，要不把别人打坏了怎么办？

又一次在家里，金捷拿起桌上有水的杯子朝金焰扔去，杯子擦着金焰的头皮飞过。没打着金焰，他接着打秦怡，秦怡一个房间一个房间地躲避，最后误把阿姨当成妈妈，拿起畚箕砸了过去，阿姨的头皮被砸破了，被送到医院包扎。频繁地动手打人不是办法，打了自己人还好说，万一把别人打伤了，那可怎么了得？别无它法，秦怡忍痛再次把金捷送进了精神病医院。

似乎是预示着某种奇迹的出现，这次住院、出院，金捷表现得特别清醒、懂事。以往几次住院，秦怡要先叫好几个身强力壮的熟人，到时拖拉着硬把金捷塞进开往医院的面包车。这次住院，秦怡也如法炮制。考虑到金捷会动手打人，她先哄着儿子："小弟，你身体不好，今天要到医院去验验肝……"

◆ 1987年秦怡65岁

"你不要说了,我犯了错误,你是一定要把我送进医院的,那就去吧。"秦怡的话没说完,金捷抢先爽快地说。说完,老老实实地坐进停在门口的面包车。

秦怡十分诧异,这到底是怎么回事?准备好的人用不着了,纷纷告辞走了。这次住院,金捷一住就是5个月。

1981年国庆节快到了,经过一段时间的治疗,金捷的病情基本稳定,医院同意节日期间可以回家过节。国庆节前一天,秦怡一早起来,忙着整理金捷回家要用的物品,一件件摆放得妥妥贴贴。吃完早饭,换了件衣服,她出门去接儿子。

"妈妈,我好了,你让我出院吧,出去后再不要进来了,我保证今后不会再打人了。"秦怡领着金捷走出病房,金捷趁机提出了要求。

秦怡看看儿子,心里酸酸的。住精神病医院,日子不是人过的,金捷住院住怕了。"好,妈妈也向你保证,只要你今后不打人,我一定不会让你再住院。"接过儿子的话头,秦怡向儿子做

第三十三章 伟大的母亲

了保证。母子间20多年前的这一口头承诺,后来真的做到了。

1981年底,金捷出院了,秦怡越发精心照料。奇迹真的发生了,从那时到现在,20多年过去了,金捷的病情一直稳定,再没有发病过。只是随着年龄的增长,5年前他又得了糖尿病、前列腺肥大和高血压。

现在,儿子每天要吃三种药,一种治疗精神分裂症,一种治疗糖尿病,再一种是补钙和养肾保健药,一种药有一种药的吃法,有的饭前吃,有的饭后服,一天三顿,不能停也不能乱,秦怡记得清清楚楚,到时就提醒督察儿子服用。

金捷也养成了习惯,到吃药的

◆ 1995年和儿子在家中

时候,他拿了药会伸手让秦怡检查:"妈妈,是这些药吗?"

秦怡一种药一种药地查看,再核对数量,然后说:"对,是这些药。先吃红颜色的,再吃其他的药。"耐心细致,像是跟一个上幼儿园的孩子说话。的确,50多岁的儿子,智商和一个孩子没什么两样。每年春节年初一上午,秦怡都会包一个红包给儿子当压岁钱,金捷拿了红包会像孩子一样高兴地把钱藏起来。

金捷得了糖尿病,秦怡又多了一份差使:测血糖。每天早、晚两次,血糖高了,再注射胰岛素。一年四季,天天如此,成为秦怡不可疏忽的工作。外出开会、演出或聚会应酬,半天一天的,能带上儿子,秦怡尽量带上,为的是打针吃药不受影响;不能带儿子,秦怡离家前嘱咐阿姨代劳。时间超过两天以上的活动,秦怡专门请护士上门服务。在秦怡的心目中,儿子永远是第一位的。

经年累月的相依相伴,金捷养成了什么都依赖妈妈的习惯。秦怡不在,他心

◆ 和儿子在公园写生

神不宁。秦怡回来了,他马上迎上去说:"妈妈,你回来了。"说完再回到自己的房间。

生病的时间长了,50岁以后,金捷的注意力越来越不能集中,看书看报最多看一行,看电视只能看一两分钟;写字写几个可以,写一句话不行。于是,除了吃饭睡觉,其余时间他不断在房间里踱来踱去,嘴中自言自语,不知说些什么。偶然间,秦怡发现儿子爱在纸上乱涂乱画,"他会不会对画画感兴趣?"秦怡忽发奇想,试着请一位画家上门教画,让儿子有事可做,生活过得充实一些。

金捷学画,秦怡跟着一起学。画家每星期上门教一次,留下作业让金捷自己练。难得的是儿子画画不但全神贯注,而且特别听老师的话,画技不断提高,秦怡从心底里感到高兴。

金捷学画的兴趣越来越浓,稍有闲暇,他提着水桶,秦怡帮助背着画夹,提着小板凳,母子俩一起到公园写生。金捷

第三十三章　伟大的母亲

◆ 欣赏儿子的画　　◆ 儿子的画《衡山公园》参加慈善拍卖会，美国影星施瓦辛格以2.5万美元买下

画好一幅作品，秦怡认真欣赏品评，一幅一幅保管收藏好。

2002年5月的一天晚上，上海波特曼大酒店举办慈善拍卖活动，秦怡带着金捷一起参加，同时带着金捷画的一幅水彩画《衡山公园》。画面是在盛开的鲜花和绿树丛中，一条小路曲折地通向深处，很有点意境。画裱好后装在一个精致的大镜框中。

拍卖开始前，主持人请秦怡上台讲话。秦怡说了让金捷学画的动机和经过。"他画得不好，为了表达爱心，今天我和他一起带着他画的画参加义卖……"随着秦怡的介绍，工作人员把画举起来给大家看。

"咦，这不像是精神病人画的……"台下窃窃私语。

拍卖师上台，举槌开拍。

《衡山公园》3000元起拍，最后以2.5万美元竞拍成功。全场的人齐齐注视最后的竞拍者——中国特奥会慈善大使、国际影星施瓦辛格先生。他专程从美国赶来参加这次慈善拍卖活动。

秦怡和金捷拿着《衡山公园》上台交画，施瓦辛格先生满面含笑上台接画。

"我是为了特奥会捐献才画这幅画的。"金捷和施瓦辛格共同拿着《衡山公园》，金捷对施瓦辛格说。此时，秦怡已退到一边。摄影记者拍下了这一富有纪念意义的瞬间。第二天，不少媒体采用了这张照片。

随后，记者采访了施瓦辛格先生："施瓦辛格先生，你觉得这幅画画得怎样？"

"好，太好了！"施瓦辛格大加赞赏。

"施瓦辛格先生，您为什么愿意出这么高的价格买《衡山公园》这幅画？"一位记者抢上前问道。

施瓦辛格动情地回答说："秦怡是一位伟大的母亲！"

顿时，全场轰动，掌声响成一片。

年纪一年年大了，一过80岁，秦怡觉得自己真的老了，她越来越多地想儿子今后怎么办？有她在，金捷的生活与看病不成问题，她有能力让他生活得幸福，问题是她不在了，金捷还能生活得同样幸福吗？为此，秦怡从各方面悄悄做着准备……

然而，2008年春节前夕，金捷病了，秦怡忙将儿子送到医院，一检查血糖只有0.1，这对糖尿病人而言是非常危险的，所幸经过抢救，小弟很快醒了过来。秦怡以为这次儿子也会跟以往一样，在医院住一段时间就会好的，但令她没想到的是，小弟病情突然急转直下，不断发烧咳嗽，时而清醒，时而昏迷。秦怡整天整夜守在医院里。她不肯请护工，也不让别人代替。秦怡觉得，只有做母亲的才会给儿子最无微不至的关爱。这一年，金捷59岁，秦怡86岁，真正是白发人悉心照顾黑发人。

"小弟看看妈妈，不要总是睡，这样对身体不好，你睁开眼睛看看。"守在小弟身旁，秦怡温柔轻声地对儿子说。

有一次，金捷好不容易醒了，对秦怡说："没有关系，没有我你可以省点力。"

秦怡听了，既感到揪心般的疼，又感到有一份舒心的安慰。小弟虽说一生都在病中，但母亲为他付出的一切，他心里是清楚的。

金捷住院20多天，终于去世了。老来丧子，自古就是人生的一大不幸。回忆近60年来的相依相伴，秦怡怎么也忘不了儿子。在很长一段时间中，在家中客厅

第三十三章 伟大的母亲

的一张桌子上，秦怡放了一幅小弟的大照片，照片前不燃香不点蜡烛，而是在两旁各放一瓶鲜花，以此寄托她对儿子的思念。金捷是幸福的，他一生都生活在母爱之中！

秦怡的老朋友吴祖光先生生前曾对秦怡说过一段话："我非常佩服你的勇敢精神，身上伤痕累累，而你依旧美丽，风采袭人，还是保持着乐观豁达的人生态度，真不愧为一位好母亲。"

施瓦辛格更是说得一点不错：秦怡是一位伟大的母亲。

第三十四章 友谊天长地久

电影是世界的。

人们形象地称誉电影是"装在铁盒子里的大使",它行使着国际文化交流的社会功能。而伴随不同国家间影片的互相传播,以导演和演员为代表的各国电影人的互相访问也日益频繁,从某种意义说,他们是更为活跃的文化交流的使者与友谊的传播者。越是著名的导演和演员,在这方面所发挥的作用越加突出。

作为著名电影表演艺术家,秦怡先后出访过苏联、日本、法国、美国、阿尔及利亚、埃及、缅甸和芬兰等十几个国家,宣传中国电影,弘扬中华文化;作为东道主成员,秦怡接待过来访的各国电影人,在中外电影工作者之间架起了友谊的桥梁。2005年4月,秦怡又应邀赴美国访问,在韦伯州立大学、杨百翰大学、威斯敏特学院讲学。

秦怡出访最多的国家是苏联(包括俄罗斯),从1954年到1996年,她先后五次访问莫斯科等城市,这还不包括出访北欧与北非国家时,

第三十四章　友谊天长地久

◆ 1996年访问俄罗斯时，与电影《雁南飞》的女主角合影

往返途中在列宁格勒、莫斯科的多次停留。每一次访问，都给她留下了许多难忘的记忆。

1954年12月，秦怡第一次访问苏联，32岁的她已是新中国崭露头角的电影明星，年纪轻轻就作为中国电影代表团的成员，到社会主义阵营的老大哥那儿去参观学习，在当时是一种极大的政治荣誉。苏联是电影大国，是托尔斯泰的故乡，学生时代秦怡就读托尔斯泰、屠格涅夫……向往产生这些文学巨匠的神秘土地，如今真的要去了，她既兴奋又紧张，激动得好几夜无法入睡。

从北京起飞的是一架十二座的小飞机，中途在蒙古人民共和国首都乌兰巴托落地加油。当天气温极低，站在机场等待，人冻得像根冰棍，可秦怡并不觉得冷，心中似有一团火在燃烧。

飞机降落在莫斯科机场，天空一片漆黑，探照灯把机场照得通明透亮。契尔卡索夫、契尔诃夫、拉狄尼娜、马卡洛娃、格拉西莫夫、罗姆等著名导演和演员

◆ 1997年访问俄罗斯，在托尔斯泰故居前留影

到机场迎接。他们中有好几位在1952年访问过上海，秦怡曾出面接待，而今小别重逢，易地再会，彼此格外激动。鲜花、掌声加拥抱，主人和客人一起沉浸在热情洋溢的友谊海洋中。有生以来，秦怡从未经历过这样的场面。

最初的几次访问，秦怡感受最深的是苏联人民对中国人民的深厚友谊，和她作为新中国艺术家所受到的尊重。

1959年夏天，秦怡第二次到苏联，参加在莫斯科举行的第一届世界国际电影节。一天，她和司徒慧敏在红场附近的一间地下室饭店与舞剧《罗密欧与朱丽叶》的导演聚会，这是一位善良又容易动情的老人，互相交谈时，他被自己导演的舞蹈所感动，边说边流泪；他举杯向秦怡祝贺："我敬你一杯，不仅因为你是一位好演员，还因为你有一颗善良的、诚挚的、滚烫的心……"

秦怡举杯站起来回敬："谢谢，我祝你……"秦怡非常不满意自己的是，后来她竟想不起这位导演的名字。

再一次是在列宁格勒，一位70多岁的海军上将把他手上的一枚值得纪念的戒指套到秦怡手上，他的夫人跟着将她胸前的别针取下别在秦怡的胸襟上。

"谢谢，谢谢……"面对这非比寻常的友好举动，秦怡激动得不知说什么好。

每一次访问苏联，秦怡都感到新鲜与好奇，并尽可能地多走多看，享受思想和艺术的熏陶。

◆ 与《卖花姑娘》主演洪英姬合影

秦怡多次去红场拜谒列宁和斯大林的陵墓，那庄严肃穆的陵墓守卫者的形象，首先让她肃然起敬。列宁和斯大林安详地躺在陵墓中，他们的生命虽然早已停止，他们的精神却始终不灭。站在两位无产阶级领袖的灵柩前，秦怡觉得她所选择的道路是对的，她要一直走下去，直至为崇高的理想而献身。

秦怡到整个城市都像博物馆的列宁格勒和宏伟富丽的冬宫参观，看乌兰诺娃的芭蕾《天鹅湖》，看塔那索娃演的话剧《心不原谅》和米哈依洛夫演的《莱蒙托夫》，看电影《这里的黎明静悄悄》《雁南飞》《钢铁是怎样炼成的》《伊凡的童年》。除此以外，秦怡还参观、采访了莫斯科艺术剧院、托尔斯泰故居和斯丹尼斯拉夫斯基故居，那每一位艺术家的照片，那每一件服装，那每一个值得纪念的道具，那屋顶上晶莹闪烁的吊灯，无不保持得整洁完好，站在空荡荡的屋子里，也能感受到当时辉煌的场面。啊，这真是一个艺术的圣地！

1996年7月，相隔33年后，秦怡第5次来到莫斯科，这时苏联解体了，代之而起的是俄罗斯。飞机在莫斯科上空盘旋，秦怡从机舱的窗口俯瞰莫斯科全市，一条条宽畅的公路，林木成荫，显得十分整齐舒坦。顿时，一幕又一幕记忆的碎

◆ 和美国著名影星格里高利·派克畅游黄浦江

片连成了一串，33年前的许多温馨的往事重新映现在眼前，其中也有一份令她不甚愉快的谣传。

1959年夏天，秦怡第四次访问苏联回国，一个令她啼笑皆非的"跨国绯闻"在文艺圈中悄悄传播，内容是说她和苏联著名演员邦达尔丘克有感情瓜葛，私生了一个女儿。"绯闻"本就容易引起一些人的兴趣，"绯闻"加"跨国"的，涉及对象又是两个大明星，就更使一些人津津乐道而广为传播，越到后来传得越离奇也越荒唐。大意是：秦怡在苏联访问时住的旅馆下面有一条通道，可以通到演员大楼宿舍，正是有了这条通道，为秦怡和邦达尔丘克的"相会"提供了方便。这一小说化的虚构细节，满足了一些人低级趣味的心理，他们说得言之凿凿，如亲眼所见一般。

谣言的传播如果仅仅局限于作茶余饭后的谈资笑料，倒也罢了，可怕的是个别领导者也信以为真。1959—1960年，中苏要合拍一部影片，其中有一女角色本来要秦怡演。忽然听说有"跨国"的"绯闻"，个别领导否决了原有的安排，另选了他人。那个女角色并不怎么重要，演不演秦怡都无所谓，令人费解的是，对传播中的"绯闻"，做领导的不假思索、不做调查就信以为真，把"莫须有"的罪名扣在了秦怡头上，这似乎应了一句"名言"：谎言重复一千遍就成了真的。

刚开始，秦怡对关于她的"跨国绯闻"一无所知，等一位老朋友好心问她时，她才大吃一惊。无中生有，造谣惑众，秦怡气愤"好事者"的可笑与无聊，并不做任何申辩与解释。对于谣传，秦怡信奉斯大林的名言："我们不理睬他！"

虽然多次访问苏联，秦怡和邦达尔丘克仅见过三次面，多是匆匆一遇，不可能产生"绯闻"。至于"地道"一说，纯属无稽之谈。

第一次见面是1954年12月，中国电影代表团访苏，秦怡是代表团团员，在苏方举办的欢迎宴会上见到邦达尔丘克。第二次是1956年苏联电影代表团访华，秦怡参加接待，又见到了邦达尔丘克。秦怡接待的对象并不是他，而是《乡村女教师》的女主角马列茨卡亚。第三次是1959年夏天，秦怡参加在莫斯科举行的第一届莫斯科国际电影节，与邦达尔丘克的新夫人、在《奥赛罗》中演黛丝法蒙娜的女演员同乘一辆敞篷车，在狄那莫广场绕场一周，与观众见面，因而又见到了邦达尔丘克。三次见面，每次都在大庭广众之下，不可能也没机会制造"绯闻"。

不知为什么，凡谣言总会有顽强的生命力。

粉碎"四人帮"，秦怡劫后余生。1978年3月她去北京参加全国政协会议，碰到一位老作家，想不到她也问起了那个"谣言"："秦怡同志，到底有没有此事？"

"你觉得呢？"秦怡笑着反问。老作家是熟人，她不好意思流露不快。

老作家笑着说："不过我想，有，倒也蛮好的。"口吻是善意的，玩笑中夹带些许浪漫。然而，生活毕竟不是写小说，太过天真浪漫，万不可取。

从那以后20多年过去了，"跨国绯闻"阴魂不散，前不久又被人"炒作"了一回。

2004年8月，一家媒体托词秦怡在上海国际电影节上"首度公开澄清跨国绯闻"，借机把已成为历史的"谣言"再次倒腾一遍，写了一大段关于邦达尔丘克的简介，还说"比秦怡大两岁"，又提供了背景材料："当时秦怡和金焰婚姻出现危机。"如此借"澄清"之名，行炒作之实，目的无非是想招徕读者。很快，这则消息在网上传得沸沸扬扬。事实是，那年的上海国际电影节，秦怡根本没做什么"首度公开澄清"。如同"跨国绯闻"是谣言一样，所谓"首度公开澄清"也是谣言。

对"谣言"的再度泛起，秦怡依然采取"我们不理睬他"的态度。秦怡深深感到，她的各种各样的遭遇，莫过于"文化大革命"那场灾难，人生的道路总是有时悲苦，有时欢乐，对一个献身文艺事业的人来说，痛苦并不一定是件坏事，它能触动和丰富人的思想。

除了苏联，日本也是秦怡出访次数比较多的国家，每每想起在日本的一些往事，秦怡感情的波涛会激荡不已。

◆ 1962年访问日本，参观电影制片厂外景地

1962年4月，秦怡随中国电影工作者访日友好代表团赴日本访问，这是她第一次到日本。当时中国和日本没有邦交关系，所有两国间的往来均由民间渠道进行，代表团的任务是广交朋友，为中日友好打下基础。代表团带了《青春之歌》等6部影片的拷贝，通过日中友协，在民间团体和学校放映。

5月上旬的一天，日本朋友告诉秦怡，代表团下午去日本法政大学，那里放映《青春之歌》，要秦怡与观众见面，讲几句话。

下午，代表团准时到达政法大学，主人让大家在会客室等待。秦怡有些纳闷，照一般惯例，应先让代表团和观众见面，她说几句表示友好的话，然后放电影。现在影片已在放映，放映结束后与观众见面，她说些什么好呢？秦怡只好搜肠刮肚，想一些得体的词儿。

主人请代表团进场了，场内一片漆黑，银幕上是林红走出牢房，即将就义。突然，场内灯光亮了，观众发现银幕上的林红就在他们面前，大家眼中含着泪花，所有的目光一起射向秦怡。秦怡走过后两排座位，场内爆发出一阵热烈的掌声。原来这是主人精心安排好的，给观众一个特别的惊喜，以营造出其不意的效果。

秦怡缓缓走上舞台，台下异乎寻常的激动，她忘记了一般的礼节，喉咙感到梗塞，想好的开场白全忘了。

"秦怡女士……"主人用中文提醒。

秦怡稍稍醒悟，直愣愣走到麦克风前，好不容易说出了"朋友们"三个字。

全场一片肃静，静得秦怡能听到自己"怦怦"的心跳。"在影片中我只演了很少的戏，出了很少的力。"秦怡找到了想要说的话。

"林红是我们的革命烈士，我崇敬她，爱戴她，我自己也常常幻想，如果我的过去能像林红那样多好。"秦怡谈起了自己演林红的感受，"一个革命者所以能临危不惧，是因为她有着坚定的信念，这种信念是具体的、现实的。只有一个充满对人类的爱、充满着感情的人，她才能这样热爱祖国，为她受难的祖国和人民去献身一切。这是我塑造林红的具体感受。"

秦怡的话讲完了，场内一片肃静。几秒钟后，响起了长时间的热烈掌声，随后像变魔术似的出现了许多大标语：

"我要向林红学习！"

"林红鼓舞我们前进！"

"林红是榜样，我要走林红的路！"

秦怡被真情打动了，眼眶里盈满了泪水。

代表团走出剧场，观众夹道站着，拥挤着，上前拉秦怡的衣服，握着秦怡的手不放，嘴里叫着："林红，你好！"

后来，《青春之歌》在其他民间团体和学校也放过，秦怡随代表团走到哪里，都会有日本朋友走上来和她握手，说："林红同志，我终于看到你了！"

在日本33天，秦怡天天都在感受日本人民对中国人民的深情厚谊，她也传播着中国人民对日本人民兄弟般的问候。

◆ 与日本著名演员杉村春子（中）合影

从日本回国，《中国妇女》杂志向秦怡约稿，秦怡把自己的所见所闻写成了一篇散文《访日杂记》，给该刊发表。毛主席看到了，划了三个圈，另在旁边写道：此文很好，可看。

一次次出访，秦怡和许多外国同行结下了深厚的友谊，留下了一段段经久不忘的佳话。

1982年5月，秦怡随中国政协代表团访问日本，这是她第二次访问这个一衣带水的邻邦。到东京的第三天晚上，中国驻日本大使馆为代表团举行盛大招待会。日本著名导演山本萨夫、山田洋次，制片人德间康快，以及演员杉村春子和中野良子等赶来参加招待会。大家欢聚一堂，倾吐别后的思念。因为同是女演员，年纪也差不多，杉村春子问秦怡是否还在拍戏。秦怡告诉她还在做演员工作，只是岁月不饶人，可演的角色越来越少，最近要拍一部20世纪30年代的名著，剧中的人物和她的年龄相差很远，她担心完不成任务。秦怡说的30年代的名著是指夏衍的话剧《上海屋檐下》，她提议将它改成三集电视连续剧，并以60岁的高龄演剧中

32 岁的女主角杨彩玉。

　　杉村春子听后深思片刻，说："不知我能否帮你一点忙，我们有一位化装师善于想办法，我让他帮你试化一次。"杉村春子的年纪比秦怡大，当时她正在拍一部电视剧，饰演的角色要从 17 岁演到 70 多岁。

　　第二天晚上，秦怡参加旅日侨胞的宴请结束回到旅馆，杉村春子带着她的化装师已经在旅馆等候。

　　刚刚拍完戏，杉村春子脸上还未来得及洗，头带上的油彩也没干，就动手布置灯光，帮秦怡试装。

　　化装师精心地把秦怡的头发包起来，用纸胶轻轻拉到包头的绢上，让秦怡看看自己的脸型是否满意，再用一个头套套上，这是一种年轻人的发型。

　　化装结束，杉村春子把秦怡拉到长镜前："你看，你现在不是还能演十几岁的姑娘吗？"临分手时，杉村春子把自己用的胶布送给秦怡。

　　女演员高峰秀子是秦怡 1962 年访问日本结识的好朋友，秦怡二次访问日本，她特地把秦怡接到家里盛情招待。"我拍了 30 多年戏，暂时不用了，你还在工作，我把它送给你，会有用处的。"高峰秀子把自己拍戏用的发套、油彩推到秦怡面前。

　　回国不久，《上海屋檐下》开拍，有一场杨彩玉回忆少女时代的戏，秦怡梳的是"童花头"，用的是杉村春子送的胶布和高峰秀子送的头套，加上化装师的高超技术，一个娇艳秀丽、楚楚动人的姑娘出现在银屏上，不了解秦怡真实年龄的人，谁也不会想到这是一个年逾花甲的人扮演的，而知道的人都觉得这是一个奇迹。

　　除了出访，秦怡又以东道主的身份一次次接待来访的各国同行，和苏联的米哈依洛夫、林达，日本的三本萨夫、山田洋次、杉村春子、高仓健、吉永小白合，美国的格里高利·派克，法国的阿兰·德隆，意大利的吉娜·劳洛勃丽吉达等国家不同肤色、不同性别的导演和演员，都结下了深厚的友谊。

　　意大利著名演员吉娜·劳洛勃丽吉达，在《巴黎圣母院》中演天真无邪、天仙般美丽的吉普赛姑娘艾斯美拉达，秦怡和她在上海仅仅几个小时见面的情形，彼此却始终难忘。

　　1984 年 6 月，吉娜·劳洛勃丽吉达随意中友协代表团来中国访问，秦怡在上海出面接待。秦怡只看过吉娜演的两部电影，但吉娜美丽而生动的形象已无法从

◆ 与日本演员高仓健、吉永小百合合影

脑海中抹去。有机会能在上海接待心中仰慕已久的吉娜，秦怡非常高兴。

会见的地点在宴会厅，辉煌的灯光下，吉娜穿着华丽的晚礼服款款步入，秦怡像普通观众一样，把她的神情体态、一举一动看个够。50岁出头的吉娜，风度、美貌不减当年，是一位非常庄重大方又魅力十足的夫人。

吉娜坐在秦怡身旁，借助翻译的帮忙，秦怡和她进行了亲切交谈。

吉娜说，她自己并没有当演员的愿望，是导演看中了她，一定要她参加，她才当了演员。这和秦怡的从艺之路有点相像。吉娜已经拍了60部影片，可她还是热衷于绘画和摄影艺术。

吉娜还说，她出了许多摄影集，经常是从一千张照片中选择一张收入集子。她送给秦怡一本新出版的摄影集，秦怡随手翻阅欣赏，一幅幅都是极妙的艺术精品。其中的一幅，是一位艺人坐在墙边，背景是鲜明的色彩，衬托艺人的黑衣、白帽，旁边放了一把用浅灰蓝色的布包起来的乐器，还有一个包裹，背景是淡暗红的，特别是那些油彩脱落的破墙和灰红的大地，让人感到了卖艺人的生活和心情——她虽然贫困，到处谋生，但却是美的。

吉娜·劳洛勃丽吉达并非出生在有钱人家，她能舞能演，能写能画能拍，又懂两三国语言，全靠自己坚毅刻苦的学习；她所以能扮演许多角色，给观众留下难忘的印象，与她自身的艺术修养是分不开的。

短短几个小时的会面聚谈，秦怡觉得吉娜是个很有特点、很有个性的人，她很喜欢她。然而，那晚秦怡和吉娜没带照相机，其他人也没带照相机，所以两人坐在一起几个小时，竟没有留下一张照片，秦怡深感遗憾。

与吉娜·劳洛勃丽吉达相见的情形实在太难忘了，秦怡提笔写了散文《会见吉娜》，留下一份永久的纪念。

有一首歌，开头的两句歌词是："友谊在哪里啊，友谊在哪里"，对秦怡来说，友谊就在来来去去的交往中，而且是那样天长地久。

第三十五章 电影啊电影

一位诗人在一本书中写道:"啊,在生命的原野上,朝霞是火红的,晚霞也是火红的!朝霞和晚霞,都能给我们启示和鼓舞。"对照秦怡的一生,这诗意盎然的比喻形象而贴切,尤其是秦怡的晚年,火红火红的。

以社会通行的标准衡量,60 岁以后的岁月是生命的晚年,那么,30 多年来,秦怡始终像是一列奔驰的火车,呼啸着滚滚向前,没有停歇的时候。

秦怡一直很忙,每天的工作排得满满的。忙的事情主要有三大类,一是上海影视公司董事长的工作,二是参加各种各样的社会活动,三是对电影的关注。三件事中,秦怡最爱的还是电影。

上海影视公司董事长是 20 多年前当上的。当时,经济改革的大潮推动着各项事业的发展,上海电影家协会顺应时势,决定成立上海影视公司。最初的想法很简单,有了公司可以多拍些电影和电视剧,

第三十五章　电影啊电影

◆ 在办公室审读公司报告

用赚来的钱为会员办实事。办公司要有人当董事长和总经理。总经理的人选是现成的,由秘书长刘泉担任。他是创办影视公司的发起人,兼任总经理名正言顺,也有利于公司的日常运作。董事长谁来当?影协的领导是各门类的艺术家,不懂经商,也不会经商,没人敢出面挑重担。最后,刘泉建议让秦怡任董事长,主席团讨论一致通过。

秦怡同意上任,刘泉颇为得意:"我经过反复考虑,觉得秦怡事业心强,热心公益,又有牺牲精神,是最适合的董事长人选。"事实证明,刘泉的提议是有眼光的。

秦怡是从新中国成立前过来的人,对"董事长""总经理"之类的名称心存反感,总以为他们是剥削人的资本家,想不到几十年后自己也要当董事长,心中不是滋味。但是,她是个"好说话"的人,从不摆艺术家的架子,没有社会名流的矜持,既然主席团已一致决定,她不便固执己见。毕竟时代不同了,影视公司是

一门事业,当董事长是为会员服务,也算是人民的"公仆",所以虽说是"赶鸭子上架",秦怡还是热心干了起来,这一干就是20多年。

秦怡的董事长不是挂名,也不是原则领导,公司需要她利用自己的社会声望,疏通方方面面的关系,办执照、谈投资、找外商,甚至包括寻找和察看办公场地,都要她亲自出面过问。上任第一年,秦怡就在各个"衙门"之间穿梭不息,在许多会议上谈判不停,天南海北地奔波,春节也只在家中歇了三天。刚开始,忙归忙,许多事还有刘泉帮助出谋划策,分挑琐碎的零星事务。然而没多久,一个文件发下来,规定党政机关不许办公司,党政干部不许经商。而影协和影协秘书长属于党政机关和党政干部范畴,均在"不许"之列,便不得不与公司脱钩,于是秦怡被彻底推上了第一线,忙得更是没日没夜了。

在其位谋其政,秦怡以一个艺术家的浪漫主义畅想,为公司的远景描绘了一幅色彩缤纷的蓝图。设想中的影视公司有电影沙龙、电影资料馆和电影艺术宫。电影艺术宫是一个类似美国迪士尼乐园的艺术乐园,内设电影特技表演,让好奇的观众大开眼界,增加对电影的了解。此外,在青岛、杭州、无锡、深圳等地还要建造现代化的度假村,让中国和来中国的电影艺术家,夏天到青岛海滨避暑、游泳;春、秋两季前往景色宜人的杭州、无锡旅游参观;冬日则去气候温暖的深圳切磋表演艺术……为实现这些宏伟的蓝图,秦怡忙着与一个个国内有关单位打招呼,与一家家愿意投资的外商谈判,趁参加全国政协会议的机会,请邓大姐题写了"上海电影艺术宫"的匾额。毋庸怀疑,能构建这样一副宏伟远景,不仅需要有献身精神,更需要有足够的魄力和智慧。

然而,生活是现实的,不像艺术家想象的那样可以任意挥洒,在不断涌动的改革开放的大潮下面,时有逆流和暗礁,稍不留意就会船毁人亡;至于商海,虽说是机遇无限,也处处隐藏风险,一不小心会鸡飞蛋打。怀揣美好蓝图,秦怡在现实中左冲右突,遇到了不少麻烦,滋生了说不尽的苦恼。比如,办申请煤气这样的小事,公文必须旅行一大圈,大大小小敲几十个图章。因此,秦怡的精力主要不是花在办事上,而是花在处理各种各样的关系上。

秦怡是个演员,只会演戏,不懂关系学,一个不懂关系学的董事长想办成点事,寸步难行。为了影视公司,秦怡不惜自掏腰包,添置新装,置办礼品,笑脸应酬，硬着头皮找关系解决问题。在长达十几年时间中，她不拿公司一分钱报酬，纯属义务劳动。只是到了最近几年，她才领取一份数额不大的津贴。

"陈佩斯演了一部喜剧故事片叫《少爷的磨难》，我当董事长的经历，也可以拍一部喜剧故事片，叫《董事长的磨难》。"说起办公司的酸甜苦辣，秦怡自嘲地对人说。

尽管不懂也不愿去研究关系学，经过不断磨炼，秦怡学会了在夹缝中求生存，在逆境中办事的能力。出于无奈和妥协，浪漫的宏伟蓝图一再调整，许多美好的设想永远留在了纸上，所幸公司坚持办了下来，拍摄了《和风浪花》《梦非梦》《铁道游击队》等一批反映较好的电影和电视剧，完成了一批为社会服务的广告宣传片，养活了一批人。

近20年，影视或文化公司今日开门，明日歇业，开开关关，屡见不鲜。因为缺少真正有才能的人，上海影视公司一路走来，时遇风险曲折，每一次秦怡都力挽狂澜，度过劫难，顽强地生存下来。2004年，秦怡对公司进行了新一轮整顿，疏理各方面关系，不惜请律师打官司，解决遗留问题，开始新的起航。

作为电影人，秦怡时时刻刻关注着中国电影的发展。每有国产新片，只要有机会观看，她绝不放过。张艺谋拍了《英雄》和《十面埋伏》，有人非议是玩弄形式，秦怡不同意。她认为张艺谋是聪明的，把新的科技手段和电影艺术结合在一起，开创了中国电影的新形态。《英雄》和《十面埋伏》不单单是武打片，张艺谋采用现代高科技成果，在影片中强化人的内在感情，展现了在生活中无法看到的种种细节，使中国电影有了新的变化，值得大家好好学习。粉碎"四人帮"后，幸亏有了像张艺谋这样的一批导演，中国电影才出现生机，向前跨进了一大步。未来的中国电影，希望更多的是在那些年轻而富有活力的导演们身上。

进入21世纪的第二个十年，国产电影出现令人兴奋的转机，年拍片数量及票房逐年大幅度增长，业界内外兴奋之情屡见报端。对此，秦怡一方面由衷地感到高兴；另一方面，对漂亮数字背后存在的问题感到担忧。一段时期中接受媒体采访，她有的放矢地针对存在的问题，毫无保留地发表看法。

首先，秦怡认为，中国电影反映现实，跟着时代走的好传统不能丢。她十几岁就看电影，当时的电影大多是反封建的。抗战爆发，许多电影反映抗战，宣传

抗战，不是一两部，是一大批，反映现实之快，在今天是不可想象的。等她当了演员，无论是话剧还是电影，基本都是抗战题材的，或者是配合抗战的。它们不仅内容上站得住，艺术上也是好的。因为艺术好才能记得住，否则早忘了。新中国成立后，电影题材与现实联系更加紧密。虽然从20世纪50年代初期开始，公式化、概念化倾向泛滥，可经过不断反公式化与概念化，还是涌现出了一大批优秀影片。"文化大革命"前，她拍的基本都是反映现实的影片。

秦怡坦言，她特别不喜欢那种说不出来的历史片，情节是编的，脱离了史实，看了感到莫名其妙。真讲历史剧，像郭沫若先生创作的历史剧，有几个人能写得出来？

其次，从表演来说，要塑造好人物，坚持下生活也是中国电影的好传统，同样不能丢。在市场化条件下，不少演员心态浮躁，静不下来，沉不下去，因而演不好人物。她特别强调，一个演员会碰到很多角色，都是不熟悉的，不同角色所处的生活气氛是陌生的，要了解他们，熟悉他们，必须下生活，在生活中获取创作灵感。当年她拍《农家乐》《北国江南》《浪涛滚滚》，演农村姑娘拉英、共产党员银花、水利工地党委书记钟叶平，人物十分陌生，剧组安排到胶东莱阳老区、张北农村、水利建设工地下生活，从打水、挑水做起，一举一动要像么回事，不能只是表面像就行。在莱阳，住堆牛粪的草屋，牛粪加暖炕，鼻子堵得透不过气来，条件十分艰苦，大家咬紧牙关，克服困难，每天都要结合生活体验谈形象塑造，这样演出来的人物才会真实感人。

……

当然，在关注中国电影的同时，秦怡渴望能重上银幕，过一把瘾，为观众塑造新的人物形象。

机会终于来了。

2008年，上海电影制片厂导演彭小莲拍摄影片《我坚强的小船》，邀请秦怡演一个独自住在石库门房子里，为从美国回来的小孙子补习汉字文化的老奶奶。

这是一部反映民工和民工子弟生活的影片。秦怡看了剧本，感到故事不错，大意是民工子弟扣子克服重重困难，用捡来的废品做了一条环保船，参加全市青少年船模比赛，赢得了比赛的胜利。民工子弟随父母来大城市打工，生活既艰辛

第三十五章　电影啊电影

◆ 2008 年在电影《我坚强的小船》中演老奶奶

又充满阳光。剧本视角很特别,有教育意义,不仅对儿童有教育意义,对大人也有教育意义。所以,秦怡同意演那个老奶奶。

从题材看,《我坚强的小船》是一部儿童片。有人认为儿童片没什么演头,但秦怡不这么看。现在好的儿童片太少,加上她喜欢孩子,愿意多花些时间跟孩子们在一起,把戏演好。

影片拍得很艰苦,开机不久就进入高温季节,最高温度达 41 摄氏度,彭小莲担心 87 岁高龄的秦怡受不了,尽量给予照顾。

然而,秦怡没觉得怎么艰苦。第一,是剧本打动了她;第二,演的角色有自己的生活感受;再就是一起拍戏的小演员们打动了她,看到他们秦怡很高兴。拍摄中还有个小插曲。有一场回忆旧上海的戏,需要一张老爷爷的照片,剧组一时找不到合适的,就到秦怡家里把金焰的照片拿来代用,这一下反而激起了秦怡的

感情。整部影片老奶奶的戏不多，但拍好一看，能调动人的感情，打动观众。黄宗英看了影片说秦怡演得好，专门写了一篇文章发表在《新民晚报》上。

《我坚强的小船》是彭小莲上海题材风情系列故事片中的一部，主创人员和拍摄单位全是上海的。故事写上海的变迁，有高楼大厦，有石库门和小弄堂，也有拆迁后的断墙残壁，上海味比较足。尤其它是全国第一部反映民工子弟生活的影片，所以被市里列为重大文艺创作项目。当年7月中旬举行首映式，中共上海市委宣传部领导到场出席，赞扬影片把"视线投向进城务工人员和他们的孩子，题材独特且富有社会意义，弘扬了社会和谐、进步与发展的主题"。教师节那天，上海电影家协会举办了观摩座谈会。参加座谈会的人都认为，在以票房、市场为导向的情况下，能投资拍摄这样一部反映民工子弟生活，表现社会现实的影片，需要很大的勇气、胆识和魄力。上海市教委也把这部影片列为下半年度必看的影片向全市中小学生推荐。

这年年底，为纪念改革开放30周年，国家广电总局电影局和发行公司联合推荐10部国产新片，《我坚强的小船》是其中的一部。12月上旬，北京举行10部国产新片推荐仪式，秦怡应邀到京参加推荐仪式。

再后来，《我坚强的小船》参加美国洛杉矶第四届好莱坞AOF国际电影节，该电影节由美国电影协会主办，主要奖励一些有价值、有创造性的优秀影片，有一定的影响。据说参加竞选的影片有上千部，入围200部，《我坚强的小船》一举获得最佳外语片奖。消息传来，有人向秦怡表示祝贺，事隔多年再上银幕，拍了这么一部好影片，值得高兴。

"荣誉是大家的，首先属于导演彭小莲，还有制片人和投资方。他们有眼光，抓了一个好题材。我只是演了一个老奶奶，戏不多。当然啰，我演得很投入，动了真情。"对友人的赞扬，秦怡淡然地说。在荣誉面前，她从来都是谦让的。

2009年7月，秦怡应邀赴美国旧金山参加第十六届无声影片展。这一去，促使她萌发倡导并促成首届上海中外无声影片展。

没有对白的无声片（默片），在世界电影发展史上，是不可跳越而又曾有过辉煌成绩的一个重要阶段，只是随着时代与科技的进步，它的光芒渐渐暗淡了。然而在美国却一直有专门从事研究与开发无声电影的机构，定期举办无声影片展。

第三十五章　电影啊电影

◆ 在美国好莱坞，与影片《天崩地裂》中的皮尔斯·布鲁斯南和琳达·汉密尔顿蜡像合影

旧金山的这届无声影片展，因要展映由金焰主演的中国无声电影代表作之一的《野玫瑰》，所以主办方特别邀请秦怡参加。此届之前，主办方还展映过中国无声片《神女》。

坐在旧金山的电影院里，秦怡被现场音乐（由乐队现场配音，用乐器来模拟刮风、下雨、房屋摇晃，甚至东西破碎的声音，连唱歌都是现场演唱）与结合无声片剧情发展所形成的艺术魅力深深折服，它既复活了无声片的艺术内涵，又体现了无声片在现代组合中的艺术价值。她的思绪亦随之翻滚：中国的无声电影有口皆碑，上海是中国无声电影的诞生地，金焰、阮玲玉、王人美是无声电影时代的优秀演员，因此在中国，确切地说是上海，同样可以对无声电影进行再开发，让它重放光芒。

于是，从旧金山回到上海，秦怡便竭尽心血，无怨无悔地倡导中国无声影片

329

展。经国家广电总局电影局批准,在上海市文广局、上海文广集团、上海电影集团和中国电影资料馆等单位的支持下,"首届上海中外无声影片展"于2010年10月22日至24日在上海影城举行,展映《桃花泣血记》《野玫瑰》《神女》《将军号》《巴格达窃贼》《卓别林短片集锦》共6部有代表性的中外优秀无声影片,受到观众的热烈欢迎和各界的广泛好评。

著名作家程乃珊观看了由金焰与阮玲玉主演的《桃花泣血记》后,在一篇短文中写道:"五位特地从美国邀请来的音乐家现场即兴为影片配乐,主调是已定好的,其余则根据电影情节现场发挥。那样天衣无缝,弥合了国界、文化和时光的障碍,触碰到我们的灵魂,用音乐把我们的感情释放出来,真佩服他们怎么能那样默契完美地诠释他们并不怎么熟悉的八九十年以前的中国故事。"读着这段文字,没看过影片展的人也能感受到它的神奇。

首届上海中外无声影片展,堪称中国电影史上一次史无前例的创举和改革,其中秦怡功不可没。人们希望这样的影片展还会有第二届、第三届……秦怡也这样想。首届由她倡导开了头,后面希望有人能接上,以便在高科技发展的今天,让观众能享受到更多的中外无声影片经典。

魂牵梦萦,秦怡最忘不了的还是电影。

2012年1月27日,年初五晚8点,中央电视台一套播放中国文学艺术界新春大联欢。节目一开始,秦怡、贾作光、王昆、李默然、阎肃、谷建芬等一批德高望重的老艺术家上台,每人说一句话,讲自己心中的祝福。

秦怡整90岁,年纪最大,她第一个发言:"我想在2012年再有一部自己的电影新作品,鼓励自己为电影事业继续向上奋进。"

一个90岁高龄的老人,忘不了电影,连新年祝福都希望自己能再有一部新作品,对中国电影而言,是福音。有这样执着的老电影人,中国电影没有理由不繁荣。

第三十六章 心中有大爱

2008年6月14日晚，第11届上海国际电影节在上海大剧院隆重开幕。因为前不久刚发生过举世震惊的四川汶川大地震，所以这届电影节的主题定为"汇聚影人力量，点燃生命之光"。为凸显这一主题，开幕式进场设置了"爱心大道"，"大道"尽头竖起了一块为灾区人民祈福的"爱心留言板"，参加开幕式的电影人手持爱心标志，沿着"大道"前行，在"爱心留言板"上留下对灾区人民的祝福，然后进入会场。这样的安排，洋溢着浓浓的温情。

开幕典礼在贝多芬的《第七交响曲》旋律声中拉开序幕。评委会主席王家卫用中英文首先做了题为《灾难·人类·电影人》的特别演讲，呼吁电影工作者承载社会责任，颂扬人类精神，激活电影创作。

开幕式的一项重要议程，是为对中国电影做出突出贡献的老艺术家颁发终身成就奖。当电影节组委会领导宣布秦怡获本届上海国

◆ 与上海电视台主持人曹可凡（前右）等人合影

◆ 自画《眼睛与阳光》参加义卖，为白内障老人献爱心

◆ 自画像参加义卖，为残疾人献爱心

第三十六章 心中有大爱

◆ 与老伙伴们参加赈灾义演时合影

际电影节"华语电影终身成就奖"时,著名主持人曹可凡介绍说,在汶川大地震后的赈灾义演中,秦怡倾力捐出了20万元,他要全场观众起立,向秦怡表达真诚的敬意。在他的提示下,全场观众一起起立,用掌声欢迎秦怡走上舞台领奖。

秦怡从第一排站起身,一步一步走向舞台。她连续参加过好几届上海国际电影节,每次都做颁奖嘉宾,为获奖演员颁奖;这一次她作为获奖人,由别人——国家广电总局赵实副局长给她颁奖。

随后,秦怡致获奖感言:"我要尊重这个荣誉,保护好这个荣誉。这不仅是个荣誉,还是极大的推动和鼓励。虽然我年龄大了,但在今后的日子里,我要努力争取,做好我应该做好的工作。"这段话,体现了她一贯低调谦虚的行事风格。关于向汶川灾区捐献20万元的事,秦怡一字没提。

致好获奖感言,秦怡转身走下舞台。全场再次响起一阵掌声。这掌声一方面是感谢她对中国电影所做的贡献;另一方面,也是为她向灾区人民献出的一片爱心表示由衷的敬意。

秦怡和同辈的老艺术家一样，总是把个人的命运和国家、社会与时代的命运紧紧相连。70年前，当中华民族在日寇的铁蹄下处于危亡之时，16岁的秦怡离家出走，奔赴抗战前线。70年后，当汶川大地震发生时，秦怡的心一刻不停地牵挂灾区人民。

大地震发生的那几天，秦怡每天坐在电视机前看有关灾区的报道，那么多人死了，那么多房子毁了，活着的人缺吃少穿，一幅幅画面让秦怡的心揪成一团，止不住的泪水直往下流。抗战时秦怡在四川生活了8年，地震发生的那一带她非常熟悉。要是再年轻一些，她会赶到灾区，为灾区人民慰问演出，和灾区人民一起重建家园。但现在年纪大了，硬撑着去，人家还要派人服侍她，反给灾区增添麻烦。

怎么办？秦怡不断思考着，同时等待机会，一定要为灾区人民做些什么。

5月16日，秦怡接到通知：到北京参加中国电影人赈灾义演。当时没说要捐款，因此她没做任何准备，就在女儿斐斐陪同下赶到北京。

那天，义演一开始，青年演员就陆续捐款。

秦怡参加的节目是十位老艺术家一起上台，每人说两句话，表达对灾区人民的慰问和深情。其中有于蓝、田华、于洋、陶玉玲、葛存壮、谢芳和庞学勤等，都是观众十分爱戴和尊敬的老一辈电演艺术家。

"我想捐款。"轮到秦怡说话时，她对主持人朱军说。

朱军亲切地看着秦怡，问道："你想捐多少？"

"我捐20万元。"

"20万元！"朱军瞪大了眼睛盯着秦怡看，口中重复秦怡报出的数字，口气中仿佛有些惊讶，又好像在暗示可以少捐一点。

其实，无论是朱军感到惊讶还是暗示少捐点，都完全可以理解。作为一个社会人，秦怡不是大款；作为一个表演艺术家，秦怡没有像一线当红演员那样，拍一部电影和电视剧动辄几十万、上百万的报酬。她们那一辈艺术家，在鼎盛时期信奉的是为艺术奉献，为观众服务，从没有想过为个人利益而讨价还价。因此，哪怕是捐一分钱，都是省吃俭用积攒下来的，何况一捐就是20万元。

面对朱军的好意，秦怡再次表示：捐20万元。不过，秦怡又说，当天她没带钱，

第三十六章　心中有大爱

◆ 1998年为创作剧本去青海体验生活，在青海高原的一个儿童技术学校参观访问时，与藏族孩子们在一起合影

◆ 在海拔近4000米的高原，与藏族朋友及孩子们一起合影。左一为儿童畜牧业技术学校校长

◆ 在青海高原藏民家中做客

等回到上海，她和女儿把钱送到上海慈善基金会去。"这样可以吗？"秦怡问朱军。

朱军笑了笑说："可以，当然可以。"

第二天，秦怡回到上海，和女儿在家中四处翻找，找出所有能动用的钱，凑满20万元，送到了上海慈善基金会。

这并不是秦怡第一次给灾区捐款。

地震刚发生不久，秦怡家所在的居委会组织家庭捐款，每个家庭最高1000元，她捐了1000元。接着，上影集团组织职工捐款，每个职工最高1万元。秦怡早已不是一线职工，但她知道后，也捐了1万元。三次捐款总共21.1万元。对此，秦怡觉得有点少，以她的心愿，最好能多捐点。无奈个人就这么点能力，也只好如此了。以后再攒些钱，有机会继续捐。对灾区的孩子，秦怡也想为他们做些什么。

一个靠工资生活的人，捐那么多钱，有人不理解：这到底图个啥？

秦怡听了，十分坦然。她认为，汶川大地震灾难那么重，影响那么大，地震发生两个小时，党和国家领导人就赶到现场，全国人民纷纷捐钱捐物。与此同时，许多国家的政府、民间组织和个人都伸出人道主义援助之手，帮助灾区人民。在此情况下，作为中国人，她尽一份应尽的责任，理所当然。而且，许多人捐得比她多，做得比她好，是她学习的榜样。

这是从做人，尤其是做一个中国人的大义出发，做出的一种解释，凸显的是一种高尚的思想境界，听了让人感动。除此而外，还有个性的自我解剖，听了更让人敬佩。

秦怡说，以前儿子小弟在，她要存钱，为儿子治病和负责他今后的生活。2007年小弟去世了，后顾之忧没有了，存的钱可以动用了。还有，她从小养成的习惯，看见有人受苦心里就难受。碰到乞丐，不管是真的还是假的，哪怕先向别人借点钱，也要给他们一点。一场大地震，许多家庭都没有了，更不用说死去亲人所遭受的痛苦。对此，我们伸出一双手，给受灾人送一份爱，他们会感受到祖国大家庭的温暖，感到自己并不孤单。

源于同样的认识，在青海玉树大地震降临之际，秦怡又向灾区人民捐了3万元。

做人的大义与天生的个性，两者紧密结合，说明秦怡心中藏有一份大爱。

第三十六章 心中有大爱

2010年初夏，秦怡和方方面面的代表人物一起赴汶川访问，一面慰问上海支援灾区重建的建设者，一面参观由上海援建的医院、学校等公共设施。看到在震后的废墟上竖立起一幢幢漂亮建筑，灾区老百姓可以过上比震前更好的生活，秦怡特别兴奋。

参观活动以几个人一组的形式分头进行，秦怡主要参观学校。漂亮的校舍，设施齐全，从教室到学生宿舍，她仔细看，认真听（介绍），不清楚的地方当场问，直到弄明白为止。灾区重建，学校建设放在重要位置，真正体现了"再穷不能穷教育，再苦不能苦孩子"，这样做，秦怡觉得方向对头。

在一所专供残疾孩子上学的学校，秦怡和学生座谈，参加的是十一二岁至十五六岁的孩子，地震中他们失去了爸爸妈妈。她问孩子们：看到新的学校高兴吗？孩子们回答说：高兴。但秦怡从孩子们的脸上看到了他们内心的忧虑。想想也是，没有了爸爸妈妈，又身染残疾，学校毕业后走向社会，要找工作，要独立生活，他们的路注定比同龄人走得更加艰难。想到这儿，秦怡脸上虽笑容依旧，内心却早已涌起一股同情之情：孩子们，你们太不幸了！

学校校长向秦怡谈起了另一种忧虑：学校各项设施固然先进齐全，但要维持正常运转需要一笔经费。比如学生饮水，用的是过滤水，每月光水费就是不小的一笔开支。中小学是义务教育，不收学费，也不能额外收取费用，加重学生负担，这样，经费来源自然成了一大问题。当然，政府财政每年会有相应的拨款，但仍有不小的缺口。秦怡听了，深感支援灾区，向受灾地区奉献爱心，应该不间断地继续进行。一切有能力的单位、团体和个人，要给灾区的学校和孩子，尤其给那些失去父母的残疾儿童更多的关心和爱护。

秦怡为此决定，在适当的时候，她将以实际行动，再向灾区的孩子们送上属于她的那一份关爱。

还有一件事，开始知道的人很少，后来传开了，人们对秦怡有了更深一层的认识。

2011年是中国共产党成立90周年纪念，中国电影人拍了一部《建党伟业》，向党的90诞辰献礼。影片关机不久，摄制组在深圳举行庆祝活动，邀请秦怡参加。深圳一家企业为该片特制了一批金牌，其中编号为001号的金牌送给了秦怡。秦怡收到金牌，有人建议委托拍卖行拍卖，换成现钱。秦怡同意了。结果拍得25万元，秦怡将这笔钱作为党费上交。中共中央组织部给她出具了一份"党费收据"，上写：秦怡同志自愿一次多交党费计人民币贰拾伍万元零角零分。下盖中国共产党中央委员会组织部的红色大印，落款时间为2011年7月1日——建党90周年纪念的正日。透过这一纸朴实而简洁的"党费收据"，人们看到的是一名党员对党的拥护、爱戴与忠诚。凡了解秦怡的人都说，她几十年如一日，总是时时、事事、处处以一个共产党员的标准要求自己。

心中有大爱，对秦怡而言，并非总是捐款，更多的是她对别人有求于她的理解、宽容与尽可能地配合和支持。

作为德高望重的电影表演艺术家，诸如张瑞芳、孙道临和秦怡，他们的影响不仅属于电影界，而且属于全社会，他们是社会公众人物的突出代表。人们尊重和热爱他们，希望经常能看到、听到他们的音容笑貌。举凡重大的节日庆典、文艺演出、公益集会、慈善募捐、追思纪念等活动，举办者都邀请他们去参

◆ 庆中国电影百年，在留言板上签名

加，哪怕他们去了什么也不说不做，大家同样会感到高兴。

和同辈与同龄人相比，秦怡身体硬朗，请她参加各种社会活动的人特别多，几乎天天排满。细细计较起来，不少活动去与不去，没太多的道理，去多了反浪费时间。无奈盛情难却，秦怡推不了，辞不掉，每次都有请必去。去了遂了人家的心愿，大家高兴。秦怡渐渐想通了，既然她身上有令人高兴的功能，何不利用这种功能多为社会服务！而且，有机会参加各种社会活动，也为她进一步熟悉社会、熟悉生活提供了方便。

随便举两个例子，算是一个小小的印证。

2004年8月22日是邓小平同志诞辰100周年纪念，为了缅怀这位中国人民的优秀儿子，改革开放和社会主义现代化建设总设计师的丰功伟绩，各种形式的纪念活动接连不断。身为电影界的一位名人，秦怡前后五次应邀参加纪念活动。

最先发出邀请的是中国文联，他们要办一个中国文艺界知名人士书法、绘画作品展，歌颂改革开放，歌颂中国特色社会主义现代化建设，寄托文艺界人士的缅怀之情。秦怡欣然接受邀请，画了一幅画，寄往北京。以此为开端，上海市文联、上海电影家协会、上海电影制片厂等单位，或联合或单独举办各种座谈纪念活动，秦怡无一缺席。最后，她又接受邓小平同志故乡人民的邀请，风尘仆仆，从上海赶往四川广安参加纪念活动。所有这些活动，秦怡都用发自内心的真诚，去画去写去朗诵。

一个年过80的老人，在一个多月时间里，仅仅一项活动，就要不断地去思来想去地写和画，要来回奔波，未免负担过重。

然而，实际情形远非仅此而已。报纸、刊物和电视台，上海和外地的，媒体采访不时穿插其间，把仅有的一点空余时间全部占满。礼貌一点的，事先约好时间；想省时省事的，直接上门堵截；贪图便利的，搞电话采访。秦怡一接电话，采访就算开始，问题一个接一个，少则二三十分钟，多则一个多小时，直到对方说"谢谢"，秦怡方能挂上电话。一个上午和下午，有两三个这样的采访电话，什么事也别想干了。采访的话题多是关于电影的。中国电影诞生100年，秦怡亲身见证、参与了50多年，是为数不多的尚健在的第三代电影人，她有资格对中国电影发表看法……谈来谈去，反反复复，总是那些内容，秦怡不厌其烦，只要有人愿意听，

◆ 与荣高棠（左二）、许还山（左一）、于蓝（右一）等人合影

她就乐意谈，她不在乎个人的名和利，在乎的是中国电影。

对媒体的记者，包括对研究机构的学者和影视院校（系）的教授，秦怡是宽容的，不管是谁向她提出要求，凡她能做到的都尽力配合，不仅介绍情况，还帮助提供照片。

进入2005年，秦怡更忙了。中国电影诞生100年和抗日战争胜利60周年，纪念活动和媒体采访越来越多。3月24日，秦怡走香港赴澳门，前后8天。4月上旬奔赴美国14天，从美国返沪后再飞北京。一个接一个邀请，内容都与纪念中国电影诞生100年有关。

"五一"劳动节还未到，一个接一个的邀请已接踵而至，其中主要的几项活动是：

5月3日，中央电视台新闻频道采访，谈应云卫和抗战时期的中华剧艺社，兼谈抗日战争胜利60周年；

5月10日，应青岛市人民政府邀请赴青岛，在纪念抗日战争胜利60周年的

大型演出中,和《铁道游击队》作者刘知侠的夫人合演一个节目;

5月15日,赶往天津,出席《关于抗战时期重庆进步话剧运动研究》一书的签名售书活动;

5月18日,赴江阴,参加著名电影表演艺术家上官云珠的铜像揭幕仪式;

5月22日,参加上海联和院线与康桥镇人民政府联合举办的"秦怡电影回顾展"开幕活动;

5月27日,参加2005上海俄国电影周的开幕活动;

5月底,担任纪念中国电影诞生100周年知识竞赛活动的评委。

所有这些活动都是提前预约的,随着时间的推移,其余时间会被新的邀请全部填满。

有人说起了闲话:"这么大年纪了,什么都要参加,为什么不能回掉哪!"

"是的,我可以回掉。我不参加这些活动,他们不会派人来抓我。但是你想想,这些活动是不是有点意思?这不是为了玩儿!既然有人想从我这儿知道点什么,既然我去了别人会觉得高兴,那我就去吧。这样我心里比较踏实。"闲话传到秦怡耳朵里,秦怡心平气和地解释说。

如今,96岁高龄的秦怡依然坚守这样的信条:人活着要多做有益于大家和社会的事,人人都这样做,社会自然就和谐了。

第三十七章 青海湖畔

2017年1月9日,由秦怡出品、编剧、主演的电影《青海湖畔》正式公映,这部97分钟的影片放映完毕,未等片尾字幕滚完,全场亮灯,场内已是一片掌声。掌声表达的是观众对这位满头银发、95岁高龄老电影艺术家的崇高敬意!

此时此刻,秦怡无比欣慰,埋在心中16年的一个梦终于实现了。她起立转身,面向场内观众,用她那一贯从容、亲切、慈祥的微笑回应观众。场内的掌声更加响亮热烈。

5年前的1月27日晚8点,在中央电视台一套播放的中国文学艺术界新春大联欢会上,秦怡许愿,"我想在2012年再有一部自己的电影新作品",并非空穴来风,其时她已在酝酿《青海湖畔》的剧本创作。

事情的缘起说起来有点长。

十多年前,一位澳大利亚气象专家在青海帮助搞人工增雨试验。

第三十七章　青海湖畔

◆ 电影《青海湖畔》中，以93岁高龄演60岁的气象工程师梅欣怡

他的妻子和他一起去了青海，两人的事迹非常感人。有一对中国夫妇和他们一起工作。气象专家的妻子后来因病去世，葬在青海。当地的一位作家把他们的故事写成报告文学。一个偶然的机会，秦怡读到了这篇报告文学，觉得是个很好的创作题材。

1998年10月，秦怡专门去了青海，登上海拔4000多米的高山，感受高原气候的变化；走访了省气象局，了解有关气象的基本知识；还去了当地的畜牧业儿童技术学校。回到上海，秦怡找人帮助，将上述故事写成电视剧剧本，她准备演中国夫妇中的妻子。尽管剧本还不成熟，当时已着手筹集资金，因中途出现一些矛盾，集资没有成功，电视剧没有拍成。

一转眼十年时间过去了，这件事一直在秦怡心中挂着，忘不了，放不下。在她看来，如果找个好导演，这部戏肯定好。电视剧投资大，那就改成电影。

由电视剧改成电影，核心事件要变。电视剧核心事件是人工增雨，现在人工

增雨已不成问题,用不着花精力去试验研究。既然如此,改成什么事件?秦怡想到青藏铁路建设。在冻土层上建设铁路,要测地层,寻找合理的数据,研究在什么样情况下,才能保证铺在冻土层上的铁轨不移位。这么一想,改事件就不成问题了。

为保险起见,秦怡向已经离休、十年前是青海气象局的老局长征求意见,老局长认为秦怡的想法可行。人工增雨改成测地层,科学家的国籍也要跟着改,澳大利亚气象专家可改成苏联气象专家,因为澳大利亚没有冻土层。这么一来,原剧本的修改工作量非常大,实际等于推倒重写,要投入不少精力,没有过多犹豫,秦怡决定自己挑起剧本创作的重担。

故事与人物不断在秦怡脑中翻滚,当一切思考成熟之后,93岁的秦怡拿起笔,写起了电影剧本,片名就叫《青海湖畔》。

3万余字的剧本,一个半月时间完成,这对一位高龄老人来说,称得上是一气呵成。故事以修建青藏铁路为背景,该铁路从青海西宁到西藏拉萨,全长2000多千米,其中海拔4000米以上的路段960千米。许多地方没有人烟,必须了解气候和气候变化对铁路设计、施工和建成后管理的影响,高原气象考察因此显得特别重要。剧中主要人物,是以女工程师梅欣怡为代表的一群气象工作者,为攻克冻土层施工难题,在青藏高原克服重重困难,开展科学考察。他们有的献出了青春、洒下了热血,有的付出了年轻的生命。

剧本通过梅欣怡的回忆,串联起长达30年的人生经历,其中既有求学时期与苏联气象学家相识,因政治原因分离,后在青藏高原欣喜重逢;也有与气象工程师在唐古拉山不顾恶劣天气,坚持完成科考任务结下的深厚友谊。可以说,这是一个将毕生心血献给国家的女知识分子形象,也是秦怡自己近80年在电影战线奋战的真实写照。

演员出身的秦怡,对剧中的每个人物都先演一遍、体会一遍,再写下来,在编剧阶段就理清人物的情感脉络,有较强的画面感。写完后,分镜头就基本出来了。

剧本中,秦怡写了两段爱情。第一段是梅欣怡年轻时,作为上海姑娘赴苏联求学,与苏联老师坠入爱河,后因时代变故的缘由,彼此断了联系,她终身未嫁;

第三十七章　青海湖畔

再次相逢，苏联老师已经有妻子和女儿，她只得将爱深埋在心底。第二段爱情发生在青藏高原之上，来自唐古拉山山脉的气象工程师金浩，不顾一切的工作态度深深感染了梅欣怡，使她重新燃起对生命、爱情的期冀。谈及这两段爱情的描写，秦怡坦言：主旋律影片爱情虽然只是配角，但人随着岁月的增长，爱情是非常重要的，是全世界共通的感情，很了不起，所以可以写，也应该写。

实事求是地评价，《青海湖畔》是一部向科学家致敬的戏，符合今天的形势。影片拍成上映，秦怡接受了记者采访。

记者问：为什么要拍这么一部看上去并不顺应电影市场潮流的主旋律影片？

秦怡回答道："我想写一部美丽的电影，美的人，美的思想，美的感情，美的工作，这是我一直以来的一个梦想。"

记者进一步追问秦怡对电影的价值追求。

秦怡语重心长地说："说实话，我们这代电影人，还是希望作品里有一些精神可以得到弘扬，给人以心灵的启迪。"

对此，记者以《秦怡：就想拍一部美丽的电影》为主标题，做了深入报道。此是后话。

剧本完成了，接着融资。比起写剧本，找钱的事要难多了。秦怡为此四处奔走。有人开口就问投资回报率，有人质疑会不会亏本，还有人干脆直截了当地问：亏本了你赔得起吗？多少次，有人答应投××万元，过一段时间又反悔了，许诺的数字成了空头支票。说到底，还是怕拿出的钱打了水漂，有去无回。

面对融资的不顺，秦怡并不气馁，她看得很开。投资人关心回报率，想赚又怕亏，也在情理之中。加之一段时间来，不少电影喜欢打擦边球，题材狭窄，商业片、娱乐片盛行，拍来拍去，吵吵闹闹、恩恩爱爱的多，家长里短，打情骂俏，追求刺激，一年中难得有几部思想性、艺术性、可看性都不错的好片子。于是见怪不怪，对认认真真写出来故事好、人物好的戏，反而横竖看不上。秦怡坚信，在提倡正能量的大时代背景下，《青海湖畔》当是生逢其时，拍出来一定会有人要看。

功夫不负有心人。凭借秦怡的执着精神和好人缘，有关方面全力支持，拍摄资金逐步到位。纸上的文字终于可以化成银幕形象了，秦怡十分激动。她决定：一是由她本人演女主角梅欣怡，这是最初认定这个题材时就定下的；二是高原的

戏,上青藏高原拍,不管有多难,必须保证艺术质量。

对第一点,虽然93岁高龄的老人演60岁的梅欣怡,年龄、形象差距过大,也是秦怡演过的最为特殊的角色之一,周围的人相信她能演好。因为梅欣怡的性格经历有她的影子,又是她笔下的人物,对其一举一动能准确把握,比另选她人演更有优势。至于"老演少",形象差距可以通过化装弥补,关键在于人物的神韵。

对第二点,大家都说秦怡"疯了",耄耋之龄上青藏高原拍戏,不说前无古人,后无来者,怕也少之又少,万一出点意外怎么办?再说摄制组一大帮人开上青藏高原,花钱多不说,条件极其艰苦,青年演员也未必能全部应付得过来。高原的戏可以在摄影棚里搭景拍,毕竟很多戏现在都是这么拍的。

上影集团总裁任仲伦前后5次劝秦怡放弃:"我劝她别拍了吧,我们可以合作一部纪录片,名字就叫《秦怡老师》,不用上高原,在摄影棚里,在家里,在她工作过的场所好好拍。"只是每次提起这个话题,秦怡都不松口。

秦怡坚持自己的看法,《青海湖畔》讲述的是一个发生在青藏高原的故事,表演、拍摄和制作必须全力以赴,在摄影棚里搭个景,应付式地拍一拍,没有一点意思。

秦怡也深知自己的劣势,面对高原气候,她或许会发怵;年纪大了,泪腺干涩,

◆ 电影《青海湖畔》拍摄工作照

◆ 在《青海湖畔》片场

第三十七章 青海湖畔

拍感情戏，眼泪要靠点药水来刺激。但只要一想到能展现人性高尚的一面，能引导观众精神上往高处走，一种信仰与梦想的力量，鼓励她向前走，再大的困难也不在话下。

一切就这么定了：高原的戏上高原拍，真人实拍，不用替身。

2014年5月15日，秦怡和剧组一起赴青海实地考察，上海拔4600米的高原，行前秦怡在上海吃了三粒"红景天"，以防高原反应。到青海上了高原，感觉没什么不舒服，没有再吃，剩下的"红景天"留到正式拍摄时再吃。

2014年9月，第一笔资金到账，中秋节一过，秦怡便率领摄制组前往青海西宁。13日，《青海湖畔》正式开机。10月1日，秦怡在西宁胜利宾馆拍摄了她在影片中的第一个镜头。

高原拍摄，条件十分艰苦。秦怡跟着剧组一同登上海拔3800米的拍摄地。高原的日子一待就是一个月。她每天12小时坚持在片场，清晨5点出发，晚上9点回到住处。从住处到片场，多半是坑坑洼洼的土路，少有人迹。有污泥浊水的地方，连站都找不到下脚的地方，只好垫一块小木板，一点一点挪过去。

和所有摄制组人员一样，秦怡每天在片场吃着微温、半熟的盒饭，不需要格外照顾。颇有意思的是，身处高海拔的拍摄片场，剧组里不少中青年演员都有高原反应，头晕呕吐，反倒是秦怡精神很好，不吐不晕。她打趣说，青海的气候对老年人倒是很客气。看见导演气喘吁吁，秦怡开玩笑地说："好吧，那我也来喘一喘。"说罢装出不停喘气的样子，惹得大家忍俊不禁。

凭什么一个93岁的老人会有如此的精神状态？一个月的朝夕相处，剧组里的后生晚辈一致认为：是秦怡对梦想的那份执着，让生命爆发出神奇的力量。

或许感到今后饰演像梅欣怡这样戏份重的角色，机会不多了，秦怡每拍一个镜头都十分较真，稍不满意，便提出重拍一次，经导演一再解说苦劝，方肯作罢。有一场梅欣怡从雪原上往下翻滚的戏，秦怡一定要自己拍，考虑到她年纪实在太大，危险性太高，谁也不敢保证不会出意外，导演、制片坚决不同意。拗不过大家的共同决定，她才同意这场戏用替身代拍，仅此一场。

为了拍好这部戏，剧组上下同样全力以赴。全组190多人，分坐27辆车，一路开上高原，不辞辛劳地投入拍摄。为了场景逼真，置景和道具部门在雪山前的

荒地上，搭起一座仿20世纪60年代的气象台，质量好到可以真能住人。

为了使有限的拍摄资金用在拍摄和后期制作上，保证艺术质量，身兼出品人、编剧、主演的秦怡分文不取。在她的感召下，一些年轻演员主动放弃报酬。唱主题歌的毛阿敏、演铁路工程师金浩的佟瑞欣，是有一定身价的著名演员，也都是零片酬。秦怡感动他人，也被他人感动："在高原拍片，看见淳朴的人际关系，我更想歌颂一下人与人之间的美好，希望大家珍惜当下。"

更有方方面面的人，为秦怡的奉献精神所感动，为她保驾护航。

——上影集团调集优秀导演和主演，准备了房车等拍摄用品，给予全力支持。又专门组织发行和营销团队，特事特办，两条腿走路：一边在大片林立的贺岁档保证院线的正常排片；一边组织团体资源，为热爱秦怡的影迷提供方便。

——完成片送到北京审看，按规定是20天审查流程，最后仅用了两三个小时就获得国家广电总局特别批准，一个镜头未删，一个镜头未补。

艰苦的拍摄，或多或少还是影响到秦怡的身体。在最忙的时候，她体重瘦了5公斤。从高原回到上海，得了腔梗，腿脚不便，在家中修养了近4个月，未能完全康复。当年的上海国际电影节开幕式，她在别人搀扶下，走完不长的一段红地毯。

尽管如此，秦怡的心情是愉快的。从剧本创作、筹备拍摄到摄制完成，前后历经3年，了却了心中16年的一个心愿，此后她可以轻装上阵，做她想做的事了。

2017年1月9日，《青海湖畔》首映仪式在上海影城第二放映厅举行，主办方在正片前加放了一段纪录片，回望两年多前秦怡在青藏高原倔强的身影——本是颐养天年的日子，她却身履险境。纪录片放完，场内响起一片掌声。秦怡站起身挥手回应道："观众是来看电影的，不是来看我的。我跟观众一样，就是个爱电影的人。小时候是小影迷，现在就是老老影迷。"接着又是一阵掌声，掌声停息播映正片。

以近百岁之龄写剧本、拍电影，秦怡可谓创造了一个奇迹。忙完了《青海湖畔》，本该停下来好好休息，不承想她又撒开手脚忙个不停。

2016年下半年，当《青海湖畔》等待排线上映时，秦怡的身影已出现在陈凯歌新片《妖猫传》剧组里，她在片中饰演一个老嬷嬷，跟着剧组辗转湖南等地。

◆ 在《青海湖畔》开机发布会上发言　　◆《青海湖畔》主创人员参加"海上电影论坛"合影

◆ 与出席"海上电影论坛"嘉宾合影

◆ 在上海国际电影节讲述电影《青海湖畔》创作历程　　◆ 参加"海上电影论坛"发言

古装戏化装吃时间,清晨 5 点不到演员要起身进入工作状态。剧务人员起初担心她受不了,得到的回答是"拍戏哪有不辛苦的,现在的条件好多了"。

剧本中,老嬷嬷对主子贵妃忠心耿耿,每遇危难时刻,总是挺身维护。片场,秦怡照剧本所写,一次次倒地,倒下后再由人扶起。与其配戏的黄轩等年轻演员看在眼里,敬重之情油然而生。

◆ 电影《妖猫传》剧照

《妖猫传》拍完,秦怡又飞到澳大利亚墨尔本,依约为当地华人献演钢琴伴奏朗诵《鲁妈的独白》。

演出那天,主办方为了让秦怡少走路,用轮椅推她上台,推到钢琴旁。秦怡下了轮椅站起身,热情的观众一遍遍喊"坐下""坐下"。秦怡没有坐,她知道观众心疼她,怕她站着太累,让她坐着朗诵。但演出台本并没有写让她坐着,她不能坐,按规定要求演出,是演员的天职。

第三十七章　青海湖畔

◆ 接受记者采访

时间老人的脚步迈进丁酉年，1月9日是《青海湖畔》首映之日，7日，秦怡先飞北京，参加中国文联春节联欢会的录制，近十年这是她每年都铁定到场的全国文艺界大聚会。联欢会节目录制结束，她立马返回上海，9日出席《青海湖畔》首映式。隔一天，11日亮相深圳"中华人物"颁奖典礼。典礼结束匆匆赶回上海家中，接受早就约定的记者登门采访。

如此快节奏的东奔西跑，一般年轻人都难以承受，秦怡却乐此不疲。友人一再劝说，该收起脚步停下来歇歇，好好享受一下生活。她淡然一笑回答说："我还有许多事要做，停不下来，我还有很多梦想要实现。"

还有哪些事要做？还有哪些梦想没有实现？

几天后谜底揭晓了。

◆ 喜切95岁生日蛋糕　　◆ 与著名作家艾明之在一起　　◆ 与著名作曲家陈钢合影

2月1日，亲友们在克勒门文化沙龙为秦怡庆贺95岁生日。这一天恰巧是秦怡阳历、阴历（年初四）出生日重合，是难得的好日子。她身着红色对襟夹袄，一身喜气，更兼满头银发，与红色夹袄上下互衬，精神格外矍铄。亲友们祝秦怡生日快乐，健康幸福！

著名作家艾明之，比秦怡小三岁，他一手轻搭秦怡左肩，一手握住秦怡右手，侧首悄悄对秦怡说："你是中外电影史上的标杆，没有谁在这个年龄还拍电影！"

秦怡不语，以笑作答。

蛋糕上桌，该切蛋糕了。

秦怡手拿塑料刀，对着蛋糕上"祝秦怡老师生日快乐"几个字，抬头微笑说："我想要向自己'开刀'。"

亲友们一愣，不解其意。

略停片刻，秦怡接着道："我要一直创作下去，一直拍下去，等我100岁的时候，你们再来看我的新片，我还要和观众在一起。"

先前的疑问有了答案，所谓"还有事没有做完""还有梦想要实现"，指的是还要继续写剧本，写好剧本再拍电影。

参加祝寿的记者写了长篇通讯——《秦怡：等我100岁时，再来看我的新片》，向广大影迷传达秦怡的不老雄心。

第三十七章 青海湖畔

再后来，关于酝酿中的新剧本内容，秦怡披露得越来越多。那是一个关于抗战时期育婴堂的故事，其中有她失散多年的四姐妹，也有她和丈夫金焰真实生活的影子，是一个装在她心中一辈子的故事。

1961年，秦怡写过一个剧本，名叫《小修女》，是关于旧时代育婴堂的故事，后来这个剧本找不到了，她决定重新创作。

秦怡认为，很多时候个人命运总是跟国家、时代的命运连在一起的，应该把这个故事放在抗战大背景中去展现。之所以做如此考虑，一方面与她的亲身经历有关。抗战时期，她家所在的南市饱受日军轰炸，她为抗日离开了上海，留下未成年的妹妹，扛起了一家人的生计。妹妹每天上下班都要经过外白渡桥，桥上有日军狼狗"把守"，目的倒不是让狗咬人，而是以狗的狂吠侮辱、吓阻中国人；另一方面，是丈夫金焰的一段亲身经历给了她启示。

20世纪30年代中期，日军占领上海，许多人迫于形势举家内迁，金焰有片约在身，因付不起高昂的违约金，只好选择留下。不久，日军找上门来，要他为日方拍电影。金焰参加过左翼戏剧联盟，拍摄过《野草闲花》《恋爱与义务》《大路》等反抗侵略压迫的影片，一口拒绝。日本人非常恼火，派人对他进行监视，情况日益变得严峻。亏得吴永刚等朋友想出一个移花接木的办法，用别人名字买了两张船票，一大帮朋友假装送行，金焰、王人美趁机上游轮去了香港，逃过一劫。

新的构思，秦怡打算聚焦一对革命夫妻，因遭日军追捕，不得已将两个孩子寄居邻居家，邻居生活难以为继，将孩子送进了育婴堂……

岂料生日刚过不久，秦怡在家中摔了一跤，去医院诊治，是股骨胫骨骨折，住院治疗，暂时不能下床行走。

整日躺在病床上，少了许多干扰，秦怡的思绪越发活跃，计划中的剧本又有了新的构思，依然是关于抗日、时代变迁和个人命运的故事，大意是：旧社会（抗战时期），一个女孩因为家里穷，不得不到跳舞场做舞女，在舞场收留了一个被遗弃的小男孩。新中国成立了，因为舞女身份，她把小男孩送给别人。后来男孩被带去美国，很有出息，成为一名音乐家。若干年后，男孩回国演出，在舞台上认出台下坐在轮椅上的她，她也认出了男孩，却不敢相认……故事凄婉曲折，听上去非常感人。

两段故事，时代背景都离不开抗战。秦怡认为，抗战的影片虽然拍得不少，真正表现老百姓生活与命运的并不多，她本人经历过抗战，是老百姓中的一员，熟悉生活，写起来得心应手，不会胡编乱造。两段故事，是合而写成一部戏，还是分开各写一部戏，她还在掂量斟酌，同时想多听听意见，然后再做决定。

去医院探望的人很多，话题除了关于理疗、锻炼和想早日出院外，秦怡谈得最多的还是新剧本创作。探望者专注地听着……心中不由得升腾起一股崇高的敬意，祝愿她健康长寿，再一次梦想成真！

◆ 参加应云卫诞辰110周年活动

第三十七章　青海湖畔

◆ 参加第六届上海文学艺术奖颁奖典礼

◆ 参加 2016 重阳节老艺术家大型演出

◆ 参加赵丹诞辰 100 周年纪念座谈会

◆ 为"沪港青年电影人文创会"揭幕题词

◆ 为越剧表演艺术家王文娟颁发白玉兰戏剧奖终身成就奖

第三十八章

事业，永恒的歌

从 1938 年 11 月参加中国电影制片厂当见习演员到今天，秦怡已从艺 80 周年。由于年龄、身体等多方面原因，不少老一辈表演艺术家早已远离舞台或银幕。和同辈的表演艺术家们相比，秦怡的艺术生命比较长，乃至 2008 年 5 月还在电影《我坚强的小船》中演一个住在石库门里的老奶奶。这是一部儿童片，孩子是绝对的主角，但老奶奶也并非可有可无，而是一个有戏的实实在在的角色。秦怡把角色的身份、经历与自身体验，如水乳般交融在一起，受到了大家的好评。从后来情况看，石库门里的老奶奶并不是秦怡最后的银幕形象，在《青海湖畔》《妖猫传》里，她又有新的银幕形象献给热爱她的观众。

据不完全统计，80 年的演艺生涯，秦怡共塑造舞台和银幕主、配角形象 70 余个，他们横跨不同的时代，有着不同的身份，不同的年龄，说得透彻点，即是从古代到当下，从年轻少女到老年母亲，

从旧时代艺妓到女革命者，人物形象千变万化，人物性格多姿多采，总之是演什么像什么，既显示了她塑造人物的扎实功力，又体现了她在表演上所取得的卓越成就。2005年是中国电影诞生100周年纪念，国家广电总局和人事部授予50位电影艺术家为"国家有突出贡献艺术家"，秦怡是其中之一。获得这一殊荣，她是当之无愧的。

1997年10月，秦怡迎来了她从艺60周年纪念。此前，她花了很大精力，撰写《我的艺术生涯》。在这篇近10万字的长文中，秦怡在回顾自己从艺历程、情感生活的同时，对从舞台到银幕的角色塑造做了认真的回顾总结。读着那些发自肺腑的文字，人们感受到的是她执着的追求，成长的脚步，以及创作时所付出的艰辛劳动，其间有遭遇曲折后的不屈不挠，有取得成功后的谦虚谨慎，也有受到观众热烈欢迎后的喜悦与欢心。平心而论，这样的文字，今天从事表演艺术的年青一代，若能平心静气地读一读，定会获益良多。《我的艺术生涯》后来收进了秦怡自编的《跑龙套》一书，该书由学林出版社出版，很受喜爱她的观众青睐与好评。

从那时到现在，20多年时间过去了，随着年龄的增长，秦怡一直在思考自己的表演心得——不是指具体地塑造某个角色，而是从总体上进行梳理总结，以归纳出某些经验教训，供后人借鉴，以便他们少走弯路，为时代和人民多塑造一些激励人、鼓舞人的艺术形象。一次次接受媒体采访，记者们有时也会问起这方面的问题。虽然没有经过深思熟虑，但秦怡的回答已多少带有理性的思考，听到的人很受启发。经多方收集，择其要者，这些思考主要有以下三个方面。

思考之一，演戏和做人是联系在一起的。

无论是过去的年代还是在今天，对许多人来说，演戏、拍电影首先是为了谋生。出自这样的考虑，戏演得好坏他们很少关心，要紧的是个人名、利不能受到损害。秦怡不这样认为。在她看来，如果是为了谋生，何必去搞文艺？文艺需要一种内在的强大的精神力量，这种力量一方面来自对文艺的追求；另一方面，也来自观众（人民）中间。以自己从艺术中所得到的感人精神力量，再通过自己的劳动释放给别人，这才是一个称职的演员应该追求的理想境界。否则，整天陷在狭小的私人生活纠葛之中，陷在无谓的争名夺利之中，人生还有什么美好可言？

小时候，秦怡看了许多中外名著，想过长大了当个作家，或者当一名老师，

第三十八章　事业，永恒的歌

这两种职业都能让他人的心灵受到熏陶。由于当时年龄尚小，没有到面临人生选择的时刻，对这些秦怡只是想想而已。

小学毕业了，父亲为秦怡选了中华职业学校商科。父亲在洋行当会计，希望女儿将来有个好职业。从中华职业学校商科毕业，可以去银行当职员，工作体面又令人羡慕，是个金饭碗。秦怡对商科不感兴趣，也不想和枯燥的数字打交道，只是作为孝顺女儿，她顺从了父亲的安排。最终，秦怡从艺当了演员，是和参加抗战联系在一起的。

"七七"卢沟桥事变，日本帝国主义进攻古都北平，上海很快跟着沦陷。为了不当亡国奴，秦怡独自离家奔赴抗战前线。历经一番曲折，秦怡在重庆接触到抗战话剧，"对那些搞话剧事业的人，产生了一种尊敬和信任"，从而"推动自己做出抉择——当一名演员"。因此，为做抗战人而演抗战戏，或者说是为抗战而演戏，是秦怡把握"做人"与"演戏"相互关系的一条基本准则。

此后，面对一切有碍于做抗战人的打击与诱惑，秦怡都坚决予以抵制与排斥。从重庆时期成为"四大名旦"，到成都时期一年演6部大戏，秦怡声誉四起，每次演毕谢幕，迎接她的总是掌声和欢呼，她激动不已，不断向观众鞠躬，热泪随之夺眶而出，尽情挥洒。面对忠实拥护她的观众，秦怡精神上获得了最大满足，观众理解她，爱戴她，她愿意为观众奉献最美好的角色。相反，对于心怀叵测的国大代表的"泡场子""请吃饭"，对于市长太太的"捧角儿"，秦怡则冷眼相待，拒之于千里之外。

秦怡为抗战而演戏，不是旧时代的"戏子"，她不想与官场和富人扯上关系，更不想借他们的"金钱"或"势力"达到个人的什么目的，她追求的是独立的人格和做人的尊严。

《野玫瑰》的演出轰动山城，演一场，满座一场，一票难求，黑市票价高出正常票价好几倍。关于演员和戏的关系，戏剧界有行话说，一是戏保人，意指因戏好而成就了演员；二是人保戏，意指演员好保住了戏；三是戏保人，人也保戏，意指戏好演员也好。这第三种情况最为难得。秦怡演《野玫瑰》，属于第三种。观众争看《野玫瑰》，一是为看戏，二是为看人——一睹秦怡的舞台风采。

《野玫瑰》不断演下去，戏和演员必然越来越红。对许多演员而言，一生也难

得遇到这样的好机会,一旦"撞"上了抓住不放,自在情理之中。可意想不到的是,正当《野玫瑰》演得很"火"的时候,忽然传来"这个戏政治内容不好,有替国民党假抗日、真反共涂脂抹粉的内容","国民党中央宣传部给戏的作者颁发了编剧奖","《新华日报》发表了批评《野玫瑰》的文章",所有这些传闻,都和秦怡"做抗战人,演抗战戏"的人生准则相悖。秦怡和剧组的人一起商量,一致要求投资方停演。投资方不同意,剧组立即决定罢演,时间就在当天夜场戏演完拉开大幕后,由主演秦怡向观众宣布:《野玫瑰》从明日起罢演……

一部使自己走红的戏,要自己亲口宣判它的"死刑",不免有点残酷,秦怡却毫无怨言,她追求的不是个人的虚名,而是抗日救亡的理想。

新中国成立后,秦怡成为上海电影制片厂演员剧团一员,她从不以明星自居,尽管事实上她早已是闻名遐迩的大明星。作为新时代的文艺工作者,本着演戏先做人的原则,秦怡开始考虑为什么演戏,为什么人演戏,怎样才能演好戏等常识性问题。她回顾自己一路走来的从艺经历,从不会演戏到会演戏,从舞台走上银幕,她只知道宣传抗战,唤起民众,还有就是对观众负责,除此而外的高深问题,她就不会去想了。

然而,时代不同了,秦怡感到仅有这些朴素的认识远远不够,她要加紧学习,跟上新时代前进的步伐。特别是学习了毛主席《在延安文艺座谈会上的讲话》,毛主席把"演戏"提到革命事业的高度加以论证分析,秦怡感到耳目一新,逐步领悟到在新、旧中国这一伟大社会变革中,演员的真正价值、神圣使命和应当奔赴的目标。

因为有了新的人生观与价值观的指引,所以在后来的学习工农兵、演好工农兵的艺术实践中,秦怡全身心投入,努力探索走进角色的心灵,塑造了林洁、芳林嫂、阿宽嫂、林红、银花和钟叶平等一批新的人物形象,表演上有了新的升华,成为观众特别喜爱的女演员之一。

秦怡至今记得一位名人说过的一句话,艺术家最真诚,懂就是懂,不懂就是不懂。自从在书中读到这句话之后,它又成了秦怡做人坚守的信条之一,反映在工作上,不熟悉的人物,无法把握的人物,她坚决不演。

1964年,谢晋导演《舞台姐妹》,影片通过一对越剧姐妹俩在旧社会命运和舞台生活的变化，以及两人所走的不同生活道路，揭示出积极的思想主题。八年前秦怡在《女篮五号》中和谢晋有过很好的合作，结下了很深的友谊。这一次谢晋又想到了秦怡，邀请秦怡在《舞台姐妹》中出演主要角色。

再次受到老友邀请，秦怡读了剧本，认认真真地做了思考：对旧社会的艺人生活她并不陌生，问题在于她不了解越剧，影片中有大量的舞台表现镜头，又是唱又是舞，而且是古装人物，她怕找不到感觉，走不进角色的内心世界，不能把角色演好。经过反复斟酌思考，秦怡婉拒了谢晋的盛情厚意。

不是为了个人有戏就演，而是对戏负责，要演就一定演好，这说明秦怡具备了一个演员必须具备、实际又很难做到的高尚艺德。

思考之二，人物是跟着时代走的。

根据自己长期的艺术实践，秦怡体会到，舞台和银幕上的人物虽然是剧作家虚构的，但他们都来自生活，来自实践，不食人间烟火的人物是不存在的。既然人物是跟着时代走的，那么，演员在饰演不同的人物时，必须跟上人物所处的那个时代，并由此去体验人物的内心感受，这样演出来的人物才会真实可信，打动观众，尤其是演现实题材中的人物，更应该如此。

1948年，石挥导演《母亲》，秦怡演母亲，从20岁演到70多岁。秦怡当时26岁，许多人担心她演老年时代的母亲找不到感觉。60年后的2008年，彭小莲导演儿童片《我坚强的小船》，秦怡演一个住在石库门中的老奶奶。两个分处不同时代，身份、年龄大体相同的艺术形象，秦怡演得都十分到位，其奥秘就在于她能从形象所处的时代去把握、体验她们的内心感受，找到了"克隆"她们的有效手段。对前者，除化装的功劳外，秦怡找到了一个从外形到内心可供借鉴的人物——自己的母亲。母亲的生活、性格和遭遇，和影片中老年母亲的生活、性格和遭遇十分相似……渐渐地两个母亲合二为一，变成了秦怡银幕上演的老年母亲。《母亲》上映后，观众怎么也想不到，银幕上饱经磨难、白发苍苍的母亲，竟是黑发红颜的秦怡所扮演。这一形象的塑造成功，标志着秦怡完成了从一个舞台表演艺术家到电影表演艺术家的身份转换。对后者，秦怡以87岁的高龄出演，并且也有过住在石库门房子里的生活经历，她本人的人生体验、内心感受和影片中老奶奶的人生体验、内心感受完全吻合，演起来驾轻就熟，自不在话下。《我坚强的小

船》上映后之所以广受好评,在美国洛杉矶获得第四届好莱坞 AOF 国际电影节最佳外语片奖,一则得力于影片独特的题材及小演员们的真实表演;二则和秦怡演活了老奶奶也不无关系。

两个例子,或许多少让人感到有点不得要领。毕竟拍摄于 60 年前的《母亲》,看过的人在今天实在不多了,绝大多数观众甚至根本不知道有这部影片存在,缺少了鲜明的视觉对比,仅凭理性分析,感觉总归不那么真切。假如有机会让两部影片同时放映,比较同一个演员演不同时代人物时的表演,一定会认同秦怡的观点:人物是跟着时代走的。

人物跟着时代走,实质是说演员要跟着时代走。按秦怡的体会,演员要跟上时代,首先思想要跟上。这需要加强学习,学习业务知识,也学习时事政治。思想与时代合拍了,演什么样的人物都能搭准他行为和性格变化的脉搏,从而演好这个人物。

为向新中国成立十周年献礼,1959 年 6 月,北京电影制片厂拍摄《青春之歌》,秦怡应邀演女革命者林红。影片中林红的戏不多,却是关键人物。从某种意义上说,林红的形象站住了,整个影片就成功了。秦怡不熟悉地下斗争生活,对林红这样的女革命者知之甚少,加上林红的戏从准备到拍完,只有十天时间,十天后她要参加以夏衍为团长的中国电影代表团,出席在莫斯科举行的首届莫斯科国际电影节。

为演好林红,秦怡付出了艰巨的劳动。从上海赶到北京向剧组报道,她没有急于先想人物设计,而是先抓紧时间学习。白天,秦怡反复阅读小说《青春之歌》和争论材料;晚上,读《革命烈士诗抄》《红旗飘飘》等革命回忆录,读革命烈士的生平事迹。那些朴实无华的文字,把秦怡引到剧本所描述的那个时代氛围中,那些时代的(革命者)形象,像潮水一样涌进了她的脑海,整日整日地使她激动着,只要一想到那些在敌人迫害下坚定勇敢的英勇形象,她就会激动得流泪,觉得世界上再没有比这种人的感情更高贵的了。

阅读之余,秦怡又漫步到天安门广场,天安门城墙上的红旗迎风招展,一盏盏金色的吊灯在灯柱上高悬,天空呈现一片蔚蓝,她忽然产生一种特殊的感觉,自己仿佛像吊灯那样自由地在空中飘舞,她不禁思绪翻腾,浮想联翩:眼前的一

第三十八章 事业，永恒的歌

◆ 夏衍同志和秦怡、白杨等亲切交谈

切，难道不是无数革命先烈流血牺牲换来的吗？它就是活生生的理想。林红之所以坚贞不屈，视死如归，是伟大的共产主义理想赋予她坚定的信念，赋予她坚强和勇敢，使她成为人人所敬慕的革命英雄。经过这一番革命斗争史和烈士事迹的学习，秦怡觉得自己生活在林红的生活中了，理解、体验到了林红的伟大思想和深切感情，找到了林红行动的内在根据。戏正式开拍，秦怡演起来水到渠成，女革命者林红成为她所塑造的一系列银幕人物中极具光彩的形象之一。

进入老年时代的秦怡，更加如饥似渴地抓紧学习，至今她家里还订着《环球时报》《中国艺术报》《参考消息》《文汇报》《报刊文摘》《新民晚报》《文学报》等近10份报纸。这些报纸，不是摆着装样子，秦怡是真看。只要不外出参加会议或者活动，在家的时间，三分之一用来整理家务，三分之二用于看报看电视，举凡时事、政治、重大事件、社会新闻，她全看。90多岁的秦怡，思想丝毫不保守，不僵化，善于接受新知识，观念特别新。讲起什么来，滔滔不绝，知识面相当广。

◆ 阅读第十次中国文联代表大会简报

用她的话说,多学习能锻炼脑子,想问题会互相启发。

思考之三,没有"本色演员""性格演员"之分,演员的任务就是演好生活中形形色色的人。

由于自身条件所限,演员在饰演角色时会受到一定的制约——有些角色能演,有些角色不能演。中国传统戏剧有专门的角色分工,所谓生、旦、净、丑、末,即是分工后的角色名称。而且,在同一角色门类中,又有不同的子门类,如"生"角,就有"小生""老生"之分。在这样的角色分工中,演员"术"有专攻,独当一面。有些先天条件好的演员,肯吃苦训练,能一人演不同角色,戏路比较宽广。这说明中国传统戏剧发展成熟,博大精深。不过,这和"本色演员"和"性格演员"的分法,是两码事。

所谓"本色演员",意即只能演与自己性格相仿的角色;所谓"性格演员",意即可以演各种不同性格的角色。这样的分法,多见于人们对影视演员的分类与

第三十八章 事业，永恒的歌

评判。有些演员也自我定性，自认是"本色演员"或"性格演员"。如此分法，不利于演员自身业务的提高，也不利于整个表演事业的发展。

秦怡自当演员起，没听说过有什么"本色演员"与"性格演员"之分，话剧、电影也没有像传统戏剧那样的角色分类，演员的任务就是演好导演分配的每一个角色。能把不同戏中不同的人物演好，赢得观众的掌声，受到观众的欢迎，就是一个称职的好演员。80年的舞台与银幕生涯，秦怡塑造了一系列的舞台和银幕形象，甚至有高鼻子、蓝眼睛、黄头发的外国人。众多的人物，不说每一个都演得逼真感人，也是绝大部分都各有其貌，栩栩如生。正因为如此，1943年5月她获得了"四大名旦"的桂冠，2005年12月又获得了"国家有突出贡献艺术家"的殊荣。所以，回顾自己的艺术生涯，秦怡不认同"本色演员"与"性格演员"的分法。演员的任务是在假定的环境里，把表演做到尽可能的真实。说到底，就是塑造好生活中形形色色的人物。

当然，任何演员都有自己的局限。比如，要演的人物有些是不熟悉的，人物所处的生活氛围也是陌生的，要弥补这些局限，办法是深入生活，在生活中寻找创作的灵感。

新中国成立后，工农兵形象成为舞台、银幕的主角，这些人物，秦怡过去从未演过，对他们的生活、语言、思想和情感知之不多，有的干脆就一无所知。为了演好这些新时代的主人公，秦怡先后到山东莱阳老区、张北农村、水利建设工地深入生活，学推独轮车，学开拖拉机，吃粗粮，睡土坑，从思想上拉近与角色的距离，熟悉角色的语言与生活，最终圆满地塑造了一批新时代的新形象。

然而，由于受自身利益最大化的驱动，演员为演好角色而深入生活，在今天反成了新闻。有的演员一人同时接几部戏，飞来飞去忙着到处串戏，赶场子。如此浮躁，急功近利，别说没时间深入生活，怕是连剧本都无法好好阅读。最后，观众记住的是他那张"混熟的脸"，记不住他到底塑造过哪些艺术形象。对照这一现象，秦怡的思考更显得弥足珍贵。

1997年12月，为纪念从艺60周年，秦怡出版了她的第一本著作《跑龙套》，受到了读者的欢迎，产生了一定影响。2009年上半年，上海大学出版社看到了这本书的价值，约请秦怡对长达71年的表演成就和经验做进一步提炼整理，增加新

的内容,他们将再次出版。秦怡同意了。忙完了手中的事情,她准备抽出时间,书写出新的人生的、思想的和艺术的感悟,与热爱她的观众分享,与年轻的一代演员们共勉。

但是,总有忙不完的事,秦怡的愿望至今没有实现。2012年,北京大学又来电联系,要重版《跑龙套》,既然自己一时无法挤出时间增加新的内容,秦怡同意再版。离上次出版的时间已经很长了,书早已买不到,再版后,想看的人可以买来看,是件好事。

还是这本《跑龙套》,收有一封1987年2月秦怡写给友人的一封信。在向友人谈了两年繁忙的工作后,信的结尾,秦怡写道:

在这么一大堆要做的事情面前,也许我又会遇上种种困难,产生种种苦恼,但是苦尽甘来,无论是痛苦还是欢乐,胸中永远跳动着我一颗追求艺术的赤诚之心。我仍然要以满腔激情去拥抱事业——事业,是一支我永远唱不尽的永恒之歌。

从那时到现在,30多年过去了,秦怡始终在唱着这支"永恒之歌",只要生命不息,她会一直唱下去!

附录

秦怡年表

1922 年	农历正月初四 出生于上海南市。
1927 年	家办私塾启蒙。
1928 年	先后就读于龙门师范附小等学校。六年级自编自演独幕剧《刑》。
1933 年	上海中华职业学校读商科,后转入仿德女子中学,并在女子文学专门学校进修。为宣传抗战,演出广场剧《放下你的鞭子》。
1938 年	
8 月	离家出走,奔赴抗战前线。在武汉参加第 22 集团军,任军部文书。
10 月	武汉沦陷,到大后方重庆。
11 月	经人介绍,进中国电影制片厂当演员。

1939年年初	第一次拍电影,在《保家乡》中演群众角色。
	第一次上台演话剧《中国万岁》,饰演配角。
8月	拍摄影片《好丈夫》,饰一农村妇女。
	拍摄影片《日本间谍》,演一富家女。
9月	与陈天国结婚。
1940年	
8月	女儿斐斐出生。
1941年年初	话剧《正在想》中演天主教嬷嬷。
6月	参加创建中华剧艺社。
11月	中华剧艺社开锣戏《大地回春》中演女主角黄树蕙。
1942年	话剧《天国春秋》中演秦淮艺妓红鸾。
	话剧《钦差大臣》中演县长小姐。
	话剧《孤岛小景》中演一个女人。
	话剧《面子问题》中演欧阳雪。
	话剧《茶花女》中演女友。
	话剧《战斗的女性》中演梅可华。
	话剧《愁城记》中演赵太太。
10月	话剧《野玫瑰》中演主角女特工夏艳华。
1943年年初	话剧《清宫外史》中演主角珍妃。
8月	话剧《董小宛》中演主角秦淮名妓董小宛。
10月	话剧《繁菌》中演女主角。

1944 年
- 10 月　从西康回成都，回到中华剧艺社。
- 11 月　话剧《桃花扇》中演主角秦淮歌女李香君。

1945 年　话剧《草木皆兵》中演主角地下工作者。
　　　　话剧《结婚进行曲》中演主角女大学生黄瑛。
　　　　话剧《戏剧春秋》中演主角一演员。
　　　　话剧《离离草》中演主角农村姑娘。
- 8 月 15 日　日本宣布无条件投降，抗战胜利。赴重庆演话剧《清明前后》。
- 10 月初　首次和赵丹合作，在《清明前后》中演小学教员的妻子。

1946 年
- 2 月　拍摄电影《忠义之家》，演主角烈士的妻子。
- 5 月　拍摄电影《遥远的爱》，演主角农村姑娘于珍。
- 10 月　演话剧《结婚进行曲》，仍饰女大学生黄瑛。
- 11 月　拍摄电影《无名氏》，演主角女儿周瑛。

1947 年
- 9 月　拍摄《大地春回》，演女主角。
　　　赴香港拍摄电影《海茫茫》，演主角凌海珠。
- 12 月 15 日　和金焰在香港宇宙俱乐部举行婚礼。

1948 年
- 7 月　儿子金捷出生。
　　　拍摄电影《母亲》，演主角母亲。

12月	拍摄电影《失去的爱情》，演主角女大学生裘丽英，金焰演一画家。
1949年	
4月	排练话剧《护厂》，演主角，迎接上海解放。
6月	任上海电影家协会常务理事和上海戏剧家协会理事。
9月	被选为全国文联委员。后中国电影家协会成立，被选为理事。当选上海市妇联执行委员。
11月	任上海电影制片厂筹备组成员。 拍摄上海电影制片厂成立后的第一部故事片《农家乐》，演女主角拉英。
1950年	演话剧《护厂》，庆祝上海解放。 演话剧《把炮弹打上去》，饰主角。
1950年年底	赴皖北宿县参加土地改革运动。
1951年春	为抗美援朝，保家卫国参加捐赠活动，演出话剧《英雄的阵地》。
1951年年底	拍摄电影《两家春》，演主角坠儿。影片被评为1949—1955年优秀影片，同时荣获女主角奖牌。
1952年	参加文艺界整风和思想改造运动，并在《大众电影》上发表学习心得。
1954年冬	参加中国电影代表团，赴苏联访问。
1955年	拍摄电影《马兰花开》，演主角推土机手。

1956 年年初	拍摄电影《哥哥与妹妹》，演妹妹。
4 月	上海电影制片厂拍摄第一部彩色故事片《女篮五号》，演母亲林洁。
11 月	赴芬兰，参加中国电影周活动。
	拍摄电影《铁道游击队》，演抗日妇女芳林嫂。
1957 年	增选为二届后期全国政协委员，一直连任至 2003 年。
	赴北京参加第一届亚洲电影节。
7 月	赴埃及访问。
1958 年	拍摄电影《红色的种子》，演主角华小凤。
9 月	演话剧《第十二夜》，饰安东尼奥、薇奥拉兄妹俩。
10 月	拍摄电影《林则徐》，演渔民阿宽嫂。
1959 年	
5 月	加入中国共产党。
6 月	拍摄电影《青春之歌》，演革命者林红。
	演话剧《大雷雨》，饰卡契林娜。
	参加首届莫斯科国际电影节。
	拍摄电影《摩雅傣》，演母亲米汗和女儿依莱汗。
8 月	任上海电影演员剧团副团长。
1960 年	
3 月	以上海电影演员剧团副团长身份，带队赴江西演出剧团排练的话剧《镀金》。

9月	拍摄影片《春催桃李》，任副导演，兼演老校长。
11月	随周恩来总理率领的政府代表团（下设文化代表团和电影代表团），赴缅甸访问。

1962年

4月	随中国电影工作者代表团赴日本访问。
1963年	拍摄电影《北国江南》，演主角共产党员银花。
1964年	拍摄电影《浪涛滚滚》，演主角水利工地党委书记钟叶平。
9月	电影《北国江南》被点名批判。
1965年	筹拍电影《乡村女书记》，演主角女书记。
10月	任上海汽轮机厂制造双水内冷发电机组纪录片编导。

1966年

7月　　被打成"牛鬼蛇神"，关进"牛棚"。

1974年年底

宣布"解放"，结束长达8年之久的靠边、审查、监护与劳动等非正常生活。

1975年下半年

拍摄影片《征途》，演贫下中农关嫂，兼演员组组长。

1977年　　在两年不到的时间里演出几百场节目。

1978年

8月　　拍摄电影《风浪》，演主角渔轮厂党委书记肖玉华。

1979 年
- 8 月 　拍摄电影《苦恼人的笑》，演教师之妻。
  　　　　拍摄电影《海外赤子》，演主角华侨妇女林碧云。

1981 年
- 10 月 　赴美国，参加中国电影周活动。
- 12 月 　赴法国、阿尔及利亚，参加中国电影周活动。

1982 年夏 　拍摄电视剧《上海屋檐下》，演主角杨彩玉。
  　　　　拍摄电影《张衡》，演老夫人。
- 5 月 　随全国政协代表团赴日本访问。
- 11 月 　拍摄电影《倔强的女人》，演主角工程师。因在《上海屋檐下》演杨彩玉，获金鹰奖女主角奖。

1983 年
- 7 月 　拍摄电影《青山夕照》，演女主角。
  　　　拍摄电影《雷雨》，演鲁妈。

1984 年年底
  　　　兼任上海影视公司董事长。

1985 年
- 3 月 　拍摄电视剧《晚晴》，演主角马戏团退休人员。

1986 年 　拍摄中法合拍电影《花轿泪》，演周琴丽。
  　　　拍摄电视剧《我是一片云》，演女配角。

1989 年	拍摄艺术专题片《城隍的后代》，演主持人。
1990 年年初	任上海对外文化交流协会理事。
	拍摄电视剧《女篮五号》续剧《千里寻梦》，演主角董事长。
1992 年	拍摄电影《梦非梦》，演主角歌剧演员颜蔚。
1993 年	拍摄电视剧《孽海情缘》，演皇太后。
1994 年	拍摄电影《飞越，飞越》，演海外归来的华侨。
1995 年	为纪念杨村彬 80 诞辰，重演话剧《清宫外史》。
8 月	获第五届中国电影表演艺术学会奖特别荣誉奖。
10 月	获中国电影世纪奖。
1996 年	受聘上海水产大学兼职教授。
7 月	赴俄罗斯访问。
	拍摄电视剧《我不是个坏女人》，演配角女法官。
1997 年	为庆祝香港回归，参加演出话剧《沧海还珠》。
12 月	为纪念从艺 60 年，出版专著《跑龙套》。
1998 年	拍摄电视剧《特区大亨》，演女大亨丁老太。
10 月	从艺 60 周年纪念，上海电影制片厂和上海电影家协会举办纪念活动，放映影片《浪涛滚滚》。
1999 年春	赴美国参加世界娱乐与媒体领导人论坛年会。
	随上海文联代表团赴日本访问。
11 月	获中国电视金鹰奖世纪纪念奖。

2000 年	受聘上海师范大学兼职教授。 任中国电影基金会理事。 为特奥会和各种慈善活动演出。
2003 年	受聘同济大学电影学院顾问。 受聘上海浦东电影学院客座教授。 获上海电影演员剧团成立 50 周年"一代功臣"荣誉称号。
9 月	拍摄电视剧《活个精神头》,演女大学生。
2004 年	任对外国际友好联络会理事。 任中国环保学会理事。
2005 年	
3 月	随中国电影代表团赴香港、澳门两特区,参加纪念中国电影诞生 100 周年庆祝活动。
4 月	应邀赴美国访问,在韦伯州立大学、杨百翰大学、威斯敏斯特学院讲学。
6 月	获上海电影杰出贡献奖。
8 月	获第十届中国电影表演艺术学会奖终身成就奖(金凤凰奖)。
12 月	纪念中国电影诞生 100 周年,获国家有突出贡献电影艺术家称号。
2008 年	
5 月	纪念邓小平诞辰 104 周年,再次登台,参加音乐朗诵《邓小平之歌》演出。
5 月	应邀赴北京参加中国电影人赈灾义演,捐款 20 万元。

6月	拍摄电影《我坚强的小船》，演老奶奶。
	在第十一届上海国际电影节上获华语电影终身成就奖。
12月	纪念改革开放30周年，应邀赴北京参加"春天的故事——大型交响合唱团朗诵会"演出。

2009年

2月	获全国妇联和《人民日报》等11家全国媒体授予的"中国十大女杰"称号。
5月	鉴于在艺术和社会活动中所做的贡献，获全国"五一"劳动奖章。
7月	应邀赴美国参加第十六届无声影片展。
11月	从艺70周年纪念，上海市文联、中国电影资料馆、上海电影集团和上海电影家协会联合举办纪念活动，放映影片《母亲》。

2010年

10月	倡导并一手策划的"首届上海中外无声影片展"，经国家广电总局电影局批准，在上海市文广局、上海文广集团、上海电影集团、中国电影资料馆等单位支持下成功举办，共放映《桃花泣血记》《野玫瑰》《将军号》《神女》《巴格达窃贼》《卓别林短片集锦》六部中外无声片。

2011年

2月	拍摄电影《情陷富春江》，演退休女工程师。
5月	秦怡艺术展示馆在闵行区浦江镇召稼楼开馆，展示秦怡的生平、实物及照片。浦江镇是上海、苏南一带秦姓列祖列宗秦裕伯的家乡。

7月	自愿一次多交党费25万元。

2012年

1月	赴美国参加由国务院台湾办公室、文化部、中国文联、国家广电总局、中央电视台联合美中商业传播集团等打造的"2012海外中华情"大型演出,荣获由洛杉矶好莱坞表演艺术中心颁发的终身成就奖。 喜迎90大寿。名人居住较多的徐汇区天平街道举办特别祝寿仪式——与影迷见面交流。
5月	受聘担任上海警备区首批文化顾问。

2013年

11月	创作电影剧本《青海湖畔》。

2014年

9月	拍摄电影《青海湖畔》,演主角气象工程师梅欣怡。

2015年

11月	获中美电影节终身成就奖。

2016年

2月	演舞台剧《如梦之梦》,饰上海女画家顾香兰(老年)。
5月	应邀赴澳大利亚墨尔本,为当地华人献演钢琴伴诵《鲁妈的独白》。
9月	参加"2016重阳节"老年艺术家大型公益演出。
10月	拍摄电影《妖猫传》,演老嬷嬷。

12月	出席第十次全国文联代表大会。

2017年

1月	集编剧、主演、出品人于一身的电影《青海湖畔》上映。
5月	参加"2017我的电影党课"主题活动。
7月	获西班牙国际电影节终身艺术成就奖。

初版后记

当秦怡老师审完本书的最后一章,签下同意出版《跨越世纪的美丽——秦怡传》的委托书,我的一颗忐忑不安的心才慢慢平静下来,代之而起的是欢欣之中夹有一丝遗憾——从采访到写作,历时一年有余的辛勤劳动能够化成铅印的文字,高兴是自然的,然而由于诸多原因,现有的篇章尚不尽如人意。

往事历历在目。

2004年春节后的一天,中国电影家协会的友人翟建农从北京来电说,为迎接中国电影百年诞辰,真实记录优秀电影家数十年的心路历程,进一步推进中国电影的史学研究,他们决定编纂一套《中国电影家传记丛书》,其中《秦怡传》考虑让我撰写。事情虽然来得有些突然,但内心依然感觉十分高兴,因为能为广大观众所热爱的著名表演艺术家作传,无疑是件非常荣幸的事。

第一次走进秦怡家的情形,我永远不会忘记。那是一个星期六的下午,事先进行了电话联系。我到时她已站在客厅门前迎接。"秦怡老师,我是……"像许多人公开称呼她那样,我也叫她"秦怡老师",以后无论在电话中还是当面碰到,我都这样称呼她。这丝毫没有世俗式的客套,而是发自内心的尊重。

"你喝茶,刚泡的茉莉花茶,蛮好喝的。"进入客厅,我刚在硬木

沙发上坐下，秦怡老师边说边将茶几上的一杯茶推到我面前，然后在沙发的另一边坐下，她的头顶上方是一幅她的油画肖像。面对她的亲切诚挚，先前有过的拘束感和陌生感全都消除了。接下来的交谈也变得格外亲热轻松，我像是与家中的一位长辈在交谈，又像是和一位交往多年的老朋友在叙旧。

作为一名功成名就的艺术家，秦怡老师的平易近人与和蔼慈祥，令我深受感动。采访结束，已是傍晚 6 点多了。时令初春，白昼短夜晚长，马路上华灯齐放，我沿着街道缓缓前行，脑中再现刚刚逝去的一切，心中更多了一份对她的崇敬。

后来的采访就更加顺利了。每次都是在那间客厅中，我听她娓娓而谈——谈她的父母、她的童年、她的离家出走、她的演戏（拍电影）、她不同时期的理想与追求，当然也谈她的爱情、婚姻和家庭。于是，一次次面对面的交流，使我不断地走近她，也使我从她的人生之旅中获得了诸多教益。

稍显不足的是，秦怡老师实在太忙，每天工作都排得满满的。她像是一列奔驰的火车，呼啸着滚滚向前，没有停歇的时候。比如，为了中国电影百年华诞，来自全国各地媒体的记者接踵采访她，请她谈中国电影，谈自己的从影之路，谈"电影皇帝"金焰……中国电影诞生 100 年，她亲自见证、参与了 50 多年，是为数不多的尚健在的"三四十年代"电影人，她有资格对中国电影发表看法。这样，我的采访只能穿插在这些采访中进行，时断时续，前后历时 7 个多月，以致许多有价值的材料需进一步深挖时，时间已不允许了。出版社不时来电询问我的工作进度，提醒我别忘了交稿时间。与此同时，我也不忍心再缠着秦怡老师不放，她是一位 80 多岁的老人，应该有属于自己的休息时间。而在我已有的采访中，大多是在星期六与星期天进行的。

进入写作阶段后，我一直在思考：写秦怡老师的传记，怎样才能写得真实些？80 多年的人生，无论是理想追求、艺术生涯，还是个人情感生活，她都经历了太多的风风雨雨，但她始终勇敢地一步一步向前走。她生活在哺育她成长的这片热土上，又深深地爱着这片热土。因此，如同她扮演的角色大多是美丽的善良的女性一样，她的形象、性格和心灵也是美的——她以这种美感染、打动了无数观众。想着想着，"跨越世纪的美丽"的题旨忽地跳跃而出，循着这一主题，似乎能将一个真实的秦怡展现在人们面前。

初版后记

"秦怡老师,您有什么想法和要求吗?"当我整理好30多盒录音磁带,列出写作大纲征求她的意见时,特地问了这样一个问题。"怎么写是你的事,我就不说什么了。不过,有一点请你注意,千万不要为了抬高我去贬低别人!"她回答说。

为了追求真实,我一遍遍地翻阅、消化采访材料,同时拜读了姚芳藻女士的《秦怡:深渊中的明星》,潘学国、郁歌两位合著的《鲜花与荆棘——秦怡小传》;又在上海曲阳图书馆(影视图书馆)有关人员的帮助下,查找了若干报纸、刊物发表的写秦怡的文章。在众多的原始素材面前,我反复比较,其间还多次上门或电话联系,向秦怡老师核实,以决定取舍。

在本书写作过程中,中国电影出版社副总编辑李梦学先生给予了热情指导,责任编辑徐维光女士、图片编辑赵子航先生和祖忠人先生也为本书的文字和照片付出了辛勤劳动,在此一并表示衷心的感谢。

《秦怡传》终于出版了,已有的文字是否勾勒出一位著名电影表演艺术家的真实一生,我真诚希望听到来自读者们的评判!

唐明生
2005年5月8日

二版后记

在《跨越世纪的美丽——秦怡传》出版7年后，人民日报出版社决定出版该书的修订版，作为原书作者，我自然是高兴的，并愉快地接受了修订版的写作任务。

今年是秦怡老师90大寿之年，当此之际，再次梳理记录她的人生，展现她对中国电影的突出贡献，既可供后辈之人学习借鉴，又可向她的90寿辰表示庆贺，一举两得，是件实实在在的大好事。对此，我尤感荣幸，全力以赴地投入了修订版的写作。

和同辈人相比，秦怡老师的身影至今依然活跃在各种场合，尤其是有关中国电影的大小活动，总能看见她慈祥的笑容，听到她亲切的声音。作为公众人物的突出代表，人们尊敬和热爱她，希望经常看到、听到她。我在原书的最后一章写过如下一段话："一位诗人在一本书中写道：'啊，在生命的原野上，朝霞是火红的，晚霞也是火红的！朝霞和晚霞，都能给我们启示和鼓舞。'对照秦怡的一生，这诗意盎然的比喻形象而贴切，尤其是秦怡的晚年，火红火红的。"

正是充分估计到这一点，在原书出版后的7年中，我一直关注秦怡老师的行踪，收集有关她的报道资料。我从不约她长谈，只是在偶有机会见面，简短闲聊时，记下她的点点滴滴，然后设法寻找印证，弄清事情的来龙去脉。这样，日积月累，掌握了大量的新材料，为修订提供了极大方便。

和原书相比，此次修订，大的框架基本不变，各章内容也照样保持，但编排上增设了"幕",以契合"人生如戏"之说。按不同的人生阶段,秦怡老师90年的岁月,被划分成六幕,每幕之下是原书的"章"。因不同的人生阶段,有不同的生活和事件,由此各幕之间,所辖章节多少不等。之所以考虑这样编排,目的是想给修订版增加一点新意。

除此而外,主要做了以下几方面的修订。其一,审读了全书文字,更正错漏之处;其二,对第二十章、二十六章、二十九章、三十三章和三十四章,分别增加了从50到500字不等的新内容;其三,改写和新写了最后三章。其中三十五章写电影是秦怡的最爱,三十六章写秦怡的爱心,三十七章写秦怡的表演心得。与此同时,附录部分的"秦怡简历"也相应增加了2005年5月—2012年5月间的条目。

在本书修订写作过程中,承蒙人民日报出版社编辑韩莹女士一次次给予热情指导,上海文联祖忠人先生为本书照片付出了辛勤劳动,在此一并表示最真诚的感谢。

结束了本书的全部修订写作之后,我依然像7年前原书出版时一样,有点惶恐与不安,不知已有的文字能否书写出一位著名电影表演艺术家的真实人生。但一切已无法更改,唯有虚心等待读者们的评判!

唐明生
2012 年 5 月 17 日

三版后记

　　自《秦怡传》第二版出版5年后,人民日报出版社决定再出第三版,由此可见《秦怡传》还是很受读者喜爱与欢迎的。这并不是我写得有多好,而是秦怡老师深受影迷们的喜欢和爱戴。作为老一辈电影艺术家,她把一生都献给了中国的电影事业,影迷们关注并希望了解她的一切,自在情理之中。

　　上一版书问世时,秦怡老师正值90大寿,5年后她已是95岁高龄。在过去的5年中,她并不因为年岁逐年递增而有所懈怠,反而越发精神抖擞,东奔西跑地忙个不停。每当她神采奕奕地出现在公众场合,露出那和蔼可亲、从容温馨的招牌式笑容时,人们交口赞叹:真是"不老的女神"!

　　5年来,秦怡老师的身影一如既往地出现在各种纪念、庆典、慈善、义演和风尚大典等会议和活动中,乐此不疲。一如她所说:"人家盛情邀请,去了讲几句话,朗诵一首诗,人家就感到满足,感到高兴,好像会议或活动就比较成功了。既然这样,只要抽得出时间,我都尽量满足大家的要求,个人辛苦点没关系。"与此同时,她还做了两件有影响的"大事"。一是针对国产电影观众回暖、票房上升、数量剧增,同时存在诸多问题的状况,接受多家媒体采访(包括笔者),发表个人看法;二是创作、主演、拍摄影片《青海湖畔》,使深藏心中16年的梦想变为现实。两件事都深得人们的好评。

　　和以往一样,考虑到秦怡老师总有忙不完的事情,除年前节尾进行礼节性拜访，或约谈有关电影的话题外，平时我很少登门打扰，而是远远地关注她的活动，收集关于她的资料，以备不时所需。

和第二版相比，本版基本框架仍保持不变，仅去掉了"幕"（共六幕），恢复直接以"章"串起全书。此一删改，主干内容非但丝毫未受影响，反使阅读少了些重复之感，显得更直接流畅。然后其一，在全书目录前新增"活得越老，追求越多——关于电影的对话"，约9000余字，系综合整理秦怡老师与笔者、记者关于近年国产电影取得优异成绩与存在问题的对话，从中折射出一位老电影人对中国电影的拳拳挚爱之心，悠悠关注之情。其二，新增第三十七章"青海湖畔"，约7500字，写秦怡老师以93岁高龄创作、主演、拍摄影片《青海湖畔》及其不老雄心，有生之年还要再写剧本、再拍电影，读来让人钦佩不已。而原三十七章"事业，永恒的歌"，则顺延为第三十八章。

此外，因新增第三十七章，第三十五章"电影啊电影"中有关内容做相应增删，并对相关章节中的错漏做了更正，另增加秦怡老师参加重大活动的照片三十余帧，以便读者一睹她的迷人风采。

在本书修订过程中，承蒙人民日报出版社编辑周海燕、孙祺女士给予热情指导，上海文联祖忠人先生、上海摄影家协会丁和先生、上海解放日报蒋迪文女士、文汇报叶振良先生、上海电影家协会赵钧乐先生为新增照片付出了辛勤劳动，在此一并表示感谢。

最后，祝秦怡老师永葆美丽，健康长寿！

唐明生
2017年12月11日

图书在版编目（CIP）数据

秦怡传 / 唐明生著. -- 北京：人民日报出版社，2018.7
ISBN 978-7-5115-5614-1

Ⅰ.①秦… Ⅱ.①唐… Ⅲ.①秦怡—传记 Ⅳ.①K825.78

中国版本图书馆CIP数据核字(2018)第177809号

书　　名：	秦怡传
著　　者：	唐明生
出 版 人：	董　伟
责任编辑：	周海燕　孙　祺
封面设计：	观止堂_未氓
出版发行：	人民日报出版社
社　　址：	北京金台西路2号
邮政编码：	100733
发行热线：	（010）65369527 65369512 65369509 65369510
邮购热线：	（010）65369530
编辑热线：	（010）65369518
网　　址：	www.peopledailypress.com
经　　销：	新华书店
印　　刷：	北京中科印刷有限公司
开　　本：	787×1092mm 1/16
字　　数：	380千字
印　　张：	26.25
印　　次：	2019年1月第1版　2019年1月第1次印刷
书　　号：	ISBN 978-7-5115-5614-1
定　　价：	78.00元